中国モデルと格差

―― 長江デルタの挑戦 ――

陳　雲／森田　憲　著

多賀出版

はじめに

　1990年代後半から、日中関係は不安定な状況に陥った。そして、その背後には、しばしば「中国の台頭」及び「日本の衰退」が存在すると指摘される。2010年、中国のGDPは日本を抜いてアメリカに次ぐ第2位に躍進し、いつの間にかG2[1]という表現が使われるようになった。同時に、「中国人は金持ちである」というイメージが、近年の海外での中国人観光客による旺盛な購買行動によって、膨らんできた。その一方で日本は1990年代以降、「失われた10年」とか「失われた20年」とかいわれるほど、経済的低迷に陥った（陳雲（2006a））。

　しかし、中国人が本当に金持ちなのかどうか、実に疑わしい。平均で見て、依然として1人当り所得が低い中国人が、海外で旺盛な購買行動を観察される理由は、そこに「格差」が存在するという明瞭な事実に違いない。それは羨望されるどころか、むしろ憂慮されるべき現象であろう。

　同時にまた、日本が経済面で「失われた10年」とか「失われた20年」が存在したとすれば、実は中国もほぼ同じ時期に「失われた20年」に遭遇したのである

---

[1] ハーバード大学教授のニーアル・ファーガソン（Niall Ferguson）とベルリン自由大学教授のモリッツ・シュラリック（Moritz Schularick）は、中国と米国による二大国の時代の到来を指して「チャイメリカ」（chimerica）という造語を使い、米中間の経済的共生関係を強調した（Ferguson and Schularick (2007)）。また、今日用いられているG2の提唱は、フレッド・バーグステンによるものである。実際、米国ピーターソン国際経済研究所創設者であるバーグステンは、2008年夏に刊行された『フォーリン・アフェアーズ』において、「平等なパートナー関係：ワシントンは如何に中国の経済的挑戦に応じるべきか」というタイトルの論稿を発表し、彼の「G2構想」を展開している。バーグステンの主張は、その後オバマ政権において採り入れられ、米中関係の重要な指針となった（Bergsten (2008)）。

[2] 1980年代は「思想解放、開拓革新」の10年であり、「経済建設を中心とした改革」といっても、経済体制の改革は必然的にイデオロギーとの格闘を避けられない状況にあった。その意味では、1980年代は経済・政治改革の「黄金の10年」といえる。それに比較すれば、1990年代以降の改革は「政経分離」の色彩が濃く、政治改革は封印されたままである。この状況は利益構造の硬直化を招いたといわざるを得ない。われわれは「失われた20年」という言葉をこの意味で使っている。なお、「第18回党大会」（2012年）を前にして、1984年の「莫幹山会議」（若手経済学者たちが組織した学術シンポジウムであり、改革を担当する重要な部門の幹部たちも参加した。そして会議の成果は、その後の体制改革とりわけ価格体系の改革に強い影響を及ぼした。参加者には王岐山、周小川、周其仁等が含まれていた）に改めて注目が集まり、回顧録も多数出版された。こうした事態は決して偶然とはいえない。複雑化しつつある改革の難題が多数横たわる今、「思想解放」の重要性が再度確認されたといえる。

——政治改革においてだが[2]。言い換えると、日本が経済的停滞で様々な混乱を招いたのに対して、中国は政治改革の停滞で、持続可能な発展を脅かす窮境を招いている。

体制移行の課題を強いられた「中国モデル」は、重大な試練の時期に差し掛かっているのである。

1980年代以降、中国は高度経済成長の軌道に乗り、その勢いで、「中国モデル」が台頭した。そして、その是非をめぐって、激論が巻き起こっている。実際、中国の30年余りの改革開放の実践に対して、様々な角度からのしっかりとした実証研究が不可欠である。本書において、われわれは「中国モデル」を「格差」の視点から眺めることにした。そして、格差の分析に当たって、「空間」（地域経済）、「発展モデル」、「体制」という3つのアプローチを組み合わせることにした。

総じていえば、中国の現代国家への邁進を——理論的にも実践的にも——捉えるには、政治経済学の視点からの考察がどうしても必要である。中国における政治的発展は、格差に代表される重要な政策課題を克服するための制度的進化と理解してよい。逆の場合、制度的進化が停滞すれば、格差の構造が硬直化し、格差の悪化を招いてしまう——長く続けば、漸進主義的、改良主義的な体制移行の道が塞がれてしまう恐れがある。

多くの人々が中国モデルのオリジナリティに関心を寄せている。その点でのわれわれの見解は以下の通りである。中国モデルへの検証を通じて、中国の経験が「共通性」（一般法則）に則っていると判断できる。いうまでもなく、「特殊性」も存在するが、それは「共通性」の具体的表現に留まるものといってよい。いわば、一般法則の下で、中国固有の事情が「物語の主人公」になったと理解するわけである。

本書で検出された「共通性」とは具体的に以下のようなものである。(1) 生存と発展の本能が社会進化の原動力であること、(2) 人間需要の階層性（Hierarchy of Needs）が経済及び政治活動に反映されること、(3) 私有制は社会発展の遺伝子であり、基礎であること、(4) 現代国家作りには、個人的理性が社会的理性に転換されなくてはならないこと（「合成の誤謬」を避けるため。啓蒙運動はその意味で重大な意義を有する）、(5) 経済発展と政治発展の緊密な関係の存在（中国モデルの二段階分析を通じて明瞭である）、(6) 体制移行国において、「周辺が中心を変える」[3]という制度変遷のパターンが普遍的に存在すること（浙江モデ

ルはその代表である)、(7) 比較優位論が適用可能であること (1978年以降の対外開放、輸出奨励策)、(8) 市場経済と法治 (公権と私権の分離、私権への厳格な保護) とは共生関係にあること (即ち、資本主義の精神は法治である)、(9) 歴史的に見ると、東西法統の相違点は私有財産権を厳格に保護するか否かにあり、これは更に、それぞれの社会における資本主義の自主的な発展の可能性を規定すること、(10) 異なる権力構造 (中央集権制か地方自治制か) は、国土の均衡的発展に決定的な力を及ぼすこと (西欧封建制と中国集権制の比較、古代中国の分裂期と統一期の比較、18世紀のイギリス体制とフランス体制の比較等が有意義である)、(11) 成長の共有に繋がらない開発モデルは、その持続性に乏しいこと、(12)「中所得国の罠」とは格差の罠であり、「後発の不利益」の罠でもあること、などである (本書各章参照)。

1. 体制移行の原動力

　周知の通り、中国における改革開放の発端は安徽省「小崗村」事件であった。1978年11月24日、「小崗村」における18戸の農家が密かに契約を結び、農地「家

---

[3] 本書で体制移行論を展開する際に、以下の3点を特に強調しておきたい。第1は、「周辺が中心を変える常態」とは「体制移行」の別の表現である。即ち、「周辺」とは「旧体制に属さない部分」(例えば、市場経済、公民権の尊重、民主化など) であり、「中心」とは「旧体制に属する部分」(例えば、計画経済、権威主義、特権など) を指している。要するに、体制移行とは「旧体制に属さない部分が──合理性があれば──旧体制に属する部分を変えていく」プロセスである。こうした現象は、中国改革開放の発端である「小崗村事件」にしても、本書において重点的に論じる「浙江モデル」にしても当て嵌まる。更にまた、返還後の香港対大陸も、様々な影響力を「浸透」しつつある。また、いうまでもなく、そうした現象は中国に限っているわけではない。旧ソ連、中東欧等における体制移行も同様である。第2は、体制移行国において、「周辺がどのような形で中心を変えていくか」(体制移行の力学) という点については、各国・各地域でそれぞれ異なるということである。内圧によるか外圧によるか、トップダウンかボトムアップか、或いは「複合式」か等々、各国・各地域でそれぞれ独自の力学が観察されるはずである。第3は、狭義の「体制移行」とは通常、社会主義体制から資本主義体制への移行を示す用語として用いられるが、本書では、「縦と横の拡張」により広義の体制移行の概念を併用して用いる。広義の体制移行とは、制度の重大な変換が行われたことを指す (なお、一般的に行われている制度の変化は普通「制度変遷」と呼ぶ)。
　本書では以下の二点の拡張が行われた。まず、イギリス、アメリカ、フランスやアジアNIEsでも、その歴史上において「経済体制及び政治体制に重大な問題を抱える」時期があり、前近代から近代への「体制移行」を経験したものと考えられる。また、中国も清朝末期から「体制の重大な変換」へと挑戦し続けてきた (特に1949年以降の台湾が格好の比較対照の事例となる)。こうした「縦と横の拡張」によって視野が拡大し、中国の体制移行の諸課題への理解を深めさせるというメリットが存在する (第1章・第1節と第2節参照)。

族請負制」（中国語で「包産到戸」と称する）という違法（造反）行為に踏み切った。また、浙江モデルの起源も農民による違法な商業活動であった（第5章参照）。興味深いことに、本来、農民はあらゆる職業の中で最も「保守的」な性格を持つグループといわれる。商人と違って、彼らは普通「利益優先」ではなく、「安全第一」を指向するからである。

　それでは、保守的である農民たちが一体なぜ「革新」の先頭部隊に変身したのだろうか。その根本的な原因は「貧困」だった。絶対的貧困が人々の生存を脅かし、人間の本能を甦らせたのである。

　生存と発展という人間の願望は社会進歩の原動力だが、しかし豊かになるにつれ、行動の意欲が低下し、保守的指向になる恐れがある。「持続的発展」の秘訣は、従って、個々の人間に一定の緊張感を与え続けることにある。この緊張感が集団に共有される場合、大きなパワーが発揮できる。その意味で、自然資源の貧弱な国・地域は、恒常的な緊張感を感じやすく、自助努力への決意が強くなる——「内発的モデル」はその延長線上で現れる可能性が大である（第3章から第5章で論じる「浙江モデル」は正にその例である）。一方、自然資源の豊かな国・地域は、自然の恵みに頼り過ぎ、人的資源の育成や技術開発を軽視する傾向にある（中国の場合には、自然資源だけではなく、国有企業が多く立地されている地域にも類似した現象が観察される）。やがて資源の枯渇が訪れ、かつての「繁栄」も破綻してしまう——「資源の呪い」が牙をむくのである。

　「資源の呪い」現象は長江デルタ[4]にも観察される——本書では、それを「熱帯の罠」と名づけた。対照的に、環境との間に恒常的な緊張感が存在し、「挑戦—応戦」によって制度・文明が進化し続ける状況を「温帯効果」と呼ぶ（第4章）。

　体制移行とは、ある状態から別の状態に変化するプロセスであり、各種要件の様々な影響によって一時的な「均衡点」が成り立つ——巨大な国の「体制移行」（漸進的な制度変遷）は、一連の「一時的均衡点」の連続移動と見ることができる。

　繰り返していえば、体制移行の原動力は、人間や組織を問わずに存在する「生存と発展の本能」であり、その到達点は「成長の共有」を内包する「内発的モデル」でなければならない。なぜなら、それによって初めて、システムの安定が保持できるからである。勿論、経路依存の関係によって、均衡点の連続移動が円滑な右肩上がりの軌跡を描くとは限らない。乱高下が存在し、フィードバックが起

---

[4] 中国の長江（揚子江）下流に広がるデルタであり、上海直轄市、浙江省と江蘇省からなる。

こることは十分にあり得る。

　漸進主義的改革路線を採った中国モデルは、一定の成功を収めたといえるが、それも「一時的均衡点」の中の1つに過ぎない。中国モデルには、「高成長・低共有」という顕著な弊害が認められ、安定的な体制移行への大きな挑戦となっている。

2．格差研究の3つのアプローチ

　漸進主義的な改革開放に基づいて、中国は、1980年代の沿海開放戦略から1990年代の全方位開放戦略へと、徐々に開放の地域を拡大し、開放の内容も深化させてきた。格差の実態とその規定要因は、農村改革、都市改革、そして対外開放、市場経済メカニズムの漸進的な推進により、複合的な変化が現れてきた。

　格差問題は、開発モデルにおいて最も重視すべき政策目標に値する。ミクロ的にいえば、格差は「人間の発展」の基礎的指標であり、マクロ的にいえば、格差の状況は社会的公正度を表し、他の要因と容易に相乗効果が発生する。いわば、経済発展と政治合法性に影響力の強い規定要因である。

　現代の政府は、何れも「国民のための政府」を標榜し、「ともに豊かさを享受する」とか「人間の発展」を政策目標とする。中国も例外ではない。しかし、実現することは容易ではない。

　格差といえば、ジニ係数や、都市農村間格差のような量的指標がイメージされやすいが、それはあくまでも発展の結果である。むしろ、格差の是正を目指して、生成要因の究明こそが肝要であろう。そのために、本書は3つのアプローチに着目し、現代中国における格差の在り方の考察を試みる。即ち（1）空間と格差（第2章）、（2）開発モデルと格差（第3－5章）、（3）体制と格差（第6章）である。異なるアプローチはそれぞれ異なる射程距離を有するから、それらを組み合わせることによって、多様な角度から中国の格差の性格と課題が把握できる。

　国民の豊かさに繋がらない発展モデルは、その持続性に乏しい――「成長の共有」を開発の目標にする限り、格差の指標を「1人当り所得」に設定することが適切である（ただし、第2章の地域間経済格差の考察は、指標を「1人当りGDP」と設定している）。

　また、所得は「一次分配」と「二次分配」によって生まれる結果であり、格差

が拡大するにつれて、当然「市場」と「政府」という2つのメカニズムの在り方が問われなければならない。総じていえば、格差是正に向かう制度変革において、マクロの面での市場経済体制の健全化（一次分配）と再分配制度の健全化（二次分配）、ミクロの面での個人権利の尊重と救済措置の完備（とりわけ私有財産権の保護）が重要である。即ち、持続可能な発展のためには、開発のロジックが「経済のロジック」から「権利のロジック」へシフトしなければならない。

3．「中国モデル」の政治経済学

体制移行の挑戦に成功した「東アジアモデル」（陳雲（2005a）、Chen, Yun（2009）、Chapter 6 参照）を念頭に、われわれは、「中国モデル」が「経済発展モデル」と「政治発展モデル」という2つの領域に分けられると考えている。

中国は、旧計画経済体制の国であったと同時に、発展途上国でもある。いわば、二重の移行課題が強いられているのである。更にまた、改革開放当初のスローガンは「経済建設を中心に」だったが、時間が経つにつれて、明らかに政治発展の緊迫性が高まっている。

われわれは、2007年秋に開かれた第17回党大会（世界金融危機の発生時期と重なるが）を境に、これまでの「中国モデル」を2つの時期に分けてみることにする。その理由は、（経済開発の諸副作用ともいえる）「民生問題」の悪化である。概ね2007年前後から、慢性的民生問題（医療、教育、住宅）が急性・悪性的民生問題（「強征・強拆」[5]、環境汚染）へと急速に悪化していることが観察される。その根本的要因は権力構造――つまり、「地方政府が誰に対して責任を持つのか」――にある。当該問題を解決しなければ、社会安定の撹乱要因であるそうした悪性的民生問題の解決は望めない。そのため、巨視的には、「経済建設を中心に」とした時代はますます「政治経済学の時代」へと軸足を移しているといえる。

中国におけるこれまでの制度変遷は、理念先行ではなく、「現実追随」的な性格を持つ。悪化する政策課題は、触媒のように、制度の進化を促してきた（Chen, Yun（2009）、Chapter 5、陳雲・森田憲（2009b）参照）。しかし、進化はいつも円滑に行われるわけではない。中国の政治改革における「失われた20年」は、旧体制及び新たに生成した「特殊利益団体」の壁の厚さを物語っている。

---
[5]「強征」とは、農村部における土地の強制収用、「強拆」とは、都市部における家屋の強制撤去を指す。

総じていえば、「中国モデル」は、政府主導、輸出指向、高成長などの特徴を持ち、「東アジアモデル」に類似する一面を示しているが、その最も大きな相違点は「成長の共有」の有無にあることを強調しておきたい——これまでの中国モデルは、「成長」はあっても「共有度」は低いままである（むしろ悪化する傾向にある）。実際、1990年代以降政治改革の相対的停滞により、一次分配と二次分配における格差構造の硬直化が進んだ。
　その延長線上で、更に何が起きるのだろうか。
　前述の通り、諸民生問題の発生によって、「政経分離」のモデルは「政経合体」のモデルへと変わらなければならない時期が来ている。そうはいっても、「東アジアモデル」式の「成長の共有」という要件をなくせば、改良主義的民主化の可能性は低下することとなろう（1980年代末期に、韓国及び台湾で起きた平和的体制移行を念頭に）。これは大いに憂慮すべき事態である。
　興味深いことに、概ね2012年末から、アレクシ・ド・トクヴィルによる『旧制度と大革命』（托克維尔（1992/1856））が中国でブームとなり、ベストセラーとなった。専門家の間だけでなく、政府幹部の間でも大きな人気を博した——中国共産党中央規律委員会書記の王岐山の推薦が原因といわれる。2012年11月30日、中央規律委員会が専門家座談会を開いた際に、書記に就任して僅か半月の王岐山は、次のように述べた。「学者は後期資本主義に関する本をよく読みますが、前期の本をもっと読むべきだと思います。『旧制度と大革命』がお勧めです」（『南方人物週刊』2012年第43期、51頁）。
　18世紀におけるフランス革命の起源と特徴を論じたこの著作が、中国共産党の指導層に注目される最大の理由は、中国の発展段階が18世紀のフランスに類似した状況にあるからだと思われる。この本の中で、トクヴィルは次のような疑問を提示した。「ルイ16世のフランスは、最も繁栄した時期であるにもかかわらず、なぜ繁栄が革命を加速度化させたのか」。当時、政治・経済・文化の中心地であったパリは革命の震源地となった。
　18世紀のフランス革命の経験を基にしていえば、次の２つの関係が注目される。
　１つは、自由と平等についてである。当時フランスでは、旧体制下の特権への強い反発から、個人的自由より社会的平等を最優先の価値と位置づけた。しかし「自由」の基礎を持たない「平等」は、結局は虚しいものであった。
　もう１つは、革命と改良についてである。改良主義に比べて、革命は考えられ

ているほど「革命的」ではない。旧体制時代の中央集権は、皮肉にもフランス革命後に復活したのである。

「革命より改良へ」或いは「革命に別れを告げる」ことは、現代国家への脱皮を模索している体制移行国の悲願である（移行コストが最小限に抑えられるからである）。しかし問題は、どのようにして改良主義的体制移行に成功できるのかということである。

本書において、われわれは「成長の共有」の重要性を強調している。トクヴィルが述べているように、18世紀のフランスでは、都市部の繁栄と対照的に、農民の境遇が著しく悪化した（時には13世紀の農民よりも苦境にあった）。前述した「東アジアモデル」式の平和的な体制移行の状況に比較して、都市農村間格差に代表される格差の悪化がフランス革命の誘因といっても過言ではない。一方、格差軽減（いわゆる「平等」の実現）のためには、「自由」の基礎が重要である。個人的自由の他に、中央に対する「地方の自由」——「地方自治制度」がその保障——の存立は、国土の均衡的発展の鍵を握っている（第1章・第2節参照）。

改善の兆しが見えない格差は革命への直行便である——前述の「トクヴィルの疑問」への回答はこれであろう。過去・現在を問わず、工業化の亢進時期に、経済の集積効果或いは旧体制の特権効果によって、格差は一気に高まることが普遍的に観察されている。中国は現在、この試練に差し掛かっている。

4．長江デルタ地域の研究：一般性と特殊性の交錯

中国のような規模の大きい国、そして漸進主義的路線を採った国の開発においては、「体制的一般性」と「地域特性」の両方に注目する必要がある。漸進的な体制移行の中で、体制環境の一般性により、多くの政策問題が各地で共通化してしまい、「体制的問題」として観察されている。一方、改革開放の30年間には、着実に体制の転換が見られ、脱計画経済体制化が進んできた。「体制的一般性」を打破するのは「地方特性」（地方の実践）なのである。

例えば、格差が大きいことは中国の「体制的一般性」だが、そうだとすれば、浙江省のパフォーマンスはどのように成し遂げられたのかが問われることになる。即ち、「地域特性」に対する観察が中国式体制移行の謎を解く鍵になる。こうした「地域的事例」の発端は小さいものであっても、合理性を持てば大きく広がっ

ていく（中国の農村改革の発端である「小崗村事件」もそうであった）――「周辺が中心を変える」法則の現れである。

　本書において、なぜ格差研究の対象として長江デルタを採り上げたのか。長江デルタは改革開放以降、上首尾に市場化の波に乗り、中国経済のエンジンとなった成長地域である。同時に、華南地域に比べて、長江デルタは時代に合わせてダイナミックな変動を遂げてきた。1980年代の長江デルタは、「内発的モデル」（江浙モデル）として賞賛され、また1990年代半ば頃から、モデルの分化も経験した――長江デルタの内部における豊富な地域性（サブモデルの浮上）が、格差変動の条件を観察する格好の環境となった。

　なお、第2章で検証したのは1980-1990年代の長江デルタの地域間格差だが、2つのアプローチの融合を試みた。1つは、定量分析（重回帰分析）を通じて、都市間格差の生成要因を摘出してみたことであり、もう1つは「空間経済学」的アプローチを応用し、格差とそれを生み出す空間との関係を探ったことである。中国の開発及び体制移行は「一連の均衡点の連続移動」であり、従って、第2章はその後の各章の前奏と見てよい。

　第3章～第6章の検証によって、われわれは次のような結論に到達した。即ち、政府・国有企業主導の「上海モデル」や、外資企業主導の「江蘇モデル」に比較して、民営企業主導の「浙江モデル」は富を民間に残し、「内発的モデル」の特徴が鮮明である。それに対して、前者は富を国或いは外国へ帰属させる「外発的モデル」といえる。

　概していえば、格差の収斂が見えて来ない「中国モデル」の「一般性」中で、「浙江モデル」は「特殊な事例」として浮上している。われわれの見解では、「浙江モデル」は中国の中で最も「東アジアモデル」に近い（「成長の共有」に照らして）存在である。その秘訣は一体何だろうか。そして「浙江モデル」は、地域的な特殊ケースから中国全体の一般的なケースに普遍化していくのだろうか。格差問題と格闘している中国にとって、「浙江の経験」に幾多のヒントが隠されているように思われる。

5．本書の経緯及び謝辞

　本書は幾つかの時期の研究成果を土台としている。そのうち、第2章は陳雲の

博士論文（2001年、広島大学）を基にしたものである。また、本書の他の各章は、学術会議報告及び『広島大学経済論叢』を中心とする学術雑誌に論文として刊行されており、議論を重ねた上で幾度かの修正を繰り返して本章に至っている。

　本書のタイトルにある通り、本書は長江デルタに焦点が当てられており、とりわけ浙江省に関心を集めている。実をいえば、われわれのうちの1人（陳雲）は、浙江省紹興市の出身であり、幼い頃から浙江省の文物等に触れて育ってきた。優れた成長を遂げた浙江モデルに興味を感じ、関心を持つことになったのはごく自然なことといえる。更にいえば、「浙江モデル」の優位性は、本書で採り上げた「成長の共有」の他に、「循環型社会」にも見られる（陳雲・森田憲（2009）、陳雲・森田憲（2013））。現在のところ、「浙江モデル」は全体としての中国モデルの中の一地域モデルに過ぎないが、先に述べたように、「周辺が中心を変える」ことは体制移行国の常態である——即ち、合理性が認められる存在は、何れは非合理な存在に代替していく。われわれは社会進化論の信奉者なのである。

　実際、社会のみならず学問もまた進化的なものである。学問がその根本的な部分で追っているのは、いうまでもなく、現実の人間の生存と発展の課題である——時代の課題は常に変化するものであって、学問もそれに応じた変化（進化）を遂げなくてはならない。その意味で、社会科学の分枝が何れは、「進化○○○」（例えば、進化経済学、進化政治学、進化社会学など）と名づけられることとなろう。

　進化の道は覚悟の道でもある。現在の発展途上諸国や旧計画経済諸国だけでなく、ヨーロッパもまた数百年の年月を費やして、初めて平和共存・共同繁栄への道を歩み始めたのである。実際、「永久平和論」の提唱者は、200年も昔のドイツの哲学者カント（Immanuel Kant（1983/1795））だったが、第二次世界大戦後、その現実性が初めて現れたのである。しかしそれにしても、最後は進化が発生する。

　進化論を信じることは、体制移行論の研究者にとって、おそらく「健康的かつ必要な素質」であろう。なぜなら、悲観論者は現状を受動的に受け入れるだけであり、「進化論者」の積極性指向こそが世の中を変化させ得るからである。

　なお、本書作成の研究調査に当たって、（順不同に挙げさせていただくと）「中国国家社会科学基金」（課題番号：11BZZ043）、「上海哲学社会科学企画プロジェクト」（課題番号：2007BJL002）、科学研究費補助金（課題番号：23530351）

及び2012年度「広島修道大学調査研究費」事業から、助成をいただいた。上記研究助成諸事業に対して、厚くお礼を申し上げたい。また、われわれはこれまで2冊の和文共著書を上梓してきた（森田憲・陳雲（2009）、陳雲・森田憲（2010a））が、それら2冊と同様に、本書の企画の段階から全面的にお世話になった多賀出版株式会社編集部佐藤和也氏に、この場をお借りして、厚くお礼を申し上げたい。

　先に述べた通り、概ね本書各章は各種学術会議報告及び学術論文として発表され、その都度彫琢を加えられてきたものである。とはいえ、本書には未だ様々な誤謬が含まれているものと思われる。読者の方々からご叱正を賜り、ご教示いただければ誠に幸いである。

2014年7月1日　復旦大学（上海）にて

陳　　雲（Yun Chen）
森田　憲（Ken Morita）

目　次

はじめに　iii

第Ⅰ部　総論、空間と格差

第1章　総論：中国モデルと格差 ……… 3

はじめに　3
第1節　経済発展の動因　4
第2節　「中国モデル」のダイナミックスと格差　21
第3節　格差研究の3つのアプローチ　60
第4節　浙江モデルの帰結：「内発的発展」を目指して　68

第2章　長江デルタの経済開発と地域格差：空間経済学の視点 ……… 73

はじめに　73
第1節　中国の改革開放後の経済開発と地域格差　76
第2節　1980年代の経済開発戦略と長江デルタにおける地域格差　78
第3節　1990年代長江デルタの経済開発と地域格差　88
第4節　広域長江デルタ21都市からなる都市機能の階層構造　96
第5節　日本47都道府県との比較分析　101
第6節　結論　108

第Ⅱ部　開発モデルと格差

第3章　開発モデルの分化と所得格差 ………………………………………… 115

はじめに　115
第1節　中国における対内直接投資　116
第2節　長江デルタにおけるサブ地域特性の形成　123
第3節　長江デルタにおける所得格差の変化及び要因分析　146
おわりに　169

第4章　「重層的経路」のダイナミックス：「温帯効果」と 「熱帯の罠」論の検証 ………………………………………………………… 171

はじめに　171
第1節　長江デルタにおけるサブモデルの性格付け　172
第2節　重層的経路と発展効果：「温帯効果」と「熱帯の罠」論　175
第3節　江蘇の省内格差：「熱帯の罠」論　178
第4節　浙江モデルの経験：「温帯効果」論　186
第5節　上海：「温帯効果」と「熱帯の罠」の翻弄　195
おわりに　202

第5章　「義烏丸」の奇跡：貧困から豊かさへ …………………………………… 205

第1節　研究の背景　205
第2節　「小さくて、輝く」浙江と義烏　208
第3節　「義烏モデル」の特徴　219
第4節　「内発的モデル」の義烏バージョン　238
おわりに　244

第Ⅲ部　体制と格差

第6章　「上海モデル」の貧困：流動革命と都市「群租」現象 ………… 249

はじめに　249

第1節　労働移動の経済効果　251

第2節　流動革命と戸籍制度改革　255

第3節　上海における流動人口の「職」と「住」：戸籍制度改革の視点　271

第4節　中国特色のスラム—「群租」現象の表と裏　288

第5節　群租：「非協力ゲーム」の真実　296

第6節　「群租」現象の生成要因　304

おわりに　307

参考文献　310

索引　322

第Ⅰ部　総論、空間と格差

第1章
総論：中国モデルと格差

はじめに

　中国の改革開放は、30年余り経過し、光と影の双方が膨らんできた。それとともに、「中国モデル」に関する意見が対立しているのが現状である。
　総じていえば、「中国モデル」は、政府主導、輸出指向、高成長などの特徴を持ち、その意味では、「東アジアモデル」に似通った一面を示している。しかし、最も大きな相違点は「成長の共有」の有無にあるといってよい——中国モデルは「高成長・低共有」という特徴を鮮明に現しているのである。1990年代以降、政治改革の相対的停滞により、一次分配と二次分配における格差構造の硬直化が進んだ。いわば、旧体制及び新たに生成した「特殊利益団体」の壁が厚く、改革が膠着状態に陥っている。更に、私有財産権の保護をはじめとする公民権問題も深刻化している。
　格差問題は、一体なぜ重要なのだろうか。それは、「人間の発展」に照らしてみて、「格差」が最も基礎的な指標だからである。同時にまた、格差問題は社会的公正の代理指標でもあって、他の要因との間に相乗効果を生み出し、経済発展（内需不足）や社会的安定（腐敗に対する忍耐力の低下、公民権運動の高揚）に深く関わっている。従って、「成長の共有」なくして、経済の持続可能な発展はあり得ず、また権威主義の政治的合法性も著しく毀損されることになる。
　国民の豊かさに繋がらない開発モデルは、その持続可能性が疑わしい——ミクロ的に見ると、最終的に個人（家計部門）に帰属する富の水準（所得、福祉）こそ、個人の開発モデルに対する態度及び行動パターンを決めるのである。不満な場合には、人口移動や資産移転という「足による投票」行為（Tiebout（1956））が大量に発生し、モデルの破綻を招きかねない。
　漸進主義改革路線をとった中国モデルは、一応の成功を収めたが、「高成長・低共有」という中国モデルの弊害を克服するために、「政経分離」の改革から「政

経合体」の改革に変え、「経済のロジック」を「権利のロジック」へ進化させる努力が必要である。

第1節　経済発展の動因

　近年、中国経済は二桁の高い経済成長率から概ね7.5%前後に低下すると同時に、格差問題や環境問題の一層の悪化が懸念されている。また近年では、不動産バブルと地方債務問題がマクロ経済に影を落とし、経済の先行きに不透明感が増大している。

　中国経済は持続可能な発展軌道に乗ることができるだろうか。本節ではまず、経済成長の駆動力を振り返ってみる。

　概していえば、経済成長理論は、資本重視から技術重視、人的資本重視、そして制度重視の方向へ変化してきた。そして、一定の社会構造の下で、(非正式制度と正式制度の共同作用によって)「社会資本」(信頼がその主要な「産出」)[6]が発生する。

　このうち、制度は社会的土壌に根づく存在である。13世紀以降の資本主義の成長と制度革新の間にはダイナミックな相互作用が存在した。経済的繁栄の裏には、必ずや資本・技術・人的資本及び制度の好循環が存在するのである（図1-1）。ただし、中国は「発展途上国」と「体制移行国」の二重性を持ち、しかも発展のプロセスが濃縮されているため、「合成の誤謬」（Fallacy of Composition）[7]あるいは「分解の誤謬」（Fallacy of Division）[8]が発生しやすい。

　「中国モデル」を外延的成長（粗放型成長、弱肉強食型成長）から内発的成長（集約型成長、共有型成長）へと転換させるために、制度の再構築が課題となる。

---

[6] 本書では、Social Capitalを「社会資本」と訳して用いることとする。なお、他の訳語としては、「人間関係資本」、「市民社会資本」等が使われることがある。

[7] ポール・サミュエルソンによって用いられた用語である。個々の「部分的には理性的にみえる」決定が、それらを合わせると、大きな誤謬を生むかもしれないという現象を表す（Samuelson (1948)）。例えば、ある粗末な屋外映画館で観客は地面に座って映画を見ている。そこで、前の列の観客が良くみえるように、背を伸ばして映画を見ると、後ろの人はその影響で立つことになる……その連鎖で、会場全体が立ってしまう。しかも、後ろの人は依然として良く見えない。このように、個々の人々のコストは増えたが、社会全体の厚生は増えていない。これがいわゆる「合成の誤謬」である。それでは一体どうしたらいいだろうか。サミュエルソンの主張によると、公共の厚生の改善には様々な設計（制度の進化）が求められるということである。例えば、上述の悪循環を止めるには、円形型階段式の劇場設計が問題の解決になるだろう。

図1-1　資本・技術・人的資本及び制度

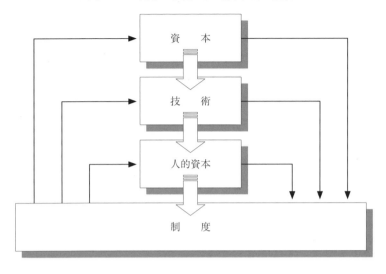

出所：筆者作成。

　それでは、制度改革の方向性とは一体何だろうか。現代国家において、「法によるガバナンス」が主張されるが、実は「法」が問題ではなく、「現代社会の精神に相応しい法の構築」こそが問題である。本節の最後に、東西法統の相違性及び改革の方向性を示してみることとする。

1. 国富論から新制度派経済学へ

　経済成長の原動力に関する研究の源を探ると、アダム・スミスの『国富論』に辿り着く（Smith（1904/1776））。スミスによれば、富の成長には2つの原動力があるという。1つは貯蓄を通じた資本形成であり、もう1つは社会的分業体制である。更に、市場メカニズムは、競争原理と情報伝達システムの発達により、経済的効率を向上させる。新古典派経済学は、資源配分の効率性の問題に最大の

8「合成の誤謬」とは反対に、「分解の誤謬」も存在する——ある集合体全体が持つ特徴が、必ず個々の部分にも適用されるかというとそうではない、というケースである。本書のテーマにそって例えていえば、「中国が豊かになった」という集合概念を、そのまま「中国の国民は皆豊かになった」へ、演繹することは出来ない。

関心を寄せてきた。

　1950年代末、ロバート・ソローは「技術促進論」を展開した。ソローは、経済成長に寄与する従来の生産要素（労働及び資本）の他に、全要素生産性（Total Factor Productivity：TFP）即ち「ソロー残差」という概念を提出し、新たな経済成長モデルを構築した。なお、TFPの中身は、（労働及び資本の「残差」であり）技術進歩、組織進化、専業化など広範囲にわたっている。

　しかし、技術促進論は資本促進論と同様に、「物的要素」重視論と見なされ得る。1960年、セオドア・シュルツは斬新な「人的資本論」を提出した（舒而茨（1990））。シュルツは、経済発展に影響を与える諸要素のうち、人的資本が鍵を握っていると指摘し、1929-1957年におけるアメリカの教育投資が経済成長に与える影響を定量的に分析した。その結果によると、初等・中等・高等各レベルにおける教育投資の平均収益率は17％であり、教育投資の成長がもたらす収益は、労働所得増加の70％、国民所得増加の33％を占めた。即ち、人的資本投資は最も収益性の高い投資といえる。

　この理論を用いて、シュルツは更に、第二次世界大戦後のドイツや日本の経済復興及び高度成長の軌跡を上首尾に解釈した。戦争が両国の物的資本を破壊したとはいえ、人的資本の水準の高さによって、「知識効果」と「非知識効果」を通じて、高い技術水準と高い経済効率を確保できたのである。結論として、シュルツは、人的資本の育成のための教育、健康や衛生などへの投資の重要性を主張した。

　1980年代後半、ケネス・アロー、ポール・ローマー、ロバート・ルーカス等が、技術進歩と知識の累積を安定的かつ持続可能な経済成長の決定要因として論じ、「新経済成長理論」を提唱した。新経済成長理論は、政府による教育促進、知的財産権保護、研究開発費補助などの公共政策を促し、従来の「技術促進論」や「人的資本論」に共通する側面を持つと同時に、その後活発に論じられることとなる「新制度派経済学」とも接点を有する。

　1990年代、「取引費用」への斬新な解釈を切り口として、「新制度派経済学」が脚光を浴びるようになった。市場メカニズムと資源配分の有効性を規定する要因として、制度の問題が研究の中心となった。新制度派経済学は、1990年代の中国の学界において、熱烈な反響を呼んだ。なぜなら、現代国家としての中国の再建は、「制度の再建」に帰結できるからである。実際に、ダグラス・ノースは、「経

済成長の決定要因は制度であり、技術ではない」と述べている（North（1976））。効率的な経済組織こそ経済成長の鍵（西洋世界の繁栄の秘訣）だという主張である。

制度の役割は、様々な社会的活動を展開する際の不確実性の減少にある。効率的な制度とは、取引費用の軽減即ち「効率的な生産」を意味する。それでは、経済的パフォーマンスに影響する制度はどのような特徴を持つのだろうか。

（1）制度はインセンティブである。私有財産権の保護は、一種の積極的なインセンティブであり、その結果として、個人が自らの収益最大化のための努力を行うことが、社会的収益の最大化にも繋がっていく。

（2）制度の規定は、人々の行動を構造化させる機能を持つ。計画経済体制と市場経済体制における人々の構造的な行動パターンは当然異なる。即ち、先に述べた資本・技術・人的資本の可能性を著しく制限するのは、それらの要素を取り巻く制度的枠組みである。

（3）一般的にいえば、制度は安定的な性質を備えているが、環境に応じて変化することもまた常態である。競争的環境に置かれる企業制度もそうだが、改革開放以降の中国は、それまでの経済停滞から脱却していくプロセスの中で、制度的変革を手掛けたのである。

（4）制度は「正式制度」と「非正式制度」に分類可能である。前者の代表は法律であり、それは現代社会における「契約精神」の象徴でもある。法律の供給者は国家即ち政治システムだが、政治家や官僚も「理性的経済人」であるがゆえに、「チェック・アンド・バランス」に基づく憲政の樹立は、公正な法律作りを保障することとなる。後者の代表例は「社会資本」である。社会資本は、信頼のネットワークを通じて、取引費用の軽減に貢献する（この点は後述）。

2．資本、技術、人、制度の相互関係

(1) 私有制と現代国家の起源

前節で述べたように、経済成長理論は、資本重視から技術重視、人的資本重視、そして制度重視の方向へ変化してきた。それでは、資本、技術、人、制度といった要素の相互関係はどうだろうか。図1-2は、私有制と現代国家の起源のプロセスにそって、それら諸要素間の関係を歴史的に考察したものであり、そこでの

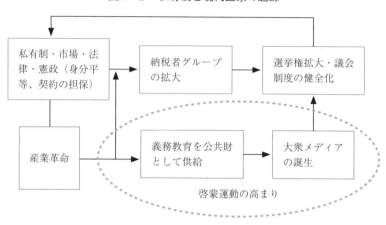

図1-2　私有制と現代国家の起源

出所：筆者作成。

主張は次の通りである。

（1）私有制は、社会発展の遺伝子である。新制度派経済学が強調する「財産権保護」が、私有制社会を前提にしたものであることは自明である。そもそも、「私有財産は神聖で不可侵である」ことは、公民権の礎なのである。

（2）私有制の拡大は富の拡大を促し、より多くの人々が納税者の範疇に入るのは必至である。このプロセスの中で、産業革命という技術の飛躍的進歩が富の飛躍的な増大をもたらし、次のような一連の構造的変化を誘発するのである。

第1に、技術の発展による生産方式の変革（機械化生産方式の確立）は、労働力の生産性（人的資本）に高い要求を突きつけることになった。その結果として、識字を始めとする「義務教育」が、公共財として国家によって供給されるようになった。その延長線上に、識字率の増大に伴って、大衆メディアが一種の「ビジネス」として登場し始めた。そして、大衆のニーズをどんどん吸収するメディアは、次第に「第四の権力」としてパワーアップした。現代国家へ邁進するための社会的動員が一層勢いを増した。

第2に、産業革命による生産効率の向上は、富の飛躍的な増大をもたらした。納税者の人数が膨らむ中で、市民による政治への参加を求める運動も高まった。それは「選挙権の拡大」へ発展していく。

第3に、社会的思潮の側面において、17-18世紀にまたがる「啓蒙運動」の勃

興は、偶然ではなく、むしろ産業革命前後の社会的背景と深く関わるものである。啓蒙思想家たちは時代の先駆けとして、経済的及び社会的ガバナンスに関わる問題と解決策を模索し、「社会契約論」と「理性主義」という時代のニーズを反映する価値観へと収斂させることとなった。

ここで、1つの重要な問題が浮上する。「理性主義」とは一体何か、ということである。周知の通り、生まれ付きの「理性的経済人」という「個人的理性」──人間の本能が存在する。そうだとすれば、このような個人的理性と啓蒙運動が提唱する「理性主義」との間に、どのような関係及び相違が存在するのだろうか。

個々の人々の中にそもそも存在する「個人的理性」は「自然状態」にあり、自己収益の最大化を求めてお互いに激しくぶつかりあい、様々な問題を惹起する──個人間の小さな争いから国家間の戦争まで。サミュエルソンのいう「合成の誤謬」現象の発生である。つまり、「個人的理性」（自己利益の最大化を求める「理性的経済人」）の単純な合成は、そのまま「社会的理性」[9]（社会的福祉の最大化）にはならない。それどころか、相互にダメージを与え合う結果となる。

平和と発展に向けての「協力ゲーム」の構築は、人間社会の死活に関わる根本的な課題である。王権時代の体制が、この「合成の誤謬」を解決するのに有効でないことは証明され、新制度への模索は啓蒙運動の使命となった。

「啓蒙運動」は、伝統的国家が現代国家に変わる前のいわば「洗礼の儀式」である。社会的厚生における「パレート改善」の実現には、「理性主義」という社会的理性観の浸透及び「社会契約」という斬新な制度的枠組みの導入が必要である。

従って、「理性主義」とは、「個人的理性」と区別される「社会的理性」と理解してよい。権利と義務の対称性がその秘訣である。社会的理性は、国内の平和と発展を実現するために不可欠な前提条件であると同時に、平和的な国際秩序の実現にも不可欠である──啓蒙運動とほぼ同時代の1648年に、西欧諸国の間に「ウェストファリア条約」（the Peace Treaty of Westphalia）が締結された。平和的な国際秩序を保つために、国民国家同士が互いに「主権を尊重し合う」ことが原則として確立された。

---

[9] ここでいう「社会的理性」は「協力ゲーム」における「集団的理性」（Collective Rationality）と似通っている（第6章参照）。

このように、私有制と現代国家構築のプロセスの中で、技術的要素（産業革命）、人、制度の間にダイナミックな関係が現れた。しかし、そのことは物語の半分に過ぎない——産業革命のような「技術革命」がなぜ最初にイギリスで成功したのか、技術の飛躍的な進歩の背後に制度がどのような役割を果たしたのか、が検討されなければならない。前述した新制度派経済学の論者たちは、この事実に関心を持ち、追跡を行ったのである。

事実、「改良主義」の伝統を持つイギリスの憲政への道は、1215年の「大憲章」に遡ることができる。1688年の「名誉革命」より470年も前のことである。そして、産業革命前のイギリスで、すでに知的財産権保護に関する法律が誕生した。

歴史上のベニス共和国は、資本主義の芽生えに伴って、「知的財産権保護」の法律作りに乗り出した。1474年、特許法がベニスで制定され、その名称は「発明者条例」（Inventor Bylaws）であった。この法律によると、「他の人々がそれまでにない巧みな機械装置を発明し生産する前に、市政府機関で登録すべきである。それによって他の人々は10年以内に、発明者の許可なしに類似品を製造することはできない」という趣旨の内容が規定された。

しかし、それより遙かに影響が大きいのは、1623年にイギリスで誕生した「独占法」（Statute of Monopolies）であった。当該法は現代特許法の元祖ともいわれる。引き続いて、1710年に、世界最初の「版権法」（Statute of Anne）もまたイギリスで誕生した。

法律による「知的財産権」保護は、技術的イノベーションに有利な要因をイギリスに集中させる効果をもたらした。即ち、産業革命のような「技術革命」がイギリスで最初に成功したことは、決して偶然ではない。産業革命は、制度の「先発的利益」がもたらした果実である。言い換えれば、先発国イギリスの成功とは、「立憲経済学」の成功である。

他方、後発国である中国の発展の経路において、後発的利益と不利益の葛藤が存在する。以下、見てみよう。

(2)「中所得国の罠」と「後発的不利益」

中国では近年、「中所得国の罠」について、盛んに議論が行われている。新興市場国は、1人当りGDPが1,000ドルという「貧困の罠」を突破してから、テイクオフの段階に入る。ラテンアメリカや東南アジアの国々で観察されたように、

1人当りGDPが3,000ドルを超えると、多種多様な社会的矛盾が集中的に顕在化する時期に入る。制度・政策の変革がそれに追いつかなければ、経済発展が挫折し、長期的な停滞に陥ってしまう。これが、いわゆる「中所得国の罠」である。その間に発生する構造的問題とは、例えば、（ア）開発モデルの転換が遅れ、労働生産性の向上が緩慢となること、（イ）金融システムが脆弱であり、金融危機に遭遇すると、実体経済が深刻なダメージを受けること、（ウ）所得分配が不公平であり、格差が大きいこと、（エ）政府の効率が低下し、腐敗が蔓延してしまうこと、などが挙げられる。

2013年、中国の1人当りGDPは6,094ドルに達している。即ち、中国も中所得国の仲間入りを果たしたのである。それでは、中国も「中所得国の罠」に嵌るのだろうか、罠から脱出する秘訣は一体何だろうか。

東アジアにおいて、格好な比較対象が存在する。日本、台湾、韓国などの「東アジアモデル」地域が「成功グループ」であるのに対して、「東南アジアモデル」地域は「罠に嵌ったグループ」なのである[10]。そして、明暗を分けた分岐点として、次の2点が挙げられる。第1は、制度面の法治国家作りであり（制度保障）、第2は、「成長の共有」（成果のシェアリング）である。

巨大な貧富の格差は、社会一般が共有する平等という価値観を損なうだけではなく、経済の持続可能な発展も妨げる。そして、「成長の共有」を実現させるために、そうした理念を現実化させる技術官僚グループの存在が重要である。当然、技術官僚が活躍できる法的環境の整備も欠かせない。中国はこの段階に来て、制度再構築の能力が問われている。

発展途上国の経済発展に対して、通常「後発的利益」が存在するといわれる。「後発的利益」とは、発展途上国は、技術移転を通じて最新の技術を導入することが出来、同時に、労働力や土地等生産要素の低コストで優位性を持っているため、経済的「キャッチアップ戦略」が実行できる、ということを意味している。

しかし、「後発的利益」を語る場合、「後発的不利益」の存在にも注意すべきである。「後発的不利益」とは、制度構築の遅れによって生まれる不利益を指す——その反面、当然、先進的な制度の早期導入による「先発的利益」も存在し得る。「立憲経済学」[11]は早くからこの問題に注目した。ダグラス・ノースとバ

---

[10]「東アジアモデル」と「東南アジアモデル」の比較については、陳雲（2005a）及びChen, Yun（2009）、Chapter 6参照。

リー・ウェインガストは、「なぜオランダではなく、イギリスで最初の産業革命が起きたのか」という問題を提出した（North and Weingast（1989））。彼らの解釈によれば、イギリスが1688年の「名誉革命」後に立憲体制を確立したことがその理由である。立憲体制は技術進歩（特許権保護など）を促し、産業革命を導いたのである。1689年に公表された「権利法案」によって立憲君主制が確立され、国王の権利が大幅に制限された。議会の同意なしには、国王はいかなる法律の制定も廃止もできない、徴税はできない、軍隊を常時維持することもできない等々である。一方、国民は議会選挙の自由、言論の自由を持つ等が規定された。

「名誉革命」後のイギリスでは、平和維持、財政、殖民、商業等をめぐる議会政治が、政府と社会の最大の関心事となった。それと対照的に、17世紀の他の世界の地域では、君主制が最も普遍的な政体であった。フランス、スペイン、オーストリア、スウェーデン、ドイツなどでは、中央集権的君主専制主義のもとで「君権神授」が統治思想であり、ロシアと中国でもまた厳然たる絶対君主制が長く続いた。

産業革命は、従来の農業・手工業時代に比べて高い制度保障を要求する。イギリスは13世紀より立憲君主体制を築いた。1215年の「大憲章」の第39条に、人権保護、私有財産権保護が明記されていることがとりわけ重要な意味を持つ。そして1688年の「名誉革命」を経たイギリスは、産業革命を迎える制度的条件を整えた。即ち、イギリスの「強国化」は制度の「先発的利益」の恵みといえる。

その反面、多くの後進国の発展が挫折してしまった（例えば、「中所得国の罠」に陥る）。その原因は制度に起因する「後発的不利益」によって解釈できる。

中国国内で、比較的早い時期に「後発的不利益」問題を提起したのは故楊小凱である。楊小凱によると、後進国は困難な制度の模倣を先送りし、比較的簡単な技術の模倣を早急に行う傾向にある。目の前の「後発的利益」（経済成長という配当）に没頭し、制度改革に消極的になり、結局失敗に帰してしまうと警鐘を鳴

---

11 立憲経済学は、憲法・憲政の経済的効果を研究対象にする分野である。そして、その中心的課題の1つが「政府機能のディレンマ」である。即ち、経済発展には政府の役割が欠かせないが、同時に政府が経済発展の最大の障害になり得るからである。1984年にMcKenzieが編集した論文集が初めて「立憲経済学」の概念を提出したといわれている（McKenzie（ed）（1984）参照）。1970年代以降、公共選択学派、法経済学派、新経済史学派、オーストリア学派等が、立憲経済学の発展に大きく貢献した。遡っていえば、立憲経済学は、Baruch de Spinoza（1632-1677）、David Hume（1711-1776）、Adam Smith（1723-1790）、Friedrich von Hayek（1899-1992）、James Mcgill Buchanan（1919-）等の思想や学説から受け継がれてきていると考えられる。

らした（楊小凱（2001））。

中国モデルは曲がり角に差し掛かっている。「外延的成長」（粗放型成長、弱肉強食型成長）から「内発的成長」（集約型成長、共有型成長）に転換させるには、制度的イノベーションが極めて重要である。この意味で、「中所得国の罠」は「後発的不利益の罠」ともいえる[12]。

それでは、制度改革の方向とは一体何だろうか。成長の共有を目指して、以下の２つの側面が重要である。（ア）マクロの面では、市場経済体制の健全化（一次分配）と再分配制度の健全化（二次分配）であり、（イ）ミクロの面では、個人の権利の尊重と救済措置の完備（とりわけ私有財産権の保護、後述）である。

3．社会資本論：信頼はどこから来るのか

社会資本論は、新制度派経済学或いは経済開発論における「経路」に関する研究と接点を有する。

正式制度と非正式制度の共同作用で生まれる「社会資本」は、顕在的或いは潜在的な「無形資本」の集合体である。これらの無形資本はある種のネットワーク（或いは地域共同体）と密接な関係にある。「信頼」は社会資本の産出物であり、その役割は共同利益のための結束力の向上及びフリーライダー現象の軽減（Ostrom（1990）、Olson（1965））として表現される。同時に、信頼関係は各種取引費用の軽減に繋がり、経済の効率化と活性化にも貢献し得る（つまり、正式制度に類似した効果を持つ）。

「信頼」及び「社会資本」が社会科学の新しい研究分野として浮上したのは、第二次世界大戦後のことである。定量分析が困難であるため、長い間経済成長モ

---

[12] このことに関連して、もう１つの「社会主義の罠」も提起できる。社会主義の歴史を研究する際に、「なぜ社会主義革命は、先進資本主義国ではなく、ロシアや中国といった途上国で起きたのか」という謎めいた疑問にぶつかる。われわれは、「改善の兆しの見えない格差」及び「改善の兆しの見えない制度の後進性」がその原因ではないかと考えている。そして両者の間には、明らかに因果関係が存在する。言い換えれば、制度の改革の不首尾が、格差を拡大させ、社会の分断と対立を生み出すのである。
　社会主義は、その理念としての正当性は別にしても、制度の実践において明瞭に失敗に終わった。ここで、次の２点への注意を喚起しておきたい。第１は、17世紀のフランス革命と同様に、「自由より平等」というイデオロギーそれ自体が問題を孕んでいるということである。第２は、社会主義は失敗には終わったが、しかし資本主義の進化への「圧力」としての役割を果たしたということである。そして、進化後の資本主義体制は、今度は、体制移行期に移っていく旧社会主義体制諸国の手本となっている。歴史の皮肉というべきものであろう。

デルの規定要因から外されたままだった。この分野に先に進出したのは社会心理学であった。1950年、アルバート・タックによる「囚人のディレンマ」における「信頼関係」の実験が発端であった。その後、ホヴランド、ジャニス及びケリーは、コミュニケーションのプロセスにおける信頼性の問題を研究し、社会心理学における信頼研究の基礎を形成した（Hovland, Janis and Kelly（1953））。

社会学も早い時期から同様の分析を試みている。19世紀末から20世紀初めにかけて、エミール・デュルケームが「団結」（solidarity）、ゲオルグ・ジンメルが「信頼」（faithfulness）、タルコット・パーソンズが「参加」（commitment）について、それぞれ論じた。だが、信頼に関する本格的な研究が始まったのは1970年代以降のことである。ニクラス・ルーマン（Luhmann（1979））、バーナード・バーバー（Barber（1983））、シュムエル・ノア・アイゼンシュタット及びルーイ・ロニガー（Eisenstadt and Roniger（1984））などがその代表的研究である。

その後、経済学と政治学の分野でも研究が進み、信頼に関する研究が学際化する方向へ発展していった。中でも、フランシス・フクヤマによる研究は、大きな反響を呼んだ（Fukuyama（1995））。

総じていえば、社会資本を観察する視点には、ミクロとマクロの双方が存在する。ミクロ的視点での研究は、概ね以下の分野に注目している。労働雇用と移民問題、社会階層化とエリート再生産問題、家族構造とコミュニティーが子供の成長に与える影響などである。これに対して、マクロ的視点での研究は、経済と社会発展、社会参加と民主政治、科学の発展と技術革新への影響などである。

社会資本と経済発展の関係については、ポジティブな評価が多い。ステファン・クナック及びフィリップ・キーファーは、29の市場経済国家に対する「価値観調査」（World Value Survey）に基づいて、次のように結論づけた。即ち、一国の国民が他者に対する信頼感が高ければ高いほど、国民の規範性が高く、経済と社会の発展水準も高くなる（Knack and Keefer（1997））。また、フクヤマは、アメリカ、イギリス、フランス、ドイツ、イタリア及びアジア諸国における文化・宗教・伝統と経済活動の特色に注目し、各国経済における社会的信頼度の役割を考察している。フクヤマの分析によると、高い信頼度を持つ国は日本、ドイツ、アメリカであるのに対して、低い信頼度しか持たない国は中国、イタリア南部、フランスである。高い信頼度の国では、概ね以下の特徴がみられる。第1に、教会組織、商工業組合、労働組合、民間慈善組織などの社会組織の発達が顕著であ

る。第2に、非血縁型大企業を組織する能力を持つ。第3に、信頼関係作りに要する費用が低く、企業競争力が大きい。フクヤマは、長い歴史の中で文化と伝統に根づいた信頼感は、様々な経済活動における取引費用の低下に貢献していると指摘している。

「社会資本論」は貧困問題の研究においても重要である。商業活動の浸透や都市農村間格差の拡大により、「流動革命」が発生し、既存の農村部での社会資本が速いスピードで失われてしまうのである（Narayan and Pritchett（1996））。1996年以降、世界銀行は、世界各地で経済及び社会発展における社会資本の役割について一連の調査研究を推進した。そして、経済発展と貧困解消において、社会資本を活用するプラン作りを進めている（世界銀行（2001））。

民主主義研究の分野でも、「社会資本」が注目されている。18世紀におけるアメリカの民主主義に関する研究の中で、アレクシ・ド・トクヴィルは、公民の自発的組織が、民主主義意識の育成や正式な民主主義制度の実施に極めて重要な役割を果たすと結論づけている（Tocqueville（2001/1840））。

こうした研究の方向を受け継いだのは、ロバート・パットナムであろう。パットナムは、1970年代以降のイタリアにおける政治制度の改革を考察し、1つの現象に注目した。即ち、一部の地域では改革が成功したのに対して、他の地域ではそうではない。この現象に注目したパットナムは分析を重ね、次のように結論づけた。信頼と規則をもたらす公民の自発的社会組織は、市民社会の運営に欠かせない社会資本であり、経済発展と政府効率向上の前提条件である（Putnam（1993））。即ち、社会の自発的組織の発達度について、イタリアでは地域差が認められ、この地域差が経済発展及び民主主義の運営に深く影響したということである。

それでは、一体社会資本はどのように形成されるのだろうか。正式制度及び非正式制度との関係をどのように認識すべきだろうか。図1-3に即して、検討してみよう。

（1）社会資本の発達は、伝統や文化に根づく様々な非正式制度との間に深い関係が存在する。それだけではなく、当面の積極的な公共政策や法制度（正式制度）も社会資本の醸成に貢献できる。また、正式制度と非正式制度の間に常に連鎖反応が起きる。

ノースの「構造的行動」[13]の形成には、正式制度がより決定的な影響を持つものと考えられる。非正式制度は正式制度の土壌的な役割を果す。図3は正常な状

図1-3　社会資本、正式制度と非正式制度の相互作用

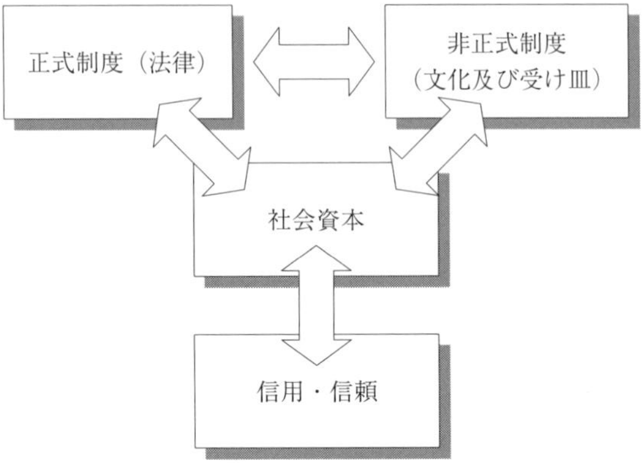

```
┌─────────────┐         ┌─────────────────┐
│ 正式制度（法律） │  ⇔   │   非正式制度    │
│             │         │（文化及び受け皿）│
└─────────────┘         └─────────────────┘
        ⇘                       ⇙
            ┌──────────┐
            │  社会資本  │
            └──────────┘
                 ⇕
            ┌──────────┐
            │ 信用・信頼 │
            └──────────┘
```

出所：筆者作成。

態の下での関係図だが、正式制度はそれまでの非正式制度のエッセンスをそのまま継承していくとは限らない。時には破壊することもあり得る。例えば、1950年代以降の中国の政治システムは混乱し、伝統的な儒教文化やそれまで築かれてきた社会的信頼関係はほぼ破壊されてしまった。それ以降、中国社会はもはや「儒教社会」とはいえなくなった。文化の修復ができるかどうかは、これからの制度と政策の修復能力に依存することになる。

（2）正式制度及び非正式制度は、環境の変化によって攪乱されることがありながらも、人間の「生存と発展」の願望が本能である以上、「生存と発展」に有利な正式制度と非正式制度は、種火のように潜伏し、何れは再燃することとなる。この点は改革開放の中国を理解する際には大いに有用である。

（3）個々人の間や特定の地域内部で、ミクロ的な「社会資本」は古くから存在したものである。ミクロ的社会資本はマクロ的社会資本の構成用件となり得るが、そこには前提条件がある——真珠を繋ぐ糸のように、点在するミクロ的社会資本を連結させるのは法的環境である。法治精神が現代社会を支える基礎である。

ところで、中国における社会資本の状況はどうだろうか。

中国は、30年間にわたって計画経済体制の下で運営されてきたが、民間の素朴

---

13 ある構造（制度）の下での行動パターンを指す。要するに、制度は人々の行動の予測可能性を高めさせる機能を持つのである。

な市場理念が種火のように生き残っていた。その中でも、浙江省が典型的な存在である。「浙江モデル」は諸地域の中にあって、「成長の共有」に最も近いモデルを構築したが、それと同時に、「社会資本」の蓄積も大きい。

　本書における「浙江モデル」への考察を通じて、以下の知見が得られる。

　(1) 市場経済化改革の初期段階において、民間の経営者にとって、市場情報の非対称性が抜き難く存在しただけでなく、民営企業（これはトータルとしての呼称であり、改革開放当初では「個体戸」と呼ばれた個人経営者がほとんどであり、「企業」の資格を持つものは稀であった）の法的な地位も確定せず、リスクを認識しながらの創業であった。正式制度が欠如した段階において、社会資本は職業紹介や、ビジネスパートナーの獲得などに多いに役立った。従って、モデル形成の最初の段階において、民間人同士のネットワーク（信頼や団結、相互扶助）や、更に官民の間の暗黙の了解とサポートが極めて重要である。

　中国の場合、市場化に関する正式制度は、そうした非正式制度（民間による実践）の後を追う形で出現したものである。その背後に、「生存と発展」という人間性或いは本能が動力源となっていた。浙江省の人々の自助努力の精神はこの地の「文化的遺伝子」となり、「浙江の奇跡」及び「義烏の奇跡」を生んだ。

　(2)「成長の共有」はモデルの持続可能性の保障である。そのロジックは簡単である。地域内部の格差が拡大していくにつれて、「既得権益集団」は孤立化してしまう。改善の兆しがなければ、何れは資本と人の移動が多数起こり、モデルの自己破綻を招くことになる。その意味で、「成長の共有」に寄与しないモデルは、理性を欠くモデルとして持続性に乏しい。

　逆の場合、義烏市における社会融和政策（第5章参照）は、モデルを持続させるための施策として、その効果が認められた。

4．法統論：資本主義精神とは何か

　現代国家において、しばしば「法によるガバナンス」が唱えられる。しかし、実際には「法」が問題ではなく、「現代社会の精神に相応しい法の構築」こそが問題となる。以下、東西法統の相違について、歴史的視点から論じることとする。

(1) 資本主義精神とは何か

　20世紀初頭、マックス・ウェーバーは宗教と資本主義精神の関係に関する一連の論文を発表した。その中で、ウェーバーは、「近代資本主義はなぜヨーロッパで興隆したか」という問題について、文化の視点から考察した（Weber（2001））。ウェーバーの説によれば、資本主義の発展は、経済的及び政治的制度によるサポートのみではなく、特殊な精神文化とも密接な関係が存在する。「プロテスタンティズムの倫理」は、利益追求を目的とする商業活動を「天職の遂行」と見なし、資本主義精神と巧みに合致させたのである。その結果として、「プロテスタンティズムの倫理」は資本主義発展の土壌となり、「精神的駆動力」の役割を果たすことになった。他方、宗教改革を経験しなかった国・地域では、ヒンズー教、仏教、儒教、道教、イスラム教、ユダヤ教などの宗教倫理が、その地域の資本主義の発展を阻害する要因となった。

　上記ウェーバーの説は説得力に富むが、一方異論を唱えることも可能である。現時点で見れば、「新教地域」に限ったことではなく、儒教や仏教、ユダヤ教地域でも「資本主義」が活発に行われている。「アジアNIEs」は、その成功の事例である。言い換えれば、「プロテスタンティズムの倫理」は資本主義の唯一の精神的土壌ではない。

　それでは、「資本主義精神」とは一体何だろうか。実例を観察することによって、次の結論に到達することはそれほど困難ではない。即ち、（ア）「法によるガバナンス」の確立が資本主義（市場経済）の発展に不可欠な前提条件だということである。従って、法治社会こそ真の資本主義精神である（避けては通れない「道路」である）。（イ）更に肝心なのは、その法統の中身は資本主義の要求に合致する法統であり、即ち、私有財産権を厳格に保護する法統でなければならない。

　その理由を考えてみよう。伝統的郷土社会の中でも商業活動が存在した。しかし、規模が小さいため、資本の貸借関係は「顔見知り」同士の間に限られ、そこでは「情報の対称性」が存在し、信用は容易に担保される。それに比べて、産業革命以降の現代資本主義は、生産規模が大きく、大規模な資本を必要とする。資本が「見知らぬ人々」の間に大量に流通（貸借）する必要性が現れたのである（証券取引所がその代表的な場所である）。当然、そこでは問題が浮上する──誰が或は何が、見知らぬ者同士の貸借関係に「信用」を保証するのか、ということである。いうまでもないことだが、強制力を持った法律以外には考えられない。

このことが理解されれば、次の質問には容易に解答可能だろう。即ち、13世紀以降、なぜ他の大陸ではなくて、西欧で最初の資本主義が勃興したのか、という問いである（他の大陸の国――例えば宋や明中期の中国――でも資本主義が芽生えたが、その後繁栄しなかった）。その答えは、私有財産権を保護するヨーロッパの法統は護衛者となったのに対して、中国の法統は王権優先原則に立ち、私有財産権の法的地位が貧弱だったためである（詳しくは後述）。この発見は今日の中国の市場経済化改革にとって、意義が重大である。

概していえば、私有制は国家成立の基礎であり、発展の原動力である。資本主義の勃発と相まって、ローマ法の継承、「宗教改革」（新教の誕生）、ルネッサンスという西洋政治史の中でとりわけ重要な「3R運動」[14]が発生した。また、国家構造において、ヨーロッパ封建制の維持も近代化の発生に重要な意味を持つ（中国の「大一統」体制とは対照的に。後述）。

(2) 東西法統の比較

「アジア的生産方式」で有名な中国の場合には、概ね宋王朝の時代に、「資本主義の芽生え」が観察された（民間商業活動の空前の繁栄が見られ、紙幣も出現した）。そして、その後の明や清の時代に、商業活動に成功した「地域的商人グループ」が輩出することとなった（「徽商」、「晋商」などが有名である（陳雲・森田憲（2011a）参照）。ただし、全体としていえば、中国の商業活動は伝統的なものであり、近代資本主義の活動とは基本的に無縁である。

それでは、一体なぜ中国で「資本主義」が発展しなかったのだろうか。これまで多くの学者がこの謎めいた問題に挑戦している。

余英時は、「中国で資本主義が発展しなかったのは、世俗的禁欲の倫理が欠如していたためではなく、政治と法律が合理化の過程を経ていなかったためである」と指摘している（余英時（1991）、33頁）。この指摘は実に鋭いが、しかし「合理化の過程」とは一体何なのか、更に、なぜ中国で「合理化の過程」が出現しなかったのかを改めて問う必要がある。

われわれは、東洋と西洋の法統（法律の原則）の相違にその解釈を求めたいと思う。実は、東西を問わず、「法律」はどこの国にも古代から存在していた。し

---

[14] Renaissance, Revival of the Roman Law, Religious Reformation のそれぞれの頭文字を取って、「3R運動」と名づけられた。

かし、東西の「法統」は異なったものである。この相違によって、近代資本主義がヨーロッパで興隆したのに対して、中国では発展しなかった。言い換えれば、中国が——王朝時代から現在まで——直面する真の課題とは、「法統の転換」に他ならない。

具体的に説明してみよう。西洋の法統は紀元6世紀にできた「ローマ法」（東ローマ帝国時代）に遡る事ができる。そのエッセンスは、公権と私権の区別、私有財産権の厳格な保護にあったといえる[15]。一方、中国の法統は、基本的には「王権優先の原則」（「普天之下、莫非王土；率土之浜、莫非王臣」——『詩経』）と概括できる。皇帝が代表する「公権」が「私権」を侵害しやすい法的環境にあったのである。私有財産権の厳格な保護は当然あり得ない[16]。古代中国の階層構造もまた「士、農、工、商」の順で並び、商工業活動が著しく抑えられ、「商人」の社会地位も極めて低かった。

さて、30年間の計画経済体制の時期を経て、1980年代以降の中国は新たに市場経済の道を選択した。この間に、「法統」にも静かな変化が見られた。例えば、民間企業の法的地位の問題、私有財産権の保護の問題については、1990年以降積極的な変化が確認できる（2004年『憲法』修正、2007年『物権法』制定）。しかし同時に、そうした法律ができたにもかかわらず、違法な手段で「家屋強制撤去」（都市部）、「土地の強制収用」（農村部）が行われ、更にまた民営企業家を冤罪に陥れ、財産を剥奪するといった事件が後を絶たない（第2節参照）。一体なぜだろうか。

---

[15] ルドルフ・フォン・イェーリングはその著書『ローマ法精神』の中で、次のように述べている。「ローマ帝国はかつて三度にわたって世界を征服した。一度目は武力によって、二度目は宗教によって、そして三度目は法律によってである。武力はローマ帝国の滅亡によって消滅し、宗教はその影響が人々の意識水準の向上、科学技術の発達によって縮小した。しかし、法律による征服はほぼ永久に続くものである」（Jhering（1852-1865/2003））。

[16] ウィットフォーゲルは西洋社会の私有財産権を「権力型財産」、東洋社会の私有財産権を「収益型財産」と名づけて、区別している（Wittfogel（1957））。また、およそ200年前の清の乾隆帝時代に中国を訪れたイギリスの使節団によって、貴重な記録が残されている。同使節団の団長であったストーントンは、中国訪問を通じて、中国の社会格差及び法律と権力の関係について詳細に観察し、報告書に纏めている。ローマ法精神によって教育されたストーントンの目に映った中華法統の様子及び社会的影響は次の通りである。（ア）清の時代の中国は、世界でも稀な格差社会であった。（イ）専制主義は常に皇帝の利益を最優先においているため、民間の財産が皇帝の主張と齟齬をきたせば、保障されない。（ウ）個人の財産権は常に政治的権力に支配される。財産に関する法律は人々に安全及び安定を与えることができない。法的機関及び法律の執行は極めて不合理であり、法務官僚が法律を凌ぐことが常態である。（エ）専制主義は中国の人々の財産や安全を危険に晒し、それによって、社会的進歩を促進する要素が消滅してしまうだろう（Staunton（1797））。

法律は、常にシステム的に存在するものであり、法律があっても権力を握る行政側に対する監督がなければ、法律は機能できない。通常、権威主義体制は「賢明（ソフト）な権威主義」と「ハードな権威主義」に分けることができる。賢明権威主義体制は、言ってみれば自律性を持つ権威主義であり、チェック・アンド・バランスの立憲原則がそれほど完備されていなくても、権力者グループの自律性（台湾の場合には、技術官僚治国の体制、司法の一定の独立性が存在した）、社会的な牽制力（1950年代よりの地方自治制度、党外勢力の温存、経済成長に伴う市民運動の活発化）、更に外圧（アメリカの存在が大きい）が、政治力学に共同に参加し、システムの安定性が維持されたと考えられる。

当面、中国における権威主義体制の自律性は未だ見えていない。持続可能な発展への挑戦は、結局「自分自身への挑戦」なのである。

第2節 「中国モデル」のダイナミックスと格差

前述の通り、経済成長理論は、資本重視から技術重視、人的資本重視、そして制度重視の方向へ変化してきた。そして、非正式制度と正式制度の共同作用によって「社会資本」（信頼が主な産出）が作り出されるのである。

中国の改革開放は、開始から30年余りが経過した。全体的にいえば、依然として、生産要素（資本、労働、土地）駆動型の外延的成長（粗放型成長、弱肉強食型成長）の特徴が顕著である。光と影がともに膨らむ中、モデルの変化が迫られている。

繰り返しになるが、成長の共有を目指して、制度変革の方向は以下の2つの側面から考える必要がある。(1) マクロの面では、市場経済体制の健全化（一次分配）と再分配制度の健全化（二次分配）であり、(2) ミクロの面では、個人的権利の尊重と救済措置の完備（特に私有財産権の保護）である。

本節では、中国の改革開放と「チーズ型」社会構造の関係を簡単に述べた後、「中国モデル」に関する対立意見を紹介する。その後、「中国モデル」の性格を二つの開発段階に分けて把握してみる。そして、それらを踏まえて、格差研究の位置づけ及び地域研究として長江デルタを選んだ理由を説明する。

1．中国の改革開放と「チーズ型」社会構造

　1950-1970年代に中国で採り入れられた計画経済体制は、制度化が欠如したため、「緩い集権制」(slackly centralized system) といってよい（中兼和津次（1979））。この体制は概ね、(1) 農業国としての分散的生産方式、(2) 毛沢東による「人治」の色彩が濃厚な統治スタイル、(3) 閉鎖的政治・経済・社会システムの下で発生した「制度の劣化」（「エントロピー増大の法則」[17]の現れ）と関係するものである。

　「緩い集権制」の下での政治・経済・社会構造は、小さな穴が沢山開いたチーズのようなものであり、新たな内外の圧力によって、容易に変化が起きる。

　30年間にわたる閉鎖的な自己循環の結果として、中国社会は政治の混乱、経済の立ち遅れ等の深刻な症状に陥った。政治経済体制の重大な欠陥を集中的に露呈した文化大革命に対する是正をきっかけに、改革開放の幕が開かれた。1978年当時の中国経済は、世界の先進工業諸国との間の大きなGDP格差に直面していただけではなく、貧困問題、産業構造、地域構造等の側面でも大きな問題を抱えていた。それらからの脱却は、体制の根本的改革以外に道はなかった。

　それでは、実際に、変化はどのように起きたのだろうか。

　中国の改革開放は、2つの視点から観察できる。1つは、農村部で起きた自発的変革だということであり、これはボトムアップ式変革に当たる。そして、もう1つは、周知の通り、対外開放戦略であり、これはトップダウン式変革に該当する。いうまでもなく、この両者とも旧体制の比較的「周辺」に位置した部分であった。

　前者についていえば、安徽省小崗村が典型的な事例である。そのノウ・ハウを吸収し、全国的に農地の「家族請負制」が一気に導入された。農業から着手したことが中国における体制移行を容易にさせたとの指摘が存在する（Sachs, Woo, Fischer and Hughes（1994））。中国やベトナムでの経験が示しているように、農業改革は非農業改革に比べて、困難は比較的小さい。それは農業・農村の構造は工業や都市の構造と比べると単純であり、効果が現れやすいからである。

　同時に、「開放を以て改革を促す」という重大な戦略が展開された。ラ・ミン

---

[17]「エントロピー増大の法則」（物理学の「熱力学第二法則」）は、1850年、ドイツの物理学者クラウジウスによって提出された法則であり、その内容は以下の通りである。「ある閉鎖的システムの中で、外部と物質・エネルギーの交換が停止したため、エントロピー値が増大し、システムはますます無秩序化し、エントロピーが最大値に達するときにシステムの崩壊が発生する」。

トの指摘を待つまでもなく、開放的経済は閉鎖的経済よりも、経済発展に有効である（Myint（1971））。

　1979年以降、改革開放実験地域における地方分権がいち早く始まった。中央政府から「特殊政策・弾力措置」を与えられた広東及び福建両省を初めとする沿海部において、経済計画の立案施行における自主裁量権、財政と外貨制度の保留の拡大、金融政策、賃金、物価政策における権限の委譲などを通して、『「条々」と「塊々」の2つを結合させ、後者を主とする』という原則が貫徹されてきた[18]。

　経済特区を初めとする開放経済区は、それ以前の経済システムが持つ弱点に対して、経済的基盤及び地理的優位性を有する地域からメスを入れ、市場経済後発国の「後発的利益」の追求を通して、新しい経済構造への転換を意図した斬新な試みであった。そのため、国民経済及び地域経済の動向の中では、開放経済区は「資金・技術・管理・知識」という「四つの窓口」及び「市場経済体制の実験場」として位置づけられた。そして改革開放のテンポに応じて、開放経済区の範囲の拡大と内容の深化が推進される一方、開放経済区の実験成果は、社会経済の各方面に、また中国全土に波及していった。

　1980年代以降の地方分権の動向は、毛沢東時代に残された中国特色の「緩い集権制」という伝統的遺産と無関係ではない。このような伝統には、改革開放後の中国社会に地域間、部門間、企業間の競争を促進する土台ができたと同時に、1980年代の「地域保護主義」の台頭及び進行を引き起こした。これらは更に、体制移行期における産業、財政、金融政策などと複雑に関わりつつ、地域格差の規定メカニズムに影響を与えたものと考えられる。

　以上のように、改革開放後の地方分権を「チーズ型社会構造」と関連づけて考察した。実際、改革開放時代の中国の「分権」は、2つの視点から認識する必要がある。

　（1）1つは、政府と市場の分権である。この視点は、「計画経済体制」から「市場経済体制」へ移行するプロセスの中で現れた「不可逆的な分権」である。市場の力こそ、「集権体制」に終止符を打つ徹底的な力に違いない。

　（2）もう1つは、中央と地方の分権である。この視点の分権については、中国

---

[18]「条々」とは国家を頂点とし、地方を底辺とする縦に繋がる行政指令系列であり、「塊々」とは各省・各行政区内部において横に広がる行政指令系統である。これらの行政の縦割り・横割りは何れも、伝統的計画経済が持つ基本的な性格である。

の改革開放の活気を生み出した原動力である一方で、中央地方間の権力をめぐる「放と収」の循環が今だに続いており、取引費用が無限に膨らんでいるという現状が存在する——それらを安定化させる方策は、「地方自治制度」以外にはない（この点は後述）。

2．「中国モデル」の経緯

　中国の改革開放に対して、海外諸国は熱烈な歓迎の姿勢をみせた。その理由は、概ね安全保障、経済及び政治の側面に分けられる。
　（ア）安全保障の側面については、冷戦が続く中、中国がソ連を中心とした東側陣営から離脱することは、東アジアの国際秩序及び平和に貢献するということである。
　（イ）経済の側面については、中国をグローバル経済に巻き込むことによって、より大きな世界市場が形成されるということである。
　（ウ）政治の側面については、中国経済の現代化は、中国政治の現代化の前奏曲であり、改革開放により中国の民主化が期待できるということである。
　それでは、30年余り経過した現在、状況はどうだろうか。先に述べた「安全保障、経済及び政治」の側面に照らしてみると、意見が真っ向から対立しているのが現状である。
　1980年代以降、中国は鄧小平体制の下で、「創造的破壊」戦略を展開し、高度成長が続いた（陳雲・森田憲（2010a）、第2章）。それに伴って、概ね1990年代半ばから、「中国脅威論」、「中国崩壊論」が台頭し始めた。実際、中国経済の発展の業績を称える「北京コンセンサス」（Beijing Consensus）が「ワシントンコンセンサス」（Washington Consensus）と対抗する形で現れた。後者は先進工業諸国とりわけIMFの指導の下で1990年代から用いられ、私有化、市場化、自由化、透明化を内容とする経済発展の方式を指す。自由主義市場経済は「ワシントンコンセンサス」のエッセンスといえる。しかし、「ワシントンコンセンサス」を導入したラテンアメリカ（アルゼンチン）や東南アジア（インドネシア）などの発展途上国において、期待通りの経済実績を上げることができなかった。この状況の中で、中国の開発モデルが世界で注目されることとなった。
　「北京コンセンサス」の提唱者は、ジョシア・クーパー・ラモである。2004年

5月、ラモはロンドン外交政策センターにおいて、「北京コンセンサス」をタイトルとする論文を発表した（Ramo（2004））。ラモは、中国が自国の国情に相応しい開発モデルを築いたと賞賛し、このモデルを「北京コンセンサス」と名づけた。ラモによると、「北京コンセンサス」の具体的特徴は次の通りである。（ア）創造的実験（例えば経済特区）を行うこと、（イ）覇権主義（アメリカ）の圧力を排除し、国家主権と利益（例えば台湾問題）をしっかり保持すること、（ウ）「石を探りながら河をわたる」（中国語で「摸着石頭過河」）という漸進主義的改革路線の実施、（エ）社会的公平と生活の質の向上を発展の目標とすること（世界銀行の推測では、1979年以降、中国は3億の人々の貧困脱出に成功した）等々である。このラモによる「北京コンセンサス」は、中国国内で従来から使われていた用語（「中国特色の発展道路」、「中国特色の社会主義」）と呼応して、とりわけ中国国内で人気を博した。

　中国国内において、「北京コンセンサス」と「ワシントンコンセンサス」の対決構図は、2014年現在、決着が付いていない。実際、2014年7月5-6日、復旦大学（上海）で行われた「楊小凱追悼10周年記念シンポジウム」で、北京大学経済学教授の張維迎と元世界銀行副総裁の林毅夫との間で行われた議論は、参加していた記者によって報道され、広範な関心を呼んだ。当事者の林は、その後更に「私と張維迎、楊小凱との相違点はどこにあるか」という釈明の長文を発表した。林は、これまでの中国が著しい発展を遂げた理由は、政府が「有為」に役割を果たしたからだと主張した。それに対して、張は、中国で市場と企業の役割が政府によって著しく抑圧されており、典型的な「後発的不利益」がすでに現れている、また「中国は成功した」と断言することは出来ない、更に後退する危険性を伴っている、と憂慮を示したのである。いうまでもなく、双方の「すれ違い」の原因は、まず「中国モデル」のパフォーマンスに対する基本認識の違いにある。林は、「成功、奇跡」に着目し、それまでの「中国の経験」が合理性に満ちたものであると結論づけた。一方の張は、「問題が山積している」と認識し、開発パターンの根本的な変革を呼びかけたのである。前者が「北京コンセンサス」の賛同者であるというのなら、後者は「ワシントン・コンセンサス」の信奉者であるといえよう。

　また近年、「北京コンセンサス」の延長線上で、「中国モデル」という言葉が盛んに使われるようになり、激しい議論を呼んでいる。しかし、見る人によって「中

国モデル」の中身がかなり異なっているため、議論は必ずしも噛み合っているとはいえない。以下、「中国モデル」をめぐる賞賛の意見と批判の意見をそれぞれ具体的に述べてみる。

(1)「中国モデル」に対する賞賛の意見

「中国モデル」が存在し、しかも世界に向かって推奨する価値があるという認識を持つ人々の主張によれば、それは主として以下の理由に基づくものである。

第1に、中国は長期間にわたる高度経済成長を実現した。この点を称える意見が多い。例えば、アロラとヴァンヴァキディスは、20年余りのデータを用いて、中国経済の影響を計測している。その計測結果によると、中国のGDPの1％上昇が5年間続けば、世界のGDPを0.4％押し上げることができるという（Arora and Vamvakidis（2010））。

第2に、中国の優れた経済成長は「摸着石頭過河」式（「石を探りながら河をわたる」）式の漸進主義路線によるものだとする意見が一般的である（Chang and Nolan（1995））。

旧社会主義諸国の体制移行において、「漸進的改革」としての中国モデルが、旧ソ連やポーランドのような「急進的改革」との比較の中で浮上し、様々な角度からの研究が行われた。例えば、二種類の改革のパターンの相違とその要因を分析する研究（Murrel（1992）、林毅夫他（1997））、体制移行の費用と利益を分析する研究（Kornai（1992）、樊綱（1993）、Winiecki（1993）、Aslund（1994）、Berliner（1994）、小川和男・渡辺博史（1995））などがある。また、鄭永年は、中国の制度改革の特色及びルーツを紹介し、民主化の視点だけでは中国の貴重な経験を見失ってしまうと述べ、「国家建設」こそが過去30年の中国の政治改革の中心任務であると主張した（鄭永年（2010））。

第3に、2008年に世界金融危機が発生した際に、中国政府は迅速な財政出動に乗り出し、経済を衰退の崖っぷちから救済した。しかも、中国の素早い危機対応能力はアジア及び世界の経済秩序の安定にも貢献した（McKinnon and Gunther（2011））。その原因に関していえば、中国の「一枚岩」的な経済管理体制（中央政府、地方政府、銀行）が重要であると同時に、中国政府の学習能力が発展途上国の中で突出しているという主張もまた多く見られる（Naughton（2008）、Wang, Shaoguang（2009）、Heilmann（2008）））。

(2)「中国モデル」に対する批判の意見

　反対の立場に立つ人々は、推奨価値のある「中国モデル」などそもそも存在していない、中国の開発パターンも多種多様な問題を抱えており、むしろしっかり反省すべきであるという認識を示した。実際、中国の開発が進むにつれて、アンバランス問題は、経済、社会、政治、環境などあらゆる側面で顕著に現れている。例えば、(ア) 経済発展（GDP成長）と民生問題（教育、医療、住宅、格差、公害、私有財産権保護など）のアンバランス、(イ) 経済発展と政治発展（不正・腐敗防止、民主化）とのアンバランス、(ウ) 国際的な文脈において、経済規模と「責任ある大国」とのアンバランス、などが挙げられる。

　「中国モデル」への批判の意見は、上記のような開発の現状と深く関わるものである。例えば、Naughton and Yang（2004）及び Pei（2006）は中国崩壊論を展開している。津上俊哉は、2003年に『中国台頭』を著し、日本は中国台頭の現実を直視し、「引きこもり・日本」に活気を入れようと主張した（津上俊哉（2003））。しかし、10年後の2013年、『中国台頭の終焉』という正反対のタイトルの本を著し、（10年前に比べて）自己否定的な見解を展開した。津上は、中国社会における国進民退、都市・農村二元構造、少子高齢化という新たな現状を分析し、今後の中国は、成長率5％程度の中成長がせいぜいであって、GDPでアメリカを抜いて「米中逆転」を起こすことはないと主張している（津上俊哉（2013））。

　また中国既存の経済管理体制に固有のリスクが存在するという意見が多数存在する。例えば、大型国有企業の存在によって政府の戦略的意図（投資拡大、工業化と都市化の推進）は実現できるとしても、国有企業の意志決定の合理性をどのように確保するか、国有企業の真の競争力をどう育成するか等々課題は多い。また、産業構造の高度化の実現には、個々の経済主体のイノベーションに関わる意欲と能力が不可欠であり、公平公正な市場環境を構築しなければならない、といった見解である（Chu, Wan-wen（2011a）、Chu, Wan-wen（2011b）、Nolan（2001））。

　中国の学習能力について、Heilmann（2009）は、一部の分野で中国政府は優秀な学習能力を見せたが、しかし多くの分野では依然として学習能力に乏しいと述べている。Heilmann は、中国の政策決定モデルを「将来を見据えた修正」（Foresighted Tinkering）を行うモデルと捉えている。言い換えると、中国政府はマクロ的及び長期的な目標を設定すると同時に、有効な政策用具を地方の実験

から探し求めるパターンだという理解である。しかし、そうしたパターンには、それ自身の中に欠陥が内在している。なぜなら、地方の実験は階層的権力構造の中で行われるものであり、そもそも「創造性」など生まれ難いからである。そして最後に、Heilmann は「社会契約の再構築が必要である」と結論づけている。

また当面、経済、社会、政治の現状の複合的産物として広く批判を浴びているのは「縁故資本主義」（Crony Capitalism、中国語で「裾帯資本主義」という）である。Huang は、縁故資本主義は体制的腐敗と未熟な政治権力によって成り立っていると述べている（Huang（2008））。この用語は、中兼がいう「家産官僚制」（公と私が未分離な政治システム）やミュルダールがいう「ソフトな国家」（Soft State）[19]に近い表現であろう。何れも、ウェーバーによる近代国家に相応しい「近代官僚制国家」とはほど遠い状態である。

安全保障に関していえば、中国の台頭は、「古代中華帝国の復活」へ導くのではないかという脅威論が存在する。ジェイクスは、中国はその経済成長に伴って、これまで確立されてきたヨーロッパの体系（主権国家間の相互独立と尊重、即ち「ウェストファリア条約」の秩序）を転覆させ、「中央帝国」としての中国を中心とする新しい「朝貢体系」を復活させるのではないかと警鐘を鳴らしている（Jacques（2009））。ミアシャイマーも、国際システムの安定性という視点から「中国の台頭」を楽観視していない（Mearsheimer（2001, 2006, 2010））。また、アジアにおいて、近年の日中関係の悪化をめぐり、高原は、「国民統合の求心力を高め、党内闘争を有利に展開する上で、対外的な対象を設定して闘争を仕掛ける手法がしばしば採られてきた。……そしてもう１つは、海外の権益が増えたため、それを守ることのできる軍事投射能力を強化しなければならないというナショナリズムがある」と指摘している（高原明生（2014））。このような懸念と関連して、われわれはヨーロッパ連合（EU）の経験に鑑みて、東アジア共同体の基礎（第一歩）は、安全保障共同体作りに置かれるべきであることを強調した（陳雲・森田憲（2011b）、Chen and Morita（2013））。

また2001年以降、国家戦略として実施された中国の「走出去」（Go Global）戦

---

[19]「ソフトな国家」（Soft State）とは「腐敗した、制度が未熟な、国家や政府の状態」を指す（Myrdal（1972）参照）。なお、Johnston（1998）は、多くの国の腐敗が国家、市場、社会システムと共生関係を持つことを指摘し、「入植型腐敗」（Entrenched Corruption）と名づけた。李輝（2013）は、ある国有企業の事例を通じて、この種の「入植型腐敗」の存在を確認している。

略（この点は後述）は様々な批判を浴びせられ、「新殖民地主義」（主として対アフリカ資源型投資に対して）とまで呼ばれた。この種の議論は、メディアを中心に拡がり、2008年北京オリンピックの開催にも影響を及ぼした。例えば、キング（Kynge（2006））や河添恵子（2011, 2012）は、中国人や中国企業の世界進出は様々な問題を引き起こしていると述べている。また、ディエゴ・クエル他は、中国の対外直接投資は通常の対外直接投資のように、利潤獲得動機を主要な或いは唯一の決定要因として行われているわけではないと述べている（Quer et al.（2012a, 2012b））。Mathews（2006）は更に、中国型対外直接投資を「ドラゴン多国籍企業」と呼び、「政府の関与と民間の構想」というユニークな「混合」が特色となっているという。

　以上に述べたような懸念に対する中国の対応は、いわゆる「ソフトパワー」の展開である。海外において急ピッチで推進されている「孔子学院」の設置、並びに中国メディアによる「文化走出去」戦略（文化機構の海外進出、文化産業の海外買収、海外投資）の実施がそれに該当する。しかし効果の面からいえば、性急な「自己証明」は反対に「文化的拡張」や「文化的侵略」と見なされ、不信感を一層刺激する結果となっている。

　そのことに関連して、2014年3月に台湾で発生した「反両岸サービス貿易協定」を内容とする「太陽花学生運動」も、「中国モデル」に対する一種の拒否反応と見なせる。若い世代（大学生）が当該運動の主力となったことは、大きな懸念材料と言わざるを得ない——台湾の利益が損なわれるのではないかという不安の裏側に、台湾の民衆の対大陸への根強い不信感が働いたと思われる。実際、近年における大陸の対台湾政策は、伝統的な「統一戦線」[20]策略や「武力行使を放棄しない」という威嚇戦略以外に、経済関係強化策に重心を置くようになったが、結果から判断すると、それが功を奏しているとはいえない。

　ジョセフ・ナイによると、「ソフトパワー」は「国際社会からの信頼」を得ることのできるパワーである（Nye（2011））。また「スマートパワー」を最初に用

20「統一戦線」とは、一定の歴史的時期において、異なる社会の政治的集団（階級、階層、政党、団体及び民族、国家等）が共通の目標を実現させるために結束した政治同盟を指す。戦争の時期に、各段階の目標に合せて、中国共産党は「国共統一戦線」、「抗日民族統一戦線」、「工農民主統一戦線」、「人民民主統一戦線」等をそれぞれ提出した。1949年における建国後、「愛国統一戦線」の旗印の下に、対台湾、対香港及び対海外中国人エリートの工作が展開された。また、「統一戦線」は「武装闘争」、「党の建設」とともに、中国革命を勝利に導いた「二大宝物」である（毛沢東（1991/1939））といわれている。

いたスザンヌ・ノッセルによれば、「ソフトパワー」或いは「スマートパワー」を形作る鍵は、「貿易、外交、対外援助、アメリカの価値観の世界的啓蒙・促進」にある (Nossel (2004))。中国におけるそうした側面の在り方が問われている（森田憲・陳雲 (2013b))。

(3) まとめ

ここまで述べてきたように、中国の改革開放の実践に対して、人々の評価が分かれている。本書の中で、われわれは「中国モデル」という用語を価値判断としてではなく、現状の現れとして用いる。30年余りにわたって展開された開発の特徴を客観的にまとめ、問題点の摘出を試みることとする。

体制移行国は「経済発展」と「政治発展」の双方の課題を抱えていることは明白である。「東アジアモデル」の場合においても、「経済発展」と「政治発展」という相前後する2つの時期があった。それに照してわれわれは、2007年の第17回共産党大会（世界金融危機の発生時期とも重なるが）を境に、「中国モデル」を2つの発展段階に分けて、それぞれ考察してみることにする。その前期は、いわゆる「経済建設を中心」とした発展の時期であり、「低コスト依存」がこの時期のモデルの典型的な特徴である。そして、後期（その後から現在まで）は、経済発展と政治発展が密接に連動し合う時期であり、本書では、「新政治経済学の時代」と呼ぶ。

以下具体的に見てみよう。

3．「中国モデル」の特徴

先の節で述べたように、中国モデルは、「経済建設中心の時代」と「新政治経済学の時代」という2つの時期に分けられる。

改革開放の当初から、中国の中心となる課題は「経済建設」であり、制度の民主化ではない。それにもかかわらず、そうした「経済建設」を目的として起こされた経済システムの転換は、経済分野に限定されるものではなく、更にまた社会的、政治的な領域に関わってくることとなった。その結果として、「権威主義が権威主義に反対する」ロジックが現れるのである——能動的或いは受動的に。

いうまでもなく、そうしたモデルの成功例は、台湾や韓国が代表する「東アジ

アモデル」である（陳雲（2005b）、Chen, Yun（2009）、Chapter 6 参照）。これらの国や地域の体制移行には能動的特徴が見られるが[21]、中国の場合にはむしろ受動的な特徴が顕著である。中国の制度改革は往々にして、「理念先導」ではなく、「現実追随」的なものであった（陳雲・森田憲（2009b）、Chen, Yun（2009）、Chapter 5）。

　中国モデルの目指す方向は、持続可能な発展である。以下、本章第1節で挙げた経済成長の諸駆動力に照らして、2つの開発時期の特徴と課題を考察することとする。まず、全体的な特徴として以下の4点を挙げておきたい。即ち、（ア）GDP創出効果が突出しているものの、「低コスト依存」であるため、持続可能性が問われる。（イ）高成長の副作用として、民生問題が常に発生する。しかも「慢性的」なものから「急性・悪性的」なものへとエスカレートしている。そのうち、格差問題は基礎的な民生問題であって、他の要因と相乗効果が発生しやすい。個人・家庭への「貧困の再生産」効果はむろんのこと、経済社会の安定化と政治的合法性を揺るがす要因ともなる。また、（ウ）中国で現在まで続いている前近代的国家体制（中央集権制）[22]は地域格差に大きな影を落としている。市場経済に相応しい「法治体制」及び「地方自治」の早急な実行が、国土の均衡的発展並びに「成長の共有」の不可欠な条件であると考えられる。（エ）民生問題の噴出（及び政治腐敗、「国進民退」、特殊利益団体といった諸問題）は、1990年代以降の「政経分離」型路線によるものである。政治改革における「失われた20年」の付けが大きかったといえる。

(1) 経済建設中心の時代（1980-2007年）：低コスト依存型経済モデルの展開

　1978年以降の鄧小平体制の特徴は、以下の3点に概括できる。即ち、第1に、「挙国体制」（一種の「開発主義」）。第2に、「開放体制」（毛沢東時代の閉鎖体制と対照的に）。第3に、市場経済化体制（計画経済体制からの移行）、である。鄧小平体制は権威主義開発体制の一種であり、その上に、挙国体制、開放体制、市

---

[21] 例えば、1970年代初頭、蔣経国が台湾の最高指導者に就任した後、外省人エリートの採用や党外勢力の容認等の施策を行った。台湾も何れ体制の移行を実施することになるものと熟慮したはずである。陶涵（2009）参照。
[22] 一定の分権が実施されたが、地方自治制度のような法的枠組みに欠けているため「集権制」の範疇から抜け出していない。しかも、中央地方間の駆け引きが恒常的に存在し、多大な取引費用が費やされている。陳雲・森田憲（2010a）、第3章参照。

表1-1　GDP及び1人当りGDP成長率（％）

	2003	2004	2005	2006	2007	2008	2009	2010	2010	2011	2012
GDP	10.0	10.1	11.3	12.7	14.2	9.6	9.2	10.4	10.4	9.3	7.7
1人当りGDP	9.3	9.4	10.7	12.0	13.6	9.1	8.7	9.9	9.9	8.8	7.1

出所：『中国統計年鑑』2013年版。

表1-2　中国における貿易依存度

	2003	2004	2005	2006	2007	2008	2009	2010	2011	2012
貿易依存度	51.9	59.8	63.2	65.2	62.8	57.3	44.2	50.2	50.0	47.0
輸出依存度	26.7	30.7	33.9	35.9	35.2	32.0	24.1	26.7	26.0	24.9
輸入依存度	25.2	29.0	29.3	29.3	27.6	25.3	20.1	23.6	23.9	22.1

出所：『中国統計年鑑』2013年版。

場化体制が入り混じって相互に作用しているものと考えられる（陳雲・森田憲（2010a）、第2章）。

　改革開放以降、中国経済は年平均9％以上の成長率を続けてきた（2桁の成長は概ね2010年までである）（表1-1）。一般的には、経済規模の大きな国は内需主導である。しかし中国商務部の統計によると、中国の貿易依存度（＝輸出入額合計/GDP）は、1980年代前半の約15％から2006年には約65％になった。このプロセスは、FDI（対内直接投資）の拡大傾向と一致している。近年、世界金融危機の影響によって、この比率が下がりつつあり、2012年には47％となった（表1-2）。

　中国における外需依存型の高度成長の背後には、固有のリスクが存在する（図1-4）。中国の輸出製品の低価格は低い生産コストに依存しており、生産者（企業）が労働者の権益と環境という二大コストを排除していることによるものである（挙国体制の下で、生産者が労働者や消費者より優位な立場に立っている）。短期的には、生産者が大量の輸出や外貨獲得をもたらし、経済成長を促進し、国家のために貢献した（挙国体制はこの点を特に重視する）といえる。しかし、長期的には、こうした「中国的経営」における劣悪な伝導メカニズムは、中国経済及び社会の持続可能な発展を阻害するものと考えられ、また「中国脅威論」の格好の材料でもある。

　以下具体的に見てみよう。

図1-4　私有制と現代国家の起源

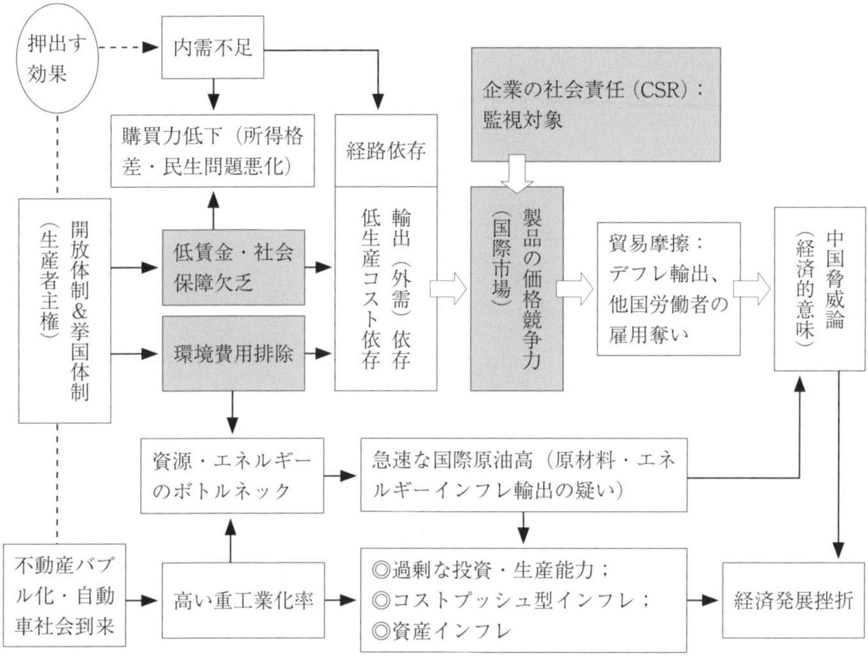

```
押出す効果 ----> 内需不足
                  ↓
                購買力低下（所得格差・民生問題悪化）    経路依存
                                                      ↓
開放体制＆挙国体制（生産者主権）
    → 低賃金・社会保障欠乏          輸出（外需）依存    企業の社会責任（CSR）：監視対象
    → 環境費用排除                  低生産コスト依存    ↓
                                                      製品の価格競争力（国際市場）  → 貿易摩擦：デフレ輸出、他国労働者の雇用奪い  → 中国脅威論（経済的意味）
    ↓
    資源・エネルギーのボトルネック
    ↓
不動産バブル化・自動車社会到来    高い重工業化率    急速な国際原油高（原材料・エネルギーインフレ輸出の疑い）
                                                  ◎過剰な投資・生産能力；
                                                  ◎コストプッシュ型インフレ；
                                                  ◎資産インフレ        → 経済発展挫折
```

出所：筆者作成。

表1-3　中国の GDP 構成比（％）

	2003	2004	2005	2006	2007	2008	2009	2010	2011	2012
投資	63.3	54.0	38.8	43.6	42.4	47.0	87.6	52.9	47.7	47.1
消費	35.8	39.0	39.0	40.3	39.6	44.2	49.8	43.1	56.5	55.0
純輸出	0.9	7.0	22.2	16.1	18.0	8.8	-37.4	4.0	-4.2	-2.1

出所：『中国統計年鑑』2013年版。

　第1は、投資駆動型経済成長と生産能力過剰の問題である。表1-3は、GDPに占める資本形成と消費の比率である。改革開放以降、中国の投資比率は一旦低下したが、1982年以降上昇し始め、1987-1992年の間は変動し、1993年には42.6％に達した。その後、中国の新しい経済上昇周期の開始といわれる2003年には、63.3％へと上昇した。2005年以降は低下傾向へ向かっており、2012年には47.1％まで下がっている。投資駆動型経済成長方式には多くの問題が存在する。過剰な

投資によってマクロ経済が過熱し、しかし内需が限られているため、過剰な生産能力は輸出に向かわざるを得ない。

他方、消費比率は1981年の67.1％から低下の道を辿り、1995年に58.1％に達した。更に2003年には35.8％まで低下して、2010年以降はやや回復傾向に向かい、2012年には55％に留まっている。

概していえば、消費の停滞は内需不足及び輸入の伸び率の低下に繋がり、国内の生産は輸出に向かうこととなったのである。

第2は、低い労働者報酬と内需不足の問題である。改革開放以降、中国の国民所得に占める労働者報酬（労働所得）の比率は低い状態が続いている。所得の構造を示している表1-4によると、2012年の労働者報酬（労働所得）比率は45.6％（1997年の52.8％より更に7.2ポイント低下）に留まっている。比較のために日本の場合を見ると、労働所得対資産所得[23]の比率は、概ね70％対30％といった値である。中国の労働分配率（労働者報酬の比率）は相当低いことが分かる。

一般的に、発展途上国は、開発の初期段階での資金不足問題が深刻であり、資本が重視されて、外資に対する手厚い優遇措置が講じられる。その結果、企業所得の比率が高くなる傾向がある。それに対して、労働所得は低く抑えられ、低賃金現象が普遍化する。また、中国の場合には、都市正規労働者と「農民工」と呼ばれる非正規労働者の間で、労働市場の二重構造が存在している。これに依存する形で「賃金の二重構造」の存在も確認できる。「賃金の二重構造」の下で、都市部住民の賃金収入は農民工と違って、大まかにGDPに見合って上昇する傾向にある。しかし、様々な民生問題の悪化（この点は後述）により、消費行動が保守化しているのが現状である。

労働者の低賃金と貧弱な社会保障体制は、中国の国民（特に農村部の人々）の消費者心理を保守化させ、購買意欲の低下、内需の低下といった結果をもたらした。

第3は、貿易摩擦の問題である。内需不足によって、中国経済は国際市場への依存度を一層高める。そのために、国際間の貿易摩擦及び訴訟が激化した。具体

---

[23] GDPの分配に際しては、「賃金（労働）所得」と「資産（財産）所得」の2つに分類できる。このうち「資産（財産）所得」は、更に「実物資産所得と金融資産所得」等に再分類できる。橘木俊詔（1998）参照。以下、本書では、そうした中国における低い労働分配率を指して、「資産所得の優位性」と表現している。

表1-4 全国主要省・市の所得構造

	2012					2010					2005				
	GDP	労働者報酬	生産税	固定資産減耗	営業利潤	GDP	労働者報酬	生産税	固定資産減耗	営業利潤	GDP	労働者報酬	生産税	固定資産減耗	営業利潤
全国	100	45.6	15.9	12.9	25.7		45.0	15.2	12.9	26.9	100	41.4	14.9	14.1	29.6
北京	100	50.9	16.2	12.7	20.2	100	49.0	15.6	13.6	21.8	100	45.2	15.9	14.8	24.1
天津	100	39.1	16.6	11.7	32.6	100	38.6	15.2	12.5	33.7	100	31.5	13.9	19.7	34.9
上海	100	41.6	19.9	12.2	26.3	100	39.3	19.2	13.3	28.2	100	35.7	16.4	15.5	32.4
江蘇	100	42.3	14.5	13.3	29.8	100	41.4	15.2	13.2	30.2	100	40.9	16.2	14.1	28.8
浙江	100	42.1	15.9	12.9	29.2	100	38.9	15.4	12.0	33.7	100	39.7	14.2	14.2	31.9
山東	100	38.5	16.6	14.3	30.6	100	39.5	16.0	13.7	30.8	100	35.3	15.9	14.2	34.6
広東	100	47.7	15.8	13.2	23.3	100	44.4	14.9	13.4	27.3	100	39.5	16.0	13.6	30.9

	2003					2000					1997				
	GDP	労働者報酬	生産税	固定資産減耗	営業利潤	GDP	労働者報酬	生産税	固定資産減耗	営業利潤	GDP	労働者報酬	生産税	固定資産減耗	営業利潤
全国	100	50.0	16.0	14.0	20.0	100	51.0	15.0	14.0	19.0	100	52.8	13.6	13.2	20.4
北京	100	41.2	15.6	12.1	31.1	100	45.6	17.4	12.3	24.7	100	47.9	16.8	16.6	18.7
天津	100	43.0	18.0	16.8	22.2	100	46.7	16.4	17.1	19.7	100	50.9	14.9	13.4	20.8
上海	100	34.8	15.1	25.4	24.8	100	35.0	14.0	24.3	26.7	100	34.7	12.1	21.9	31.2
江蘇	100	48.9	15.3	12.8	23.0	100	49.7	15.2	12.0	23.2	100	51.4	13.7	12.2	22.7
浙江	100	46.6	12.3	14.9	26.3	100	49.4	12.7	14.5	23.4	100	47.5	9.5	12.2	30.8
山東	100	47.8	21.7	14.7	15.8	100	47.8	18.9	14.1	19.2	100	45.3	16.8	12.9	25.0
広東	100	45.0	15.2	16.6	23.2	100	48.1	17.0	18.1	16.9	100	49.2	15.4	15.5	19.9

出所:『中国統計年鑑』各年版。

的には、中国の安価な消費財が輸出対象国の市場を奪い、当該国にデフレを引き起こす可能性を生む。そしてそれは、輸出対象国労働者の雇用機会を減少させることとなり、輸出対象国の国民の反発を買うケースがすでに多発している[24]。

また、「中国的経営」(低生産コスト依存)のネガティブな効果が企業に跳ね返っている事例も観察される。例えば、労働者権益の犠牲と環境悪化を代償にする成長（及びその製品）は国際社会の監視の対象となっている。1995年以降、「SA8000社会的責任認証」を受けた世界の大手商社が中国で買付けを行う際、「生産規則項目」に照らして、次第に中国側の供給企業に対して定期的に「社会的責任」について検査を行い、改善を促すように努めている（陣雲・森田憲（2009b））。

第4は、環境費用排除による負の外部性問題である。生産者による環境費用の排除が、労働者権益の犠牲と並んで、生産費用の低減に役立ち、中国製品の価格面での国際的な優位性の重要な源となっている。しかし負の外部性の出現を無視してはならない。それは、(1) 国内で深刻な環境汚染問題が広がり、国民の健康を損なう事例が多発していること（生活面）、及び (2) 環境立法が欠如している状態は、企業が環境技術を導入・開発し、生産と管理のプロセスを改善するインセンティブを失わせている[25]（生産面）ことに表れている。企業のインセンティブの問題を解決できなければ、中国製品を「価格競争力」から「技術競争力」へ切り替えさせることは不可能である。その延長線上で、エネルギー消耗型の高成長は、石油・資源市場の国際価格の上昇を引き起こす。このことは「資源インフレ輸出」の批判を招くだけでなく、中国企業自身にも跳ね返る——生産コスト増という結果に遭遇する。

第5は、「生産者主権」の経済的影響である。挙国体制の下で、マイホーム、マイカーの時代が速いスピードで中国社会に押し寄せ、直接的に中国の重工業比率を押し上げている。

1978年に56.9％だった重工業の比率はその後徐々に低下し、1990年には50.6％となった。しかし、その後上昇し始め、2012年には71.9％％に達したのである。重工業の著しい発展が認められる（表1-5）。

---

[24] 一国の政治体系においては、「4P」と呼ばれる主体——議会（Parliament）、世論（Public Opinion）、圧力団体（Pressure Group）及びメディア（Press）——が重要である。この点については、克里斯托弗・希爾（2007）、259頁参照。
[25] 中国の環境ガバナンスの問題点については、陳雲（2008b）参照。

重工業比率の上昇は、通常は、「ホフマン法則」に沿ったものとしてポジティブに評価されるものである。ただし、中国に関しては、以下の2点に留意が必要である。

第1に、資源の対外依存度が高まりつつあるということである。中国の経済開発モデルは、エネルギーと資源消費型のモデルでもあるため、戦略的資源（例えば石油、鉄鉱石、マンガン、銅、鉛、亜鉛）の輸入依存度が年々高まっているのが現状である。

表1-5　中国の軽工業と重工業の比率（％）

	軽工業	重工業
1952	65.6	36.2
1970	46.1	53.9
1978	43.1	56.9
1990	49.4	50.6
1995	47.3	52.7
2000	39.8	60.2
2005	31.3	68.7
2010	28.6	71.4
2012	28.1	71.9

出所：『中国統計年鑑』各年版より作成。

2011年、中国の経済成長率は2桁から9.3％へやや鈍化したが、資源・エネルギーの輸入は引き続き増加傾向にある。同年の鉱石輸出入総額は9,571億ドルに上っており（対前年比34.3％増）、原油、石炭、鉄鉱石、アルミニウムなどの輸入増加幅も大きい。その中で、石炭は2009年から純輸入に転じ、2011年の輸入量は2億2,228万トンに達している（対前年比20.3％増）。また現在、石油の対外依存度は56.7％、鉄鉱石は56.4％、銅は70％に達している。

第2に、1980年代以降、中国のマクロ経済における投資・生産能力過剰問題が数度にわたって顕在化しているということである。中国工業与情報化部（2012）によると、2012年、鉄鋼、有色建材及び化学等の原材料を含む、19の業種の生産能力過剰問題が深刻である。「鉄鋼業の生産能力過剰は1.6億トン、セメントは3億トンを超え、アルミ精錬の利用率は65％しかない」といわれている。

また同時に、不動産開発ブームやマイカーの消費ブーム、及び不健全な金融システムが国内の資産バブルを引き起こしている。このような問題を解決できなければ、結局は、中国経済に深刻なダメージが及ぶものと思われる。日本のバブル崩壊による「失われた10年」の教訓はそれほど距離のあるものではないだろう[26]。

そうした諸問題を危惧する中国の指導部は、2005年の中央経済工作会議で、住

---

[26] 中国のバブル現象と日本との比較については、森田憲・陳雲（2013b, 2014a, 2014b）を併せ参照されたい。なお、投機現象については、また森田憲（2002）及び Morita（2004）参照。

民の消費能力の拡大を2006年の重点任務と規定した。そのために、所得格差の是正以外に、「不動産業」の経済牽引効果に対する一方的な重視から、急速な不動産価格の高騰が消費者にもたらす消費抑制効果の重視へと政策転換を求めたのである。

同時に、「走出去」（Go Global）戦略が国家戦略として提出された。2000年秋に行われた第15回党大会の「五中全会」は、「走出去」戦略を第10次5カ年計画に盛り込むことを決め、2001年3月の全人代で承認された。具体的には、商務部が政策制定、発展与改革委員会がプロジェクト審査、国家外貨管理局が金融サポートをそれぞれ担当する。

中国の対外投資の規模の拡大は著しい。対外投資額をみると、2007年の165億ドルから2012年の772.2億ドルに膨らんでいる。業種別にみると、資源・エネルギー関係の投資が顕著である。「走出去」戦略の投資主体は多元化しつつあるが、国有企業（特に中央直属の国有企業）が依然として首位を占めている（李桂芳(2011)）。「走出去」戦略の実施は、資源獲得戦略の他、過剰な生産能力を海外に移す意図も含まれている。なお、2011年の時点で、対外直接投資の規模は、対内直接投資の51.8%に達している（日中経済協会編（2013））。

しかし、「走出去」戦略を実施した中国は、「新殖民地主義」の批判を浴びせられることとなった（特にアフリカでの資源型投資に対して）。資源の略奪や環境の破壊、更に労働者の人権問題（低賃金、事故予防措置の不備等が焦点である）などが批判の材料に挙げられた。しかし、当然のことだが、それは中国国内の開発モデルに非常に似通っていることが分かる。「走出去」戦略とは、言い換えれば、中国モデルの「走出去」でもあり、海外版の中国モデルは国内のモデルを観察するもう1つの窓口である。

(2) 民生問題の噴出と新政治経済学の時代（2007年以降）

中国の諸都市で普遍的に発生した様々な公民権運動は、ダイナミックに変動する中国の経済と政治の事情を反映したものである。民生問題の悪化が公民権意識と市民運動を誘発した。中国の開発モデルが、新政治経済学の時代に入ったことを明瞭に示しているといえよう。

即ち、これまでの政経分離式の中国の改革開放は転換期を迎えているのである。2007年の党大会における総書記報告の中で、「民生問題」が単独の一章として

扱われた。低コスト依存型経済モデルによって、慢性的に累積した副作用がついに臨界点に達しようとしている。

　民生問題は、「慢性的民生問題」と「悪性・急性的民生問題」に分類される。2007年以前には、「慢性的民生問題」が主要な問題であった。具体的には、住宅難、高価で不平等な医療・教育などが挙げられる。これらの諸問題に遭遇する市民は困難を強いられるが、すぐに生存権が取り消されるわけではないため、辛抱強く我慢するのが一般的な選択であった。

　福祉社会の目的に照らしてみれば、当面、国民の批判の的となっている中国の教育、医療、住宅問題の本質は、「政府による民間の富の剥奪」（民から官への「逆の財政移転」）である。「教育市場化」、「医療市場化」、「住宅市場化」（中国語での表現）というスローガンの下で、政府は、本来担うべき公共財の供給責任を怠ってきた。医療の場合には、財政（政府支出）が負担すべき医療予算（公立病院の運営費、医療従事者への報酬等）を患者負担（病院は結局、高い薬代や過剰な検査費徴収などを通じて賄うしかない）にさせている。また住宅の場合には、バブル化した不動産価格のうち、大半は「土地譲渡金」や各種税・費用の形で地方政府の財政収入へと流れてしまった（土地市場においては、政府が唯一の売り手として独占権を持つ）[27]。1990年代以降、政府財政収入の成長率は、住民所得及びGDP成長率を遙かに上回る速度で推移してきた。

　その結果、「国富民窮」（政府が潤い、民間が貧窮した）の状況が現れた――「国（政府）と国民」における富の格差は、中国の格差事情を観察するもう1つの重要な窓口である（この段階の移行体制の特質をよく反映した）。

　一方、2007年以降期に、「悪性・急性的民生問題」が大暴発した。二種類の悪質な民生問題が明瞭に現れたのである。1つは、都市部の「強拆」（民家の強制撤去）及び農村部の「強征」（農地の強制収用）問題、もう1つは、環境問題である。

　環境問題（環境権問題）と「強拆・強征」問題（私有財産権問題）は、住民にとっては死活問題或いは「生存権」そのものである。従って、譲歩する余地は存

---

[27] 中央党校の周天勇は、「土地制度の現状と課題」という論稿の中で、次のように述べた。「2010、2011、2012の3年間で政府が得た『土地譲渡金』は年間3兆元を超えた。2013年は更に4.1兆元となった。土地譲渡金が不動産価格の半分を占める。各種税や費用を加えると、不動産価格の65％に達する」。『鳳凰財経』サイト：http://finance.ifeng.com/news/special/ztytudi/ 参照。

図1-5 「中国モデル」が経験した2つの時期

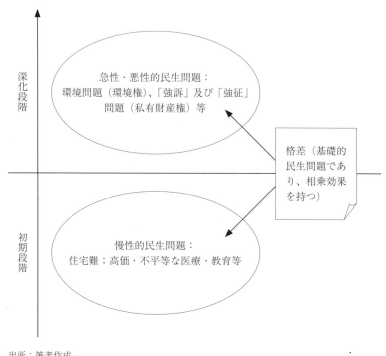

出所：筆者作成。

在し得ない。近年中国各地で発生している「群発事件」[28]の中で、環境汚染問題と「強拆」及び「強征」問題の比率が圧倒的に大きい理由はそこにある（劉能(2011)）。ただし、通常の「強拆・強征」問題に比較して、環境汚染問題の被害者数は明らかに大きく、従って、当然社会的反発もまた大きい（陳雲・森田憲(2010b)、Chen, Yun (2012)、陳雲 (2013)）。体制移行の臨界点を形作ったのは、正にこのような悪性の民生問題である。

図1-5は「民生問題」が開発の初期段階の「慢性」から深化段階の「急性」へ進む様子を表したものである。そのうち、格差は基礎的な民生問題として現れ、個人・家庭への「貧困の再生産」効果の他、経済社会の不安定化や、政治合法性

---

[28] 深圳市共産党委員会、市政府が発布した「深圳市群発性事件の予防・処置に関する実施弁法」（2005年9月30日、深弁（2005）51号）によると、「群発性事件」とは、「人民内部の矛盾に誘発されたものであり、多数の人員参加によって公共の安全を脅かし、社会秩序を攪乱する事件」を指す。

危機の重要誘因ともなる。

　民生問題は、「国民に対して責任を持つ政府」でなければ解決出来ない問題であり、既存の政治体制の在り方が問われている[29]。

(3) 漸進主義的政治改革の道

　日本では、経済の長期停滞について、「失われた10年」或は「失われた20年」という見解が存在するが、われわれは、中国の場合も同じく「失われた20年」が存在すると考えている――1990年代以降の政治改革の停滞及びその副作用を念頭に置き、そういわざるを得ない。

　中国のこれまでの制度変遷は、理念先導ではなく、「現実追随」的な性格を持つ。悪化する政策課題はプレッシャーとなり、制度の進化を促す（Chen, Yun（2009）、Chapter 5)。しかし、進化はいつもスムーズに行われるわけではない。中国の政治改革における「失われた20年」は、旧体制及び「特殊利益団体」の壁の厚さを物語っている。

　中国の「現代化」への歩みは、「工業化プラス都市化」の第1段階を経て、第2段階の「民主化プラス公民化」に差し掛かっているといえる（陳雲・森田憲（2010a)、第7章)。

　20年も停滞したままの政治改革を一体どのように前進させるのか。「新政治経済学」の時代に突入した中国には様々な選択肢がある。漸進主義的制度改革の方策として、われわれは以下の提案をしたい（図1-6)。

　まず第1に、「法治社会」の基盤をしっかり築き上げることが必要であり、かつそれが賢明である。第2節で述べたように、「資本主義の精神」は法治精神である。市場経済化改革を進めることを決めた中国において、真っ先に要求されるのは法治精神である。

　中国の体制移行における「法治社会」の役割は、更に、民主主義への「過剰動員状態」を抑圧できる点も見逃してはならない。「過剰動員状態」というのは、民主主義の良好な運営に必要な経済的・社会的基礎が未だ出来ていない段階での

---

[29] Acemoglu and Robinsonは、『なぜ国家が失敗するのか』という本の中で、貧困か繁栄かを分ける鍵は「体制」にあること、即ち「略奪型体制」か「包容型体制」かがその分かれ目となることを強調している。そして、中国の「持続可能な繁栄」について、(「体制の不備」という理由で) 悲観的な見方を示している（Acemoglu and Robinson（2012))。

図 1-6 現代国家への挑戦

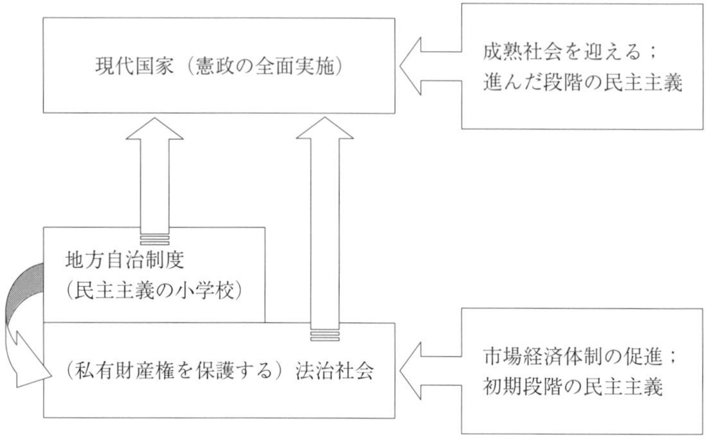

```
                ┌──────────────────────────┐       ┌──────────────────┐
                │ 現代国家（憲政の全面実施）│ ←─── │ 成熟社会を迎える；│
                └──────────────────────────┘       │ 進んだ段階の民主主義│
                      ↑            ↑                └──────────────────┘
                ┌──────────────────┐
                │  地方自治制度     │
                │（民主主義の小学校）│
                ├──────────────────┤        ┌──────────────────┐
                │（私有財産権を保護する）法治社会 │ ←─ │ 市場経済体制の促進；│
                └──────────────────┘        │ 初期段階の民主主義│
                                            └──────────────────┘
```

出所：筆者作成。

大規模な政治動員・参加を指す。しかし残念ながら、開発の初期段階から、中国の法的秩序作りが遅れ、格差の拡大と民生問題の悪化を刺激しただけでなく、政治動員を煽る結果になった（様々な「群発事件」や抗議活動の頻発）。

即ち、この段階で仮に最初からしっかりとした法治秩序が存在し、国民の満足度を一定の水準に保つことができていれば、国民自らは強烈な政治参加（例えば、頻繁に街頭に立つ）に踏み込まなくて済む。歴史的経験から見れば、東アジアモデル式の「賢明権威主義体制」は「最善」ではなく、その時代にとっての「最適」であるといえよう。そして、こうした法治基盤を持つ権威主義体制の最優先の発展目標はいうまでもなく、「成長の共有」である。

第2に、民主化の側面において、「民主主義の小学校」である地方自治制度を早急に実施する必要がある（併せて、党内の民主化改革即ち「党務改造」[30]も不可欠である）。それは次のような理由による。

(ア) 民主主義の小学校

「質の高い民主主義」の運営には、様々な社会的・経済的な条件が必要である。

---

[30] この点は、1950年代における台湾国民党の党務改造が参考になる。松田康博 (2006) 第1章参照。

そのために「時間稼ぎ」が必要となるだろう（東アジアモデルを念頭に）。ただし、民主化は暫く遅れることはあっても、何れは到来するものである。それはアブラハム・マスローのいう「人間需要の階層性」（Hierarchy of Needs）によって決められるものである（民主化のミクロ的基礎といえよう）。そして、国民による政治への広範な参加という段階が到来する前に、（たとえ権威主義体制の下でも）国民の政治的素質を前以て訓練しなければならない。地方自治制度は「民主主義の小学校」として意義が重大なのである。

(イ) 中央地方関係の安定化、法律化

また、中国の中央地方関係は「一放就乱、一乱就収、一収就死、一死再放」の循環から一向に逃れ得なかった。そこには多大な取引費用が発生している。これまでの中央地方関係をめぐる改革——1980年代の財政制度改革にせよ、1994年の分税制にせよ——は、あくまでも「財政権」の改革であって、「事務権」及び「人事権」との整合性については考慮されなかった。安定的な中央地方関係作りにおいても、地方自治制度の枠組みでの「三位一体」の改革が是非とも必要である。

(ウ) 国土の均衡的発展の土壌

社会共同体の粘着剤として、「成長の共有」が最も重要な開発目標であることは明瞭である。一方、「自由より平等を」という価値観のミスマッチは「フランス革命」の重要な教訓となった。それは何を意味するかというと、格差軽減（いわゆる社会的平等の実現）のためには、「自由」の堅持が不可欠の前提条件だということである。個人間の格差軽減のために、個人の自由権の行使が重要であるのと同様に、国土の均衡的発展のためには、中央に対する「地方の自由」——「地方自治制度」がその保証——の存立が鍵を握っているのである。

地方自治の範囲が地域住民の生活圏、通勤圏、社交圏と一致するため、高い「利益関与度」と「情報の対称性」が確保できる。この二点は、地方自治制度の成功の保障ともなる。

古典的地方自治の実践は世界各地で存在し、古代社会の共通特徴ともいえる。その歴史的経験を辿ってみよう。

古代のイギリスの郷民大会や教区大会が地方自治の原型といわれる。一方、アメリカにおける郷鎮は新大陸住民の基本的社会組織形態であった（Tocqueville

(2001/1840))。当然、各々の規則も存在した[31]。実際、古代中国においても、中国版の「自治憲章」ともいえる「郷規民約」が各地に遍在した（牛銘実（2005））。中国の郷土地域は長い間「皇権」、「紳権」、「族権」による「共治空間」であった（陳雲・森田憲（2010a）、第3章）。なお、費孝通（2013）は社会学の見地から郷土中国の様子（無為政治、長老統治、皇権と紳権、農村経済、生育制度などの諸特徴）を詳しく論じた。即ち、古代から世界のどこにでも、それぞれオリジナルの自治の方式が存在したわけであり、地方自治の普遍性、有効性が証明できるように思われる。

地方自治は、近代国家（地域共同体）の建設にも積極的な役割を果たしている。実際、中国が現代国家への挑戦に挑む度に地方自治制度の姿が見えた。例えば、清朝末期に、立憲政治を導入しようとする清政府はいち早く日本に学び、地方自治規定を作成した。光緒34年の「城鎮郷地方自治章程」及び宣統元年の「京師地方自治章程」、「府庁州県地方自治章程」がそれに該当する。当然、それらの章程は実行されることなく、清朝は崩壊してしまった。しかし、地方自治制度の精神は、その後更なる成長を遂げ、社会の共通認識として広がることとなった。軍閥混戦という時局の中、広東、湖南、浙江を中心とした地方政権は、地域振興のために地方自治制度の実験に熱心であった（13世紀封建時代の西欧を想起させる事態である。この点は後述）。更に、1939年、国民政府の時期に公表された「新県制」の中でも、「地方自治」と従来の「官治」を融合させる内容が盛りこまれた（ただし、この時期は日中戦争の最中であり、国民党統治地域と共産党根拠地が分裂したままで、実施に当たっては地域差が大きかった）（魏光奇（2004）、第5章）[32]。全体的にいえば、中国大陸では安定した地方自治制度の導入はなく、真の実践は1949年以降の台湾に移った。

1946年の『中華民国憲法』に、地方自治制度はその一章として盛り込まれた。大陸ではなく、台湾で実施された当該憲法の下で、地方自治は権威主義体制と接点を持ち、有効に活用された（薄慶玖（2001））。基層レベルの民主化は、台湾の経済建設や政治的安定性に大きく貢献した（なお、台湾の特徴的地方統制につい

---

[31] 任軍鋒（2011）は、「人民はなぜ故郷をそんなに愛しているのか、アメリカの政治文化と郷鎮という組織形態との間にどのような関連性があるのか」という問いの答えを求めて、アメリカの郷鎮精神を考察している。
[32] なお、馬若孟（1999）は、1939-1943年の間に満鉄が行った「中国農村慣行調査」に基づいて、華北農村の経済及び権力構造を描いた。

ては、松田康博（2006）、第3章参照）。即ち、基層レベルの民主主義と高いレベルの権威主義の組み合わせは、ある種の効率的な「政治的分業体制」と見なすことができる。

　これとは逆に、多くの途上国は体制の「インボリューション」（Involution）に手を焼いた（杜贊奇（2003）、66-67頁）。例えば、呂暁波は、中国共産党のような革命政党は、日常の政策課題に対して適切な近代官僚システムを形成できず[33]、革命当時のイデオロギー的結束力も喪失してしまったとすれば、組織の「インボリューション」が起き得ると指摘した（Lü Xiaobo（2000）、22頁）。

　なお、上記の「インボリューション」という概念は、アレクサンダー・ゴールデンワイザーが最初に用い、クリフォード・ギアツがインドネシア（ジャワ島）の農村社会及び稲作の現場を観察した際に援用したものである。要するに、増大する人口を養うために、稲作に労働の追加投入が続けられた。しかしやがては農業の生産に限界がやって来る。人口圧力と資源の有限性の双方からの圧迫により「袋小路」に入った農業の発展は停滞し、農村社会も自滅の道を辿っていく（Goldenweiser（1936）、Geertz（1963））。

　農業問題と同様に、政治合法性への挑戦も2つの角度からやって来る。1つは現代国家建設に関する政策課題の複雑化であり、もう1つは、組織（国家や政党）による資源吸収力（高質な官僚システムの維持等）の低下である。その双方からの圧迫に耐え切れなければ、政権が同じく自滅の道を辿ることになる。この意味で、「法治主義」と「地方自治」が制度のインボリューションを阻止する救済策と見なせる。

　第3に、西欧における「ローマ法統」の発達と封建制（地方自治制度の古典的形態）との間には深い関係があった。即ち、それら両者は相互促進の関係にあったのである。それに対して、中央集権制を採った古代中国は、私有財産権を保護する法統を発達させ得なかった——結果として、古代中国においては、資本主義の自主的な発展及び国土の均衡的発展が困難であった。この点は、今日の中国の発展にも多大な示唆を与えている。

---

[33]「家族主義」の原理に基づいた中国政治権力中枢（中共中央政治局常務委員会）の様子については、王元（2011）参照。

(ア) 西欧の経験：分権と競争が王道

　本章第1節で、われわれは東西の「法統」について議論を行った。だが、実際のところ、更に追究すべき疑問が残っている——ローマ法が代表するヨーロッパ法統は一体どのように守られてきたのだろうかということである。西欧の経験に基づいていえば、「地方自治」は新しい生産関係や制度的イノベーションを促進する土壌たる存在であり、「ローマ法統」の守護神ともいえる存在である。

　最初の地方自治は原始的状態にあった。例えば、西欧の封建荘園制は一種の古典的地方自治と考えることができ、その後西欧各地で誕生した「自治都市」もまたその延長線上で出現したものである——国王によって「自治権」が授与された「封建領主」たちは、新興資本家や商人たちによる「都市自治権」の要求に容易に同意するであろう（「リース料」を確実に支払うことを前提に）。一方、ローマ法が最終的に形成されたのは6世紀だが、それより遙か以前に、私有財産権を保護する法的精神がすでに芽生えていたのである。

　その際の重要なポイントは、地方自治とローマ法統の間に、相互促進効果が存在するということである。封建領主や自治都市は、私有財産権保護並びに資本主義の拡大を擁護する措置を通じて、富の拡大を実現し、地域の繁栄を図った。そして地域の繁栄はまた地方自治を強化する効果をもたらした。要するに、商業主義（後の資本主義の芽生え）に相応しい「法的精神」を守るインセンティブは、地方自治の単位である封建領主や小さな公国間の競争だと考えられる。そして、そうした競争の源泉とは「安全保障」であり、「経済的豊かさ」であり、「名誉と誇り」であって、何れも「人間（領主たち）需要の階層性」に沿ったものに違いない。

　封建制がもたらした競争性は、中国の春秋・戦国時代[34]にも観察された。各国は富国強兵のために、人材を招致し、様々な「変法」を起こした。例えば、魏国の李悝変法、楚国の呉起変法、秦国の商鞅変法などが挙げられる。軍閥混戦下の中華民国でも似たような現象が観察される（前述）。

---

[34] 春秋・戦国時代は、中国歴史上の「東周」と重なり、封建制の西周時代（概ね紀元前11世紀-紀元前771年）が終わった後の時代である。春秋時代と戦国時代とは、それぞれ紀元前770年-紀元前476年及び紀元前475年-紀元前221年という2つの時期を指す。

（イ）中央集権制指向の中国：「乱世」（分裂）と「治世」（統一）の対比及び示唆

対照的に、秦以降の中国の状況を見てみよう。紀元前221年から、中国は秦の始皇帝によって統一国家（「大一統」体制）となった。統一国家のための制度作りは立派なことだが、しかし長期的にいうと、新しい生産関係と制度的イノベーションの可能性を著しく抑圧する環境もできたのである。中国の歴史上、「治」（統一）と「乱」（「分裂」）の循環が続いたが、皮肉なことに、「乱世」になって逆に文化的繁栄や経済的繁栄がよく見られたのである。いわば、先秦の「諸子百家」という思想界の繁栄は、春秋・戦国時代のような「乱世」において初めて可能だったのである。その後の盛唐の時期に、詩と歌の創作こそ頂点に達したが、思想分野では暗澹たるものであった。清の「乾嘉盛世」も同様である。10億文字にものぼる『四庫全書』の編集には成功したものの、思想統制の厳しい時代でもあった（清が自主的に立憲政治へ変身できなかった理由は、長い間の思想統制の結果だと思われる）。

清崩壊後、中国は中華民国の時代を迎えたが、中央政府の支配する範囲が限られ、地方勢力が強かった。いわば事実上の分裂状態が続いたのである。しかし、この時期の中国思想界は再び自由が開花した。儒教思想が依然として勢力を持ってはいたが、同時に資本主義や、社会主義、無政府主義、国家主義、自由主義等ありとあらゆる思想流派が伝播の空間を得ていた。そして、そういう状況に終止符を打ったのは、周知のように、1949年の内戦の終結であった——国民党は台湾退去を余儀なくされ、共産党が大陸を再び統一した。その後、思想統制がまたもや開始されることになった。

要するに、「乱世」とはいわゆる「競争社会」（従って、文化や思想の多様性が保てる）であるのに対して、「治世」は統一性を厳しく要求する「非競争社会」に他ならない。中国の歴史上の「統一・分裂」の循環に伴い、思想界も「抑圧・解放」のサイクルを経験してきたのである。注意すべきことは、国家統一それ自体が悪いのではなく、問題を惹起するのは政治体制（権力構造・国家構造）だということなのである。

「統一・分裂」における思想と文化のサイクルは、前近代国家の範疇のディレンマである。対照的に、近代国家の場合には、統一国家のメリットを喪失しないことを前提に、「分権」を最大限にする工夫をしてきた。それは「地方自治」であり、「連邦制」であり、そして公民権の保障やチェック・アンド・バランス原

則の樹立などである——究極的には、「憲政」である。

(ウ) 中国の「法家」とその終焉

中国の国家体制と「法統」の関係についてもう少し触れておこう。興味深いことに、中国古典思想の中に「法家」があった。法家が「諸子百家」の1つとして現れたのは春秋時代である。「法家」は西洋の意味での「法によるガバナンス」ではなく、むしろ君主を中心とした中央集権体制の必要性を強調するものであった。戦国末期の韓非は、「法、術、勢」三位一体の統治法を君主に勧めている。統一後の秦王朝も法家思想を治国の思想として重視した。ここに至って、法家は完全に中央集権下での皇権の召使となった。

ただし、法家は、秦王朝統一の前には豊富な可能性を秘めていた。例えば、春秋時代の法家管仲は重商主義者で、私有財産権の尊重の下での商業経済を推奨した。そして戦国時代に、秦国の法家商鞅が2回にわたって「変法」(政治改革)を行っている。具体的には、土地の私有化を認めたり(「井田制」という土地の国有制を廃止)、犯罪根絶のための重罰制度を定めたり、「県制」を実施したりする(中央からの県令派遣、地方勢力の抑制)等がその内容として挙げられる。つまり、中国の法家思想にはローマ法的な発想が隠されていたわけである。

歴史の発展の軌跡には、偶然性が存在している。もし始皇帝のような強い人物が現れなかったら、もし中国で西周時代に類似した「封建制」が続いたとしたら、中国の法統も西欧に似たような方向へ発展していっただろう。即ち、私有財産権の保護が貫徹され、王権は常に民権(及び地方の勢力)との間に一定の緊張感を保ち、「有限的」な存在と化していくかもしれない。

その意味で、秦の始皇帝に端を発する中央集権的な政治体制は「早熟体制」である。当該体制は、中国を農業文明の頂点に押し上げたと同時に、自らによる工業文明へ邁進する道を塞いだ——中央集権の体制、小農経済、儒教思想(秦王朝の後法家は消え、その思想は儒教に統合された)という「宗法一体化」構造は互いに支え合い、「超安定構造」が生まれたのである。その結果、中国の歴史において、王朝の末期には農民の蜂起が繰り返し起き、王朝が交代したとしても、この「超安定構造」の自己修復機能により、新王朝は前の王朝のコピーに過ぎなかった(金観濤・劉青峰(1987))。

この「早熟体制」によって、中国は西欧より文明の発達が早く、技術進歩も優

れていた（四大発明が顕著な例）。しかしその反面、中央集権体制が長く続き、それによって制度及び技術的イノベーションの駆動力が次第に衰えていくことになった——「ニーダムのパズル」[35]を解く鍵はここにあるものと思われる。それに比べて、西欧は発育の遅れた子供のように、王国間の混戦の泥沼に陥り、暗い中世を経験した。しかし、一方で混乱している世の中は、他方で斬新な文明開化の時代の到来を育んだのである。

　結論としていえば、制度と技術の進歩は環境によって誘発されるものだということである。封建制のような「分権体制」の下で、王国間の緊張感は新しい制度と技術のイノベーションの源泉となるのに対して、中央集権制は「競争」を許さない体制であり、私有財産権保護や平等な身分の保証を前提とする「資本主義」や、それに相応しい法統作りとは明らかに相容れない。

　従って、現代の統一国民国家の場合、技術と制度の持続可能なイノベーションのために、経済面での「市場経済体制」と政治面での「地方自治制度」（規模の大きな国家なら、更に「連邦制」という複合的分権体制を採る）が、その基礎的な制度として存在することになる。

(エ) 中央集権制と地域格差

　最後に、中国における前近代的国家体制（中央集権的「大一統」体制）は、地域格差にも深く影響したものと思われる。言い換えると、国土の均衡的発展は「大一統」体制の下では実現し難い。集権的な中央政府は、首都や特別な地域（例えば国境の重点地域）に富の投入や人口の誘致を行い、他の地域への配慮は十分ではなかった（多くの場合、賦税の対象として扱ったのみである）。そうした二極化政策の下では、地域格差の拡大は避けられないだろう[36]。

---

[35]「ニーダムのパズル」とは、Needham（1900-1995）によって、『中国科学技術史』の中で提起された疑問である。即ち、16世紀半ばごろまでは中国の文明と技術力が世界をリードしていたにもかかわらず、なぜその後、中国ではなく西欧が先に近代化に成功したのかという「パズル」である。例えば、Needham（1954-）等参照。

[36] 地域格差だけではなく、貧富の格差もまた著しいものであった。先の脚注16で述べたイギリス使節団による報告書の中で、ストーントンはまた清の時代の社会的格差及び専制主義政治の関係について、次のように述べている。(ア) 中国の貧富の格差の大きさは世界的に極めて稀なものと結論づけられる。中国には中間階層が存在しない。なぜかと言うと、中間階層は自らの富及び独自の意識を持つために、朝廷からは歓迎されないからである。(イ) 中国の金持ちはほとんど権力の持ち主でもある。中国の専制主義は超越的な存在であり、経済は永遠に権力の支配下に置かれる。権力を失うものは従って富も失う (Staunton (1797))。

一方、そうではなく、王朝交代の間の分裂時期（或は統一国家の名の下で、地方政権が独立して運営ができた時期）には、各地域の政権は、様々な地域振興策を打ち出し、経済と文化の繁栄をもたらした[37]。中国全土で見ると、そうした地方の自助努力は地域間格差の縮小に貢献したといえる。

この状況は、前述した13世紀封建制下の西欧の状況に似通っている。

18世紀のフランスでは、中央集権制（絶対君主制）が成立した。国家は行政、司法、徴税など全般にわたって絶対的権利を獲得し、貴族たちは「政治面の無力化」と「経済面の特権化」という境遇に置かれた。そこで何が起きたかというと、一方で都市部は繁栄したが、他方でそれと対照的に農村部は著しい貧困に陥った。時には13世紀の農民よりも苦境にあった（托克維尔（1992/1856））。「革命」の根本的な原因はここに存在したと思われる。

それに対して、改良主義の道に成功したイギリスは、明らかにフランスの状況とは異なっている。1215年の「大憲章」以降、立憲政治の道を着実に歩み、従ってイギリスでは前近代的な中央集権制が樹立されることはなかった。繰り返してふれておけば、統一国家それ自体が悪いというより、統治体制の問題というべきものである。

今日の中国は、依然として前近代的中央集権体制から脱皮していない。そして、既存の権力構造が地域格差に与える影響及びそのメカニズムも基本的に変わっていない。「太陽の下に新しきものなし」（There is nothing new under the sun、出所：『聖書・新約』）であろうか――制度の進化がなければ、それは当然である。

「成長の共有」及び改良主義的社会の成立は、結局進化的政治経済学の産物なのである。

4．格差研究の位置づけ

先に述べた通り、「中国モデル」は2つの時期に分けて見ることができる。そして、「強征・強拆」と「環境公害」といった「急性・悪性的民生問題」は、中国モデルを「経済中心の発展の時代」から「新政治経済学の時代」へと導くこととなった。即ち、「政経分離」型の開発モデルは、遅かれ早かれ、「政経合体」型

---

[37] 葛剣雄（1994）は、中国歴史上の「統一と分裂」のそれぞれの時期に起きた社会、政治、経済現象を詳しく描き、ディレンマの存在を確認した。

の開発モデルへと突入していかなければならないのである。

　さて、本書で焦点を当てる「格差」問題は、「慢性的民生問題」と「急性・悪性的民生問題」を貫通する基礎問題として認識できる。格差問題は、触媒のように、すべての社会問題と相乗効果が起きるため、開発モデルが最も重要視すべき政策目標に値する。以下、「中所得国の罠」を想起しながら、格差問題の重要性について考えてみよう。

(1) 格差問題の重要性

　所得格差問題の重要性は、以下4つの側面から検討できる。

　第1は、安定的収入は「人間の発展」の基礎条件である。また、人間の自己投資は、個人の発展だけではなく、社会に対しても質の高い人的資源の供給を可能にする。逆の場合には、低所得は低教育水準、低生産性に繋がり、経済成長にネガティブな影響を与える（Galor and Moav（2004）、王少平・欧陽志剛（2007））。

　第2に、社会的安定の攪乱要因となる。格差が有意に大きい社会は、貧困や犯罪に伴って社会の安定が脅かされ、混乱が起きやすい（Aghion et. al.（1999））。格差問題が、常に貧困層問題や、民族問題、政治合法性問題（格差が拡大していくにつれ、国民の相対的掠奪感が上昇し、腐敗問題に対する忍耐力が低下する）等に直接繋がっているのは明瞭なことである[38]。

　第3に、内需不足に陥る原因である。格差が拡大していく中で、低収入層・貧困層に陥る人々が多くなれば、社会全体の消費に影響を及ぼす。呉暁明・呉棟（2007）は、標準的消費者期待効果最大化モデルを用いて計量分析を行った結果、現段階での中国都市部住民所得格差の拡大は、住民消費水準の縮小をもたらし、長期的影響は一層大きいという結果を得た。当然ながら、格差縮小は、低収入層や貧困層の購買力を増大させるという経済的効果があり得る。

　第4は、発展モデルの持続性に関わる問題である。国民の豊かさに繋がらない発展モデルは、その持続性に乏しいと結論づけられる。最終的に個人の手（家計部門）に入る富（所得・福祉）が、個々人の開発モデルに対する態度及び行動パタン（参加するか否か）を決定するのである。不満の場合には、人口の移動や資産の移転という「足による投票」（Tiebout（1956））が大量に発生し、モデルの破綻を招きかねない。近年、中国から海外へ移住する人々が急増しているのは事実である。背後に存在する具体的理由は様々だが、何れにしても「費用・利益」

に関する計算の結果であろう。

以下、中国の格差を「ジニ係数」、「貧困ライン」政策という2つの側面から捕捉してみよう。

(2)「ジニ係数戦争」の裏側

中国全体の格差は、経済成長に伴って縮小するどころか、拡大の一途である。食い止めるためには、原因の究明が不可欠である。

所得格差を観察する指標は様々だが、ジニ係数が最もよく用いられる。ジニ係数は、全体のジニ係数の他、都市部と農村部、或いは地域別に分けてそれぞれ分解的ジニ係数を計算することも可能である。UNDP、世界銀行、CIAなどに広く

---

38 格差が、権威主義体制諸国の合法性を低下させることはいうまでもないが、また、民主化を達成した国々でも政治的秩序の撹乱要因となる。いったん民主化した国の将来特にその不安定さは、Huntington, Fukuyama等の政治学者が一貫して重視してきたテーマである。包剛昇（2014）は、国別の研究（ドイツ、ナイジェリア、チリ、インド）を通じて、民主主義国家の崩壊は「分断型社会構造」及び「遠心型政治構造」という2つの要因によるものと説いている。前者には、格差、経済発展の遅速、民族・宗教的状況等が含まれるのに対して、後者には、相対的に集権的な政治制度（議会制、小選挙区制）か、相対的に分権的な政治制度（大統領制、比例代表性）か、が分析の重要な対象として含まれる。そうした点で、われわれの認識は以下の通りである。

(1) 後進国の政治制度を検討する際、集権的か分権的かという制度的構造より、当該制度が「成長の共有」を促し得るかどうかが焦点だということである（前者が手段であるのに対して、後者は目的である）。「成長の共有」が存在すれば、民族・宗教の隔たりもやがて縮まっていく。要するに、「成長の共有」は、民主化以前の権威主義体制の安定化（一定の期間内の）に寄与するだけではなく、民主化以降も引き続き合法性の源となるのである。さもなければ、たとえ形式上の民主化が実現し得たとしても、制度の安定化は望めない。

(2)「成長の共有」に有効に働く制度作りとして、「大衆主義とエリート主義」、「集権と分権」（エリートと大衆の間の権力配分構造）の有機的融合が重要である。その中にあって、理性的指導者グループは、法制度の推進者として貴重な存在となる。建国当時のアメリカはその格好の事例だが、それはまた、アジアNIEsの体制移行においても確認することができる（台湾の事例研究としては、陳雲・森田憲(2009a)、Chen, Yun (2009)、Chapter 6参照）。

(3) 総じて、「成長の共有」は開発の究極の目標であり、民主主義の土台でもある。「成長の共有」を満たした社会は、選択の自由度が大きく、「遠心型民主主義」にも、「求心型民主主義」にも、適応できるが（選択は各々の国の政治的文化や、民主主義への理解の程度等に依存する）、逆の場合には、その民主主義は挫折しやすい——そもそも、第二次世界大戦後に独立した新興国の民主主義は「入植型民主主義」に過ぎず、社会面での分断（所得格差がその典型である）がそのまま政治意識の分断に転じ、「遠心型」政治構造にしても「求心型」政治構造にしても、うまく運営される可能性は小さい。その結果、「民主主義の崩壊」の繰り返しが避けられない（「民主主義の崩壊」は多くの場合、権威主義や専制主義への徹底的後退を意味するわけではない。例えばタイはその典型的事例である）。それに対して、東アジアモデルの国・地域（例えば台湾や韓国）は、民主主義体制への移行の前に、「成長の共有」を達成し、崩壊への危険を回避したのである。即ち、「民主主義」は誰でも欲しがる果実だが、「成長の共有」はこの果実を熟れさせる触媒だといえる。

採用されている格差指標である。その他に、都市部と農村部住民の所得倍率[39]（第3章・第1節、表3-3参照）や、異なる業種或いは企業の従業員の賃金格差（中国の場合、特に国有企業の独占的利益及び過剰分配問題が絡んでいる。もっとも、賃金収入は家計所得の一部に過ぎない）などが挙げられる。

中国の場合、国民が所得格差の著しい悪化を実感しているのに対して、国家統計局はジニ係数の公表に消極的だった。国家統計局は、中国の1978年のジニ係数が0.317、2000年のジニ係数が0.412と発表したが、その後発表しなくなった。しかし近年、状況は微妙に変わってきている。各種学術機関が自ら調査に乗り出し、結果を発表するようになったのである（所得格差は国民全体の関心であることが背景にある）。圧力を受けた国家統計局は重い腰を上げ、ようやく「応戦」に出た。この情況は、（大袈裟にいえば）「ジニ係数戦争」といえるが、「戦争」の根源が「中国モデル」にあるのはいうまでもないことである。

2012年12月9日、西南財経大学「中国家計金融調査与研究センター」（西南財経大学と中国人民銀行金融研究所が共同で設立した研究センター）は、8,438戸の家計、29,450人の個人に対して訪問調査を行った。報告書によると、(1) 2010年の中国家計のジニ係数は、すでに0.61に達し、世界平均の0.44を遙かに上回っている（CIA（2014））。(2) ジニ係数を分解して見ると、都市部家計のジニ係数は0.56であるのに対して、農村部では0.60に達した。都市部より農村部の所得格差の方が大きい。また都市部家計の所得は農村部の2.5倍に相当している。(3) 地域格差を見ると、東部地域の家計の所得は西部の2.8倍であり、そのうち東部の商工業所得は西部の9.1倍、投資型所得は西部の8.7倍に達する。

国連による2007-2008年の各国ジニ係数の順位を見ると、中国は93位であり極めて深刻である。実際、同データによれば、0.60を超える国々は6カ国しか存在していない。もし西南財経大学の調査結果が正しければ、中国のジニ係数は「世界ワースト7位」という結果になる。

---

[39]「1人当り住民所得の都市農村間倍率」を計算する際、次の問題点が指摘される。まず、都市農村間の「生活費用の相違性」が認められ、農村の方が少ないコストで済む。一方、「隠蔽収入」については都市住民の方が優位である。李炯（2007）は、双方を考慮に入れて計算した結果、後者の方が前者より明らかに高いことが分かった。即ち、実際の倍率は『中国統計年鑑』のデータよりも高いのである。また、高鈴芬（(2009)、65-68頁）の計算では、2001年以降、都市農村間ジニ係数は、それぞれ単独に計算した都市内部のジニ係数、農村内部のジニ係数及び全体のジニ係数よりも高いことがわかる。陳宗勝（1995）の研究もこれを支持した。即ち、都市農村間格差の解消（農民の増収問題）は、格差是正の鍵である。

表1-6 中国のジニ係数

年	ジニ係数
2003	0.479
2004	0.473
2005	0.485
2006	0.487
2007	0.484
2008	0.491
2009	0.490
2010	0.481
2011	0.477
2012	0.474
2013	0.473

出所：国家統計局。

2012年1月17日、「2011年国民経済運営状況記者会見」の場において、国家統計局長・馬建堂は、『大公報』（香港）の記者の質問に対して、なぜ2000年以降ジニ係数の公表が途絶えたのかという理由について、次のように説明した。「われわれは慎重に検討を行った。現在の家計収入調査方法に基づいた計算結果は、実際の数値を下回る状況にある。従って、公表を差し止めた」。

2012年末、民間研究機関からの圧力を受けた国家統計局はようやく対応を始めたが（表1-6）、公表したジニ係数の数値は西南財経大学の数値より遥かに低いものであった。

話は更に続いた。北京大学「中国社会科学調査センター」が発表した「中国民生発展報告2014」（2014年7月25日）によると、中国の家計の資産不平等度は急速に進んでいる。最上位1％の家計は資産全体の3割以上を占め、最下位25％の家計は1割しか持たない。なお、ジニ係数も1995年の0.45、2002年の0.55（以上は過去の研究に基づくもの）を経て、2012年の0.73に上昇したという。

中国のジニ係数をめぐっては、様々な議論が行われている。実のところ、中国のジニ係数が比較的把握し難い理由が存在する。その重要なものは、概ね以下の4点である。

第1に、国家統計局によると、都市部住民の「可処分所得」と農村部住民の「純収入」に関する調査がそれぞれ行われているが、基礎的な指標は一致しているわけではない。従って、それらに基づいて全国のジニ係数を計算するのは原則として無理がある、というものである。

2012年の初めに、先述の国家統計局長・馬建堂は、都市農村を一体化した調査を3年以内に実現させ、2013年から全国のジニ係数を計算できるようにするという計画を表明した。しかし、計算結果の公表については、次のように述べた。「慎重にアセスメントを行い、信頼できるジニ係数ならば、公表する」。

第2に、都市部の高所得住民の真の所得が把握し難いということである。この点は、西南財経大学の調査でも裏付けられた。同調査では、「調査員はしっかり

訓練を受けたものであり、同じ調査対象に6回拒否された場合、そこで初めて諦める」という方針で臨んだのである。その結果、農村部での拒否率が3％だったのに対して、都市部での拒否率は16％に達した（いうまでもなく、都市部の方に高所得者が多い）。

なお、西南財経大学の調査によると、中国での最高所得10％の家計が総所得に占める比率は57％、最高所得5％の家計の占める比率は44％である。この57％という比率は、アメリカの49％、ブラジルの45％を遙かに超えている。

「サンプルのうち、最低所得の5％を除けば、ジニ係数は0.60となり、それほど変わらないが、最高所得の5％を除けば、ジニ係数は0.50まで下がる。即ち、高所得者のジニ係数に対する寄与率が大きい」と、研究チームの責任者である甘犁は語った[40]。

第3に、通常の家計にも、帳簿に載っていない「灰色収入」が普遍的に存在するということである。この部分の把握は明らかに困難であり、しかも反映されるか否かは、最終的な数値に大きく影響する。例えば、北京師範大学「収入分配と貧困研究センター」の李実が率いる研究チームが2007年に調査を行い、「灰色収入」の要素を考慮に入れて数値の修正を行った結果、ジニ係数は0.48から0.52-0.53に上昇したという。

第4は、調査手法の科学性の問題が浮上している。西南財経大学の調査結果が、国家統計局の調査に比べてかなり高い数値となった理由について、甘犁は、国家統計局で採用された「記帳式」調査手法を批判し、「国家統計局は最高所得者と最低所得者さえサンプルに採り入れていない」と疑問を投げかけた。

以上述べた通り、ジニ係数の計算並びに公表に際して、信頼性のある基礎データの欠如が大きな問題である。国家統計局は長年にわたって、問題の解決に前向きな姿勢を示さなかった。「中国モデル」の下で膨らんできた格差の深刻さが足枷となっている。ジニ係数は「不公正・不公平係数」と理解されるために、条件反射的に蓋をしてしまうことはさほど理解し難いものではなかろう。

(3) 中国の「貧困ライン」政策

ジニ係数の他に、中国の貧困率もまた厳しい状況にある。現在、中国の「貧困ライン」は農民1人当り年収2,300元以下と定められており、この基準に基づい

---

[40] 2013年4月に、上海金融与法律研究院が行った学術会議の場での発言。

ていえば、総人口の10分の1相当の人々は貧困ライン以下の生活を強いられている。

　各国にはそれぞれ貧困ラインが存在する。貧困ラインは、貧困人口の測定や、福祉政策、救済政策、地域振興策などの策定に重要である。一般的には、それは「成人1人当り最低限の必需品」を金銭に換算したものである。当然、「食料品支出」が主な項目だが、現在では、発展途上国における家計負担の大きな項目として「住宅支出」も挙げられている。

　2011年11月29日、中央扶貧開発工作会議は、貧困ラインを農民1人当り年間純収入2,300元（約361ドル、2009年より92％増）に引き上げることを発表した。新しい基準では、全国の貧困人口は1.24億人に膨らむこととなる（対照的に、旧基準では、2010年末の貧困人口は2,688万人であった）。従って、今回の「貧困ライン」に関する調整の幅は大きいといえる。しかし、依然としてGDP及び農民1人当り純収入の成長率には追いついていないのが現状である。

　例えば、1985年の貧困ラインは200元であったが、2011年には2,300元に引き上げられた。従って、当該26年間に11.5倍に増えている。しかし、同じ時期に、GDPは約56倍、農民1人当り純収入はおよそ17.5倍（397.6元から6,977元へ）に増大している。

　世界銀行による貧困ライン（1日当り1.25ドル）を人民元に換算すると、2,904元となる。従って、中国の新基準は依然として国際基準の80％しかない。世界銀行の報告書（2009年）は1人当り1.25ドル／日の基準で計算した結果、中国の貧困人口は2.54億人（総人口の19％）に相当すると指摘している[41]。比較してみれば、アメリカの貧困ライン（2009）は、4人家族で年収22,314ドル（1日当り61ドル）である。この基準で見ると、アメリカの貧困率は15％となる。また、ベトナムは、「2011-2015年計画」の中で、農村家計の貧困ラインを480ドン（1,511人民元）に設定している。しかし、ベトナムの2010年の1人当りGDPは1,162ドルであり、同時期の中国の1人当りGDPは4,500ドルだから、中国の貧困ラインの基準値

---

[41] なお、2014年8月、アジア開発銀行は『2014年アジア・太平洋地域主要指標』（Key Indicators for Asia and the Pacific 2014）と題する報告書を公表した。その中に、2005年当時に世界銀行によって定められた1.25米ドル/日の貧困ラインは、アジアの貧困事情に適しておらず、変更すべきであるという主張が盛り込まれている。新しい指標は、アジア・太平洋地域の9つの最貧困国の「貧困ライン」の平均値を採って、1.51米ドルとなっている。そうした変更によって、2010年のアジアの貧困率は、20.7％から30.5％へ上昇することになる（貧困人口は3.4億人増となる）。

が低いということは明瞭である。

総じて、中国の「貧困ライン」政策に関しては、以下の問題点が存在する。

第1は、長い期間にわたって、貧困ラインの設定が低過ぎる。そのため、ジニ係数は増大してきたのに、反対に貧困率は下がりつつあるという現象が起きている。

第2に、中国の「貧困ライン」は農村部にのみ適用される。一方「最低生活保障制度」は都市農村を問わずに設けられている。「最低生活保障制度」が個々の家計に支払われるのに対して、貧困ラインに基づく貧困扶助基金の支出は主に当該地域のインフラ建設などに当てられる。つまり、地方政府が受け取るのである。そこで何が問題かというと、これまで地方政府による「資金の流用」現象が多発し、腐敗の温床と化しているということである（貧困と腐敗は双子のような関係にあることが証明された）。

第3に、流動人口が政策の対象外にされたままである（扶貧基金はもとより、都市と農村両方の「最低生活保障制度」からも外されている）。都市部において、流動人口の貧困発生率は概ね都市部住民の2倍以上である（李実（2003））。それだけでなく、非金銭面の貧困事情も絡んでいる。例えば、外来児童は医療保健、栄養水準、健康水準及び就学などの諸指標で明らかに都市戸籍の児童より劣っている。また、外来の女性人口は妊娠に関する保健事情、妊婦死亡率などの諸指標でも、都市戸籍の女性を遥かに下回っている（陳暁蓓（2003））。

(4) 対策

中国の改革開放のスローガンはいわゆる「先富論」（一部の地域、一部の人々が先に豊かになれ）である。そして、1980年代から展開されてきた「地域傾斜的発展戦略」（東部沿海地域優先、都市部優先）は、格差拡大に拍車をかけた。

2012年秋の第18回共産党大会では、「2020年までに、国内総生産及び国民総生産を2010年に比べて倍増する」という目標を掲げた。この「中国版所得倍増計画」に託されたメッセージは、いうまでもなく、社会的不満を形成する格差問題に対処するという決意である。

GDPの目標は、理論的には年間7.2%の成長率が続けば、達成可能である。だが困難なのは「住民所得の倍増」目標に違いない。2001-2010年の10年間に、1人当り住民所得の成長率はGDP成長率を下回っている（GDPの水準が2.62倍に

達したのに対して、住民所得は2.34倍に留まった)。賃金所得に対する「資産所得の優先性」(一次分配)という原因(第2節)の他に、社会保障を含む財政移転体制(二次分配)にも大きな課題が残っている。

　それでは、所得格差の拡大が続いている現状を一体どう打破できるのだろうか。

　何をおいてもまず、「成長の共有」並びに「国土の均衡的発展戦略」を新しいスローガン(目標)として樹立させる必要がある。そして更に、一次分配と二次分配に関わる課題にそれぞれ解決策が求められる。

　第1に、まず「再分配」政策について見てみよう。

　(ア) 西南財経大学の研究チームは、主として、公平な教育と社会保障を内容とする「再分配政策」の是正に重点を置くことにした。前述の通り、「○○市場化」の名で行われた教育、医療、住宅体制の改革は、「民から官への逆の財政移転」を引き起こしており、明らかに是正される必要がある。

　西南財経大学の調査は、世帯主の教育水準と所得水準の関係を分析している。その結果によると、学部卒業及びそれ以上の場合、農村家計の年間所得は12.52万元、世帯主が小学校卒業及びそれ以下の場合の家計の7.88倍であること、都市部の場合には、当該倍率は4.41倍であった。また、高学歴世帯主のグループの内部におけるジニ係数は0.46であるが、低学歴世帯主グループの内部におけるジニ係数は0.58である。

　即ち、教育は社会的視点からみて、人的資源の育成を意味するが、家計の所得にも有意に影響を及ぼす。西南財経大学の研究チームは、「教育の不公平がジニ係数に及ぼす寄与度は13%である。仮に教育の限界生産性を一定とし、中国の教育水準をOECD諸国の水準に引き上げれば、ジニ係数は0.44に下がる。もしアメリカの教育水準に到達したとすると、更に0.42に下がるだろう」と推計している。

　同チームは更に次のように強調した。「アメリカもドイツもパキスタンも、大規模な財政移転が行われる以前のジニ係数は高かった。例えば、アメリカの最貧困家計の20%の平均年収は7,500ドルだが、財政移転後には3万ドルに上昇した。同時に、ジニ係数も0.49から0.39に低下した」。

　中国の場合、社会保障制度をはじめ、有効な財政移転は行われていない。とりわけ、農村部の社会保障の程度は都市部に比べて遅れを取り、家計の所得は個人の自助努力に頼るしかない。そのため、農村部のジニ係数は都市部より高い結果

となった（高鈴芬（2009）、61-71頁）。その一方で、政府には潤沢な財政収入がある。例えば、2012年、中国の財政総収入は11.7兆元を超え、国有企業の収益も2兆元を超えた。同時に、財政赤字の対 GDP 比率は1.6％であり、税収に占める比率は8％である。従って、財政をより教育や福祉に追加投入することは可能であり、また必要でもある。

更に、一般国民の税負担の調整策も必要である。例えば、（ⅰ）個人所得税の課税基準値の見直し（現在では、全国一律に3,500元／月をスタートラインにしている）、（ⅱ）企業法人税（特に中小企業に対する）の見直しが挙げられる。皮肉なことに、中国では個人所得税が総税収に占める比率は極めて低いものの（2012年は5.8％）、国民の租税負担感は大きい。その原因として考えられるのは、次の2点であろう。第1は、高所得者が納めるべき税金を納めていないということ、そして第2は、所得格差が想像以上に大きいということである。そのため、個人所得税対総税収の比率は低くなる。（ⅲ）贈与税や高所得者に対する累進税制度の導入・監督も不可欠である。いうまでもなく、それは個人所得に対する厳格な把握を前提にしたものであり、当面把握し切れていないのが現状である。

第2に、「一次分配」にも課題が残る。

1つは、体制的格差の存在である。市場経済体制の改革が停滞する中で、社会的な焦燥感が増している。一般的にいえば、「機会の平等」の方が「結果の平等」よりも重要である。即ち、人々の豊かさとは、個人の能力と努力によるものなのか、それとも先の世代からの贈与か、更には、権力との癒着の結果なのかが問われる。

中国の場合には、独占的な国有企業が社会から「特殊利益団体」と見なされ、不公平の象徴ともなっている。同時に、政府の投資主体としての役割が行き過ぎており、資源の有効な配分を損なう結果を招いた。見た目の「繁栄」（GDP）の背後に、地方政府の債務の急速な拡大並びに幾多の業種の生産能力過剰問題が繰り返されている。

もう1つは、構造的格差の存在である。全体的な傾向として、労働者の低賃金・低福祉の反対側に、「資産所得の優位性」が突出している。資産所得の優位性は労働所得の分け前を抑制し、国民所得の貧弱性並びに格差拡大に繋がった。同時に、「正規雇用者」と「非正規雇用者」の間の「労働市場の二重構造」及び「賃金の二重構造」の溝が深く、都市農村間格差拡大の要因ともなっている。

概括していえば、「成長の共有」を目指して、マクロの面での市場経済体制の健全化（一次分配）と再分配制度の健全化（二次分配）、ミクロの面での個人的権利の尊重と救済措置の完備（とりわけ私有財産権の保護）が、制度改革の重要な方向であることが強調されるべきである。

第3節　格差研究の3つのアプローチ

長江デルタの格差変動メカニズムを解明するには、指標の選択や、地域単位の確定、分析法の組み合わせなどを含め、複眼的な視点から検証を進める必要がある[42]。

国民の豊かさに繋がらない発展モデルは、持続性に乏しい――「成長の共有」を発展の目的にする以上、格差の指標を「1人当り所得」に設定することが適切である（第2章の地域経済格差への考察は、指標を「1人当りGDP」と設定）。

本書は、3つのアプローチを摘出し、現代中国における格差の在り方を考察する。即ち（1）空間と格差（第2章）、（2）発展モデルと格差（第3-5章）、（3）体制と格差（第6章）である。異なるアプローチは異なる射程距離を持っているから、それらを組み合わせることによって、多様な角度から中国の格差問題の性格と課題を把握することができる。

---

[42] 格差研究の仮説として「クズネッツ曲線」（「逆U字仮説」）がよく知られている。「逆U字仮説」とは、経済発展とともに家計間の所得水準の格差が広がり、ある時点を過ぎると逆に平等化が進み始めるというものである（Kuznets（1955）、クズネッツ（1966））。その後、ウィリアムソンは、一国内の地域間所得格差の推移についてもこの仮説を適用し、同様の傾向を計測している（Williamson（1965））。

　われわれはあえて「逆U字仮説」を意識せずに格差の検証を行うことにする。というのは、「逆U字仮説」の転換点を迎えるには、格差縮小に寄与する「安定的な制度装置」が必要だと考えるからである。日本と中国の比較研究を通じて、「環境クズネッツ曲線」の成立には憲政的基礎が必要であると分析した（陳雲・森田憲（2010b）、Chen, Yun（2012）、陳雲（2007c）、陳雲（2007d））。同時にまた、所得格差に関するクズネッツ曲線の転換点の出現にも、同様な制度装置が不可欠であると判断した。「構造・機能主義」的観点から見ると、権力構造は「一次分配」と「二次分配」の双方に響く要素として、格差是正の決定要因に入る。

　一方、東アジアNIEsを観察する場合、「憲政」という要件は不十分でありながら、成長の共有が実現された。なぜだろうか。NIEs式「賢明権威主義体制」の秘密に迫る必要がある。われわれは、台湾を例に考察した結果、「土地改革」・「党務改造」及び「地方自治」が、賢明権威主義の3つの柱として働いたものと判断した（陳雲（2005a）、陳雲（2005b）、陳雲・森田憲（2009a）、Morita and Chen（2010）、Chapter 8）。また当然、市場経済に相応しい法治社会の成立も不可欠である。

　それに比べて、そういった諸要件が整っていない中国で、しかも格差が明らかに拡大している中で、クズネッツ曲線が成立するか否かについての検証は、いささか時期尚早と判断せざるを得ない。

1. 空間と格差（第2章）

「空間経済学」は、地域経済、都市経済、国際貿易、経済地理、経済史など多種多様な分野の融合によって生まれた新しい研究分野である。従来、経済学の主流は「何を生産」、「誰のために生産」、「どのように生産」という課題に集中してきたが、「どこで生産」という問題は比較的軽視されていた。実際、生産者も消費者も「空間」と深く関わる存在であることは間違いない。とりわけ産業革命以降、都市化が進み、産業と人口が特定の空間に集中し、巨大都市が続々と誕生した。そして一方、都市と都市はそれぞれ孤立した存在ではなく、分業体制と貿易体制を通じて、様々な連携を図るようになっている。

それでは、地域経済の視点から、格差をどう把握すべきだろうか。「成長の共有」のための方策とは、具体的にどういったものだろうか。

本書第2章では、2つの研究方法の融合を試みている。

1つは、定量分析（重回帰分析）を通して、都市間格差の大きさ及びその生成要因を測定する。もう1つは「空間経済学」の視点であり、「成長ありの格差縮小」（成長の共有）を評価の指標にする。即ち、地域格差を単なる数量的な捉え方をするのではなく、地域経済の動態的成長の中で「成長の共有」を求めていくのである。そのために、数量的分析の他、長江デルタ都市群の階層構造並びに地域経済圏の形成条件も併せて研究視野に入れることにした。

なぜなら、定量的分析だけでは限界がある。例えば、1980年代を通じて、上海と周辺地域の経済格差はむしろ縮小した。しかし、それは上海の経済地盤の沈下によるものであって、喜ばしいものではない。上海が長江デルタ地域の成長センターにならなければ、江蘇、浙江両省の一層の発展も図れないのである。

ハーシュマンの「不均衡成長論」を振り返って見ると、経済成長の過程で経済力を集中すべき地域の中心地つまり成長拠点（Growth Points）が存在し、この拠点と他の地域との間に国際的・地域的格差は不可避的随伴現象として現れる。これはペローの「成長の極」（Growth Poles）と共通する側面を持っている。ペローの理論は、低開発地域において最も成長の可能性が高いところに拠点を設け、ここに産業連関効果や外部経済効果の高い成長産業を集積させ、それによって地域全体の成長を促進させようという発展戦略である（Higgins and Savoie (1988)）。むろん、上述した理論は効率的な市場経済の下で始めて成立する経済現象である。

それに対して、1980年代の長江デルタ地域は市場経済の初期段階にあり、体制的問題（特に上海の国有企業問題）が際立っていた。1980年代を通じて、長江デルタの「地域成長拠点」は不在なままであった。1990年代の「上海経済の復活」は「成長中心の創出」を意味し、周辺地域との格差が開いたとはいうものの、地域全体のレベルアップが実現され、かつ「集積効果」と「波及効果」の好循環が形成されれば、長江デルタにおける「成長の共有」が期待できる。

2．開発モデルと格差（第3-5章）

現状を見ると、「浙江モデル」は民間パワーの盛んな地域に成長しているのに対して、「江蘇モデル」は1995年前後を境に、「郷鎮企業」モデル（この時期の蘇南地域はしばしば浙江省と併せて「江浙モデル」と呼ばれる）から「外資利用型モデル」へと転換した。また、1990年代半ば以降、この2つの省に南北に隣接する「上海モデル」は、1930年代の金融センター時代の旧上海との接点を模索しつつ、「接木戦略」（国有企業と外資系企業の融合による開発戦略）を展開してきた。

以下、開発モデルの分化、所得格差の変動、そして開発モデルにおける重層的経路について、具体的に検討することとする。

(1) 開発モデルの分化

上海直轄市、江蘇省、浙江省は長江デルタ地域を構成するが、開発の初期条件や中央政府の政策によって改革の進捗度が異なり、開発モデルの展開も違っている。

1980年代、浙江省と江蘇省南部地域は、郷鎮企業の高成長によって、市場経済の波にうまく乗った。内発的モデル——江浙モデルの羽ばたきである。しかし一方、1990年代半ばから、浙江省と蘇南が分岐を始め、浙江モデルが民間主導の経済発展を更に推進するのに対し、蘇南地域は外資が大量に進出し、外資主導の経済開発モデルへ変化していった。このようなモデルの転換は、両省の所得格差に有意に影響したと確認できる。

それでは、開発モデルの分化は一体どのように発生したのだろうか。

従来、江蘇省も国有企業の1つの重鎮であった。蘇南農村部の郷鎮企業が成功を満喫していた頃、都市部では、国有企業の苦闘が続いていた。

江蘇省に大規模な外資の進出が見られたのは2003年頃のことである。それより以前の1990年代半ば以降、国有企業の「現代企業制度」に向けての制度改革や経営の健全化等によりリストラが行われ、多くの「一時帰休者」（実際は失業者）が生まれた（陳雲（2008a））。従来から国有企業にとって深刻な問題であった「偽装失業」の表面化である。農村の余剰労働力移動の問題に加えて、これらの都市失業者の再就職問題も大きな社会的不安を惹き起こした。更にまた、1990年代の後半期に蘇南郷鎮企業の制度改革が失敗に帰し、市場の空白が生まれたわけである。

言ってみれば、江蘇省にとって、国有企業及び郷鎮企業の衰退と交代に外資が蘇南地域に大規模に進出したということになる。

国有企業が足枷となった上海では、1980年代を通じて経済停滞が続き、工業生産成長率は全国平均を下回るという状態に陥った。1990年代に入って、国有企業の硬直的な構造を抱える上海は経済復活を図った――自律的な改革ではなく、中央政府の「浦東開放」政策をバックアップに、改革を始めた。しかし強い政府主導の「接木戦略」はあくまでも「外発的モデル」であり、低所得層の貧困といった「草の根」で発生する問題については、明らかに軽視されがちである。

上海には、従って、内発的モデルに向かって、「小さな政府」のための法整備、国有企業改革並びに民間セクターの育成、更に戸籍制度の撤廃を含む社会制度の改革、直接選挙を始めとする自律的地方ガバナンスの構築などが課題として存在する。

(2) 所得格差の変動

結論からいえば、民営企業モデルとして成功している浙江省の1人当り所得が江蘇省を上回るだけでなく、また都市と農村の格差も小さい（即ち「成長の共有」が進んでいる）。浙江モデルが比較的「成長の共有」を実現できたのに対して、江蘇モデルは「高成長・低共有のモデル」といえる。また、上海モデルは、大都市問題との相乗効果によって、既存の域内の都市農村間格差のほか、都市部貧困層問題や、流動人口の市民待遇問題、更に若者を中心とした新貧困層問題が深刻化しつつあり、有効な対策が求められている。

浙江省は民営経済をベースに「製造―販売」連携型経済の道を進んでおり、高付加価値を手に入れている。製造業として、浙江省の「塊状経済」（県域経済）

がよく知られているが、市場販売として、各種専門市場の遍在もまたその特徴である。浙江省の中でも、更に工業先行の「温州モデル」と市場先行の「義烏モデル」に分けることができる（第5章参照）。民間企業が母体であるため、当然富は民間に流れる。民間主導、「製造—販売」連携型経済は、浙江省が全国に先駆けて「成長の共有」モデルに近づいている秘訣といえる。

即ち、政府・国有企業主導の「上海モデル」や、外資企業主導の「江蘇モデル」に比べて、民営経済主導の「浙江モデル」は富を民間に残す「内発的モデル」の特徴が鮮明である。それに対して、「上海モデル」や「江蘇モデル」は富を国或いは外国へ帰属させる「外発的モデル」といえよう。

(3) 開発モデルにおける重層的経路

それでは、一体浙江モデルはどのように成立したのだろうか。そして、浙江モデルの背後にある「経路」は、どのような影響を及ぼしたのだろうか。対照的に、長江デルタにおける他の二つの地域である「江蘇（蘇南）モデル」と「上海モデル」の特徴（とりわけ「格差」に焦点を当てるとして）と「経路」の関係はどうだろうか。

これらの諸問題については、第3-5章で具体的に検討してみることにするが、図1-7で要点を提示しておくこととする。以下の通りである。(ア) 生存と発展の本能と行動パターン（開発モデル）との間に、「経路依存」問題が横たわる。(イ) 経路の実際の効果として、「熱帯の罠」と「温帯効果」に分けることができる。(ウ)「外発的モデル」の場合、「所得向上及び所得格差縮小効果」が比較的小さいのに対して、「内発的モデル」の場合、それが比較的大きい。(エ)「社会資本」の蓄積度は開発モデルに依存する（「外発的モデル」の場合は蓄積し難いが、「内発モデル」の場合は好循環を作るため蓄積しやすい）。当然、異なる「社会資本」のレベルはモデルの効率性や持続性に逆作用を及ぼす。

(4) 義烏モデルの二面性

義烏モデルは浙江モデルの縮図である。義烏モデルへの考察を通して、浙江モデルの優位性が一層鮮明になるものと思われる。

義烏は伝統的には農村地域である。しかし、第5章で論じる「義烏モデル」は脱農業化を内容とする開発モデルであり、農村発展のためのモデルではない。一

図1-7　長江デルタにおける開発モデルの分化と所得格差

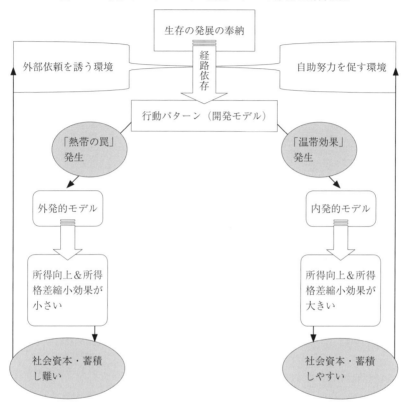

出所：筆者作成。

方、「商工連動」、「都市農村の一体化」政策は一部、農村住民の所得向上に貢献した。

　すべての農村地域が工業地域へ転換することはあり得ないし、その必要もない。
　農村、農業の重要性はしばしば「リカードの罠」で説明される。実は、「工業の現代化」は農業の現代化を内包しなければならないプロセスである。逆の場合、農村における耕地が限界に達し、土地の限界生産力が低下するような事態が起こると、生産要素の加速度的な流出が避けられない。それによって、経済は「リカードの罠」に陥りかねない。
　中国の農業生産は1980年代前半に大きく高まり、農業の発展で都市農村部門間

の格差が縮小した。1985年以後、都市農村部門間の格差が再度拡大した。即ち、1970年代末に行われた「家族請負制」（個人農家）という一時的な農地制度の改革がもたらす効果には限界があり、「リカードの罠」を回避するには、そして都市農村部門間の格差を是正するには、新たな制度的創意が必要である。

　それでは、農村本位の発展戦略は如何なるものだろうか。本書では詳しく触れないことにするが、別の機会にわれわれは「名村モデル」の考察を通じて、中国の農村は普遍的に「構造的貧困」に陥っており、そこからの脱却は体制の突破に求めるしかないと結論づけている（陳雲・森田憲（2010a））。中国農村の振興には、農地の「家族請負制」より複雑な「二次革命」（政治・経済体制複合的変革）が避けられない。

3．体制と格差（第6章）

(1) 比較経済体制論と経済開発論の見地

　比較経済体制論も経済開発論も、経済パフォーマンスの規定要因として「初期環境」、「体制」、そして「政策」という3つの要因を重要視する。例えば、中兼は中国の地域格差が主に「初期条件」（自然地理、人文地理、歴史文化、更に地域の出発点における経済水準や資本、技術集約度、そして経済構造など）、「体制的・制度的要因」（その地域に支配的な企業形態や組織、経済メカニズム、それに政府の性格など）、そして「政策的要因」（投資、財政、産業政策など）という3つのタイプの要因によって決定されると指摘し、分析を行った（中兼和津次（1996））。その他の先行研究においても、考慮されている中国の地域格差形成要因については、概ねこの3タイプに相当するものである（渡辺利夫（1995）、胡鞍鋼ほか（1995）、呉軍華（1995）、Khan et al. (1993)、加藤弘之（1997）、陳宗勝（1995））。

　1980年代以降、中国で行われている改革開放は、「比較経済体制論」（「計画経済体制」から「市場経済体制」へ）と「経済開発論」（発展途上国から先進国へ）の2つの角度から捉えることができる。比較経済体制論の視点からいえば、中国の地域格差の規定要因に関しては、「国有企業」が代表する「体制的要因」を重視しなければならない。そして経済開発論の視点からいうと、「非農業人口」や、「地方財政政策」、「固定資産投資」のような投資政策、更に開放政策などを十分

に考慮すべきである（第2章参照）。

　日本、韓国、台湾といった国・地域発展の経験に基づく「東アジアモデル」と呼ばれる開発パターンの場合、政府当局は「開発主義的」で、開発に積極的に関与するという特徴がある（村上泰亮（1992））。末廣による「開発主義」の定義は、「（開発という）スローガンを梃子にして、個人や家族或いは地域社会ではなく、国家や民族の利害を再優先させ、国の特定目標、具体的には工業化を通じた経済成長による国力の強化を実現するために、物的人的資源の集中動員と管理を行う方法」である（末廣昭（1998））。

　この定義によると、改革開放前の中国も開発主義に当て嵌まるが、改革開放以降の中国の開発主義との間には大きな違いが存在する。即ち、前者は「計画経済」、「閉鎖経済」の下での開発主義であったのに対して、後者は「市場経済」、「開放経済」の下での開発主義である。従って、1980年代以降の政府の開発に対する関与は、経済体制の移行や、開放政策の実施など多様な側面にわたっている。

(2) 戸籍制度と貧困・格差

　第6章では、「体制」の視点から格差問題を検討し、戸籍制度に起因する貧困と格差の問題に迫ることとする。むろん、他の章でも「体制」的要因を扱っている。例えば、第2章で摘出した重要な格差生成要因としては「非国有セクター」があった。そして、第3章及び第5章で考察するそれぞれのサブモデルにおいて、体制と深く関わる「経路」の存在が認められる。

　経済発展の視点に立てば、市場経済は生産要素の自由な移動を要請する——とりわけ労働移動はそうである。労働の自由な移動の効果は、国民所得水準の向上ならびに所得格差の縮小にある。また、戸籍に付随する公共サービスの均質化への要請は公民権の要請であると同時に、産業構造高度化に伴う人的資本高度化の要請でもある——合理的賃金及び福祉の実現は、労働者の自己投資能力の向上を意味し、労働力生産性の向上に大きく寄与する。

　現実の中で、中国にける戸籍改革は2つの側面を持つ。その1つは「農転非」と呼ばれる戸籍改革である。即ち、1つの行政単位（「地級市」或いは省）内の都市戸籍と農村戸籍間の壁を取り除くことであり、もう1つは、異なる都市間の戸籍の壁を取り除くこと（大都市ほど、戸籍に伴う付加価値が高いため、入籍の困難度が高い）である。

第6章では、流動革命の下で、大都市で突出する外来人口（特に低所得外来人口）の住宅難問題を分析する。当該分析に際して、2つの疑問を提示している。1つは、中国の都市部に「スラム」が存在するのか否か、そして存在するとしたら、どのような形態で存在するのかという疑問であり、もう1つは、流動人口の居住権の保障について、一体誰が責任を持つのかという疑問である――これらの疑問に答えるためには、明らかに政治経済学的視点を必要とする。

上海は直轄市であり、地域的特徴も格差の表現も浙江省、江蘇省とは異なる。われわれの視点では、上海の格差問題は、「体制的格差」（戸籍制度に起因する域内の都市農村格差、流動人口の市民待遇問題、所有制の異なる企業間の所得格差問題など）と「政策的格差」（都市部の貧困層問題など）に分類できると考えられる。

実際、強い政府指導下の「上海モデル」は大企業（大型国有企業と外資企業）重視の指向、そして成長指向の強いモデルであって、草の根の貧困問題を軽視する傾向にあると言わざるを得ない。それ故、「上海モデル」における貧困問題の是正は容易ではない。

（改善の兆しが見えない）格差は革命への直行便である――「トクヴィルの疑問」への回答はこれであろう（「はじめに」参照）。過去・現在を問わず、都市化、工業化の亢進期において、経済の集積効果や旧体制の特権効果によって、格差は一気に高まることが普遍的に観察されている。中国は現在、この試練に差し掛かっている。

第4節　浙江モデルの帰結：「内発的発展」を目指して

1．内発的モデルと所得格差

第3節で述べたように、国有企業主導の「上海モデル」や外資企業主導の「江蘇モデル」に比べて、民営経済主導の「浙江モデル」は富を民間に残す「内発的モデル」である。それに対して、前者の2つのモデルは富を国或いは外国へ帰属させ「外発的モデル」の性格を持つ。

率直なところ、「内発的モデル」の定義は必ずしも明確ではない。しかしながら、「内発的モデル」が持続性のある開発モデルであるという点は疑いないだろう。

この意味で、富を民間に残すことは、意義が重大である。一方、「内発的モデル」を語る際、中国と諸外国・地域の間には、時間差が存在する。

諸外国・地域（日本、韓国、台湾など）の場合、「人口の高齢化」が大きな背景である。「内発的モデル」は、主に山村の魅力を再発掘し、若い人口を誘致することに力を入れてきた。その手法として、資源と人材の現地供給化及び民間、NGOと自治体との連携体制がポイントとして挙げられる。

それに対して、中国は計画経済体制から市場経済体制へ、そして慣行経済から産業経済への移行期にある。このプロセスの中で、「民間主導の経済モデル」の構築が中国特有の事情として最重要視すべき「内発的要素」なのである。

要するに、体制移行の国において「国有企業」と「外資企業」主導の経済が外発的特徴を持つのに対して、「民間企業」主導の経済が内発的特徴を持つのである。その理由は、成長のメリットがより多く民間に残り、「民富」（国民の豊かさ）に繋がるからである。

付け加えていうと、中国の場合、日本や韓国で認識された「生産要素の地産地消」や「官民協力体制」といった内発的要素は、「民間主導の経済モデル」と合致していることに留意されたい。例えば、1980年代において、郷鎮企業を母体とする「江浙モデル」は当時の「広東モデル」に比較して、そうした性格が強かったのである（第2章参照）。

2．市場と政府

浙江モデルが代表する「内発的モデル」の実践は、中国の地域開発及び体制移行に大きな示唆を与え得るものと思われる。陸立軍（2007）は、「浙江モデルは新たな財産秩序[43]と市場秩序に基づいたもので、普及していく価値はここにある」と述べた。

体制移行期の中国において、「政府か市場か」を議論する際、常に大きな誤解が伴っている。欧米諸国で、経済危機や民間企業による深刻な債務危機が発生した場合、政府の財政出動や企業再建のための政府介入が行われるが、そうした措置はあくまでも臨時のものである。任務完了後、臨時措置は解除される。

しかし中国の場合、市場経済体制自体がまだ建設途上にあり、市場化は改革の

---

[43] 財産秩序とは、官民の間、そして国民の間の財産分配状況を指す。

方向とはいえ、経済危機や生産安全性問題がしばしば「国進民退」（国有企業による民間企業の買収行動）を促す材料（口実）となる——地方政府主導のケースが多い。例えば、2008年の山西省における石炭業界の再編事件がそれに該当する（陳雲・森田憲（2011a））。2008年の世界金融危機以降、「国進民退」現象が着実に加速されている。

この市場経済化改革への逆行ともいえる現象は非常に危険である。それによって、資源配置の効率性が損なわれるだけでなく、所得格差の一層の悪化にも繋がっていくからである。

「政府」と「市場」とは、資源配分のための二大の制度装置である。「市場」では「一次分配」が行われるのに対して、「政府」は（税制、社会政策などを通じて）「二次分配」を行う。政府と市場の関係を論じる際、概ね以下の4点が重要である。

（1）「政府」の中心的な役割は、市場経済体制のルール作り及びその監督に尽きるのであって、「市場」の機能を代替するものではあり得ない。

（2）後進諸国の政府は、欧米先進諸国政府より積極的に市場に関わることが観察される。第二次世界大戦後の日本における産業政策の実施はその成功例だったが、多くの発展途上国では、政府という「見える手」の出動は失敗に終わった。つまり、「政府の失敗」と「市場の失敗」はコインの両面のように現れた。

発展途上国一般でいえば、「政府」の質が「市場」の質より卓越しているケースは稀である。従って、産業政策を実施するにしても、失敗例が多くなる。成功したケースは、「東アジアモデル」といわれる日本やNIEs諸国・地域に過ぎない。そして成功例の裏側には秘訣が存在する。例えば、法治精神、技術官僚グループ、地方自治制度といった創意工夫が挙げられる（陳雲・森田憲（2009b））。

総じていうと、キャッチアップ戦略を展開する「賢明な政府」の役割は、それ自体が無事退出できる「条件作り」に尽きる。その「条件」は一体何かというと、健全な市場経済体制の整備（ルール作り）の他、従来強くない民間企業を市場の主体として育成することである。

（3）国有企業は、その抱える企業体質の問題によって、何れはその役割を段階的に縮小していくべきものである。また、外資系企業も改革開放の初期段階には「資本・技術・人材管理法」の窓口としての役割が大きいが、地元民間企業の成長なくしては、表面的な繁栄をもたらすに過ぎない。外資依存のモデルは内発的なモデルにはならない。

(4) 長江デルタを観察する場合、近隣地域間に学習効果が認められる。浙江省のパフォーマンスに刺激された江蘇省は近年、浙江省に習った政策を多数展開した。例えば、(ア) 民間経済の育成に力を入れている。諸指標から見て、浙江省との距離は縮まっている。(イ)「商工連動」の智慧に習い、江蘇省の専門的交易市場の規模拡大が顕著であり、2012年の取引総額は浙江省を超えている（第3章参照）。

ただし、江蘇省の民間企業育成や専門市場建設は、政府のキャッチアップ戦略によるところが大きい。そして、性急な政策の刺激によって失敗した例も多い。例えば、太陽光パネル産業の大手である無錫尚徳（民間企業）は、地方政府の担保で融資を受け、規模を急速に拡大したが、ヨーロッパのダンピング調査や市場価格の下落、更に企業家の「道徳的リスク」問題（企業家個人の所有の企業と上場企業との関連取引により、上場企業の利益が移転されることなど）により破産に追い込まれた。いわば、江蘇省における「追いかけ型民間企業」は政府から手厚い優遇策を受けているため、一種の特殊な民間企業に化しており、浙江省のような「草の根型民間企業」との間に一線を画くするべきものと思われる。

中国の体制移行には、体制的普遍性と地域的特殊性の間にダイナミックな相互作用が常に存在している。長江デルタ地域の事例研究の価値はここにある。つまり、諸サブモデルのうち、合理性があれば、何れは「周辺が中心を変える」法則に沿った浸透力を発揮していくことになる。

第2章
長江デルタの経済開発と地域格差：空間経済学の視点

はじめに

　中国の地域格差に対する先行研究には2つの特徴が認められる。即ち、(1) 数量的な視点が中心である。つまり、「格差是正」の意味を主に「格差縮小」として捉えている。そのため、格差水準の定量化や、格差規定要因の分析を主眼に置いている。(2) 研究対象地域として、特定の都市群を対象にした格差の研究は余り見られず、その代わりに、次のような対象地域がしばしば採り上げられている。(i) 三大地帯（東部、中部、西部）間、沿海・内陸間、省間、(ii) 省内地域間、(iv) 農村部間、(v) 都市部間、そして (vi) 1980年代以降の成長地域とそうでない地域間、などである。

　本章は、改革開放後の開発を二つの時期に分け、長江デルタにおける都市群の格差と生成要因をそれぞれ分析する。中国の長江下流に広がる長江デルタには、上海のように、計画経済の時代に重工業基地として形成された地域（直轄市）や、江蘇省・浙江省のように、広大な農村を含む地域（省）が見られ、1978年の改革開放以降、それぞれの地域で様々な開発の取り組みが行われてきた。長江デルタでは、建国以来中国の開発が抱える諸課題が集中的に反映されていることから、この地域において明らかになった知見が、他の地域の開発にとっても大きな意義を持つものと考えられる。

　本章の研究手法として、2つのアプローチの融合を試みる。1つは、定量分析（重回帰分析）を通じて、都市間格差の生成要因を抽出してみることであり、もう1つは「空間経済学」によるアプローチを応用し、格差とそれを生み出す空間との関係を探ることである。

　本章の最大の特徴は、「空間経済学」のアプローチの導入である。先行研究では、「数量的視点」に立って、格差是正の意味を主として「格差縮小」として採り上

げているのに対して、本章では、「成長ありの格差是正」を地域開発の目標として想定し、(1) 地域経済全体のレベルアップ、かつ (2) 長期的に地域内の格差が縮小していくことが望ましいと考える。そのために、「格差」と格差を誕生させた「地域空間」とを関連づけて検証する必要があるものと思われる。

従来、空間経済学が用いられる主要な分野は、工業の空間立地問題、都市化問題（都市の生成、成長、衰退、再都市化）、地域の「中心―周辺」構造問題などである。都市間の格差に注目する研究も存在するが、それはあくまでも「静態的空間意識」に過ぎない――本章では、「動態的空間意識」を格差研究に導入してみることとする。即ち、空間は格差を誕生させる場所であると同時に、格差を縮小させ得る場所でもあることを強調し、特に中国のような体制移行国において、どのような状況の下で地域格差が縮小するのか、またどのような状況の下で地域格差が拡大するのかに研究の焦点を当てるのである。

「成長ありの格差是正」を目指している限り、地域間の機能分担により生じる「付加価値生産性格差」をある程度容認すべきだが、成長中心地域から周辺地域への波及効果をうまく機能させるための環境を整備しなければならない。

地域格差に関する経済開発論として、ミュルダールの「循環的・累積的貧困説」が言及されることが多い。「貧困の循環・累積」が現れる原因として、発展途上国における市場の未発達が、上記の波及効果を妨げることが述べられている。逆に、市場の整備が進んだ先進工業国では、地域間に「逆流効果」の発生とともに、「波及効果」も円滑に働き、後者が前者を上回る場合に、地域格差が縮小するものと考えられる（ミュルダール1959）。即ち、経済成長と同時に格差の縮小も想定し得る環境として、そうした「波及効果」がうまく働き得る「地域経済圏」の形成が望ましい。

体制移行国の中国では、発展の初期条件に、計画経済（国有セクターの高比率）や慣行経済（農業部門の高比率）の要素が並存していることはいうまでもない (Sachs, Woo, Fischer and Hughes (1994))。長江デルタ都市群の場合、それぞれの発展段階において、産業構造問題、国有セクター問題、財政政策問題、都市機能の再編問題などが存在していた。これらの諸問題は、「漸進的開放」がもたらした市場経済の不整合性と複雑に絡んで、常に地域格差の発生に伴って現象化し存在してきたのである（本章では、それらを重回帰分析によって明らかにする）。

定量分析のアプローチと空間経済学のアプローチとは融合的な関係にある。空

図 2-1　長江デルタ諸都市

● 狭域長江デルタ
○ 広域長江デルタ

出所：筆者作成。

間が舞台だとすれば、舞台で演ずるのは生産者、消費者、政府などのアクターであり、そして舞台の裏で機能するのはそれらのアクターの行動様式を規定する経済、社会、政治等の諸体制である。

従って、中国のような計画経済体制の経験国にとって、「成長ありの格差是正」のために、従来の行政の縦割り・横割りによる分断化した地域経済から脱却し、地域経済圏を形成することが急務である。そのための主要な条件として、(1) 国有企業改革を中心とした、地域における市場経済体制の整備、(2) 地域の成長センターの創出とその後背地のバックアップが不可欠であると考えられる。

本章では、1990年代以降の中国の経済開発において、特に注目を浴びている長江デルタ地域を研究対象に採り上げ、更に「長江デルタ」を「広域の長江デルタ」と「狭域の長江デルタ」に分けて扱うこととする（図2-1参照）。前者は上海直轄市、江蘇省、浙江省の全体を指し、21都市を包括している。後者は、上海を含

め上海を緊密に囲む14都市を指す（1985年に「沿海開放地域」の1つとして指定された「長江デルタ」とほぼ一致している）。

　長江デルタ都市群の空間構造を考察する際、2つの手法を採り入れる。手法一は、複合的指標を収集し、都市間の高度な機能（金融・保険業）の集積度格差を測定することである。そして手法二は、「企業地理学」の手法であり、大企業の「本店─支店─営業所─工場」という分布状態を調べ、経済的収益性に最も敏感に反応する企業の視点に立って、都市間の「経済的パワー」格差を観察する──以上の手法を通じて、都市群のピラミッド状の構造を明らかにすることである。

　なお、本章で扱う「都市」とは「市が県を指導する体制」を実施する広域都市行政区域（地級市）であり、市街地と広大な農村地域の両方を含むのが特徴である（具体的な構造は、本章第6節を参照）。この独特の都市形態から、「都市化水準」を現す「非農業人口」を都市間格差の説明要因候補として導入することとする。またそのことは、比較研究を行う際に、日本の「市」ではなく日本の「県」を比較対象地域として選択する理由ともなる。

　本章では、2つの比較研究を行う。1つは、改革開放後における2つの開発段階の比較研究であり、もう1つは、長江デルタ都市群と日本の47都道府県の比較研究である。前者は、改革開放以降の中国の地域開発並びに格差変動の現状把握を目的とし、後者は、より長期的な発展を視野に、第二次世界大戦後日本の経済開発と地域格差変動の経験の吸収を目的としている。

第1節　中国の改革開放後の経済開発と地域格差

1．経済開発の三段階

　中国の計画経済体制は改革開放路線が打ち出されるまで、実に30年間も維持されてきた。

　1978年以降、中国は市場経済化改革の時期に入った。「沿海開放戦略」がいち早く実施され、一定の成果を上げた。しかし1980年代の開発戦略は、外資誘致と民間企業の奨励に留まり、市場経済化への体制整備や、国有企業改革の本格化が遅れた上、沿海と内陸に大きな格差が生じた。加えて、「軽工業」と「労働集約型産業」を成長産業とした産業構造も粗放型であり、低付加価値性や環境汚染な

どの問題を抱えた。

1990年代に、上海浦東開発をきっかけに「全方位」戦略が新たに打ち出された。開放地域の拡大、市場化体制の整備、国有企業の改革、沿海と内陸の格差解消などに、本格的な取り組みが始まった。

2．三段階における格差の性格

（1）1978年以前（改革開放以前）の中国は「平等な社会」であったと思われがちである。確かに、ジニ係数等の指標から、そのようにいえるかもしれない。例えば、橘木は社会主義諸国の所得分配は資本主義諸国よりも不平等度が低いと主張した（橘木俊詔（1998））。ゴットシャルクがジニ係数を用いて検証した結果も、そうした主張を支持するものだった（Gottschalk（1997））。

それにしても、現実からいえば、計画経済体制下には別の種類の深刻な不平等が存在していた。都市部と農村部はそれぞれ固定化された「計画下の権力」と「計画下の義務」を有し、それによって「体制的格差」[44]が誕生した。この時期の上海は、そうした体制上の優位性に立ち、デルタ周辺地域を大きくリードした。

（2）1980年代は体制的格差と政策的格差の併存期であった。なお、「政策的格差」とは、改革開放路線が打ち出されて以降、特定の地域に優遇政策或いは緩和政策が与えられたことにより、他の地域との間に生じた格差を指す。1980年代の沿海開放戦略の下で、体制と政策の両面において優位に立っていた「広東モデル」、「江浙モデル」、「温州モデル」地域は、非国有セクターを柱に、新たな成長地域に躍進した。対照的に、上海などの国有セクター地域は劣勢に陥り、地盤沈下を被ったのである。

（3）1990年代には、体制的格差の軽減と政策的格差の存続が進んだ。体制的格差の軽減は漸進的な市場経済化体制の整備によるものと考えられる。しかし、政策的格差の場合、新たな「全方位開放戦略」が打ち出されるとともに、その内容も変わりつつある。「全方位開放」の意味は、単なる地理的な「開放地域の拡大」を指すだけでなく、「産業構造の高度化やバランス」、そして「企業組織形態の改革」といった内容も盛り込まれた。

---

[44] 体制的格差は地域間だけでなく、個人間にも存在する。本章が扱うのは前者だが、戸籍制度の影響を論じる第6章は後者を対象にする。

表2-1 省別1人当りGDP（名目）成長率及び順位変化

地域	地域特徴	1981		1985		1990		1995		1998		85-90		90-98	
		実績	順位	実績	順位	実績	順位	実績	順位	実績	順位	成長率	順位	成長率	順位
全国	全国平均	752		856		1,634		4,835		6,392		13.80		18.59	
上海市	従来の先進地域	2,792	1	3,855	1	5,910	1	18,943	1	28,253	1	8.92	27	21.60	4
江蘇省	「江浙モデル」地域	1,121	5	1,053	7	2,103	7	7,299	6	10,021	7	14.84	10	21.55	5
浙江省		855	8	1,063	5	2,122	6	8,074	4	11,247	4	14.83	11	23.18	3
福建省	「広東モデル」地域	548	17	741	17	1,788	11	6,965	7	10,369	6	19.26	3	24.57	1
広東省		629	13	982	8	2,395	5	7,973	5	11,143	5	19.52	2	21.19	6
海南省						1,589	13	5,225	11	6,022	14			18.12	17

注：(1) 1981年は「1人当り農工業総生産」の値である。
出所：『中国統計年鑑』各年版、『中国富力』各年版より作成。

まず、優遇政策においては、地域的に変化が見られた。1980年代の華南地域に続き、浦東開発を契機に、「上海モデル」は政策的メリットを享受できるようになった。上海とその背後地である江蘇省及び浙江省（合わせて21都市、核心地域は14都市）は、1990年代の重点成長地域として注目を浴びている。また、産業構造の高度化が新たな開発戦略の視野に入れられ、最も困難と見なされた国有企業の改革も本格化し始めた。

これによって、1980年代と比べて、1990年代の地域格差の実態とその規定要因、そして地域経済の局面には変化が現れている。

第2節 1980年代の経済開発戦略と長江デルタにおける地域格差

1. 地域格差の実態

「沿海開発・開放戦略」が実施された1980年代の長江デルタ地域では、格差の実態に関して、次のような特徴が見られた。表2-1に示されている通り、(i) 1981年と1990年の1人当りGDP（1981年は農工業総生産）の順位について、上海市は一貫して1位であったが、浙江省は8位から6位へ、江蘇省は5位から7位（一級行政区の中で、都市である北京、天津を除けば、江蘇、浙江両省の強力

図2-2　上海と江蘇省、浙江省の格差変化（1人当りGDP）

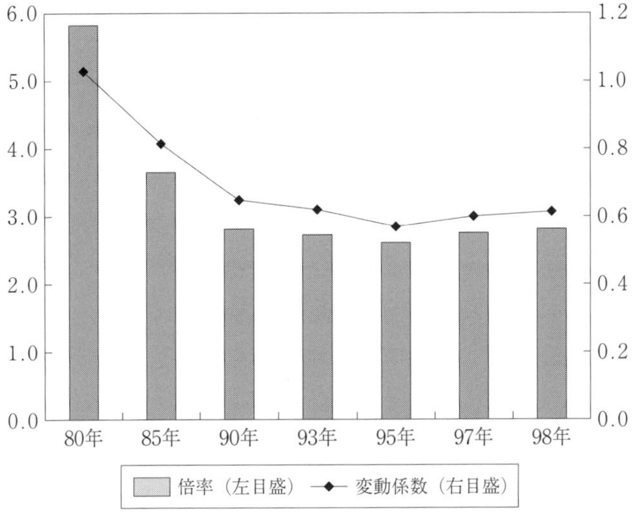

出所：筆者作成。

なライバルになったのは華南地域の「広東モデル」地域）へと変動した。(ii) 1985-1990年の1人当りGDP成長率の順位は、上海市は27位であり、地盤沈下が目立った。一方、江蘇省は10位、浙江省は11位であり、それぞれ上海を大きく上回った。また、(iii)図2-2に見る通り、上海市と江蘇、浙江両省の1人当りGDPの格差については、倍率、変動係数の双方とも、1980年を通じて間に大幅に縮小した。

要するに、1980年代の長江デルタにおいては、上海と周辺地域間の格差は縮小したものの、それは主として上海の地盤沈下によるものと考えられる。

2．都市間格差の規定要因分析

(1) 分析モデル

第1章で述べたように、経済パフォーマンスの決定要因を「初期条件」、「体制・制度的要因」及び「政策的要因」という3つの要因に求める見方は、比較経済体制論や、経済開発論に共通している。

それらを踏まえて、本章では、長江デルタの狭域14都市と広域21都市の２つのケースについて、重回帰型の線形モデルの推計を通じて、1985年及び1990年代各年別における都市間格差の要因分析を試みる。推定に当っては、以下の式を用いる。

$$Y = a + b_1X_1 + b_2X_2 + b_3X_3 + b_4X_4 + b_5X_5 + b_6X_6 + b_7X_7 \tag{1}$$

式（1）の中で、被説明変数Yは１人当りGDP（元）であり、各説明変数即ち1990年代長江デルタにおける都市間の格差規定要因を以下の「格差規定要因候補グループ」から選定することとする。即ち① X_1：第二次産業或いは第三次産業（億元）、② X_2：地方財政収入（万元）、③ X_3：非国有工業（万元）、④ X_4：外資直接投資（万ドル）、⑤ X_5：非農業人口（万人）、⑥ X_6：固定資産投資（万元）、⑦ X_7：重工業（万元）、である。

「格差規定要因候補グループ」の選定に当っては、本来は文化、教育、地理などに関連した様々な要因を組み込むことが望ましいが、入手できる都市レベルのデータが限られているため、主に都市の経済水準に直接影響を及ぼすと考えられる変数に限定した。ここで、1980年代及び1990年代における経済開発の実態と関連づけながら、各説明変数を採り上げる背景や理由を説明しておくこととする。

第１に、「第二次産業」或いは「第三次産業」候補説明変数に関しては、次の通りである。1980年代以降、「ペティ・クラーク法則」は中国においても成立した。即ち、豊かな省ほど第一次産業の割合が低く、付加価値生産性に優れた第二次産業と第三次産業の割合が高い。本章において「第二次産業」と「第三次産業」を別々に回帰式の説明変数として用いている理由は、「多重共線性」の存在が事前のチェックによって判明したからである。また、「ペティ・クラーク法則」においては、第二次産業と第三次産業のどちらがより付加価値生産性が高いかは確定できないと述べられている（それぞれに含まれる具体的な業種によって違うからである。長江デルタ諸都市のデータに関しては、現在のところ、トータルとしての第二次或いは第三次産業のデータしか得られない）。どちらを説明変数として用いることが相応しいかは判断し難いのである。従って、二通りに分類し推計を行った。

第２に、「地方財政収入」説明変数に関しては、以下の通りである。

地方財政制度が地域格差に与える影響を分析した代表的な研究として、呉軍華

表2-2　省別財政収入成長率

地域名	地域特徴	成長率（％）		
		1952-79年	1979-90年	1990-98年
全国	全国平均	8.69	7.29	12.29
上海市	従来の先進地域	16.81	-0.82	11.64
江蘇省	「江浙モデル」地域	8.42	7.69	10.22
浙江省		7.26	13.23	8.71
福建省		6.71	14.64	16.07
広東省	「広東モデル」地域	5.96	12.93	21.95
海南省		9.97	17.11	20.87

出所：『中国統計年鑑』各年版、『中国富力』各年版より作成。

（1995）が挙げられる。呉は、「財政制度」を1980年代の中国における省間1人当り所得格差の要因の1つと考え、異なる財政制度を持っていた省の間にダミー変数を導入し、回帰分析を行った。具体的には、政策的に財政支援を受けた「少数民族地域」と「改革開放実験地域」を1に、その他を0にして、導入する以前より良好な回帰式を得た。胡鞍鋼・王紹光・康暁光（1995）などの研究においても、類似の指摘が存在する。

　それでは、1980年代の長江デルタにおける1人当りGDP格差に対しては、財政制度の有意な規定力はあったのだろうか。表2-2に示される省別財政収入の成長率を見ると、1980年代に、上海市でマイナス0.82％を記録したのに対して、江蘇省は7.69％、浙江省は13.23％のプラスである。最も恩恵を受けた広東省、福建省、海南省（1988年以降）三省では、それぞれ12.93％、14.64％、17.1％に達している。財政収入成長率格差のほかに、上海市と広東省の財政収入に占める中央への上納金比にも格差があった。1990年に前者が67％、後者が30％であり、2倍以上の差が見られた（高井潔司・藤野彰編（1996））。本章では、1980年代の長江デルタにおいて財政制度の規定力を明らかにするために、「地方財政収入」を候補説明変数の1つとして導入することとした。

　第3に、「非国有工業」と「重工業」候補説明変数に関しては、次の通りである。
　1980年代の「沿海開放戦略」は、農村における家族請負制の実施や郷鎮企業の展開、経済特区など開放地域の指定から始まった。漸進的な改革の積み重ねを通

して、郷鎮企業、個人企業、外資企業など非国有セクターが市場経済の担い手として急速に成長し、それに対して、国有企業の多くは市場経済化の波に適応できず、赤字経営に陥ることとなった。

1980年代における成長産業は、労働集約型、加工型、そして軽工業を特徴にしていた。その大きな理由は、「漸進的改革」の下で生じた歪んだ価格体系（「双軌制」）がそれらの業種に大きな収益をもたらしたからである（呉軍華（1995））。1980年代の中国における経済成長のモデル地域は、概ね「広東モデル」と「江浙モデル」に要約できるが、そうした成長地域において上記諸産業の成長が顕著に見られた。

「広東モデル」はいわゆる「外資利用型」のモデルである。1991年に「輸出の全国に占める比率」について、広東省は断然トップの22.8％であった。それに対して、「江浙モデル」はいわゆる「郷鎮企業型」である。1991年の江蘇省と浙江省における「非国有セクター」の比率は、上海市はもとより、「広東モデル」の広東省及び福建省を凌ぎ、1991年には70％に達した。そのため、1980年代の改革開放政策の下で、広東省、江蘇省、浙江省など非国有セクター中心の地域と上海市など国有セクター中心の伝統的工業地域の間の格差は、一層際立ってきたのである。

工業の業種構成の面では、広東、江蘇、浙江の各省では軽工業の比率が高く、上海市は重工業の比率が高い。また、産業組織の面では、前者では非国有部門の比率が高く、上海市ではその比率は極めて低い。1990年に上海市の工業生産に占める軽工業の比率とGDPに占める非国有企業の比率は、それぞれ50.1％と28.7％であり、広東、浙江、江蘇各省と比較すると、何れも低い比率である（後者の各省は何れも60％を超えている）（表2-3参照）。そうした相違が、市場経済移行期における地域間格差をもたらしたものと考えられる（胡鞍鋼・王紹光・康暁光（1995）、渡辺利夫（1995）、呉軍華（1996））。

第4に、「外資直接投資」と「固定資産投資」候補説明変数に関しては、以下の通りである。

1978年の改革開放以降、外資の中国市場への進出が活発になり、経済成長に多大なインパクトを与えた。前述の通り、「広東モデル」は「外資利用モデル」ともいわれた。そして、1990年代に、中国の経済発展の重点が長江デルタに移り、この地域の投資構造も大きく変化した。

表2-3 上海市・江蘇省・浙江省の産業構造比較

省・直轄市	年	GDPに占める産業構成（%）			軽工業比率（%）	「非国有セクター」比率（%）（注）*
		第1次	第2次	第3次		
上海市	1952	5.9	52.4	41.7	79.3	
	1978	4.0	77.4	18.6	51.8	13.8
	1990	4.3	63.8	31.9	51.5	28.7
	1995	2.5	57.3	40.2	45.5	
	2000	1.6	46.3	52.1	41.3	45.0
	2010	0.7	42.0	57.3	21.6	54.8
	2012	0.6	39.0	60.4	22.6	55.4
江蘇省	1950				94.4	37.2
	1952	52.7	17.6	29.7	93.9	31.9
	1978	27.6	52.6	19.8	52.4	38.5
	1990	25.1	48.9	26	54.7	65.7
	1995	16.5	52.7	30.9	48.8	78.6
	2000	12.2	51.9	35.9	43.2	87.3
	2005	7.9	56.6	35.6	31.2	93.5
	2010	6.1	52.5	41.4	26.6	95.2
	2012	6.3	50.2	43.5	25.8	95.1
浙江省	1950	67.6	9.8	22.7	89.7	11.3
	1978	38.1	43.3	18.7	60.2	38.7
	1990	25.1	45.5	29.5	65.2	68.8
	1995	15.9	52.0	32.1	62.7	86.1
	2000	10.3	53.3	36.4	54.1	93.3
	2005	6.7	53.4	39.9	46.0	93.2
	2010	4.9	51.6	43.5	40.7	94.3
	2012	4.8	50.0	45.2	39.3	94.3

注*：各省・直轄市統計年鑑のデータにより、本表の中の「非国有セクター比率」については、上海は「GDPに占める非国有企業比率」、江蘇と浙江は「工業総生産高に占める非国有企業比率」を示している。
出所：『上海統計年鑑』、『江蘇統計年鑑』、『浙江統計年鑑』各年版により作成。

1978年まで一元的であった中央政府の投資主体は、改革開放期に、中央政府、各地方政府、国有企業、集団企業、三資企業、個人投資家、海外事業家などに多元化していった。従来、基本建設投資に占める国家投資（主として中央財政投資）の割合は、80-90％を占めていたが、改革開放期以降、年々減少し続けてきた。1985年が37.5％、1989年が20.8％、1992年が10.2％に下がった。その代わり、銀行貸付による投資、様々なルートからの投資、証券、株式などによる資金調達、外資利用の比率がそれぞれ増加することになった。また1980年代以降、平均所得の高い省ほど1人当り固定資産投資が多くなるという傾向が指摘された。これらの状況を考慮した上で、長江デルタにおける「外資直接投資」と「固定資産投資」を候補変数として導入した。

第5に、「非農業人口」候補説明変数に関しては、次の通りである。

長江デルタにおける諸都市は、「市が県を指導する体制」を実施する「広域行政都市」であるため、内部に農村地域が含まれている。つまり、1つの都市広域行政区域内に「都市部門」（「市区」）と「農村部門」（「郊外区・県」）の両方が含まれている。従って、「非農業人口」は「都市化水準」を反映している。

（2）分析結果

表2-4は重回帰分析の結果である。説明変数の選定は逓減法により随時再計算したものである。また各候補説明変数の元データの単位が異なるため、得られた偏回帰係数の標準化を行った。1985年と1990年の分析結果を見ると、「非国有工業生産額」が主な要因として選定されたほか、14都市の場合においては「重工業生産額」、「地方財政収入」、「固定資産投資」、21都市の場合においては、「重工業生産額」と「外資直接投資」も規定要因として抽出できた。

要約して述べれば、長江デルタにおいて、外延へ行くほど「地方財政収入」と「固定資産投資」の平準化が進んでいるといえる。一方、狭域の長江デルタにおいて「外資直接投資」の平準化が読み取れる。それは、開発の拠点がまだ全面的に展開していなかった1980年代に、国家戦略としての「沿海開放都市」（1985年）及び外資の受け皿としての「国家レベルの経済開発区」（7箇所）は、主に狭域の長江デルタ都市に集中的に立地されたからであろう。

それら検出された要因は、1990年代の経済開発の状況の中で更に検討する必要がある。

表2-4　1980年代長江デルタ都市間1人当りGDP格差の規定要因分析
（重回帰分析・標準化偏回帰係数）

	14都市					21都市			
		*		*			*		*
	85年	85年	90年	90年	90年	85年	85年	90年	90年
補正決定係数 R^2	0.75	0.77	0.73	0.73	0.72	0.81	0.82	0.72	0.73
第2次産業 （t値）									
（第3次産業） （t値）									
地方財政収入 （t値）	0.34 1.25			0.57 2.45					
非国有経済 （t値）	0.59 2.19	0.50 1.84	0.41 1.92	0.36 1.54	0.36 1.56	0.90 9.02	0.71 3.86	0.55 3.10	0.40 1.86
外資直接投資 （t値）								0.37 2.12	
非農業人口 （t値）									
固定資産投資 （t値）			0.53 2.51						
重工業生産額 （t値）		0.43 1.59			0.56 2.41		0.23 1.26		3.43 2.32

注：(1) ＊は、「重工業生産額」を候補説明変数として導入する場合の分析結果である。
　　(2) 1985年の被説明変数は「1人当り農工業総生産」とし、それに応じて説明
　　　　変数に「工業総生産」を採用している。
出所：『上海統計年鑑』、『江蘇統計年鑑』、『浙江統計年鑑』、『中国城市統計年鑑』より
　　　作成。

(3) 考察：「重化学工業比率」はなぜ地域格差のネガティブな要因となったのか

　1949年の中国建国後、極めて困難な経済状態の下で強力に推進された「重工業優先」の開発戦略は、「強蓄積モデル」とも呼ばれる（渡辺利夫（1996））。広大な農村は事実上、重工業発展のための蓄積源泉として位置づけられた。それでは、1980年代の長江デルタ地域格差を分析する場合、上海のような「重化学工業比率」の高い地域はなぜ逆に足枷となったのだろうか。一般理論と中国事情を比較して検討してみよう。

生産財を優先的に発展させる開発戦略の理論的根拠は、フェリトマン（Fel'tman）により提起され、ドーマー（Domar）により精緻化された「フェリトマン＝ドーマー・モデル」である。当該モデルには、不均衡成長（Unbalanced Growth）を唱えたハーシュマンの主張と似通った点が存在する。ハーシュマンによる「不均衡成長」とは、投資が先行した部門によって外部経済が形成され、それが他部門の投資を誘発し、この投資によって新たな外部経済が形成されることになり、更に他の部門の投資を誘発するといった部門間の「シーソー的発展」を想定したものである。また「不均衡の連続としての発展」こそが経済成長にとって有効であると主張し、ヌルクセ（Nurkse）の主張する多部門「均衡成長モデル」を批判したのである。ハーシュマンのいう「先行部門」は、前方連関を期待するような基礎的工業原材料部門や中間生産物生産部門より、後方連関による強い需要圧力をもたらす最終消費財の生産部門の方がより現実的であると指摘されている（Hirschman（1961））。

一方中兼は、この時期に中国で実行された「重工業化」はほとんど自己目的化されており、重工業部門への多額の投資は、経済全体の成長に効果はなかったと指摘した。そしてその原因は「制度的非効率性」にあると分析した（中兼和津次（1999））。つまり、「制度的非効率性」により、「不均衡成長モデル」が想定する誘発・波及効果が得られなかったのである。言い換えれば、「不均衡成長モデル」による誘発・波及効果を得るためには、計画経済体制自身の見直しが求められる。

3．地域経済の局面：「上海経済区」の事例

1980年代において、「非国有セクター」に代表される「体制的要因」がもたらした上海市の地盤沈下、経済的活気の喪失とその後背地である江蘇省、浙江省の経済成長は、長江デルタの地域経済の局面にどのような影響を与えたのだろうか。本節では、「上海経済区」の事例を考察してみることにする。

図2-3に示されているように、「上海経済区」は1982年12月に指定され、1983年4月に公布されたが、その地域の範囲は狭域の長江デルタを包括していた。上海、江蘇省の無錫、蘇州、浙江省の杭州、寧波など10市とその周辺県を含む範囲である。1984年10月に、上海、江蘇、浙江、安徽の3省・1直轄市に拡大され、同年12月に、江西省が加えられた。更に、1986年8月に福建省が入り、6省・1

図2-3 「上海経済区」の拡大過程

■ 1983年4月の上海経済区範囲
■ 1984年12月に編入された地域
□ 1986年8月に更に拡大された地域

出所：『人民日報』（1983年4月7日、1984年12月17日）により作成。

直轄市となった。

上海経済区拡大の目的は、地区分割の弊害を打破し、1つの広域地域経済圏の形成を図ろうとするものであった。即ち、経済協力地域の拡大によって、エネルギー・原材料・労働力などの不足を相互に補完し、合理的な経済構造と産業配置を行うという目的であった。ところが、1980年代前半に拡大してきた地域範囲は、1980年代後半になると縮小されることになった。しかも、上海経済区の協調機構であった「上海経済区計画弁公室」も、1980年代末には解散となった。そのことは、1980年代の長江デルタ地域が1つの地域経済圏の形成に至らなかったことを意味する。その要因は一体何だろうか。

（1）最大の要因は上海の地盤沈下による地域成長センターの不在だったと思われる。この時期に、上海を囲む「江浙モデル」地域の成功により、上海と周辺地域との格差は縮小した。しかし、長江デルタ地域全体のレベルアップ、そして地

域経済圏の形成に結びつけるには、1980年代に続いた地域成長センターの不在という局面を変えていく必要があったのである。

(2) 移行期の経済体制の特徴も要因として考えられる。1980年代に、省の下位にある市・県は行政・財政において多くの自主裁量権を持ってはいなかった。従って、(上位に存在する) 省の同意と支持を得なければ、「上海経済区」の政策決定と運営に参加することは難しかったものと考えられる。

そのように見てくれば、長江デルタを1つの地域経済圏として形成させるには、上海市自身の改革 (国有企業改革、産業高度化、都市の老朽化対策など) による地域成長センターの創出と、中央、省、市・県など各レベルの地方政府間の財政権と行政権の適正化を含む体制改革が不可欠であると結論付けられるだろう。

第3節　1990年代長江デルタの経済開発と地域格差

1.「T字型戦略」と上海の再開発

1990年代に、国土の均衡ある開発を目指して新たな「全方位開発・開放」戦略が始まった。地域開発の重点は上海市に移転し、上海市から長江を通じて西南に至る広大な内陸地域にもスポットライトが当たるようになった。具体的には、次のような開発政策が打ち出されたのである。即ち、(1) 上海浦東開発の正式決定 (1990年)、(2) 上海浦東開発を早める決定 (1992年)、(3)「三沿開放」という全方位開放政策の提出 (1992年) である。なお「三沿」とは、1980年代の「沿海」開放のほかに、「沿江 (長江)」地域、「沿辺 (国境)」地域も付け加えられたのである。そしてそれぞれ新たに指定された開放都市に、「沿海開放都市」に準ずる優遇政策が付与された。ここに至って、中国の地域的な対外開放地域の枠組みは、経済特区・沿海開放都市・沿海開放地域・沿江・内陸・国境開放都市という構成によって、基本的に完成した。

その中で、特に長江デルタの経済発展と地域格差に関わる戦略は、「T字型戦略」である。「T字型戦略」には、次のような政策目標が込められている。
(1) 1980年代に地盤沈下が続いた上海経済の復活であり、(2) その波及効果をデルタ周辺地域、更に長江流域に広げていくという経済地域の再編成である。

先に述べた通り、ハーシュマンの「不均衡成長理論」の地域的展開として、経

済力を集中すべき地域の中心つまり成長拠点（Growing Points）の整備が唱えられた（ハーシュマン（1961））。それはペロー（Perroux）の「成長の極」（Growing Poles）と共通する概念でもある。ペローの理論は、低開発地域において最も成長の可能性が高い地域に拠点を設け、そこに産業連関効果や外部経済効果の高い成長産業を集積させ、そのことを通じて地域全体の成長を促進させようという開発戦略である（Higgins and Savoie（1988））。

「成長の極」理論の応用として、1990年代の長江デルタにおいて、多種多様な開発区が有効活用された。長江デルタ21都市には国家レベルの開発区が26箇所存在し（そのうち、24箇所は狭域の長江デルタに集中している）、全国130箇所の中の約20％と数えられる（同地域の面積は全国の2.19％に過ぎない）。またこのうちの7箇所を除けば、すべて1990年代に設置されたものである。

2．長江デルタにおける地域格差の実態

1990年代の長江デルタ地域における1人当りGDP格差の実態については、次のように概括することができる。

(1) 都市間1人当りGDPの格差実態

当該格差の実態については、次のような特徴が見られる（図2-4）。

第1に、1995-1996年という格差の底を迎える前に、1992-1993年に1つのピークを経験している。また、1996年以降に、格差は緩やかな拡大に向かい、1990年代初頭とほぼ同じ水準に達している。

第2に、格差全般について見ると、21都市の場合の格差の倍率が14都市の場合を上回っていたことが分かる。つまりもともと1人当りGDP水準の高い長江デルタ14都市は、広域の21都市よりも経済発展の水準が均衡的である。狭域の長江デルタが中核的存在であることは間違いない。

(2) 上海市・江蘇省・浙江省間の格差実態

長江デルタにおける上海市、江蘇省、浙江省の格差は次のような状況である。

第1に、前掲の表2-1には、1990年代における1人当りGDPの全国順位の推移が示されている。上海は一貫して1位であり、江蘇省は7位から6、7位、

図 2-4　長江デルタ都市間 1 人当り GDP の格差

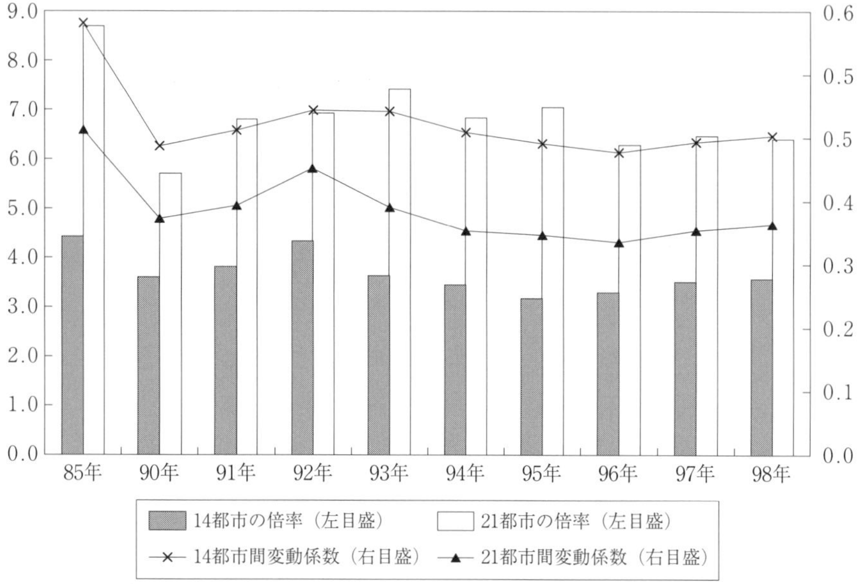

凡例：
- 14都市の倍率（左目盛）
- 21都市の倍率（左目盛）
- 14都市間変動係数（右目盛）
- 21都市間変動係数（右目盛）

出所：筆者作成。

浙江省は 6 位から 4 位へと上昇している。

　第 2 に、表 2-2 には、1985-1990年と1990-1998年という 2 つの時期における 1 人当り GDP 成長率の全国順位の推移が示されている。比較してみると、上海市は27位から 4 位、江蘇省は10位から 5 位、浙江省は11位から 3 位へとそれぞれ順位が大きく上昇している。特に上海市の順位の上昇が顕著である。

　第 3 に、前掲の図 2-3 には、1 人当り GDP の倍率及び変動係数が示されている。上海市、江蘇省、浙江省の間の格差は、1990-1995年の間には縮小したが、1996-1998年の間では、やや拡大している。

3．都市間格差の規定要因分析モデル

　1990年代の長江デルタの経済開発は、1980年代に抱えた問題からの再出発であると想定し、重回帰分析における被説明変数と説明変数は、式（1）と同様のも

のを用いた。

なお、地域の開放度を反映する「開発区」の設置は、前述の通り、1990年代の長江デルタにおいて重点的に行われた。従って、ダミー変数を導入し、その政策的効果を検討する。具体的には、「国家レベルの開発区」が設置された都市（上海、南京、無錫、常州、蘇州、南通、連雲港、杭州、寧波、温州）を1、その他を0とし、1992、1994、1996、1998の各年の候補説明変数に組み入れた。この場合、式（1）は以下のようになる。

$$Y = a + b_1X_1 + b_2X_2 + b_3X_3 + b_4X_4 + b_5X_5 + b_6X_6 + b_7X_7 + rD_8 \qquad (2)$$

なお上記の式（2）において、D_8はダミーである。

4．格差要因の検討

分析結果は表2-5（14都市の場合）及び表2-6（21都市の場合）に示されている。その特徴は以下の通りである。

（1）14都市と21都市の場合とも、「非国有セクター工業生産高」が主要な格差要因であることが明らかとなった。なお、「非国有セクター」に関わる1990年代の改革動向とは次の通りである。

1990年代の全方位開放戦略の提起によって、開放地域は範囲の拡大だけではなく、「市場経済体制の実験場」としての役割も一層深化した。生産要素の市場化、機会の均等化による競争の促進などがこの時期の改革の重点である。1994年1月1日、中央政府は、財政・金融、外資・投資、企業制度などに関して、一連の重大な改革措置を発表した。

そうした動向に併せて、国有企業についても株式化などの改革動向が徐々に見られるようになった。しかし1990年代前半の改革段階においては、株式化された国有企業株に対して、国家は支配権を持ち、かつ国家所有株の流通と譲渡を認めなかったため、国有企業に対する国家の温情主義を根本的に解決することは困難であった。国有企業改革は、1997年の朱鎔基首相の「三大改革」（国有企業、金融システム、行政システム）に盛り込まれ、新しい展開を見せた。1998年に、国家所有株を法人株に転換、上場する案がまとまった。更に1999年3月の憲法改正で、非国有企業の法的地位がようやく確立されることとなった。

表 2-5　1990年代14都市における1人当り GDP 格差の規定要因

	90年	90年	90年*	91年	92年	92年	94年	95年	96年	97年	98年	98年
補正決定係数 R^2	0.73	0.73	0.72	0.83	0.74	0.75	0.66	0.64	0.77	0.74	0.997	0.995
第2次産業 (t値)												0.07 3.25
(第3次産業) (t値)						0.02 1.68					0.09 5.48	
地方財政歳入 (t値)		0.57 2.45										
非国有工業 (t値)	0.41 1.92	0.36 1.54	0.36 1.56			0.64 3.23	0.60 2.85	0.83 5.07	0.81 4.86	0.89 6.71	0.87 6.19	0.05 7.81	0.03 2.30
外資直接投資 (t値)				0.92 7.98								
非農業人口 (t値)											0.02 1.32	0.02 1.32
固定資産投資 (t値)	0.53 2.51				0.31 1.55							0.03 1.84
重工業生産額 (t値)			0.56 2.41									

注：(1)　＊：「重工業生産額」を候補説明変数として導入する場合の分析結果。
出所：『上海統計年鑑』、『江蘇統計年鑑』、『浙江統計年鑑』、『中国城市統計年鑑』各年版データより作成。

1990年代を通じて、「非国有セクター」が最も重要な格差要因になっていることは、「国有企業改革」が今後もまた重大な政策課題であることを示している。そして、「国有企業改革」が金融、行政、社会保障などの制度改革と複雑に関わっているのはいうまでもない（陳雲（2008a））。

（2）「外資直接投資」は、1990年代初頭に、14都市及び21都市の双方で、格差の規定要因となっている。それは、以下のような理由が想定される。(ⅰ) 1992年の上海浦東の開発及び鄧小平の「南巡講話」に誘発された開発ブームが、長江デルタに（ある程度の）外資投資の平準化を与えた。(ⅱ) 1996年以降、アジア金融危機によって、外資投資の対前年度からの後退が長江デルタにおいても生じた。(ⅲ)「非国有セクター」の要因によって相殺された部分も存在する。ちなみに「非国有工業」の中には、民間企業と外資企業の双方が含まれている。

（3）「重工業生産額」については、1985年、1990年、1994年のデータしか得られなかった。従って、その影響を十分に判断することはできないが、分析結果に

表 2-6　1990年代21都市における1人当り GDP 格差の規定要因

	*				**		**	**			**			**	
	90年	90年	91年	92年	92年	92年	92年	94年	94年	95年	96年	96年	97年	98年	98年
補正決定係数 R²	0.72	0.73	0.76	0.72	0.73	0.73	0.73	0.70	0.69	0.64	0.72	0.71	0.71	0.72	0.71
第2次産業 （t 値）					0.30 1.31		0.29 1.28								
（第3次産業） （t 値）						0.22 1.24									
地方財政歳入 （t 値）															
非国有工業 （t 値）	0.55 3.10	0.40 1.86		0.86 7.29	0.60 2.66	0.69 3.80	0.55 2.31	0.85 6.96	0.73 5.48	0.81 6.05	0.86 7.32	0.84 5.83	0.85 7.09	0.86 7.30	0.81 5.74
外資直接投資 （t 値）	0.37 2.12		0.88 7.94												
非農業人口 （t 値）															
固定資産投資 （t 値）															
重工業生産額 （t 値）			0.50 2.32												
ダミー変数 （t 値）							0.11 0.83		0.13 0.46			0.09 0.22			0.31 0.64

注：(1) ＊：「重工業生産額」を候補説明変数として導入する場合の分析結果。
　　(2) ＊＊：「国家レベルの開発区」の有無によるダミー変数の導入結果であり、有意性は認められなかった。
出所：『上海統計年鑑』、『江蘇統計年鑑』、『浙江統計年鑑』、『中国城市統計年鑑』より作成。

よれば、14都市及び21都市の双方とも、1985年及び1990年に規定力が認められる。

（4）「国家レベルの開発区」の政策効果を見るために、21都市の格差規定要因分析にダミー変数を導入した。表2-5に示した分析結果によれば、1992年、1994年、1996年、1998年とも有意性が低く、規定力は認められなかった。即ち、開発区の集中している長江デルタにおいても、「開発区設置」のような政策的要因よりも、「非国有セクター」に代表される「体制的要因」の方が規定力は大きいと考えられる。

なお、「開発区」の政策効果の有意性が顕著でなかった原因は、以下の3点にあるものと考えられる。

第1に、「国家レベルの開発区」の設置は、「外資」など「非国有セクター」の

誘致に重点をおいているとはいえ、経済全体のパフォーマンスに関しては、立地している都市の従来の体質が大きく関与しているものと考えられる。例えば、1980年代の上海は、14の沿海開放都市の1つに指定され、他の開放都市では概ね1つの「国家レベルの開発区」が設置される状況の中で、上海では「国家レベルの開発区」が3つも設置されたのである。しかし重工業、そして国有企業の基地として築き上げられた1980年代の上海では、「上海経済区」失敗の実例から伺われるように、このような「外延」的政策の優位性を十分に発揮することはできなかった。

第2に、「国家レベルの開発区」は、旧市街地の外側に新規に設置されることが多く、面積は広域都市行政区域のごく一部だということである。従って、「国家レベルの開発区」の設置によって、直ちに都市全体の変革に繋がるとは考えにくい。特にもともと国有セクターを中心とした強固な経済基盤が出来上がっている都市では、その効果が明瞭になるには、一層多くの時間を必要とする。

第3に、1992年末の鄧小平の「南巡講話」以降、全国的に「開発区ブーム」が起こったが、他方で1993年以降中国経済全体の成長率が実質的に低下していることから、「開発区」の設置効果と経済成長との関係は当面明確ではないということである。言い換えれば、中国の経済成長には、より複雑かつ多様な要因が働いているものと考えられる。

5．広域の長江デルタと狭域の長江デルタの特徴比較

前掲の表2-5及び表2-6を再び比較すれば、広域と狭域の長江デルタの間には次のような相違が認められる。

（1）1998年の時点で、「非農業人口」は14都市の格差要因になっていたのに対して、21都市の格差要因にはなっていなかった。即ち1998年には、上海を中心とした狭域の長江デルタでは、より顕著に都市化が進行した。その裏付けとなるデータとして、分析結果の中では、1998年に、「第二次産業」及び「第三次産業」の規定力が併せて認められた。

上海を囲む14都市において、より顕著な都市化が進行した理由としては、郷鎮企業の成長が考えられる。一国内の成長拠点のもたらす「逆流効果」が遠い地域まで及ぶのに対して、「波及効果」は、成長拠点の周辺部分に強く作用し、遠く

まで及ぶ力はむしろ弱いのが一般的である（澤田清（1990）、170頁）。1990年代に、「国際金融・貿易・経済センター」として、国家の強力な政策の支援を受けた上海の周辺地域（狭域の長江デルタ）では、郷鎮企業の成長を含み、真っ先に、その波及効果を受けたものと考えられる。

（2）「固定資産投資」は、14都市に対して、1990、1992、1998年の各年の成長格差に影響を与えたが、しかし、21都市に対しては全く影響しなかった。即ち、「固定資産投資」に関しては、長江デルタの外延に行くほど平準化が進んでいたと考えられる。

なお、1990年代初頭における「固定資産投資」の規定力は、1992年の鄧小平の「南巡講話」に誘発された投資ブームの反映だと考えられる。その時期に、各レベルの地方政府の積極的な介入もあって、企業は過剰生産能力を抱えるようになった。それは、1993年以降、中国のGDP成長率の減速の原因となったという指摘もある（稲村頼司他（1999））。一方、1998年における「固定資産投資」の規定力は、アジア金融危機以降に行われた「財政出動」の政策効果の現れであると考えられる。内需の拡大を目指して、政府は産業育成、インフラ建設、住宅建設などを行ったが、財政逼迫のため、容易に進めることができなかった。ちなみに、中国の財政収入のGDPに占める比率は、1998年の時点で約12％であり、日本の約20％に比べて明らかに低い。そして財政に占める債務収入の割合は40％弱であって、先進諸国より相当高い数字である。

（3）「地方財政収入」の規定力は、14都市の場合に、1985年及び1990年で有意だが、21都市に関しては有意ではなかった。即ち、1990年代初頭に、長江デルタの外延へ行くほど「地方財政収入」の平準化が進んでいたといえる。

また、「地方財政収入」が1980年代及び1990年代の初頭に有意な規定力を示した理由は、1994年以降の「分税制」実施による税制改革にあると考えられる。「分税制」とは、1994年に全国的に展開した新税制である。中央・地方政府間で、税目を「地方税」、「中央税」、そして「共有税」の3つに区分し徴収する税制である。分税制は、1980年代以降低下してきた中央政府の税収に歯止めをかけ、中央政府税収の増加メカニズムを確立することを目的とした。また、それまで財政負担が異なっていた地方財政体制を統一する目的も持っていた。しかし、中央に収める税金の徴収は国税局ではなく、地方の税務局に委託しているため、地方税が優先的に徴収され、国税の確保にはなお問題が残っている（陳雲・森田憲（2010a）、

第3章)。

第4節　広域長江デルタ21都市からなる都市機能の階層構造

1. 1990年代長江デルタ都市経済圏形成のための条件

　先に述べた通り、1990年代の長江デルタにおける格差状況の変化から、上海経済の復活が明らかになった。そして、上海市と江蘇、浙江両省間の1人当りGDP並びに成長率の全国での順位は、ともに大きく上昇した。それと同時に、上海市と江蘇、浙江両省及び周辺諸都市間の格差が1990-1995年の間に縮小してきたことから、長江デルタ（特に比較的1人当りGDP水準が高くかつ平準化している狭域の長江デルタ）地域はまとまった地域経済圏として連動しているように考えられる。

　その条件は、(1) 上海経済の復活並びに産業構造の高度化による地域成長センターの創出、(2) 1980年代の成長地域である「江浙モデル」地域のバックアップ、(3) 国有企業改革の本格化に代表される市場経済化体制の整備、の3つである。

　(3) については、「非国有セクター」要因の背景を考察する際に触れたので、ここでは、(1) と (2) について考えてみることとする。

　まず、上海市の都市機能高度化のための政策手段について検討してみよう。

　「国際金融・貿易・経済センター」を目指す上海市には、「浦東開放」を起爆剤に、各種の開発区が集中するようになった。都市機能を高度化させるために、市街地においては、黄浦江を挟んだ外灘金融街と浦東新区の「陸家嘴金融貿易区」が上海市の新たな中央商務区に成長しつつある。郊外区には、「ハイテク産業開発区」、「新興産業開発区」、「私営開発区」、郊外県には、都市型「現代農業開発区」が設置された。更に、「経済協力区」の編成により、長江デルタ、長江流域の他の地域との連携が進んできた。

　表2-7は、1990年代の上海市と江蘇省、浙江省の産業構造の特徴を示したものである。1990年代の上海の経済成長は、第三次産業の成長により支えられていることが分かる。更に上海市の第三次産業の内訳をみると、1990年代を通じて、交通・運輸・郵政通信業、卸売・小売業・飲食業、金融保険業が主要な業種である。その中で、1995年前後期とも安定的かつ高い成長率を保ったのは金融保険業

表2-7　上海直轄市、江蘇省、浙江省の産業部門別GDP成長率（％）

	上海直轄市			江蘇省			浙江省		
	90-98	90-95	95-98	90-98	90-95	95-98	90-98	90-95	95-98
国内総生産	22.14	27.02	14.41	22.54	29.48	11.78	23.90	31.45	12.27
第一次産業	11.61	13.60	8.37	14.04	19.02	6.20	13.76	19.99	4.09
第二次産業	18.27	23.91	9.42	23.05	31.42	10.26	26.69	35.06	13.88
1．工業	17.71	23.79	8.23	22.22	31.23	8.57	26.90	35.02	14.42
2．建築業	24.03	25.37	21.83	30.20	33.49	24.89	24.93	35.38	9.27
第三次産業	28.23	32.66	21.16	27.30	33.98	16.91	25.68	33.68	13.38
1．交通・運輸・郵政通信業	18.60	22.14	12.92	27.19	31.84	19.79	27.42	35.37	15.20
2．卸売り・小売業、飲食業	29.58	39.05	15.20	27.58	38.01	11.93	28.09	38.81	12.04
3．金融保険業	28.00	28.13	27.79	23.07	30.12	12.17	18.46	25.72	7.28
4．不動産業	62.84	89.36	26.64	34.34	39.67	25.91	21.85	26.64	14.28
5．社会サービス業	34.71	41.18	24.57	34.30	38.95	26.89	31.02	38.53	19.39
6．衛生・体育・社会福祉事業	28.07	31.77	22.14	25.51	30.52	17.60	28.89	34.91	19.45
7．教育・文芸などの事業	27.68	28.61	26.15	25.30	28.95	19.46	22.55	26.16	16.77
8．科学研究・総合技術サービス業	23.90	25.99	20.49	26.71	33.77	15.77	15.89	15.58	16.41
9．国家機関・社会団体・その他	25.45	25.83	24.81	23.46	26.31	18.86	23.49	28.09	16.17
1人当り国内総生産	21.59	26.23	14.24	21.55	28.26	11.14	23.18	30.64	11.68

出所：「上海経済年鑑」、「上海統計年鑑」、「江蘇統計年鑑」、「浙江統計年鑑」各年版より作成。

である。都市機能の高度化により、上海市は長江デルタ都市経済圏の中核的な役割を担えるようになってきた。

　江蘇省と浙江省においては、1990-1995年の第三次産業の成長率は上海市と同水準であった。しかし、1995-1998年の成長率は上海市を大幅に下回った。しかもその内訳の何れの項目についても大幅な低下を見せた。一方、第二次産業の成長率については、1990年代を通じて、江蘇、浙江両省とも上海市を上回った。要するに、1990年代の長江デルタ2省1直轄市には、産業構造面での機能分担の様子が認められる。即ち、長江デルタ地域が一つのまとまった経済圏として機能することを進めているものと考えられる。

2．中枢管理機能と階層構造について

　日本において、都市（地域）の中枢管理機能に関する研究が盛んになった背景には、昭和30年代の高度経済成長が人口・産業の都市への集中を促し、企業の立

地にも大きな影響を与えたという事実が存在した。なお、都市中枢管理機能は、「経済的機能」、「行政的機能」、「文化・社会的機能」に大別できるが、「経済的機能」は更に、「金融・保険業」、「卸売業」、「事業所支援」に分類できる。

1978年の改革開放以降、中国では二桁の経済成長率を記録し、1996年のアジア金融危機以後も概ね8％のGDP成長率を保ち続けてきた。沿海部そして都市に、産業・人口の集中が見られ、市場経済化の波の中で地域の再編が進んでいる。その中で、地域経済の中心が成長しつつ、都市機能の分化、都市中枢管理機能の集積などが現れつつある。本章では、「経済的機能」のうち、より高度な機能を持つ「金融・保険業」に着目して分析を行うこととする。世界経済の潮流から見ると、開放経済の下では金融機能の地域経済における役割が大きいと考えられるからである。

これまでの中国の国有銀行は、政府の行政機構と並行して設置されてきた。そのため、自らの業務の発展のために、合理的な枠組みを形成することができなかった。即ち、これまでの金融機構は一種の国家指令的な金融システムであった。そこで、1980年代以降新たに出現したのが「商業銀行」である。これらの銀行は、株式会社という組織形態を採り、中央銀行の監督下で自主的な経営、相互の競争を行い、また自己リスクを負う。むろん、支店の立地も地域経済のニーズに応えながら自主的に行われる。本章では、このような地域経済に柔軟に対応し、支店の立地と業務展開を図る商業銀行を検討の対象とする。

なお、1995年に「中国人民銀行法」が成立し、中国人民銀行を中央銀行とし、従来の四大国有銀行を商業銀行化させる政策方針が打ち出された。

3．商業銀行の支店配置関係から見た長江デルタ都市群の階層構造

1996年までに成立した14の商業銀行のうち、上海に本店を置く銀行は、「上海交通銀行」（全国的商業銀行）及び「上海浦東発展銀行」（地域的商業銀行）の二行である。1996年に、二行が14行全体に占める総資産、預金、貸出の割合は、いずれも50％前後で、更に税引き前の利益は82.27％に達している（『中国金融統計年鑑』1997版参照）。本章では、その中の一行――より市場に近い上海浦東発展銀行の事例を考察してみる。

「上海浦東発展銀行支店配置ネットワーク」（図2-5）によると、北京、重慶、

図2-5 上海浦東発展銀行の支店分布

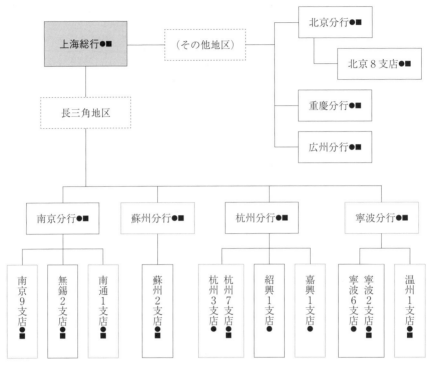

注：1）●：人民幣取扱い業務（預金、貸付け、決算、貯蓄等）及び中国人民銀行が認可した代理業務。
　　2）■：外貨取扱い業務（預金、貸付け、送金、両替等）及び中国人民銀行が認可した代理業務。
出所：上海浦東発展銀行ホームページより作成。

広州という3つの分行を除けば、他の4つの分行（南京、杭州、寧波、蘇州）はすべて狭域の長江デルタに立地しており、管轄する支店はほぼ狭域の長江デルタ14都市を包括している。そして展開している業務を見ても、人民元と外貨の両方を取り扱う分行と支店の数については、上海の他、南京、杭州、寧波、蘇州の順に集中している。

4．「金融総合指標」から見た長江デルタ都市群の階層構造

表2-8は、日本国土計画協会（1967）において用いられた分析方法を参考にして作成した表である。具体的には、1995年の「金融機関店舗数」、「銀行預金残

表2-8　長江デルタ21都市金融機能・順位

(全地域＝100)

地域	構成比（95年）			総合指標	
	A	B	C	(A＋B＋C)/3	順位
上海市	9.34	40.84	29.08	26.42	1
南京市	7.72	8.19	10.61	8.84	2
杭州市	5.97	7.79	9.01	7.59	3
寧波市	5.58	3.91	12.18	7.22	4
蘇州市	6.95	6.39	3.96	5.77	5
無錫市	5.19	4.22	5.19	4.87	6
揚州市	7.52	3.47	2.13	4.37	7
常州市	4.31	2.51	4.99	3.94	8
南通市	6.32	3.29	2.09	3.90	9
温州市	4.37	2.72	3.38	3.49	10
徐州市	4.63	2.59	1.75	2.99	11
嘉興市	3.22	1.84	3.28	2.78	12
淮陰市	5.86	1.52	0.82	2.73	13
紹興市	3.98	2.00	2.16	2.71	14
塩城市	4.63	2.03	0.97	2.54	15
金華市	3.71	1.61	2.16	2.50	16
鎮江市	3.59	1.63	1.45	2.23	17
連雲港	2.56	1.13	0.95	1.55	18
衢州市	1.92	0.71	1.41	1.34	19
舟山市	1.54	0.56	1.33	1.14	20
湖州市	1.09	1.04	1.11	1.08	21

注：Aは金融機関店舗数、Bは銀行預金残高（億元）、Cは保険契約掛金額（億元）を表わす。
出所：『中国富力』1997年版より作成。

高」、そして「保険契約掛金」の3つにより「金融総合指標」を作成し、長江デルタ21都市の金融機能及び順位を示したものである。その結果、上海の金融機能は全地域の26.42％を占め、次いで南京、杭州、寧波、蘇州の順で続いている。即ち、「金融総合指標」から見た都市階層構造は、上海浦東銀行の支店配置から

見た都市階層構造とかなり一致している。

第5節　日本47都道府県との比較分析

1．比較対象に関する説明

　本章においては、長江デルタ諸都市と日本の47都道府県との比較分析を試みる。後者は前者と対等の地域単位ではないように見えるが、長江デルタ諸都市と日本の47都道府県との間には、次のような諸点で類似性が認められる。

　(1) 総面積と総人口。広域の長江デルタの総面積は日本の3分の2弱であり、総人口は日本とほぼ同水準である。

　(2) 地域単位の平均面積と平均人口。日本の都道府県の平均面積は、長江デルタの諸都市よりやや小さい（前者は0.8km^2、後者は1km^2）。長江デルタ諸都市の平均人口は日本の都道府県の2倍強である。

　(3) 地域単位の性質。中国の都市は「市が県を指導する体制」を実施している。図2-6で示すように、広域都市行政区域には、「中心市街地」の他、幾つかの「県級市」と幾つかの「県」（農村を中心とした地域）を包括するのが一般的である。従って、長江デルタの広域行政都市は、日本の「市」よりも多数の市町村を含む日本の「県」に類似していると考えられる。

2．都道府県間地域格差の実態

　図2-7は、日本の47都道府県の1人当りGDP格差の分析結果である。その特徴は、1960-1970年及び1990年代に、それぞれ格差が大きくなる2つのピーク期を迎えているということである。明らかに高度成長とバブル経済の影響であると考えられる。

3．都道府県間地域格差の規定要因分析

　本節においても、長江デルタ諸都市の格差規定要因分析と同じように、重回帰分析を行う。用いる分析モデルは、式 (1) と同じである。ここで、被説明変数

図2-6 中国の「市が県を指導する体制」を実施する都市の構造

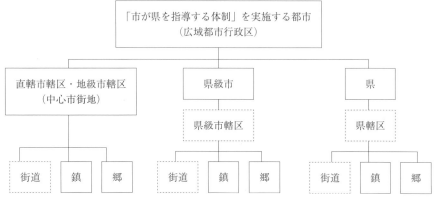

注：(1) この体制を実施する都市は、「直轄市」と「地級市」に大別できる。
　　(2) 点線部分は、一級の行政機関ではなく、上位行政機関の出先機関である。
出所：筆者作成。

Yは1人当りGDPであり、説明変数は、できる限り同じ性格の「格差規定候補要因グループ」を作成した。しかし、日本の場合には、「非国有工業」に相当する項目が存在しないため、「政府サービス業」という代理指標を用いることとした。従って、候補説明変数は以下の7変数とする。① X_1：第二次或いは第三次産業（100万円）、② X_2：地方財政収入（億円）、③ X_3：政府サービス業（100万円）、④ X_4：外資企業生産額（1995年のデータのみ入手可能）（100万円）、⑤ X_5：非農林業就業人口（千人）、⑥ X_6：総固定資本形成（10億円）、⑦ X_7：重化学工業比率（％）である。説明変数の選定は逓減法により随時再計算したものである。また、各候補説明変数の原データの単位が異なるため、得られた偏回帰係数の標準化を行った。

表2-9はその分析結果である。同表から、1人当りGDP格差の要因は「第二次或いは第三次産業」と「重化学工業比率」の2つにまとめられることが分かる。そしてこれら2つの要因は、何れも「初期条件的要因」（経済構造）に該当している。

本節で指摘すべき事柄は、日本の重化学工業は1950年代以降産業政策に誘導され、大きく変化を遂げたということである。第二次世界大戦後の日本は「追い上げ戦略」の下で、重化学工業が素材型主導から消費型主導へと転換し、更に「知

図 2-7　47都道府県の1人当り GDP 格差

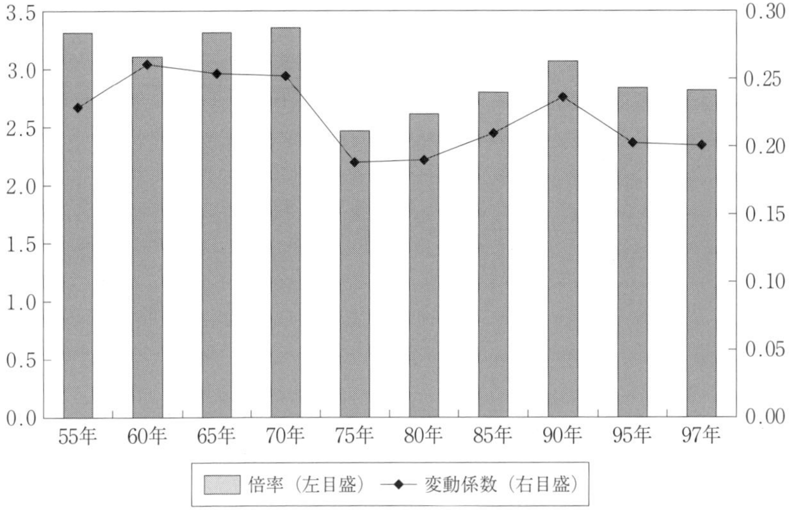

出所：筆者作成。

識集約化」への道を進んできたのである。

重化学工業のような資本財産業の成長期が、一国の高度成長期に重なることが多いのは、いわゆる「加速度原理」（Acceleration Principle）によって説明されるように、投資と国民所得との間に波及効果が認められるからである。

4．47都道府県からなる地域の階層構造分析

(1) 第一勧業銀行の支店配置から見た地域階層

表2-10は第一勧業銀行[45]支店数の地域構成比を時系列で示したものである（支店別の職員数には大差がないため、考慮しないことにした）。表2-10には次のような特徴が見られる。(i) 東京都の地域構成比は、1977年の40.38％から1995年の43.1％へと上昇し、その後やや低下した。その他の関東地域、特に首都圏の諸地域も上昇傾向にあった。(ii) 大阪については1977年以降、順位を3位に下げ、構成比も低下の一途を辿ってきた。その他の関西圏諸地域も低下傾向を見せた。

[45] 現在の「みずほ銀行」に該当する。ここでは当該分析時点での名称を用いることとする。

表2-9 47都道府県における1人当りGDP格差の規定要因分析（重回帰分析・標準化偏回帰係数）

	65年	65年	70年	70年	75年	75年	80年	80年	85年	85年	90年	90年	95年	95年	95年	95年
補正決定係数 R^2	0.832	0.754	0.808	0.717	0.689	0.714	0.694	0.706	0.708	0.726	0.735	0.800	0.680	0.733	0.784	0.763
第2次産業	0.86		0.83		0.70		0.68		0.70		0.71		0.69		0.37	
(t値)	13.01		11.81		7.85		7.61		8.20		8.57		7.72		3.64	
第3次産業		0.79		0.75		0.70		0.68		0.70		0.74		0.71		0.41
(t値)		10.11		9.01		8.43		3.75		8.64		10.57		8.96		2.88
地方財政歳入																
(t値)																
政府サービス業																
(t値)																
外資企業生産額															0.47	0.37
(t値)															4.70	2.55
非農林漁業就業人口																
(t値)																
固定資本形成																
(t値)																
重化学工業率	0.12	0.19	0.18	0.24	0.24	0.30	0.27	0.32	0.29	0.33	0.28	0.33	0.28	0.33	0.23	0.29
(t値)	1.76	2.43	2.54	2.95	2.68	3.60	2.99	3.75	3.38	4.11	3.43	4.69	3.15	4.17	3.16	3.77

注：＊は、1995年に「外資生産額」を候補補助説明変数として導入する場合の分析結果である。
  (1) 「政府サービス業」の項目については、1965年及び1970年は「公務」に該当し、当時第三次産業の中に含まれていた。
  (2) 「地域経済総覧」（東洋経済）、「日本統計年鑑」（総務庁）、「県民経済計算年報」（経済企画庁）各年版より作成。

出所：『地域経済総覧』（東洋経済）、『日本統計年鑑』（総務庁）、『県民経済計算年報』（経済企画庁）各年版より作成。

表2-10　第一勧業銀行支店数の地域構成比・順位

77年		80年		85年		88年		95年		98年	
構成比	順位	構成比	順位	構成比	順位	構成比	順位	構成比	順位	構成比	順位
40.38	東京	39.24	東京	40.42	東京	40.18	東京	43.10	東京	41.94	東京
10.26	大阪	10.44	神奈川	11.38	神奈川	12.02	神奈川	11.27	神奈川	11.14	神奈川
9.29	神奈川	10.13	大阪	9.58	大阪	9.38	大阪	9.01	大阪	9.38	大阪
5.13	埼玉	5.38	埼玉	5.99	千葉	6.16	千葉	5.63	千葉	5.87	千葉
5.13	千葉	5.38	千葉	5.09	埼玉	4.99	埼玉	5.35	埼玉	5.57	埼玉
4.49	愛知	4.43	愛知	3.89	愛知	3.52	愛知	3.38	愛知	3.52	愛知
3.21	兵庫	3.16	兵庫	2.69	兵庫	2.93	兵庫	2.82	兵庫	2.93	兵庫
2.24	京都	2.22	京都	2.10	京都	2.05	京都	1.69	京都	1.47	京都
1.60	栃木	1.58	栃木	1.50	栃木	1.47	栃木	1.41	栃木	1.17	栃木
1.28	福岡	1.27	群馬	1.20	群馬	1.17	群馬	1.13	群馬	1.17	群馬
1.28	群馬	1.27	静岡	1.20	静岡	1.17	静岡	1.13	静岡	1.17	静岡
1.28	静岡	1.27	福岡	1.20	福岡	1.17	福岡	1.13	福岡	1.17	福岡
0.96	茨城	0.95	茨城	0.90	茨城	0.88	茨城	0.85	茨城	0.88	茨城
0.96	三重	0.95	三重	0.90	三重	0.88	三重	0.85	三重	0.88	三重
0.96	山口	0.95	山口	0.90	山口	0.88	山口	0.85	山口	0.88	山口
0.64	広島	0.63	広島	0.60	広島	0.59	広島	0.56	広島	0.59	広島
0.64	愛媛	0.63	愛媛	0.60	愛媛	0.59	愛媛	0.56	愛媛	0.59	愛媛
0.64	長野	0.63	長野	0.60	長野	0.59	長野	0.56	長野	0.59	長野
0.64	北海道	0.63	北海道	0.60	北海道	0.59	北海道	0.56	北海道	0.59	北海道
0.64	奈良	0.63	奈良	0.60	奈良	0.59	奈良	0.56	奈良	0.59	奈良
0.32	青森	0.32	青森	0.30	青森	0.59	秋田	0.28	青森	0.29	青森
……		……		……		……		……		……	

注：他の支店数1の地域は省略した。また、構成比は各年代の最後の欄と同値である。
出所：『日本金融名鑑』各年版により作成。

(iii) 支店数が1つしかない地域の数は余り変わっていないが、その構成比は、0.32％から0.28％へと低下している。即ち、地域集中度の上昇を伺わせる。

(2)「金融総合指標」で示した地域階層の時系列変動

表2-11は表2-8と同じ手法を使い、「金融機関数」、「預金残高」、「保険契約掛金」という3つの指標を用いて金融総合指標を作成し、時系列でその順位の変

動を示したものである。その結果、(i) 頂点に立った東京の他、概ね大阪、神奈川、愛知の順で第2階層、次いで、埼玉、兵庫、千葉、福岡、北海道、静岡、広島の順で第3階層を検出することができた。(ii)「首都圏」の神奈川、埼玉、千葉の上昇と「中部圏」の愛知、「関西圏」の兵庫、京都等の低下が概ね確認できた。ちなみに、都市銀行を例に見た階層の特徴及び変動とは、かなりの程度で一致している。

5．地域格差に関する日中比較：類似点と相違点

　地域格差に関する日中比較を見ると、次のような特徴が認められる。
　(1) 長江デルタ都市間の1人当りGDP格差は、日本の約2倍である（変動係数の単純比較で）。長江デルタ地域間における格差が大きいことは格差の規定要因に関係しており、また、この地域における階層構造にも一定の影響を与えるものと考えられる。
　(2) 格差規定要因に関しては、日本は「第二次或いは第三次産業」と「重化学工業比率」という2つの「初期条件的要因」に要約できたのに対して、長江デルタの場合は、「第二次或いは第三次産業」が代表する産業構造の規定力は、1998年以外には顕著ではなく、1985年と1990年に規定力が存在した「重工業」についても、1994年に規定力は認められなかった。その代わりに、「非国有セクター」が代表する体制的要因、「体制」の影響が色濃く残っている「地方財政制度」のような政策的要因は強い規定力を示した。一方、比較的単純な政策要因である「国家レベルの開発区」の設置は、地域格差の要因として有意とは認められなかった。
　(3) 金融機能に関する地域階層構造には、次のような特徴が存在する。
　第1に、日本の都市銀行の支店数は長江デルタの商業銀行の支店数より遙かに多い。日本における金融機能の周辺地域への浸透度の高さを示しているものと思われる。
　第2に、東京を頂点にした日本の階層化と、上海を頂点にした長江デルタの階層化が類似した様相を呈している。ただし、階層間の差を見ると、(i) 日本の場合、第1位東京対第2位大阪の倍率は、1965年の2.12倍から、1998年の2.24倍へとやや上昇し、大阪対第3位の倍率は1965年の2.22倍から1998年の1.27倍へと

第2章　長江デルタの経済開発と地域格差：空間経済学の視点

表2-11　47都道府県金融総合指標の時系列変動

(47都道府県＝100、順位20位以内の地域を表示)

順位	65年 構成比	65年 地域	70年 構成比	70年 地域	75年 構成比	75年 地域	80年 構成比	80年 地域	85年 構成比	85年 地域	90年 構成比	90年 地域	95年 構成比	95年 地域	98年 構成比	98年 地域
1	28.21	東京	27.12	東京	22.22	東京	21.62	東京	21.66	東京	20.65	東京	18.79	東京	15.37	東京
2	13.31	大阪	14.34	大阪	11.72	大阪	10.67	大阪	9.75	大阪	9.67	大阪	8.97	大阪	6.87	大阪
3	5.99	愛知	6.48	神奈川	6.06	神奈川	5.20	神奈川	5.23	神奈川	5.37	愛知	5.13	愛知	5.39	神奈川
4	4.10	神奈川	6.45	愛知	5.41	愛知	4.80	愛知	4.67	愛知	4.91	神奈川	5.11	神奈川	5.16	愛知
5	3.99	兵庫	4.52	兵庫	4.00	兵庫	3.57	兵庫	3.60	兵庫	3.72	兵庫	3.83	埼玉	4.05	埼玉
6	3.87	北海道	3.19	北海道	3.36	埼玉	3.47	埼玉	3.55	埼玉	3.62	福岡	3.70	兵庫	3.79	福岡
7	3.04	福岡	2.92	静岡	3.14	北海道	3.38	北海道	3.48	福岡	3.56	埼玉	3.67	千葉	3.78	兵庫
8	2.54	静岡	2.85	埼玉	3.06	静岡	3.09	千葉	3.29	千葉	3.50	千葉	3.67	福岡	3.77	千葉
9	2.42	京都	2.57	福岡	3.01	千葉	3.00	福岡	3.21	北海道	3.14	北海道	3.19	北海道	3.21	北海道
10	2.00	埼玉	2.47	京都	2.81	福岡	2.84	静岡	2.75	静岡	2.55	静岡	2.64	静岡	2.71	静岡
11	2.00	広島	2.22	千葉	2.22	京都	2.10	京都	2.07	京都	2.11	京都	2.18	広島	2.20	広島
12	1.47	千葉	1.82	広島	1.99	広島	1.96	広島	1.92	広島	1.96	広島	1.91	茨城	1.97	茨城
13	1.41	新潟	1.28	新潟	1.54	新潟	1.72	新潟	1.69	新潟	1.89	長野	1.81	京都	1.84	新潟
14	1.23	山口	1.18	岡山	1.40	茨城	1.56	茨城	1.68	茨城	1.72	京都	1.79	新潟	1.82	京都
15	1.15	宮城	1.17	三重	1.37	岡山	1.43	宮城	1.41	宮城	1.69	茨城	1.62	宮城	1.68	宮城
16	1.14	群馬	1.10	茨城	1.34	三重	1.31	岡山	1.33	岐阜	1.57	新潟	1.48	三重	1.53	三重
17	1.13	岐阜	1.09	岐阜	1.25	宮城	1.25	三重	1.30	長野	1.36	宮城	1.43	栃木	1.49	栃木
18	1.12	三重	1.05	群馬	1.22	岐阜	1.25	群馬	1.29	群馬	1.35	三重	1.42	岐阜	1.48	岐阜
19	1.11	岡山	1.04	長野	1.19	群馬	1.25	岐阜	1.25	三重	1.32	岐阜	1.39	福島	1.44	福島
20	1.07	茨城	0.99	山口	1.18	山口	1.24	長野	1.25	岡山	1.29	栃木	1.38	群馬	1.43	長野

注：(1) 総合指標は、「金融機関数」、「預金残高」、「保険契約高」という3つの構成比の平均である。
(2) 「保険」の内訳は、「生命保険」及び「火災保険」である。なお、1965年の「火災保険」、1965年及び1970年の「金融機関数」のデータは欠如している。

出所：『地域経済総覧』各年版より作成。

縮小した。(ii) 長江デルタの場合 (1995年) には、第1位上海対第2位南京の倍率は2.99倍であったのに対して、南京対第3位の杭州の倍率は1.16倍であった。

　要するに、1960年代以降、東京の一極集中が進んできたといえる。しかし、1990年代の長江デルタの場合には、上海がそれ以上の金融機能の集中度を見せたのである。それでは、上海の「一極集中」は一体何を意味するのだろうか。地域間における機能面での連携関係がまだそれ程強固ではないと思われる。すなわち、円滑な集積―波及効果がまだ形成されていないのである。

　フリードマンは、ペローの「成長の極」理論、ミュルダールの「波及・逆流効果論」、ハーシュマンの「不均衡成長理論」、ロストウ (Rostow) の「近代化理論」など発展途上国における「拠点式発展理論」を集結・融合させた上で、「中心―周辺理論」を提示している (Friedman (1966))。当該理論によると、中心的な発展から取り残された「周辺地域」に、副次的な成長センターを適切に配置し、それを新たな成長拠点として発展させることが開発の上で重要だということになる。また、そうした取り組みは、当然ながら、中央政府の具体的な地域政策を通じて行われるべきである。フリードマンの理論の応用として、今後、上海の継続的な成長とともに、周辺地域との機能分担などを考える上で、幾つかのサブ成長地域を育成していく必要があるだろう。

第6節　結論

1. 1980-1990年代の経済開発と地域格差

(1) 1980年代の特徴

　1980年代の開発戦略は沿海開放戦略といわれた。この戦略の下で、海外経済とのリンクが緊密であるという地理的優位性を生かし、労働集約型産業、軽工業などを成長産業として成功を遂げた「広東モデル」地域や「江浙モデル」地域が成長地域となった。それに対して、上海のような国有セクター中心地域の地盤沈下が目立った。

　即ち、同じ沿海地域に位置していても、各地域経済はそれぞれ有意に異なるパターンを有していたのである。各地域が持つ産業構造、企業組織形態、市場経済化体制の整備状況等が格差に大きく影響していた。地域格差の規定要因に関する

定量分析の結果、「非国有工業生産高」や「重工業生産高」が主要な要因として摘出された。

そうした原因は、1980年代には、全国的に「体制的格差」（従来の計画経済体制を強く反映している国有企業中心の地域と市場経済体制を反映している非国有セクター中心の地域の間に生じた経済成長格差）が依然として強く存続していたと同時に、市場経済化改革による「政策的格差」（沿海開放戦略の下で、開放政策或いは緩和政策の地域差による成長格差）も顕著に現れ、1980年代の上海はこの二重の劣勢に立たされた。

また「上海経済区」の事例分析で明瞭なように、上海と周辺地域間の経済格差は縮小したものの、長江デルタ経済圏の形成並びに長江デルタ地域全体の発展水準を向上させるためには、上海の地盤沈下（成長センターの不在）は大きな障害であった。

(2) 1990年代の特徴

1990年代、上海浦東の開発を起爆剤に、「T字型戦略」の結合点に位置する長江デルタの結節性は強まり、上海と江蘇、浙江両省の1人当りGDPの実績並びに成長率の全国での順位は何れも大きく上昇した（とりわけ上海経済の復活が顕著であった）。それと同時に、上海と江蘇、浙江両省、及び周辺都市間の格差もまた縮小してきた。そのことから、長江デルタ（特に狭義のデルタ）地域は1つの地域経済圏として連動しつつあることが明らかとなった。なお、都市経済圏初期形成の条件として、（i）上海経済の復活、（ii）後背地である「江浙モデル」地域のバックアップ、そして（iii）市場経済化体制の一層の整備などが挙げられる。また、企業地理学及び金融総合指標という2つの手法を用いて分析した結果、上海を頂点にした都市経済圏の階層構造を実証的に確認することができた。

そして、定量分析の結果、非国有セクターが主な都市間格差規定要因であることが分かった。長江デルタ都市間における「非国有セクター」格差を解消すること、民営化・株式化を含む国有企業に対する改革が急務になっている。従来の「抓大放小（大を掴み、小を放つ）」という方針の下で、大型国有企業が「特殊利益団体」化しつつある現状を見逃してはならない。国有企業改革は、金融・行政・価格体系、社会保障システム全般の見直しを意味し、体制移行の中心テーマでもある（陳雲（2008a））。一方、「非国有セクター」には、「民間企業」と「外

資企業」が含まれる。それでは、格差の指標を1人当り所得とする場合、所得水準の向上にはどちらが有力だろうか（外資誘致政策を含むこれらの課題の検討については、第3章参照）。

　もう1つの格差規定要因は「非農業人口」である。中国は現在も農業大国である。中国の農業生産は1980年代前半に大きく増大し、都市農村間格差も縮小したが、1980年代後半以降、格差が再び拡大し、現在に至っている。「家族請負制」という一時的な農地改革の効果に限界があることは明瞭である。「リカードの罠」の回避、そして都市農村間格差の抜本的な是正のために、新たな制度創設が必要である。

　実際中国において、都市農村間格差だけでなく、農村と農村の間の格差も小さくはない。例えば、農村部に立地する郷鎮企業の発展度は、農民の現金収入に直接関係する重要な指標である。沿海部と内陸部の農村には、郷鎮企業のパフォーマンスという点で、大きな相違がある。内陸部農村人口が、概ね沿海部へ移動するのに対して、沿海部の農村人口のほとんどは地元に留まる――地元郷鎮企業（民間企業）に十分な雇用機会が存在するからである（人口流動の傾向については、第6章・第2節参照）。

(3) 日本との比較分析について

　日本との比較分析においては、日本における地域格差のピークの時期は高度成長期及びバブル期に重なっていることが分かった。一方、長江デルタ都市間の1人当りGDP格差は、概ね日本の2倍である（変動係数の単純計算で）。長江デルタ都市間における格差が大きいことは格差の規定要因と密接に関係しており、この地域における階層構造にも一定の影響を与えていると考えられる。

　1人当りGDP格差の規定要因については、日本の場合は、「第二次或いは第三次産業」と「重化学工業比率」という2つの「初期条件的要因」に要約できたのに対して、長江デルタの場合は、「非国有セクター」が代表する体制的要因、「体制」の影響が色濃く残っている「地方財政制度」のような政策的要因が強い規定力を示した。そうした相違は、市場経済体制下の先進国と、計画経済体制から市場経済体制へ移行する国の間の体制的・構造的相違を反映していると考えられる。

　他方、「地域経済圏の構造」に関しては、日本の場合には、1960年代以降東京の一極集中が進んできたが、1990年代の長江デルタの場合には、上海に東京以上

の集中度が見られることが、比較分析によって明らかとなった。

2. 空間経済学と「格差是正」の課題

　格差是正は「格差の縮小」を意味すると一般的に考えられているが、そうではなく、われわれは「成長ありの格差是正」という格差に対する動態的視点を取り入れた。そのために、格差の舞台——地域空間の在り方が問われることになる。

　中国にとって、「成長ありの格差是正」は地域経済圏の形成と切っても切れない関係にある。つまり、集積—波及効果が円滑に機能する地域経済圏の構築こそが課題なのである。一方、地域経済圏を形成するためには、市場経済体制の整備並びに地域成長センターの創出が不可欠な条件である。

　地域成長センターといっても、上海は長江デルタの地域成長センターに留まらず、「国際経済・貿易・金融センター」を目指している限り、（現在より）更なる発展（そして暫く周辺との間に更なる格差——付加価値生産性格差——を付けること）が必要であろう。従って、1995年以降緩やかな格差拡大傾向は容認すべきものと思われる。

　1990年代の長江デルタにおいて、上海を舞台の中心に据えたが、依然として課題が残る。金融機能面の上海「一極集中」は、周辺地域との間の大きな分断によるものと考えられ、円滑な地域間連携協力関係ができていないのが現状である。フリードマンの主張を借りていえば、周辺地域の中で、（その規模や上海との機能分担等を考える上で）幾つかのサブ成長地域を育成していく必要があるだろう。

第Ⅱ部　開発モデルと格差

第3章
開発モデルの分化と所得格差

はじめに

本章は長江デルタを対象に、開発モデルと所得格差の関係についての検討を目的とする。

2013年7月に、『フォーブス』誌上で、「2013年中国の最も豊かな県級市トップ10」が発表された。順位を決める指標は「都市住民1人当り所得」である。それによると、2013年の中国で、最も豊かな県級市は、すべて浙江省（5都市）と江蘇省（5都市）に位置している。そして、かつての改革開放の先頭地域である華南地域の県級市が、1つも入っていない[46]。それでは、所得向上にとって効果的な開発モデルとは、どのような条件を満たしているのだろうか。

改革開放以降、中国において幾つかの成長地域が確認されている。1980年代に注目を浴びたのは「広東モデル」（外資利用型）と「江浙モデル」（郷鎮企業成長型）であり、1990年代以降は「上海モデル」である——強い政府の主導の下で、外資（特に多国籍企業）導入と地元が抱えた国有企業の改革問題とを融合させ、「接木戦略」を展開してきた。

実際の地域モデルは、生き物と同様、常に進化・変化を伴っている。1990年代以降、中国で経済成長の中心地域となった長江デルタでは、概ね1990年代半ばに、浙江と蘇南地域の開発モデルに分岐が見られた。「江浙モデル」の分化である。前者が民間主導のモデルへ進んだのに対して、蘇南は、（広東省を抜いて）FDI受け入れの最も盛んな地域へと変身し、「外資主導型モデル」へ進んだのである。いうまでもなく、このような開発モデルの形成や分化は、1978年以降の改革開放路線の進展と緊密な関係にある。

---

[46] トップ10の順位は次の通りである。浙江義烏、浙江諸曁、江蘇昆山、江蘇張家港、江蘇常熟、江蘇江陰、江蘇太倉、浙江楽清、浙江慈渓、浙江上虞。

所得格差を見ると、浙江省が1人当り所得の面で（都市部、農村部ともに）一貫して江蘇省を上回っている。そのうち、浙江省農家の1人当り所得は1985年以降29年間連続して全国省・自治区第1位を保っており、都市住民の1人当り所得は2001年以降13年連続第1位である（直轄市を入れれば、全国第3位である）。しかし一方、経済発展の諸指標（人材・特許・R＆D、産業構造等）を見ると、何れも江蘇省が浙江省より優位なのである。それでは、なぜ1人当り所得では浙江省が優位なのだろうか。この一見不思議な現象には、何か秘訣が存在するのだろうか。

本章の結論からいえば、国有企業（政府）主導の「上海モデル」や、外資企業主導の「江蘇（蘇南）モデル」は、富を国或いは海外へ帰属させる「外発的モデル」であるのに対して、民間企業主導の「浙江モデル」は、富を民間に残す「内発的モデル」といえる。所得水準の向上並びに所得格差の縮小を実現させるには、有効な開発モデルの構築が不可欠である。本章と次の第4章・第5章では、特に浙江モデルの優位性に迫ってみることとする。

本章の構成は以下の通りである。第1節で、中国における対内直接投資ならびに地域別集積度を明らかにし、第2節では、長江デルタにおけるサブ地域特性の形成を論じる。そして第3節では、長江デルタにおける所得格差の変動とその生成原因について考えてみる。

第1節　中国における対内直接投資

1．主要な投資本国

一般に、東アジア地域とは日本、NIEs、ASEAN、中国を指しており、1980年代後半からの活発な資本移動が、当該地域における高度成長の原動力となっている。

1997年に発生したアジア危機は、資本移動にネガティブな影響を及ぼした。とりわけASEAN各国のFDI流入の減少が目立った。また、韓国、香港、台湾が受けたネガティブな影響は深刻ではないが、減少傾向に変わりはない。そうした中で、唯一の例外は中国である。FDI流入額が高い水準にあり、2002年には500億ドルを超え、アメリカを上回って世界一のFDI流入国となったのである（UNCTAD

表3-1　対中国直接投資における主要投資本国の比率の推移（実行ベース）（%）

	1999	2000	2001	2002	2003	2004	2005	2006	2007	2008	2009	2010	2011	2012
香港・マカオ・台湾	47.8	44.6	42.7	42.3	40.2	37.4	34.3	36.5	40.3	47.1	54.2	60.2	62.7	61.2
香港・マカオ	41.3	38.9	36.3	34.8	33.9	32.2	30.7	33.1	37.9	45.0	52.1	57.9	60.8	58.7
台湾	6.4	5.6	6.4	7.5	6.3	5.1	3.6	3.4	2.4	2.1	3.9	2.3	1.9	2.5
韓国	3.2	3.7	4.6	5.2	8.4	10.3	8.6	6.2	4.9	3.4	3.0	2.5	2.2	2.7
ASEAN10カ国	8.2	7	6.4	6.2	5.5	5	5.1	5.3	5.9			6.0	6.0	6.3
シンガポール	6.6	5.3	4.6	4.4	3.8	3.3	3.7	3.6	4.3	4.8	4.0	5.1	5.3	5.6
日本	7.4	7.2	9.3	7.9	9.4	9	10.8	7.3	4.8	4.0	4.6	3.9	5.5	6.6
アメリカ	10.5	10.8	9.5	10.3	10.8	11.1	5.1	4.5	3.5	3.2	2.8	2.9	2.0	2.3
英領バージン諸島	6.6	9.4	10.8	11.6	8	7.9	15	17.8	22.1	17.3	12.6	2.4	1.9	1.8
ケイマン諸島	0.9	1.5	2.3	2.2	1.6	3.4	3.2	3.3	3.4	3.4	2.9	9.9	8.4	7.0
ヨーロッパ	11.9	11.7	9.6	7.7	7.8	6.5	9.4	9.1	5.8	5.9	6.1	5.6	5.1	5.6
サモア											2.2	1.7	1.8	1.6
世界合計	100	100	100	100	100	100	100	100	100	100	100	100	100	100

注：ASEAN10カ国とは、ラオス、カンボジア、ビルマ、タイ、ベトナム、マレーシア、シンガポール、ブルネイ、フィリピン、インドネシアを指す。
出所：『中国統計年鑑』（各年版）、ジェトロ上海センター資料より作成。

(2003))。それは、(1) 中国の高く安定した経済成長率、(2) 2001年12月のWTO加盟によるところが大きい。

中国の対内直接投資における主な投資本国は表3-1の通りである。基本的には、香港・マカオ、台湾による40%から50%の比率が、変動しながら2009年まで続いており、2010年以降は60%台に跳ね上がった。香港系海外資本は、香港の地元資本だけではなく、香港経由の海外華人資本が多く含まれている。即ち、香港は海外資本の窓口でもある。

そのことと関連して指摘しておくべきことは、中国の改革開放に当たって、海外華人資本のネットワークの貢献が極めて大きいということである。この点に関する中国国内の研究は必ずしも多くない。従って、他の発展途上国特に体制移行国が「改革開放」に直面する際、中国のようにスムーズに移行に乗り出せるのか否か、そして原因究明に当って、海外移民者ネットワークという要素を考察に入れるべきであろう。

総じて、1980年代初頭、市場経済に全く経験のない中国が四大特区建設に成功

し、その後全土にその実験の成果を拡大させた。そうしたプロセスにおいて、鄧小平が率いた賢明な指導者グループの「総設計士」としての役割が大きいのはいうまでもない。ただし、成功に導くには、もう2つの要素が不可欠だったのである。即ち、(1) 海外華人による資本流入とノウ・ハウの伝授、(2) 民間草の根の「生存と発展」への願望と自助努力である。両者とも、中国の改革開放を助ける社会資本と認識できる。

2．対内直接投資の地域別集積度

本節では、中国国内における対内直接投資の地域別集積度を見てみよう。中国沿海部の先進地域として、環渤海地域、長江デルタ地域、そして華南地域が挙げられる。三大地域の外資集積度は、1995年には、華南地域が断然優位であって、41.7％を占めた。しかし、次第に逆転現象が認められ、2012年には長江デルタ地域が中国全土の40％の外資を受け入れたのである（華南地域は20.7％だった）（表3-2）。

改革開放以降、中国経済は高い成長率を記録し、とりわけ1990年以降の長江デルタ地域（上海市、江蘇省、浙江省）の成長は急激であり、かつ高い。FDIが長江デルタ地域に著しく集積している背景には、当該地域全体が高い経済的優位性を示したからであろう。

表3-3によると、1999-2012年にかけて、GDPに占める各指標の比率は長江デルタ各省・直轄市、そして地域全体ともに大きく伸びている。また、輸出入、直接投資等各指標の伸び率も極めて高い。2012年には全国のほぼ2.2％の面積と11％の人口で、全国GDPのおよそ20％、対外貿易の33.5％、対内直接投資の40％を占め、中国の経済及び貿易の中心になっていることは疑いない。実際、2003年により、長江デルタ地域に位置する江蘇省が吸収したFDIは、広東省を超え始めたのである（対照的に10年前の1993年に、江蘇省の外資吸収額は広東省の三分の一に過ぎなかった。なお、外資導入が江蘇省の所得格差に与える影響については、後述）。中国経済のエンジンが、着実に長江デルタ地域にシフトしていることを物語っている。

いうまでもなく、大きく拡大した長江デルタ地域のFDI受入ならびに輸出入は、この地域全体の経済成長に大きく貢献した。注目すべき事態は、後に見る通り、

表3-2 中国の地域別外資企業投資額の全国比率 (1995-2012年) (%)

	1995	2000	2003	2004	2005	2006	2007	2008	2009	2010	2011	2012
環渤海地域	19.6	23.9	22.1	20.4	20.5	20.3	19.6	20.0	20.2	20.9	21.0	21.0
北京	4.6	5.0	4.3	4.2	4.1	4.1	4.2	4.3	4.4	4.6	4.7	4.8
天津	2.7	4.1	3.9	3.7	3.9	4.0	4.0	4.1	4.1	4.2	4.0	3.8
河北	2.0	1.7	1.6	1.6	1.5	1.4	1.4	1.5	1.5	1.6	1.6	1.6
遼寧	4.5	8.2	6.8	5.4	5.6	5.5	5.3	5.5	5.5	5.7	5.8	5.9
山東	5.9	4.8	5.5	5.5	5.4	5.2	4.7	4.5	4.7	4.8	5.0	5.0
長江デルタ地域	23.1	25.2	33.6	37.5	38.8	39.6	38.0	38.4	38.2	39.7	40.0	40.0
上海	10.8	12.3	14.0	13.7	13.7	13.2	12.5	13.0	12.8	13.1	13.1	13.2
江蘇	8.5	9.3	13.9	17.2	18.2	19.0	18.5	18.4	18.5	19.6	19.9	19.9
浙江	3.9	3.6	5.7	6.6	7.0	7.4	7.1	7.0	6.8	7.1	7.0	6.9
華南地域	41.7	35.7	29.3	26.9	25.5	24.2	26.5	25.7	25.0	22.0	21.2	20.7
広東	32.5	26.9	22.4	20.7	19.7	18.4	17.0	16.5	16.4	16.2	15.7	15.2
福建	5.8	5.9	6.1	5.5	5.1	5.1	5.0	5.0	4.9	4.8	4.8	4.6
海南	3.4	2.9	0.8	0.7	0.6	0.7	4.6	4.3	3.8	1.0	0.8	0.9
その他	15.5	15.2	15.0	15.0	15.2	15.2	15.9	15.8	15.9	16.6	17.4	17.8

注:「外資企業投資額」の値は、「外資直接投資額」とは異なるが、『中国統計年鑑』の地区別データには、この指標しか存在せず、従ってFDIの代理指標とした。
出所:『中国統計年鑑』(各年版)より作成。

浙江経済は民間主導のモデルだということである。同省が受け入れたFDIは増えているものの、上海及び江蘇省には及ばない。浙江省が広東省に次ぐ第2位(2012年)の貿易黒字を記録することとなった主な要因は、外資ではなく、民営企業なのである。

1人当り所得水準については、2省1直轄市とも全国平均値を大きく上回ったが、江蘇省と浙江省を比較すると、都市部、農村部を問わず、浙江省の住民1人当り所得水準が高いことが分かる。特に、浙江省農民の1人当り所得水準の高さが突出している。実際、1985年以降、浙江省農民所得水準は連続29年間にわたって全国省・自治区の中で首位の座を守り続けてきた。1985年以降、両省農民収入の絶対値格差は拡大する方向に向かっている。

1990年代半ばから、浙江省と江蘇省の開発モデルが分化した事情を考えると、開発モデルが所得水準に重要な影響を与えたのではないかと考えられる(後述)。

表3-3 長江デルタにおける各指標が中国全土に占める比率 (1995-2012年) (%)

	1995				2004				2010				2012			
	上海	江蘇	浙江	長江デルタ	上海	江蘇	浙江	長江デルタ	上海	江蘇	浙江	長江デルタ	上海	江蘇	浙江	長江デルタ
GDP	4.2	8.8	6.0	19.1	4.6	9.4	6.9	20.9	3.9	9.5	6.3	19.7	3.5	9.4	6.0	18.9
1次産業	0.5	7.1	4.7	12.3	0.5	6.3	3.9	10.7	0.3	6.3	3.4	9.9	0.2	6.5	3.2	10.0
2次産業	4.9	9.5	6.4	20.9	4.6	10.6	7.3	22.5	3.3	9.9	6.5	19.7	2.7	9.5	6.1	18.3
工業	5.3	10.0	6.6	21.8	4.9	10.9	7.6	23.4	3.4	10.0	6.5	19.9	2.8	9.6	6.1	18.5
3次産業	5.5	8.9	6.3	20.7	6.0	9.0	7.3	22.2	5.6	9.7	6.8	22.1	5.1	9.9	6.6	21.5
社会商品小売総額	4.7	8.0	6.8	19.5	4.4	9.3	8.2	21.8	6.8	8.8	7.8	23.4	6.3	8.7	6.8	21.8
固定資産投資額	7.2	8.4	6.8	22.4	4.6	7.7	6.8	19.0	1.8	8.3	4.4	14.6	1.4	8.2	4.7	14.3
輸出入	8.7	5.8	4.1	18.6	13.9	14.8	7.4	36.0	12.4	15.7	8.5	36.6	11.3	14.2	8.1	33.5
輸出額	8.7	6.6	5.2	20.5	12.4	14.7	9.8	36.0	11.5	17.1	11.4	40.0	10.1	16.0	11.0	37.1
輸入額	8.6	4.9	2.9	16.5	15.4	14.9	4.8	35.1	13.5	14.0	5.2	32.7	12.6	12.1	4.8	29.5
外資企業投資額	10.8	8.5	3.9	23.1	13.7	17.2	6.6	37.5	13.1	19.6	7.1	39.7	13.2	19.9	6.9	40.0
財政収入	7.4	5.8	3.9	17.0	13.6	9.6	6.8	30.1	7.1	10.0	6.4	23.5	6.1	9.6	5.6	21.4
財政支出	5.4	5.3	3.7	14.4	4.9	4.6	3.7	13.2	4.5	6.7	4.3	15.5	3.9	6.6	3.9	14.3
1人当り所得(都市)*	1.7	1.1	1.5	—	1.8	1.1	1.5	—	1.7	1.2	1.4	—	1.6	1.2	1.4	—
1人当り所得(農村)*	2.7	1.6	1.9	—	2.4	1.6	2.0	—	2.4	1.5	1.9	—	2.2	1.5	1.8	—
人口	1.1	5.8	3.6	10.5	1.3	5.7	3.6	10.6	1.7	5.9	4.1	11.6	1.8	5.8	4.0	11.7
面積	0.1	1.1	1.1	2.2	0.1	1.1	1.1	2.2	0.1	1.1	1.1	2.2	0.1	1.1	1.1	2.2

注：＊：1人当り所得は全国を1とする場合である。
出所：『中国統計年鑑』、『上海統計年鑑』、『江蘇統計年鑑』、『浙江統計年鑑』より作成。

3. 輸出加工貿易と地域モデルの分岐

(1)「国際大循環経済発展戦略」構想

沿海開放地域の経験成果を踏まえながら、1987年、当時の国家計画経済委員会経済研究所の王建は、「国際大循環経済発展戦略」を提示した[47]。この戦略の中身を言い換えれば、「比較優位戦略」である。要するに、労働集約的製品の輸出を目指す工業化の展開と、そのことがもたらす大きな雇用吸収力を通して農村余剰労働力を移転させること、並びに輸出によって入手した外貨を素材産業、インフラ部門に振り向けていく戦略である（王健（1988））。この戦略の起点に位置する（労働集約的製品）輸出の担い手は、沿海地域の郷鎮企業であり、外資企業である。製品の競争力を高めるために、外資の積極的な導入を行い、外資独資企業・合弁企業・合作企業という「三資企業」が、品質の向上、技術の革新、企業管理の改善、製品販路の開拓などに貢献するという主張である。更にまた、内陸経済との資源の奪い合いを避けるため、原材料入手と製品販売の両端を国外に置く「両頭在外」の「来料加工」（輸入原材料の加工貿易）を大いに展開すべきという主張である。

1985年から1990年までの期間、中国における「開放地域」の指定は、単一都市の指定ではなく、都市と農村を含む広大な地域を開放経済区の対象とするのが特徴であった。国際大循環開発戦略構想は、農・工、軽・重工業、沿海・内陸のような従来の「多階層二重構造」を打破し、新たな好循環を創出しようとする試みであった。例えば、「沿海開放地域」であるデルタ（長江、珠江、閩江デルタ）と半島地域（山東半島、遼東半島）では、「貿易・工業・農業の一体化」発展様式が唱えられた。

フェイ他は、東アジア諸国の発展の経験から、経済発展を「前近代状態」、「第一次輸入代替」、「第一次輸出代替」、「第二次輸入代替と輸出代替」の四段階に分けている（フェイ他1986）。そして、大川・小浜はそれを次のように改めた。第1段階は、工業消費財を輸入から国内生産へ切り替える「第一次輸入代替」、第

---

[47] 丸山伸郎（(1991)、260-261頁）は、東アジアNIEsの優れたパフォーマンスが世界銀行に高く評価されたことは、当時の指導層である趙紫陽と彼のブレーンに刺激を与えたと述べている。その他、宦郷（1984）による「一つの統一市場論」も有力である。なお、下野寿子（2008）は、「なぜ中国において対外開放ができたのか」を巡って、政策決定のプロセスを「開始」と「定着」の2段階に分け、政治経済学的な分析を行っている。

2段階は、一次産品主体の輸出から工業消費財主体に輸出構造を転換する「第一次輸出促進」、第3段階は、ハーシュマンのいう後方連関効果から、工業生産財を輸入から自国生産へ切り替える「第二次輸入代替」、そして第4段階は、工業消費財から耐久消費財や工業生産財へ輸出構造を転換する「第二次輸出促進」である（大川一司・小浜裕久（1993））。

中国は幾つかの段階を辿ってきた。最初は、消費財、生産財ともに輸入代替政策を採っており、従来は原油や農産物が輸出の中心だった。それが、1980年代後半以降、消費財を中心にした輸出に変わっている。例えば、「委託加工」の形態で、腕時計の輸出は1980年代後半から急速に増え、1992年からはなんと（統計で）輸出量が国内生産量を上回る事態となった。原因は輸出用腕時計の大部分が要托加工でできたもので、生産統計が十分把握されていないためと思われる（中兼和津次（1999）294頁）。全体的に見ると、当時は第一次輸出促進期に該当する。しかし2012年の時点になると、繊維紡績類製品の比率が顕著に低下し、電機類製品が主要な輸出品目となりつつある。「第二次輸入代替」或いは「第二次輸出促進」段階に到達しているといえよう。注意すべきことに、中国の輸出製品はそれ程単純化していない。中兼は、労働集約型製品から、資本財、更に高速列車技術まで、多種多様な製品がともに輸出されている現状を指摘し、（中国では）様々な種類の比較優位産業が内部で並存しているためだと解釈している（中兼和津次（2012）、148頁）。いうまでもなく、そのことは中国の地域間発展レベルの遅速を物語っているに違いない。

(2) 広東モデルと江浙モデルの比較

1980年代以降の沿海開放戦略は、特に沿海地域の産業構造に大きな変化をもたらした。「成長産業」の地域間での立地差は、そのまま地域間の格差の形で現れている。その中で、広東モデル地域や江浙モデル地域の成長率は、上海や東北地域を大きく上回った。即ち、1980年代の沿海開放戦略の下で、沿海部の中でも、「成長地域」と「地盤沈下地域」の分化が明らかであった（第2章参照）。

しかし、「広東モデル」地域と「江浙モデル」地域に限って見ても、更に差異が存在している。以下、簡単に両者を比較してみよう。

「広東モデル」はいわゆる「外資利用型」のモデルである。「輸出の全国に占める比率」についていえば、1991年には、広東省は断然首位の22.8%であった。一

方、「江浙モデル」はいわゆる「郷鎮企業型」のモデルである。江蘇省と浙江省の「非国有セクター生産高」の割合は、上海はいうまでもなく、「広東モデル」の広東省と福建省を超え、1991年時点には70％に達した（第2章、表2-4参照）。

地域傾斜発展政策の下で育成された「広東モデル」は、優遇政策によって大量の外資を誘致し、広東モデル地域の高度経済成長を可能にした。特定の地域を開発重点地域に選べば、その手厚い優遇措置によって、他地域の企業を不利な立場に置くこととなる。その結果、地方政府の間で、優遇政策の過当競争を生み出すことになった。例えば、1992年末の開発区ブームはその具体的な事例である。

また、「両頭在外」（先述の通り、生産と販売は主に国外に向け、原材料を国外から輸入し、加工した製品を再び国外へ輸出するパターン）の委託加工が主流であり、最低限でも製品の7割は輸出に振り向けることを義務づけられたのである。広東モデルが位置している華南地域は、国際経済とリンクし、国内経済との関連が弱い経済システムを形成していた。しかも、技術の面でいえば、簡単な「来料加工」に過ぎず、中国全体の経済構造のレベルアップには余り寄与しなかったという批判もあった。

それに比べて、「江浙モデル」は、原材料と市場の両方を主に国内に置き、地元起業家による地元余剰労働力の吸収などのパフォーマンスは「内発的モデル」として賛賞された。

ただし、「江浙モデル」も時間の経過とともに試練を受ける。「江浙モデル」はおよそ1990年代の後半期から分岐し始める。以下、長江デルタにおけるサブ地域特性のダイナミックスを検討してみよう。

第2節　長江デルタにおけるサブ地域特性の形成

前述したように、1990年代半ば以降、「江浙モデル」は、民間企業主導の「浙江モデル」と外資企業主導の「江蘇モデル」に次第に分化していった。そしてこの時期に、浦東開放をきっかけに、斬新な「上海モデル」も浮上している。

以下、3つのサブ地域の特性をそれぞれ検証してみる。

表3-4 上海市の主要社会・経済構造的指標一覧（1990-2012年）

指標	1990	2000	2008	2010	2012
人口構造（％）	100	100	100	100	100
農業人口	32.6	25.4	12.5	11.1	10.2
非農業人口	67.4	74.6	87.5	88.9	89.8
都市部登録失業率	—	3.5	4.2	4.2	4.2
企業形態別GDP構造（％）	100	100	100	100	100
公有セクター	95.4	71.4	54.3	50.5	49.3
国有	71.2	55.0	47.3	45.2	44.6
集団所有	24.2	16.4	7.0	5.3	4.7
非公有セクター	4.6	28.6	45.7	49.5	50.7
固定資産投資構造（％）	100	100	100	100	100
国有セクター	84.7	44.4	47.5	42.0	35.3
非国有セクター	15.3	55.6	52.5	58.0	64.7
工業総生産構造（％）	100	100	100	100	100
軽工業	51.5	41.3	22.7	21.6	22.6
重工業	48.5	58.7	77.3	78.4	77.4

出所：『上海統計年鑑』（各年版）より作成。

1．上海モデル：強い政府主導の「接木戦略」

(1) 上海市の概況

　上海市は、南北それぞれ江蘇省と浙江省に隣接し、北の長江河口と南の杭州湾に挟まれ、東シナ海（中国語で、「東海」）に突き出す長江デルタの沖積平原上に位置する。上海の面積は6,340.5km^{2}であり、中国全体で見ると0.06％に過ぎない。東西の最大距離は約100km、南北の最大距離は約120kmであり、行政区画は18区1県に分けられる。

　2012年の上海市の総人口は2380.43万人（うち戸籍人口1420.19万人、半年以上長期滞在の常住人口960.24万人）に達した。都市化率は89.8％（非農業人口対総人口の比率、戸籍ベース）である。公有セクター（国有、集団所有）によって創出したGDPの近年の比率はおよそ50％であり、低下傾向にある。規模以上工業生産高における軽・重工業比は22.6：77.4であって、重工業中心の構造となっている（表3-4）。

　1990年代以降、上海がとりわけ力を入れているのは国際中枢都市へのアプロー

チであり、「四つのセンター」（経済、貿易、金融、物流）という目標を掲げた（陳雲（2007b））。中国の経済及び金融の中心地として大きな期待がかけられたのである。一連の誘致策の下で、上海に経営統括或いは情報収集等の機能を置いた企業本部、外商投資型公司、R＆Dセンターが増えている。更に、国際都市としてのイメージが高まる中で、海外メディアの駐在事務所も増えている。

上海市は、地政学的関係から、物流の拠点としても重要な位置を占める[48]。1990年代末以降「国際物流センター」としての機能が発展目標に追加された。そのため、港湾整備（洋山深水港）[49]、空港整備（浦東空港、虹橋空港）等各種物流インフラ整備も進められた。

上海市の経済成長率は、アジア金融危機の影響を受けてやや鈍化したものの、世界金融危機前の2007年には15.2％を記録した。その後概ね中国全土のGDP成長率に歩調を合わせ、10％台を切った水準で推移している。

2012年の上海市における三次産業の生産高構成比が0.6：39.0：60.4であるのに対して、雇用構成比は4.1：39.4：56.5となっている。近年は、第三次産業が第二次産業に代わって、雇用吸収力を大きくしている（表3-5）。

情報通信産業、金融業、商業・貿易・流通業、自動車産業、プラント製造業、不動産業という六大支柱産業が上海市のGDPに占める比率は、2000年の40.2％から2010年の51.9％へ増大した。そのうち、対GDP比率が最も高い産業は商業・貿易・流通業、金融業及び情報通信産業である。一方、比率の上昇が速いのは商業・貿易・流通業、情報通信産業及びプラント製造業である（表3-6）。ただし、2011年以降、「六大支柱産業」に関するデータは公表されなくなった（不動産業を支柱産業化したことによって、不動産バブルを招いたという批判が社会的に広がったことが原因と思われる）。

その中で、上海が特に関心を寄せる金融業の比率が伸び悩んでいる。国際金融センターを目指す上海にとって、高度な産業構造に相応しい市場体制作り（情報開示、公正な第三者による会計審査、金融監督体制など）が隘路になっているの

---

[48] 上海は海岸線と長江という「黄金水道」からなる「T」字の結合点に位置することから、浦東開放を起爆剤に「T字型戦略」が提出された。
[49] 洋山深水港は第10次5カ年計画における上海最大のインフラ建設工事であって、上海市南匯区芦湖港の北西約30kmに位置しており、国際航路まで45kmの距離である。2002年4月に着工し、第1期工事は2005年12月に既に完成した。全体計画では、2020年までに、18kmに及ぶ埠頭、コンテナバース50を建設し、年間1,500万TEUを取り扱うこととなっている。

表 3-5　上海市の GDP 成長率、産業構造、雇用構造の推移（1978-2012年）

年	GDP 成長率（%）	生産高構成比（%）			雇用構成比（%）		
		第一次産業	第二次産業	第三次産業	第一次産業	第二次産業	第三次産業
1978	15.8	4.0	77.4	18.6			
1979	7.4	4.0	77.2	18.8			
1980	8.4	3.2	75.7	21.1			
1985	13.4	4.2	69.8	26.0			
1990	3.5	4.4	64.7	30.9			
1995	14.3	2.4	56.8	40.8			
2000	11.0	1.6	46.3	52.1	10.8	44.3	44.9
2005	11.4	1.0	48.6	50.4	7.1	37.3	55.6
2010	10.3	0.7	42.0	57.3	3.4	40.7	55.9
2011	8.2	0.7	41.3	58.0	3.4	40.3	56.3
2012	7.5	0.6	39	60.4	4.1	39.4	56.5

出所：『上海統計年鑑』（各年版）より作成。

表 3-6　上海市六大支柱産業の付加価値（2000-2010年）

指標	2000		2007		2009		2010	
	実績（億元）	対 GDP 比（%）	実績（億元）	対 GDP 比（%）	実績（億元）	対 GDP 比（%）	実績（億元）	対 GDP 比（%）
上海市 GDP	4,771.17		12,188.85		15,046.45		17,165.98	
六大産業合計	1,919.10	40.22	5,563.48	45.64	7,846.92	52.2	8,902.68	51.9
情報通信産業	338.18	7.09	1,473.24	12.09	1,334.76	8.87	1,672.14	9.74
金融業	602.95	12.64	1,209.08	9.92	1,804.28	11.99	1,950.96	11.37
商業・貿易・流通業	431.43	9.04	1,077.76	8.84	2,183.85	14.51	2,594.34	15.11
自動車業	166.05	3.48	423	3.47	618.84	4.11	1,010.01	5.88
プラント製造	129.73	2.72	603	4.95	701.19	4.66	727.35	4.24
不動産業	263.35	5.52	806.79	6.62	1,237.56	8.22	1,002.50	5.84

注：(1) 情報産業には他の業種と重複する部分があり、当該部分は「比率」の中から除去されている。
　　(2) 商業・貿易・流通業には飲食業を含んでいない。
出所：『上海統計年鑑』（各年版）より作成。

である。2013年に新しく打ち出された「上海自由貿易区」も同様な難題に直面している。これらの制度作りが困難になる理由は、（「何を作るべきか」という知識の不足も一部あるが）制度の見直しがこれまでの利益構図を根本から揺がせるため、「既得権益者」の抵抗に会うのは必至だからである。新指導部にとって、政治的決断力と実行力がともに試されることになる。

表3-7　上海市の貿易額及び貿易依存度（税関ベース）

年	上海市GDP（億元）	輸出入総額（億ドル）	輸入総額（億ドル）	輸出総額（億ドル）	純輸出（億ドル）	対外貿易依存度（％）
1990	781.66	74.31	21.10	53.21	32.11	47.0
1995	2,499.43	190.25	74.48	115.77	41.29	63.6
1996	2,957.55	222.63	90.25	132.38	42.13	62.6
1997	3,438.79	247.64	100.40	147.24	46.84	59.7
1998	3,801.09	313.44	153.88	159.56	5.68	68.3
1999	4,188.73	386.04	198.19	187.85	-10.34	76.3
2000	4,771.17	547.10	293.56	253.54	-40.02	94.9
2005	9,247.66	1,863.65	956.23	907.42	-48.81	166.6
2010	17,165.98	3,688.69	1,880.85	1,807.84	-73.01	148.0
2011	19,195.69	4,374.36	2,276.47	2,097.89	-178.58	147.2
2012	20,181.72	4,367.58	2,299.51	2,068.07	-231.44	136.6

注：対外貿易依存度＝輸出入/GDP。
出所：『上海統計年鑑』（2013年版）より作成。

(2) 上海市における対外貿易の特徴

上海市の対外貿易には、以下の特徴が認められる。

第1は、貿易額の成長率が高いということである。1990年の上海の貿易額は74.31億ドルだが、2012年には4,367.58億ドルへと急激に増えている。1990年代末以降、貿易赤字の年が多い。そして、1980年代以降上海市の貿易依存度は次第に上昇し、2002年以降には100％を超え、2012年には136.6％となっている（表3-7）。

第2は、輸出製品の構造変化が認められるということである。ハイテク製品と電気機器製品の輸出に占める比率が増大している。2012年のハイテク製品輸出は906.6億ドル（輸出額の43.8％）であり、電気機器製品輸出は1,454.4億ドル（輸出額の70.3％）という内訳である（表3-8、なお、ハイテク製品と電気機器には、重複部分が存在する）。

第3は、外資企業の寄与率が高いということである。2012年、輸出に占める外資企業の比率は67.1％であり、圧倒的に大きい（2000年は56.3％）のに対して、国有企業の比率は15.7％に減少している（2000年は42.12％）。また、民営企業の比率は17.2％（2000年は1.63％）である。前述の通り、GDPに占める国有企業の比率は44.6％だが、輸出の場合には、国有企業の存在感は更に低下している。

表3-8　上海の輸出国・地域、企業形態及び業種の推移（2000-2012年）

	2000		2005		2010		2012	
	実績（億ドル）	比率（％）	実績（億ドル）	比率（％）	実績（億ドル）	比率（％）	実績（億ドル）	比率（％）
輸出総額	253.5	100.0	7.4	100.0	1807.8	100.0	2,068.1	100.0
輸出国・地域別								
アジア	129.1	50.9	384	42.3	725.9	40.2	882.3	42.7
香港	23.0	9.1	85.7	9.4	134.1	7.4	159.7	7.7
台湾	5.7	2.2	25.7	2.8	56.5	3.1	57.0	2.8
日本	60.8	24.0	133.6	14.7	196.5	10.9	249.6	12.1
韓国	10.6	4.2	30.4	3.3	58.9	3.3	69.5	3.4
シンガポール	7.9	3.1	22.3	2.5	59.0	3.3	68.6	3.3
ヨーロッパ	45.6	18.0	216.3	23.8	450.7	24.9	435.9	21.1
アメリカ	56.3	22.2	227.4	25.1	409.9	22.7	501.6	24.3
企業性質別								
国有セクター	106.8	42.1	206.9	22.8	307.7	17	324.8	15.7
外資企業	142.6	56.3	615.9	67.9	1,259.7	69.7	1387.7	67.1
貿易方式別								
一般貿易	101.7	40.1	339.1	37.4	632.7	35	789.3	38.2
加工貿易	147.8	58.3	518.8	57.2	1,003.7	55.5	1,015.3	49.1
製品別								
電気機器	21.4	47.9	602.5	66.4	1,311.1	72.5	1,454.4	70.3
ハイテク製品			362.5	40.0	841.1	46.5	906.6	43.8

注：電気機器とハイテク製品には、重複部分がある。
出所：『上海統計年鑑』（各年版）等より作成。

　第4は、輸出市場の多元化は進んでいるが、三大市場の比率は余り変わっていないということである。実際、貿易摩擦に対処するため、貿易市場の多元化は急務だが、三大市場の比率には大きな変化はない。2012年の上海では、対アジア輸出額は882.3億ドル（全体の42.7％）、対ヨーロッパ輸出額は435.9億ドル（同21.1％）、対アメリカ輸出額は501.6億ドル（同24.3％）である。全体として見れば、アジア、ヨーロッパ、アメリカの三大市場の割合はそれほど変わっていない（表3-8）。概していえば、日本、アメリカ、ドイツ、香港が上海市の重要な貿易相手国・地域である。そして、対アメリカ、対香港は輸出超過であり、対日本、

対ドイツは輸入超過となっている。

　第５は、一般貿易、加工貿易とも輸出額が増加しており、加工貿易が主流だということである。2012年の加工貿易の比率は49.1％であって（表3-8）、そのうち「來料加工貿易」（原材料が輸入の場合）より「進料加工貿易」（原材料は国内調達の場合）の方が圧倒的に大きい。国内調達率の増加は、中国の国内産業の集積や技術水準の向上等を示していると思われる。主要な貿易製品である機械・電気の輸出増大も主として加工貿易によるものである。なお、伝統的輸出製品のうち、比率が大きい製品はアパレル及び紡績品だが、輸出総額に占める比率は低下している。

(3) 外資導入と国有企業の再編：「接木戦略」の展開

　上海は1950年代から1980年代まで、重工業そして国有企業の重鎮として特徴づけられた。そして、1990年代に入って、「上海工業新高地建設」[50]と呼ばれる産業政策が実施された。その内容は、「伝統的工業」の改造・調整、「支柱産業」（いわゆるリーディング産業）、「ハイテク産業」、「都市型工業」の選定・育成等である。また、多国籍企業の誘致を進めながら、本来多種多様な国有企業を業種ごとにグループ企業として再編し、郊外の「工業開発区」に集中させる戦略を採り、開発区ごとに特色ある工業の集積を図ってきた。この工業配置パターンは「1＋3＋9」戦略と称された[51]。

　そして、上海市では、国有企業が外資企業との戦略的統合を通じて改革を行い、海外進出（多国籍企業への転換）も図った——われわれは「接木戦略」と称する。例えば、上海友誼集団、華聯集団等が上海百聯集団に統合され、プライススマー

---

[50] 周辺より一段水準が高い、先進的工業基地の建設を示している。1996年以降、上海市政府は「工業新高地を建設する」方針を立てた。
[51] 「1＋3＋9」戦略とは具体的に以下の内容を含む。「1」は浦東新区（張江高科技園区、外高橋保税区、金橋輸出加工区等）を指す。都市型工業の集積及びコンピューター、バイオ、自動車、電化製品関連業種の集積地である。「3」は3つの国家レベルの開発区を指す。①漕河涇高新技術開発区（情報、ハイテク関連）、②閔行経済技術開発区（電機電子、医薬品関連等）、及び③上海化学工業園区（新素材、石油化工関連等）である。「9」は、九つの上海市レベルの開発区を指す。即ち、①上海市工業総合開発区（元「奉浦工業区」、機械加工、医薬品関連等）、②莘荘工業区（電機電子関連、通信設備関連、新素材関連等高付加価値、環境に配慮した工業区の造成）、③嘉定工業区（交通輸送設備関連、特に自動車部品関連等）、④宝山工業区（新材料関連等）、⑤康橋工業区（自動車部品関連等）、⑥松江工業区（電機電子製造等）、⑦青浦工業区（服装、バイオ、自動車部品関連等）、⑧金山嘴工業区（化学、機械、建築材料関連等）、及び⑨崇明工業区（農産物・食品工業、船舶修理関連等）である。

ト（アメリカ）への資本参加を行う、或いは上海自動車グループが韓国の双龍自動車を買収する等といった事例が認められる。また、中国最大の紡績会社である華源集団、鉄鋼業大手の上海宝鋼集団、ホテル・旅行業の最大手錦江国際集団なども国際化を目指した。上海宝鋼集団は2004年、新日鉄（日本）、アルセロール（ルクセンブルク）とそれぞれ50％、38％、12％の出資比率で、総投資額65億ドルの合弁企業（冷却圧延工場）を設立した。新日鉄、アルセロールによる中国での現地生産の実現は、乗用車等生産の急速な拡大によって、中国国内で鉄鋼の市場ニーズが年々高まりつつあるからである。

　一般的にいうと、豊富な資金を持ち技術向上に意欲的な大型国有企業は、対外直接投資にも積極的である。従って、（上海自動車による韓国双龍自動車の買収事例のように）技術力に優れしかし経営悪化に直面している外国企業の買収というケースが今後続くであろう。ただし、韓国双龍自動車の買収案は最終的には、双龍の労働組合との交渉の末、失敗に終わった。実際、中国国内では、労働組合が極めて貧弱な状況にあるため、労働者が企業経営に対する影響力をほとんど持たないのが現状である――未熟な「中国モデル」が海外進出によって教訓を得るのである（なお、中国の海外進出戦略――いわゆる「走出去」戦略は、中国モデルの構成部分であり、詳しくは第1章・第2節参照）。

　それでは、上海におけるFDI導入の現状はどうだろうか。2010年から2012年にかけて、何れの指標においても、増加傾向にある。投資方式を見ると、独資企業が依然として主流であり、新たに設立された企業の80-90％を占める。また、外資による買収も新しい投資方式となりつつある（表3-9）。

　上海の「接木戦略」を巡って、注意すべき以下の諸点を指摘しておきたい。

　まず、2012年、実行ベースのFDI産業別集積度を見ると、第二次産業が16.17％であって減少傾向にあるのに対して、第三次産業は83.50％に増大している。2003年の実績（第二次産業は64.8％、第三次産業は33.8％）と比較すれば、逆転していることが分かる。

　その理由は何だろうか。上海は、1990年代から都市機能の目標を「国際経済・金融・貿易・物流センター」に再設定している。そのために、上海は「三・二・一」戦略を立て、高度な第三次産業の育成に力を入れた。しかし、21世紀初頭に至るまで、この戦略の実行は順調とはいえない。すなわち、そうした都市機能の目標に照らして見て、海外の投資家にとって上海がまだ十分魅力的ではなかった

表3-9　上海のFDI導入の内訳

指標	2000		2007		2010		2012		12/10 増減率
	実績	比率(%)	実績	比率(%)	実績	比率(%)	実績	比率(%)	
投資件数（件）	1,814	100	4,206	100	3,906	100	4,043	100	3.5
合資	441	24.3	511	12.1	445	11.4	592	14.6	33.0
合作	226	12.5	24	0.6	14	0.4	8	0.2	−42.9
独資	1,146	63.2	3,668	87.2	3,443	88.1	3,437	85.0	−0.2
契約額（億ドル）	63.9	100	148.69	100	153.07	100.0	223.38	100.0	45.9
合資	13.86	21.7	21.69	14.6	21.54	14.1	39.76	17.8	84.6
合作	5.86	9.2	4.31	2.9	1.11	0.7	7.29	3.3	556.8
独資	44.14	69.1	117.84	79.3	128.17	83.7	172.16	77.1	34.3
実行額（億ドル）	31.6	100.0	79.20	100.0	111.21	100.0	151.85	100.0	36.5
合資	12.94	40.9	17.12	21.6	17.84	16.0	27.18	17.9	52.4
合作	2.99	9.5	1.56	2	1.69	1.5	5.76	3.8	240.8
独資	15.67	49.6	60.43	76.3	90.71	81.6	118.29	77.9	30.4

出所：「上海統計年鑑」（各年版）より作成。

のである。同時に、上海は周辺地域と比べて、人件費、土地使用費等のコスト増大が目立ち、製造業投資（金額並びに件数）を巡って、近隣の省や市の開発区[52]との「争奪戦」が熾烈に行われた。

　ところで、2012年の状況を見ると、第三次産業が海外投資の八割以上を占めるようになっている。しかし、懸念材料が依然として残っている、第1に、金融業のGDPに占める比率が伸び悩んでおり、金融業の集積が思うように進んでいないこと、第2に、不動産バブルが発生し、多くの外資が不動産開発に流入していること、といった諸事情が存在する（不動産業への集中は、上海だけでなく、江蘇省にも見られる。後掲表3-34参照）。

　1980年代の沿海開放戦略から1990年代の全方位開放戦略への転換は、差別的な地域優遇政策を排除しつつ（「開発区」方式の普及）、各地域は自助努力によって、真の競争上の優位性を作り出さなければならなくなったことを意味する。上海にとって、「高度化要素」集積モデルに向けて成長していくことは、多大な制度改革の試練が待ち受けている。

　近年、上海の国有企業において「接木戦略」を通じて、改革が行われつつある

---
[52] 長江デルタ地域には、多くの国家・省レベルの開発区が集積している。詳しくは第2章・第3章参照。

表 3-10　上海市における産業別及び投資国・地域別 FDI の推移（実行ベース）

	2008		2012		2012年までの累積	
	実績	比率（％）	実績	比率（％）	実績	比率（％）
総計	100.84	100.00	151.85	100.00	1,342.13	100.00
産業別						
第一次産業	0.13	0.1	0.17	0.11	3.94	0.29
第二次産業	32.36	32.1	24.89	16.39	491.46	36.62
うち工業	32.02	31.8	24.55	16.17	485.06	36.14
第三次産業	68.35	67.8	126.79	83.50	846.73	63.09
国・地域別						
香港	31	30.7	68.43	45.06	436.05	32.49
台湾	1.26	1.2	4.34	2.86	42.88	3.19
日本	9.32	9.2	18.10	11.92	161.93	12.07
韓国			2.05	1.35	17.35	1.29
シンガポール	4.75	4.7	9.75	6.42	76.77	5.72
ドイツ	1.89	1.9	2.53	1.67	55.39	4.13
アメリカ	4.14	4.1	7.02	4.62	99.43	7.41

出所：『上海統計年鑑』各年版より作成。

ことは前述の如くである。それに対して、上海の民間企業は規模こそまだ小さいが、経営効率に優れていることが判明している。

　2008年の営業収入を基準とした「企業グループトップ100」を見ると、公有制（上海の統計で、国有と集団所有を含む）企業が75社であり、前年より1社減少している。それに対して、非公有制企業（民間企業）は25社に増えている。そのうち公有制企業グループのトップ3は、宝山鉄鋼所、上海自動車、中国太平洋保険であるのに対して、非公有制企業グループのトップ3は、復星（1992年創立）、東方希望（1982年創立）及び上海永達（1992年創立）である。営業収入、総資産、従業者数において、非公有制企業グループ第1位の復星は、公有制企業第1位の宝山鉄鋼所のそれぞれ六分の一強、六分の一強及び三分の一しかない（表3-11、表3-12）。一方、表3-11に明らかなように、非公有制企業の企業数、営業収入、利潤総額及び従業者数に占める比率はまだ一桁に過ぎないが、潜在的成長力は大きいものと思われる。例えば、表3-12に示されているように、上海市の「企業グループトップ100」の経営効率においては、各指標ともに（「R＆D対営業収入

表3-11 上海市「トップ100企業グループ」の内訳（2008年）

	企業数	資産総額		営業収入		利潤総額		従業者数	
	（社）	（億元）	比率（％）	（億元）		（億元）		（万人）	
企業グループ全体	436	34,916.97	100	18,544.06	100	1,748.6	100	158.81	100
トップ100企業グループ	100	28,121.41	80.5	15,328.40	82.7	821.2	47.0	123.39	77.7
うち「公有制」	75	26,170.13	74.9	13,974.60	75.4	707.7	40.5	113.1	71.2
うち「非公有制」	25	1,951.28	5.6	1,353.79	7.3	113.5	6.5	10.29	6.5

出所：上海統計局、国家統計局上海調査総隊資料。

表3-12 上海市「トップ100企業グループ」の経営効率比較（2008年）
（％）

指標	公有制企業グループ	非公有制企業グループ
総資産報酬率	3.5	7.5
販売利潤率	4.1	7.54
資本付加価値率	100.7	108.7
労働生産率（万元／人）	123.6	131.5
資金利潤率	5.1	8.4
資産納税率	5.1	9.4
総資産使用率	53.4	69.4
R＆D対営業収入比率	1.1	0.2

出所：上海統計局、国家統計局上海調査総隊資料。

比率」を除いて）「非公有制企業」のパフォーマンスが優位であることが明らかである。

2．江蘇（蘇南）モデル：中国最大の対内直接投資受入地域

(1) 江蘇省の概況

　江蘇省の面積は10.26万km²であり、中国全体に占める比率は1.1％である。地形は平坦で湖や河川が多い。平原と水域の面積はそれぞれ69％と17％を占める。長江の下流地域に位置する江蘇省では、域内に流れる長江の延長は425kmに及び、蘇南地域を東西方向に横切る形で東シナ海に入る。東部が海に面し、良港が多い。海岸線は954kmに達する。北京から杭州までの「京杭大運河」は江蘇省の南北

表3-13　江蘇省一部経済指標（2012年）

項目	対全国比（%）
GDP総額	10.4
＊第三次産業	10.2
固定資産投資総額	8.6
小売総額	8.7
輸出入総額	14.2
＊輸出総額	16.0
食料総生産	5.7
鉄鋼生産量	11.5
発電量	8.0

出所：『江蘇統計年鑑』2013年版。

を貫通し、長さは718kmに及ぶ——この運河は、江蘇省の経済、社会及び政治に深い影響を持つ。

江蘇省は、現在中国で人口密度の最も高い省の1つである。2012年末の常住人口は7,920万人（浙江省が5,477万人）であり、都市化率は63％である。

2012年の江蘇省のGDP規模は、広東省に次いで全国第2位である。上海市や浙江省と比較すると、第一次産業の割合が若干高く、第三次産業の割合が若干低くなっている。重工業比率は74.2％であり、浙江省より高い。

江蘇省は中国の産業重鎮の1つである。電子、機械、化学工業などの製造基地であり、様々な経済指標において全国の先頭に立つ（表3-13）。2003-2011年の江蘇省における、情報技術、生物医薬等に代表されるハイテク産業の年間成長率は35.3％に達し、工業の平均成長率より9.7ポイント高い。2011年時点でのハイテク産業の生産高が3兆8,377.8億元であり、工業生産高に占める比率は35.6％に達した（2002年より17.4ポイント高い）。産業構造の高度化という側面で見ると、江蘇省が浙江省をリードしていることが明瞭である。

(2) 江蘇省の対外貿易

2000年以降、江蘇省の輸出総額は11年連続で全国第2位である。2003-2011年の期間、輸出の年間成長率は26.2％で、全国に占める比率も2002年の11.8％から2011年の16.5％に上昇した（また年間24.4％の輸入成長率に伴い、全国に占める輸入の比率も2002年の10.8％から2011年の13％へと上昇し、全国第4位の規模に成長した）。

輸出対象国・地域を見ると、2001-2012年の期間に、アジアは52.1％から45.3％、ヨーロッパは20.4％から21.6％へそれぞれ変わり、アジア市場の減少した部分は、欧米以外の市場（ラテンアメリカ、アフリカ、ロシア、インド等）へ向けられたのである。一方、日本市場は2001年の25.4％から9.4％へ大幅に縮小した。日本

表3-14 江蘇省における外資の位置づけ（1978-2012年）（%）

指標	1978	2000	2005	2010	2011	2012
投資構造						
国有経済	95.2	40.1	23.8	20.1	19.0	19.0
集団経済	4.8	15.2	5.1	4.2	4.3	4.4
香港・マカオ・台湾系		12.1	17.9	13.7	12.6	12.0
私営経済		10.9	30.0	35.9	36.8	38.1
その他		21.7	23.2	26.1	27.3	26.5
FDI（実行ベース）構造						
合資		35.4	18.9	16.6	16.5	16.2
合作		5.6	1.5	0.9	0.6	0.5
独資		59.0	79.0	80.1	82.1	80.7
株式		0.04	0.7	2.3	0.8	2.6
形態別工業生産高構造						
国有	61.5	12.7	6.5	4.8	5.0	4.9
集団	31.2	19.0	5.1	1.4	1.1	0.9
香港・マカオ・台湾系		9.1	11.8	10.9	11.5	11.3
外資		18.6	28.7	28.8	28.5	25.9
私営	7.3	40.6	47.9	54.1	53.9	57.0

出所：「江蘇統計年鑑」各年版より作成。

はむしろ輸入対象国となっている。韓国も一貫して輸出対象市場というより、主な輸入対象国である（表3-15）。

　江蘇省の輸出においては外資企業が主役である。外資企業のシェアは62.3%であって、国有企業の8.4%、集団企業の2.1%、「その他」（民営企業）の27.2%%を大きく上回っている。また、貿易形式は、加工貿易が五分の三から三分の二近くを占めている（表3-16）。

　輸出は、工業製品が輸出額全体の97.1%を占めており、半導体、集積回路、デジタル設備等電子・電気製品の輸出の伸び率が高い。輸出品目は概ね2000年頃から、機械・電気製品がアパレル・繊維製品を上回るようになった。2012年には、主要な輸出製品である「機械及び輸送用機器」が全体の55%を占める（2000年は37.6%である）。

(3) 江蘇省の対内直接投資

　2003年を境にして、江蘇省への対内直接投資の集積が急激に増大した。広東省

表 3-15 江蘇省の輸出入相手国の比率（%）

	2001		2005		2010		2012	
	輸入	輸出	輸入	輸出	輸入	輸出	輸入	輸出
全国	100	100	100	100	100	100	100	100
アジア	68.1	52.1	80.1	45.4	73.6	39.2	71.3	45.3
香港	3.4	7.5	1.4	11.1	0.3	6.6	0.3	10.3
台湾	14.3	2.2	20.1	4.0	14.5	2.7	13.8	3.2
日本	25.9	25.4	18.6	13.0	16.1	9.4	14.7	9.4
シンガポール	2.7	2.6	2.6	2.5	2.2	2.0	2.3	2.4
韓国	10.1	4.2	20.7	4.4	20.6	5.1	17.5	5.0
ASEAN 10	11.2	7.1	12.7	7.8	13.5	7.8	12.4	9.3
アフリカ	0.7	1.8	0.5	1.5	0.7	2.3	0.8	3.0
ヨーロッパ	16.0	20.4	8.7	24.8	10.9	27.7	11.8	21.6
ドイツ	3.9	3.9	3.1	6.0	4.1	6.2	4.5	3.9
アメリカ	9.4	18.6	5.7	22.2	6.6	21.6	6.6	19.4

出所：『江蘇統計年鑑』（各年版）等より作成。

と比較してみると、1993年には江蘇省の対内直接投資受入額は広東省の40％だったが、2003年には158億ドルに達し、広東省（156億ドル）を超える水準になった。2003年以降、江蘇省のFDI受入額は10年連続で全国第1位を保ち、年間成長率は13.4％に達した。2012年、中国全土に占める江蘇省のFDI受入比率は、五分の一相当の19.9％（上海は13.2％、浙江省は6.9％、前掲表3-3）を占めている。主な投資国・地域は、香港（50％を超える）、日本、シンガポールの順である（表3-14）。

　江蘇省への直接投資については、上海市に近い蘇南地域（蘇州市、無錫市等）が同省の約90％を占めている。特に蘇州市では、2003年に上海市を上回るようになった。しかし一方、外資が蘇南地域に殺到することによって、蘇北地域との経済格差が一層拡大していく懸念がある。事実、2012年の時点で、外資を含む生産型指標では南北格差が縮小したものの、消費（所得）型指標はむしろ拡大傾向にあることが分かる（この点は後述）。

　2012年、固定資産投資及び工業生産高に占める外資（香港・台湾系を含む）の比率はそれぞれ50.1％と37.2％であり、外資の存在が大きいことが明らかである（この傾向は2003年以降続いている）。

表3-16　江蘇省輸出入貿易の方式別、企業別の比率（％）

項目	輸入					輸出				
	1995	2000	2005	2010	2012	1995	2000	2005	2010	2012
貿易方式別										
一般貿易	17.1	40.5	24.5	34.1	36.3	60.5	47.0	33.0	36.6	42.5
加工貿易	82.9	59.5	75.5	65.9	63.7	39.5	53.0	67.0	63.4	57.5
企業性質別										
国有企業	24.0	17.2	6.9	6.3	7.7	67.3	38.0	11.7	9.0	8.4
集団企業	1.0	3.5	2.8	3.2	2.9	2.7	5.5	3.5	2.0	2.1
私営企業										
外資企業	74.8	79.2	86.2	79.3	69.8	30.0	56.1	76.6	71.1	62.3
＊合作	3.4	1.0	0.4	0.4	0.7	0.9	0.9	0.4	0.3	0.3
合資	52.7	34.7	18.9	19.2	18.8	20.5	22.4	16.3	14.0	13.8
独資	18.7	43.5	66.9	59.7	50.3	8.6	32.8	59.9	56.7	48.1
品種	0.2	0.1	4.1	11.2	19.6	0	0.4	8.2	17.9	27.2
第1次産業		12.2	9.2	14.3	15.0		3.3	1.3	1.6	1.7
工業製品		87.8	90.8	85.7	82.8		96.7	98.7	98.4	97.1
＊化学関連製品		15.4	12.6	15.7	16.9		7.5	5.3	6.2	6.6
原料別製品		18.2	9.3	8.1	7.9		19.0	14.7	14.0	15.5
機械・運送設備		48.7	50.4	47.5	44.7		37.6	57.0	60.8	55.0
雑目製品		5.4	18.4	14.3	13.3		32.6	21.6	17.4	19.9
ハイテク製品							24.9	42.7	46.5	40.0

注：「2000年のハイテク製品輸出比率」は、実際は、2001年の数字である。
出所：『江蘇統計年鑑』（各年版）等より作成。

　外資の主な集積地は蘇南地域であることは前述の通りだが、21世紀初頭から見られる蘇南地域への外資の大量流入について、2つの要因が考えられる。即ち、（i）郷鎮企業に対する制度改革の失敗、及び（ii）上海との地理的近隣性、である。浙江省に比較して、1990年代半ばの江蘇省の郷鎮企業は、制度改革の失敗で弱体化し（この点は第4章・第4節で更に詳しく検討する）、外資は郷鎮企業が生んだ市場空白を補填する形で現れた。外資は、江蘇省のGDP拡大、産業構造高度化、輸出拡大などの面で大きく貢献したが、しかし同時に懸念材料も存在する。第1に、当該モデルは、所得向上の面では、民営経済の盛んな浙江省に比べて劣っており、「外発的モデル」となっていること（後述）、第2に、既に大量に流入している外資が、江蘇省が意欲的に育てようとする民間企業の成長空間を圧迫するか否か、即ち「外資依存の経路」から脱却できるか否か、などである。

表3-17 浙江省の経済社会指標の全国順位の推移

	1978	2007	2012
GDP	12	4	4
１人当りGDP	16	4	5
財政総収入	14	5	5
輸出額	11	4	3
都市住民１人当り純収入	11	3	3
農村住民１人当り純収入	7	3	3

出所：『新中国50年統計資料』（中国統計出版社（2000））、『中国統計年鑑』（各年版）、『浙江統計年鑑』（各年版）より作成。

近年の諸指標から判断すると、江蘇省の民間企業も成長している様子が伺えるが、全体として外資企業が経済を主導していることに変わりはない。また、民間企業に限って見ても、以下のような諸点に留意が必要である。（ア）江蘇省で急成長を遂げた民間企業のかなりの部分は地方政府の強力な支援によるものであり、浙江省の民間企業のように市場競争を勝ち抜いた結果ではない。（イ）政府のバックアップの関係もあり、技術・資本集約型業種に集中していることが特徴である。従って、浙江省に比較して、農村部で多くの余剰労働力を抱えている江蘇省にとって、こうした民間企業が雇用規模拡大といった面で、浙江省の民間企業ほど大きくはない。

3．浙江モデル：民間企業主導の経済成長

(1) 浙江省の概況

　浙江省は長江デルタの南端に位置し、東は東シナ海、北は上海と江蘇省、南は福建省、西は江蘇省、安徽省とそれぞれ接する。陸地面積は10.18万km^2、中国全体に占める比率は1.06％に過ぎない（全国で最も小さい省の１つである）。東西、南北とも直線距離は概ね450kmである。浙江省の地形は複雑で、山地と丘陵が70.4％を占め、耕地面積は僅か208.17万ヘクタールである——この地形は昔から「七分の山・一分の水面・二分の田圃」といわれる。

　浙江省は自然資源の少ない省であり、１人当り鉄鉱石資源と１人当り石炭資源はそれぞれ全国平均の僅か５％、0.8％に過ぎず、95％以上の一次産品と大多数の工業原材料は省外或いは国外からの輸入に依存している。資源及び市場をともに省外に置いていることが浙江経済の特徴である。

　1980年代以降、浙江省は急成長を遂げてきた。表3-17は浙江省の経済社会指標の全国順位の推移である。GDP総額は第12位から第４位（広東、江蘇、山東に次ぐ）、１人当りGDPは第16位から第4-5位（上海、北京、天津の３つの直

表3-18　浙江省重点工業の順位変化

業種別	2008 比率	2008 順位	2011 比率	2011 順位	11/08増減
紡績業	11.0	1	10.3	1	−0.7
電気機器・機材製造	9.0	2	9.0	2	0.0
化学原料・化学製品加工	6.5	4	8.1	3	1.7
通用設備製造業	7.3	3	6.9	4	−0.4
交通運輸設備製造業	6.4	5	6.9	5	0.5
電力・熱生産と供給業	6.3	6	6.7	6	0.4
化学繊維製造業	3.8	10	4.5	7	0.7
黒色金属精錬・加工業	4.0	9	4.0	8	−0.1
通信設備・コンピューター・電子設備製造業	4.2	8	3.8	9	−0.4
有色金属精錬・加工業	3.4	14	3.8	10	0.4
金属製品製造業	4.3	7	3.8	11	−0.6
プラスチック製品製造業	3.7	11	3.5	12	−0.2
アパレル	3.5	13	2.6	13	−0.9
皮革製品製造業	2.7	12	2.2	14	−0.4

注：規模以上工業に対する統計。
出所：『浙江統計年鑑』各年版より作成。

轄市に次ぐ）、財政総収入は第14位から第5位、輸出規模は第11位から第4位、都市住民1人当り純所得は第11位から第3位、農村住民1人当り純所得も第7位から第3位へそれぞれ上昇し、良好なパフォーマンスを示した。

近年、浙江経済の一大特色は「電子商務」（ネットビジネス）の発達である。2013年、省全体のネットビジネス取引総額は全国の約六分の一、ネット売上げは全国の五分の一、第三者小売フラットでのネット店舗数は全国の七分の一を占める。更に、「国家電子商務模範都市」の中に、5つの都市が選出された（全国1位）ほか、「2013年中国電子商務発展百選県」でも49県が入り、トップを走り続けた。

興味深いことに、民間資本の豊富な浙江省は、他の省より国内各地や海外へ活発な投資を行ってきた。そのため、地域のGNPは地域のGDPより20-30％大きいと推測されている。

浙江省の軽工業比率は江蘇省より大きい（後掲表3-29）。浙江省の工業は農産

表3-19　2012年省別貿易規模順位

(単位：億米ドル)

2012年順位輸出額	2012			2007			2000		
	輸出	輸入	純輸出	輸出	輸入	純輸出	輸出	輸入	純輸出
全国	20,487.1	18,184.1	2303.1	12,177.8	9,559.5	2,618.3	2,492.0	2,250.9	241.1
1．広東	5,740.5	4,099.7	1,640.8	3,693.2	2,648.7	1,044.5	919.2	781.8	137.4
2．江蘇	3,285.2	2,194.4	1,090.9	2,036.1	1,458.6	577.5	257.7	198.7	59.0
3．浙江	2,245.2	878.8	1,366.3	1,282.6	485.8	796.8	194.4	83.9	110.5
4．上海	2,067.3	2,298.6	−231.3	1,438.5	1,390.1	48.4	253.5	293.6	−40.0
5．山東	1,287.1	1,168.4	118.7	751.1	473.6	277.5	155.3	94.6	60.7
6．福建	978.3	581.1	397.3	499.4	245.1	254.3	129.1	83.1	45.9

出所：『中国統計年鑑』各年版より作成。

品の加工から始まり、改革開放以降、紡績、アパレル、化学繊維、皮革、食品加工などが先に発展を遂げ、プラント製造業、ハイテク産業、港湾ベルト地帯の重化学工業が後を追う形で発展した。2011年は2008年に比べて、アパレル、金属製品製造業、紡績業の比率の低下が顕著であり、労働集約型の業種或いはエネルギー消費型工業、環境汚染型工業に属する業種の見直しが行われたといえる（表3-18）。

(2) 浙江省の対外貿易：活発な民営企業

「開放を以て改革を促す」ことは「浙江経験」の重要な内容である。浙江省の2012年の貿易額は3,124億ドルを記録し、広東省、江蘇省に次ぐ全国第3位である。また、純輸出額は1,366.3億ドルであり、広東省に次ぐ第2位の貿易黒字額となった（表3-19）。

2012年の浙江省の輸出対象国・地域は、アメリカが17.0％で引き続き第1位、次いで日本、ドイツ、香港が続いている。一方、輸入対象国・地域は、ASEANの12.9％と日本の12.8％を筆頭に、台湾12.4％、韓国9.6％の順である（表3-20）。また、新興市場国の開拓も進められている。ASEAN、ラテンアメリカ、アフリカ、中東、ロシアなどへの輸出増加が急速である。そうした対新興市場国輸出は既に浙江省総輸出額の30％を超え、このうちロシアは第九番目の輸出市場

第3章　開発モデルの分化と所得格差

表3-20　浙江省の輸出入構造推移（2006-2012年）

項目	輸出 2006 実績（万ドル）	比率（％）	2010 実績（万ドル）	比率（％）	2012 実績（万ドル）	比率（％）	輸入 2006 実績（万ドル）	比率（％）	2010 実績（万ドル）	比率（％）	2012 実績（万ドル）	比率（％）
全体	10,089,427		18,046,487		22,451,854		3,825,259		7,306,824		8,788,421	
アジア	3,329,689	33.0	5,796,931	32.1	7,544,121	33.6	2,591,101	67.7	4,212,481	57.7	5,153,241	58.6
香港	359,521	3.6	644,393	3.6	662,934	3.0	33,240	0.9	25,371	0.3	28,820	0.3
台湾	819,196	8.1	201,215	1.1	233,390	1.0	642,263	16.8	1,018,187	13.9	1,087,949	12.4
日本	129,366	1.3	1,055,060	5.8	1,344,569	6.0	467,018	12.2	1,001,575	13.7	1,126,154	12.8
ASEAN10	320,483	3.2	1,100,834	6.1	1,695,998	7.6	532,064	13.9	687,301	9.4	1,133,909	12.9
韓国	549,578	5.4	454,110	2.5	556,538	2.5	386,893	10.1	635,234	8.7	839,921	9.6
ヨーロッパ	3,000,138	29.7	5,717,348	31.7	6,292,509	28.0	517,923	13.5	1,169,737	16.0	1,294,851	14.7
ドイツ	542,225	5.4	1,100,092	6.1	1,043,111	4.6	161,210	4.2	302,956	4.1	315,768	3.6
アメリカ	2,193,307	21.7	3,045,409	16.9	3,817,181	17.0	283,730	7.4	611,662	8.4	720,982	8.2
一般貿易	7,731,170	76.6	14,500,708	80.4	17,968,381	80.0	1,858,590	48.6	4,943,317	67.7	6,243,733	71.0
加工貿易	2,358,257	23.4	3,545,779	19.6	4,483,473	20.0	1,200,180	31.4	2,363,507	32.3	2,544,688	29.0
国有企業	1,767,742	17.5	1,822,803	10.1	2,058,912	9.2	785,943	20.5	847,264	11.6	904,531	10.3
外資企業	3,795,210	37.6	5,813,723	32.2	6,298,252	28.1	1,931,689	50.5	3,425,816	46.9	4,021,255	45.8
集団企業	1,058,855	10.5	1,107,903	6.1	1,029,500	4.6	331,969	8.7	690,342	9.4	663,920	7.6
私営企業	3,459,464	34.3	9,259,160	51.3	13,000,168	57.9	774,810	20.3	2,333,907	31.9	3,185,058	36.2
1次製品	445,740	4.4	633,613	3.5	1,008,644	4.5	799,654	20.9	1,918,142	26.3	2,745,871	31.2
工業製品	9,643,687	95.6	17,412,873	96.5	21,443,210	95.5	3,025,605	30.0	5,388,682	29.9	6,042,550	26.9
*電気機器製品	4,236,303	42.0	7,912,485	43.8	9,589,938	42.7	1,237,456	12.3	1,631,207	9.0	1,590,660	7.1
*ハイテク製品	1,016,226	10.1	1,473,315	8.2	1,480,117	6.6						

注：「ハイテク製品」の統計方法については、浙江省と江蘇省とで異なっており、浙江省では「電気機械製品」を含まないのに対して、江蘇省では、「電気製品」を含んでいる。
出所：『浙江統計年鑑』（各年版）等より作成。

表3-21　各省民営経済の輸出比率（2012年）

省	輸出額（億ドル）	民営企業輸出額（億ドル）	比率（％）
浙江	2,246	1,410	62.8
広東	5,741	1,817	31.6
江蘇	3,285	963	29.3
山東	1,287	559	43.5
河南	297	74	25.1

出所：各省統計年鑑より作成。

となっている。

　輸出の担い手として、私営企業と集団企業を含む「民営企業」のシェアの増大が目立ち、2012年には62.8％に達した。「外資企業」は25.1％に留まり、むしろ低下している（2006年は37.6％）。一方、国有企業は10.3％に過ぎない。

　輸出の内訳を見ると、電気機器とハイテク製品が輸出のそれぞれ42.7％と6.6％を占めている。輸出製品の構成面では、江蘇省の産業構造が浙江省より高度化していることは前述の通りである。

　金融危機及びヨーロッパ債務問題の影響で、世界市場全体の低迷が続き、浙江省の輸出入成長率も低下した。その中で、国有企業及び外資企業による輸出がともにマイナスを記録したのに対して、民営企業は経済全体を牽引し続けた（2012年の民営部門による輸出額は1,410億ドルであり、対前年比8.5％増である）。浙江省民営経済の規模は広東省に次いで第2位だが、輸出に占める比率は広東省より遙かに高い（表3-21）。「浙江モデル」における民営経済の主導性は、対外貿易においても十分裏付けられている。

(3) 浙江省の民間経済について

　1980年代以降、浙江省経済は急成長を遂げた。浙江省の「貧困から豊かさへ」の道程にはどのような秘訣が存在するのだろうか。何よりもまず、民営経済の発展が第一義的な要因と考えられる。2013年に、全国工商連合会が発表した「2012年度中国民営企業トップ500」の中で、浙江省が139を占め（第2位の江蘇省が93、広東省が21である）、15年連続で全国第1位である。また「製造業トップ500」と「サービス業トップ100」の中でも、浙江省はそれぞれ123及び22を獲得した。

表3-22 浙江省の民営経済規模及びGDPに占める比率

年	総額（億元）			GDPに占める比率（％）		
	民営経済	内訳：私営	内訳：集団	民営経済	内訳：私営	内訳：集団
2000	4,250	2,512	1,738	69.2	40.9	28.3
2005	8,682	7,533	1,148	64.7	56.1	8.6
2010	17,210	15,559	1,651	62.1	56.1	6.0
2011	20,381	18,516	1,865	63.1	57.3	5.8
2012	22,111	20,107	2,004	63.8	58.0	5.8

出所：『浙江統計年鑑』各年版より作成。

一般的にいえば、集団経済は「公有制セクター」に帰属されるが、浙江省の場合には、集団企業のほとんどが「赤帽子」を被った民営企業であるため、非公有制の「民間（民営）経済」に分類される（ちなみに、民間（民営）経済＝私営経済＋集団経済。ただし、集団経済の比率は低下しつつある）。2012年の浙江省GDPに占める民営経済の比率は、63.8％であり、そのうち私営経済が58％を占める。1978-2012年の間、民営経済の名目年間成長率は18.2％であり（そのうち、私営経済は26.4％）、名目GDP成長率の18％より高い（表3-22）。

「小商品・大市場」は「浙江モデル」の重要な特徴である。即ち、「商工連動」の形で全産業のチェーンを作り、付加価値を高めるのである（この点については、更に第5章参照）。

2012年の工業総生産の内訳を見ると、浙江省は、国有企業が6.5％、外資が25.9％、民営企業が67.6％である（表3-23）。それに対して、江蘇省は、国有企業が4.9％、外資が37.2％、民営企業が57％である（前掲表3-14）。国有企業の比率は両方とも小さいが、江蘇省は「外資企業」の割合が大きいのに対して、浙江省は民営企業の割合が大きい。

第三次産業における民間経済も着実に発展してきた。第三次産業に対する貢献が大きいのは、浙江省内或いは省外、更に国外で開かれた各種の「専門的卸売市場」である。これらの市場の運営はむろん民間に任されている。省内の自然資源に乏しく面積も狭いため、原材料と市場の両方を省外に置くことは浙江モデルの成立にとって重要である。また「商工動連」のパターンにより、高い付加価値の入手も可能となる。義烏モデルや温州モデルは正にその典型的事例である（第5

表3-23 浙江省規模以上工業付加価値の内訳の推移

項目	2005 実績(億元)	2005 比率(％)	2010 実績(億元)	2010 比率(％)	2012 実績(億元)	2012 比率(％)
企業性質別						
国有企業	1,800.27	7.8	3,331.26	6.5	3,831.55	6.5
集団企業	314.47	1.4	123.12	0.2	91.68	0.2
株式合作企業	486.61	2.1	237.91	0.5	163.62	0.3
外資企業	5,517.38	23.9	13,104.16	25.5	15,309.87	25.9
私営企業	8,250.03	35.7	22,792.11	44.3	24,384.66	41.2
その他	6,525.02	28.2	11,786.84	22.9	15,284.81	25.9
＊「国有及び国有持ち株企業」	3,401.17	14.7	6,721.77	13.1	8,384.48	14.2
規模別						
大企業	3,803.69	16.5	9,483.63	18.5	15,886.56	26.9
中企業	8,289.28	35.9	1,8906.7	36.8	18,522.53	31.3
小企業	11,013.79	47.7	23,003.87	44.8	24,715.07	41.8

出所：『浙江統計年鑑』各年版より作成。

章参照)。

　一方、江蘇省、山東省などの民間経済も発展している（前述した「中国民営企業トップ500」に占める浙江省の比率は、2008年の37％から2012年の28.4％へ低下している）。近年、とりわけ沿海部各省では、民営企業が次第に資本集約型、技術集約型産業へ進出し、競争が新しい段階に入っているといえる。

　中国の市場経済化の波に乗って発展した民間経済だが、企業ガバナンスなどの面で、新たな課題に直面している。例えば、(ア)労働集約型産業が中心で、付加価値が低いこと。(イ)伝統的な家族企業が多く、企業ガバナンス及び経営の人材（特に後継者問題）が悩みの種であること。(ウ)規模が小さく、担保力が不足しているため、銀行融資が困難であること（従って、温州などでは地下金融が横行し、企業経営の潜在的リスクが膨らんでいる）。(エ)環境保護を怠り、環境汚染問題や労働者健康問題が多発していること、などである。

　家族経営型企業のイメージが強い浙江省の民間企業だが、企業ガバナンスの改革へ挑み始めている。それは一定の経営規模に達した企業に内的に生まれる需要でもある。その方式は、概ね以下の通りである。(ⅰ)国際的戦略投資を段階的

に導入すること、(ii) 他の民間資本を導入し、創業者の持つ家族保有株の比率を低減させること、(iii) 家族経営型企業全体或いは一部を上場させること、(iv) 幾つかの私営企業の連合及び再建を試みること、(v) 独立の子会社を設立し、比較的徹底した所有権と経営権の分離を図ること、(vi) 専門的経営陣を招聘し、かつ管理層や技術者たちに一定の株権を与え、インセンティブを高めさせること、などが挙げられる。

4．考察：移行期の民営企業と国有企業

　現代企業における所有権と経営権の分離といった特徴は、本来の国有企業には欠如している。国有企業の非効率性問題について、コルナイ（Kornai）は「ソフトな予算制約」という概念を用い、的確に分析した（コルナイ1984/1980）。1980年代以降特に1990年代に入り、国有企業が改革期を迎えたが、一方、地方政府と銀行の癒着によって、依然として国有企業は、投資・企業運営など様々な面で行政の介入を受けている。同時に融資の面では、国有企業が優先され、非国有企業は小規模なため資金難に苦しむことが多い。1993年のマクロ経済調整期や、1997年のアジア金融危機、2008年の世界金融危機といった経済引き締め期に、真っ先に融資が減らされたのもまた非国有企業である。もっとも、それは逆に非国有企業に緊張感を与え（非効率な経営は直ちに倒産に繋がる）、企業経営体質の強化という副次的収穫もあった。むろん限度を超える融資難は、企業にとって明らかにダメージであり、倒産に繋がりかねない。

　1990年代以降、中国の経済規模に占める非国有セクターの比率は上昇の一途を辿ってきた。長江デルタでも同じ傾向を示している。表2-3（第2章）に示したように、非国有セクターの比率について、上海では、1990年の28.7％から2012年の55.4％（GDPベース）へ、江蘇省では、1990年の65.69％から2012年の95.1％（工業総生産ベース）へ、浙江省では1990年の68.79％から2012年の94.3％（工業総生産ベース）へと、それぞれ大幅に上昇している。

(1) 浙江省の対内直接投資について

　江蘇省に比べて対内直接投資の流入が遅れた浙江省だが、高速道路や杭州横断橋建設などのインフラ整備に力を入れ[53]、上海市や江蘇省など周辺先進地域との

アクセスを改善し、外資誘致に有利な条件作りを行った。

　浙江省への外資の積極的誘致は2000年以降のことである。特徴は、（i）量的には未だ少ないこと。1995年浙江省FDI（実行額）の全国比率は僅か3.4％であったが、2012年には6.9％に増大している。しかし、江蘇省の19.9％、上海市の13.2％に比べて、未だ遅れていることは明らかである（前掲表3－2、表3－3）。（ii）既に民間経済の基盤が強固な浙江省では、外資のパフォーマンスは江蘇省（特に蘇南地域）とはかなり違う展開になるに違いない。いわば、外資進出の「時間差」（遅れを取ったこと）は、浙江省の民営企業の成長に時間と空間の余裕を与える結果となった。

第3節　長江デルタにおける所得格差の変化及び要因分析

　冒頭で述べた通り、本章の狙いは開発モデルと所得格差の関係を明らかにすることである。長江デルタ内部ではそれぞれ「外資主導」（江蘇）、「民間主導」（浙江）、そして「政府（国有企業）主導」（上海）といったサブモデルが生成しており、考察の格好の対象地域となっている。

　実際、経済発展の諸指標（人材・特許・R＆D、産業構造、外資集積度など）を見ると、江蘇省は浙江省より優れているといえる。

　しかし一方、1990年代以降、浙江省は1人当り住民所得の側面で（都市部、農村部を問わず）一貫して江蘇省を上回っている。実際、1985年以降、浙江省農家の1人当り所得は、29年間連続して全国省・自治区の中で第1位を保ってきたのである（都市部住民1人当り所得も、2001年以来13年連続第1位）。もし、（i）人材、特許、R＆D、（ii）産業構造の高度化、（iii）外資誘致等の何れの側面でも、江蘇省が優位ならば、一体なぜ浙江省の方が1人当り所得が高いのだろうか。また、住民の所得上昇並びに格差縮小の要因とは一体何だろうか。結論からいえば、政府（国有企業）主導の「上海モデル」や、外資企業主導の「江蘇（蘇南）モデル」が富を国或いは海外へ帰属させる「外発的モデル」であるのに対して、民間

53「杭州湾跨海大橋」は、上海市と寧波市を結ぶ橋であり、杭州湾を横断する道路橋である。2008年に完成・開通した。全長36km、橋幅33m（往復6車線）の世界最長の海上橋梁となった。上海市（莘庄）から寧波市までは、時間にして2時間程度に短縮されることとなった。2013年7月には、2本目の横断大橋（嘉紹大橋）も開通した。橋の全長はおよそ10km（橋の幅が40.5m、往復8車線）、紹興―上海間が、同じく時間にして、1.5時間に短縮された。

経済主導の浙江モデルは、富を民に残す「内発的モデル」だからである。開発モデルが、所得水準及び格差事情に深く影響を及ぼすのである。

以下の節では、経済発展の諸指標を巡り、浙江省と江蘇省の比較検討を試みる。

1. 経済発展諸指標の比較：浙江省と江蘇省

(1) 人材、特許、R&D 諸指標

第1に、院士の人数を見てみよう。江蘇省の科学技術の水準は全国でトップクラスに位置する。中国自然科学の研究者の最高名誉を代表する「両院院士」(「両院」とは、中国科学院と中国工程院の通称) の数を見ると、江蘇省出身者の人数が最も多く、2011年末には90人に達している。また表3-24は1955-2009年の両院院士の合計を示したものである。長江デルタの2省1市が上位3位を占め、その中でも江蘇省が第1位の座を不動のものにし、第2位の上海市より89名多い。第3位の浙江省は223名であり、上海より11名少ないが、ほぼ同じ水準にある。

第2に、大学生の人数を見てみよう。表3-25で示されているように、2012年における人口1万人当りの（在学中の）大学生数は、江蘇省が228.6人であり、

表3-24　中国両院院士の出身地分布

順位	所在の地域	省・直轄市・自治区	院士人数
1	長江デルタ	江蘇省	323
2	長江デルタ	上海市	234
3	長江デルタ	浙江省	223
4	環渤海地域	北京市	104
5	華南地区	福建省	97
6	中部地域	湖南省	94
6	環渤海地域	山東省	94
8	華南地区	広東省	89
9	環渤海地域	河北省	74
10	西部地域	四川省	67
11	環渤海地域	遼寧省	66
12	中部地域	湖北省	63
13	中部地域	安徽省	53
14	中部地域	河南省	50

出所：中国校友網、「2009中国両院院士調査報告」。

表3-25　1万人当りの在校大学生数
単位：人

	江蘇	浙江
1980	14.2	9.88
1985	19.2	13.08
1990	21.7	14.25
1995	29.5	21.25
2000	61.7	47.19
2005	155.2	130.49
2010	209.6	171.28
2011	227.1	175.60
2012	228.6	180.15

出所：各省統計年鑑より作成。

表3-26 R&D投入額と比率の比較

	浙江		江蘇	
	R&D投入額(億元)	対GDP比率(%)	R&D投入額(億元)	対GDP比率(%)
1990	2.0	0.2		
1995	9.1	0.3		
2000	36.6	0.6	50.8	0.6
2005	163.3	1.2	270.3	1.5
2010	494.2	1.8	858.0	2.1
2011	612.9	1.9	1,072.0	2.2
2012	722.6	2.1	1,288.0	2.3

出所:各省統計年鑑より作成。

表3-27 特許申請と授与数の比較(2000-2012年)

地域	2012		2010		2005		2000	
	申請数	授与数	申請数	授与数	申請数	授与数	申請数	授与数
全国	1,912,151	1,163,226	1,109,428	740,620	383,157	171,619	140,339	95,236
北京	92,305	50,511	57,296	33,511	22,572	10,100	10,344	5,905
上海	82,682	51,508	71,196	48,215	32,741	12,603	11,337	4,050
江蘇	472,656	269,944	235,873	138,382	34,811	13,580	8,211	6,432
浙江	249,373	188,463	120,742	114,643	43,221	19,056	10,316	7,495
山東	128,614	75,496	80,856	51,490	28,835	10,743	10,019	6,962
広東	229,514	153,598	152,907	119,343	72,220	36,894	21,123	15,799

出所:『中国統計年鑑』各年版より作成。

浙江省の180.15人を上回っている。大学及び研究機関は江蘇省の方が多いことを物語っている。更に、R&D投入額及びGDPに占める比率(表3-26)、特許の申請と授与数(表3-27)も、江蘇省の方が浙江省を上回っていることが分かる。実際、『中国地域イノベーション能力報告2012』によれば、江蘇省が4年連続第1位という結果だった。

(2) 産業構造高度化と外資誘致

産業構造高度化と外資誘致の間には有意な関係が認められる。前述の通り、輸出商品の構成を見ると、外資主導の江蘇省の方が民間企業主導の浙江省より高度

表3-28 江蘇省におけるハイテク産業の生産高（2005-2012年、億元）

	2005	2008	2009	2010	2011	2012
合計	7,928.2	18,402.2	21,987.2	30,354.8	38,377.8	45,041.5
業種別						
宇宙航空製造業	10.4	52.6	53.7	64.8	76.4	218.3
コンピューター・事務用設備製造業	1,447.9	2,174.3	2,209.3	2,634.3	2,940.8	2,260.1
電子・通信設備製造	2,607.6	6,082.1	5,667.4	7,412.0	9,114.4	11,367.9
生物医薬製造業	427.3	821.8	1,266.3	1,656.9	2,123.2	2,651.7
メータ類機械製造	309.9	1,004.2	1,097.7	1,697.0	2,233.3	1,085.0
ハイレベルプラント製造業	1,488.6	3,844.2	4,395.8	5,724.6	7,332.9	12,123.9
新材料製造業	1,636.5	4,423.1	5,627.2	7,486.6	9,791.8	12,214.0
新エネルギー産業			1,669.9	3,678.5	4,764.9	3,120.6
地区別						
南京市	1,236.8	2,673.2	2,706.7	3,383.4	4,260.4	4,739.6
無錫市	1,312.2	2,671.9	3,288.7	4,429.9	5,337.2	5,665.2
徐州市	85.1	292.2	518.7	1,061.1	2,000.0	3,016.1
常州市	609.1	1,515.1	1,842.3	2,370.1	3,100.6	3,555.2
蘇州市	3,085.2	6,501.8	6,921.5	9,022.7	10,530.8	11,888.8
南通市	426.2	1,401.0	1,847.8	2,600.0	3,250.8	3,822.8
連雲港市	62.0	207.0	381.1	646.3	868.7	1,144.6
淮安市	46.9	140.6	245.8	479.2	580.7	956.5
塩城市	126.7	401.9	485.3	687.5	908.5	1,302.5
揚州市	272.1	870.4	1,533.3	2,341.3	3,093.1	3,106.7
鎮江市	325.0	851.3	1,040.2	1,654.4	2,251.5	2,814.4
泰州市	334.8	853.2	1,137.6	1,591.5	2,063.2	2,639.3
宿遷市	6.2	22.7	38.4	87.5	132.3	389.8

出所：『江蘇統計年鑑』2013年版より作成。

化している様子が伺える。

　表3-28は、江蘇省におけるハイテク産業の生産高である。新材料、ハイレベルプラント、電子・通信設備製造業が比較的規模が大きい。2012年のハイテク産業全体の生産高は4.5兆元（前年比17.3％増）であり、規模以上工業総生産高の37％を占める。地域別に見ると、蘇南地域の都市が断然優位である。

2. 長江デルタ全体の所得格差

　第2章で述べたように、1980年代の発展戦略は「沿海開放戦略」といわれた。この戦略の下で、海外とのリンクが強いという地理的優位性を生かし、「労働集約型産業」、「軽工業」などを成長産業にした「広東モデル」地域や「江浙モデル」地域が成長地域となり、上海のような従来の国有部門中心地域との間の格差が拡大した。即ち、同じ沿海地域に位置していても、改革開放の進捗度に格差（産業構造、企業形態、市場整備状況など）が見られ、それぞれが異なる発展のパターンを示したのである。

　地域格差の規定要因（1人当りGDPを被説明変数に）に関する実証分析の結果、「非国有工業生産額」が主な要因として得られたほか、「重工業生産額」、「地方財政収入」、「固定資産投資」、「対内直接投資」も有意であった。いわば、この時期の長江デルタにおける地域格差は、国有・非国有部門間、軽・重工業間、投資構造、財政政策など体制的、政策的格差によって現れたのである。

　1990年代、浦東開放を起爆剤にした上海の開発は、1930年代に現れた半植民地時代の「冒険家の楽園」といった原点と呼応しながら、計画経済時代の負の遺産を清算し、「グローバル化時代」の波に合流していくことを意味する。また、上海経済の復活は上海市民（都市部、農村部）の1人当り所得水準の向上に大きく貢献した（前掲表3-3）。

　以下、長江デルタ全体の所得格差を考察してみよう。

　第1に、所得面を見ると、長江デルタ2省1直轄市の住民1人当り所得の絶対値が都市部、農村部を問わず、全国平均値を上回っている（前掲表3-3）。その中で、浙江省のパフォーマンスが江蘇省より優れていることが明らかである。そのうち、浙江省農家の1人当り所得は1985年以降29年間連続で全国省・自治区の中で第1位を占め、都市部住民1人当り所得は2001年以降13年連続全国省・自治区の中の第1位である（図3-1、図3-2）。

　第2に、1980年代から現在まで、長江デルタ2省1直轄市ともに、「都市/農村」倍率が全国平均を下回っている（図3-3）。即ち、長江デルタ全体は比較的「成長の共有」に近い地域といえる。

　全国共通の特徴としては、各省・直轄市ともに、1978-1985年の間に都市農村間格差が縮小したが、それ以降は拡大傾向に向かっている。そして、1978-1985

図3-1　長江デルタ2省1直轄市の農村部住民1人当り所得格差

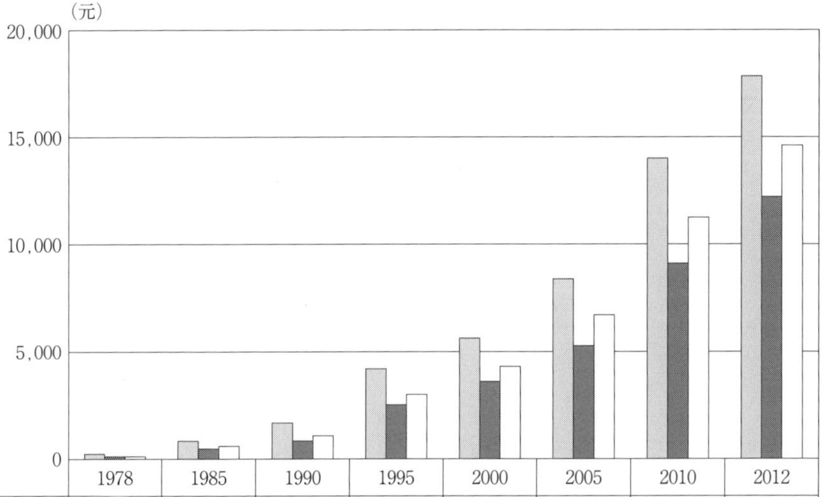

	1978	1985	1990	1995	2000	2005	2010	2012
上海農村部	281	806	1,665	4,246	5,596	8,342	13,977.96	17,803.68
江蘇農村部	155	493	884	2,457	3,596	5,276	9,118.24	12,201.95
浙江農村部	165	549	1,099	2,966	4,254	6,660	11,302.55	14,551.92

出所：各省統計年鑑（各年版）より作成。

　年の間の都市農村間格差縮小の原因は、周知のように、中国の改革開放が農村部から端を発したためである。家族請負制と農作物の価格引き上げが農民の労働意欲を向上させることになった。また市場経済化改革は、農村部に根づく「郷鎮企業」（人民公社時代には「社隊企業」と呼ぶ）を力強く成長させた（都市部工業との競争が許されるようになった）。郷鎮企業の成長は農民に賃金収入をもたらし、農民の収入構造を変えた。

　1985年以降、国有企業の活性化を内容とする都市部の改革が始まった。一方、農業自身の低付加価値、そしてそれまでの改革の限定性（土地改革はあくまでも使用権の請負制に留まり、農民の土地は資産価値を有していない）は、都市農村部間の所得格差を再び拡大させたのである。

　第3に、2省1直轄市間の格差状況を見ると、以下の通りである。

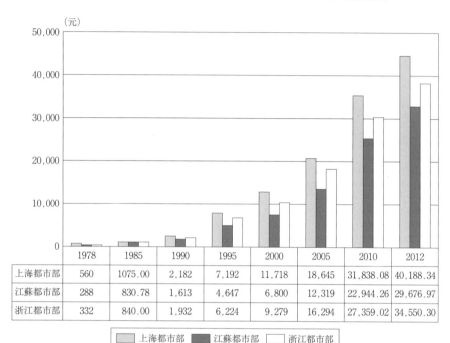

図3-2 長江デルタ2省1直轄市の都市部住民1人当り所得格差

	1978	1985	1990	1995	2000	2005	2010	2012
上海都市部	560	1075.00	2,182	7,192	11,718	18,645	31,838.08	40,188.34
江蘇都市部	288	830.78	1,613	4,647	6,800	12,319	22,944.26	29,676.97
浙江都市部	332	840.00	1,932	6,224	9,279	16,294	27,359.02	34,550.30

出所:各省統計年鑑(各年版)より作成。

(1) 都市部の所得格差については、図3-4の通りである。1978-1985年は、全国的な「都市農村間格差縮小」傾向と同様に、「上海/江蘇」、「上海/浙江」、「浙江/江蘇」の倍率がともに縮小している。そして、1985年以降、倍率の拡大が見られ、2000年をピークにして、倍率は緩やかに下がり続けており、2010年以降は、横這いの状況に転じた。

(2) 農村部の所得格差については、図3-5の通りである。まず1978-1985年の期間には「上海/江蘇」、「上海/浙江」の倍率が下がり、1985-1990の期間には上昇に転じている(倍率の低下は、浙江、蘇南地域の郷鎮企業の発達による農民の増収が原因である。一方、上海市郊外農村地域の郷鎮企業は——上海市はあくまでも国有企業の重鎮であるため——それほど活発ではなかった)。そして、1990年以降、再び縮小へと変わった(上海浦東の開放による経済効果と思われる)。

図3-3　長江デルタ2省1直轄市の都市農村間格差（倍率）の推移

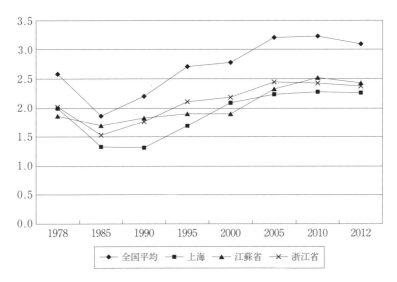

出所：各省統計年鑑（各年版）より作成。

図3-4　長江デルタ2省1直轄市間の都市部住民所得格差（倍率）の推移

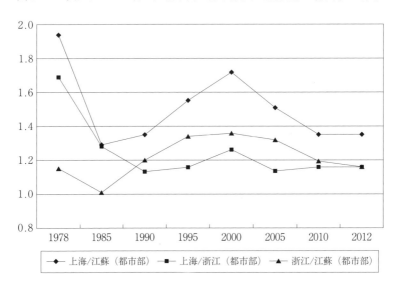

出所：各省統計年鑑（各年版）より作成。

図 3-5　長江デルタ 2 省 1 直轄市間の農村部住民所得格差（倍率）の推移

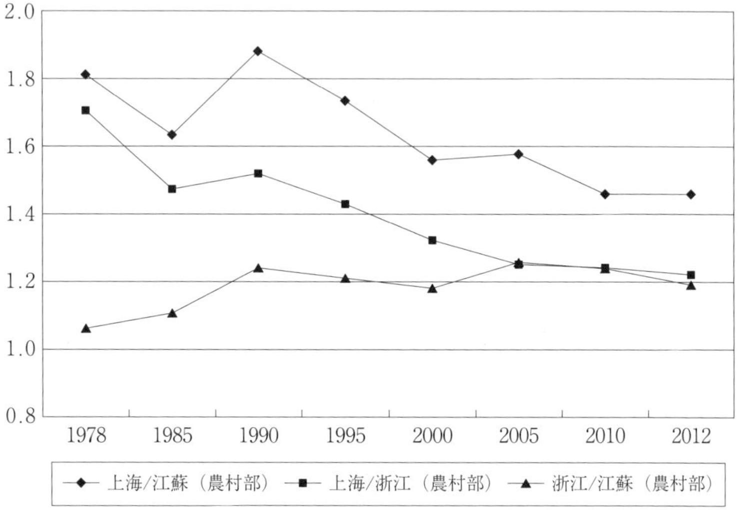

凡例：上海/江蘇（農村部）　　上海/浙江（農村部）　　浙江/江蘇（農村部）

出所：各省統計年鑑（各年版）より作成。

　他方、「浙江／江蘇」の倍率は、1978-1990年の間は上昇し続けたが、1990-2012年の間は横這い状態である（後に見る通り、江蘇省には南北格差が存在するが、1990年以降、蘇南地域から蘇北地域へ一定の経済波及効果を見せた）。

3．江蘇と浙江の農民所得格差要因分析

　前述の通り、浙江省の都市部及び農村部住民の 1 人当り所得は、江蘇省を上回っている。特に、浙江省農村部住民の所得水準の高さが明瞭である。そのうち、浙江省の農民 1 人当り所得は1985年以降29年連続で全国第 1 位であり、都市部住民 1 人当り所得は2001年以降13年連続全国第 1 位である。

　それでは、浙江省と江蘇省の農民所得水準の生成要因は一体何だろうか。われわれは、以下の要因が農民の所得水準上昇に重要な役割を果たしていると考える。第 1 に、労働集約型、軽工業中心の民間経済による労働力の雇用拡大、第 2 に、国家からの農業支援策、第 3 に、省内の地域格差事情、そして第 4 に、企業の性格（外資と民間企業の比較）、である。

表3-29 浙江省と江蘇省の産業構造

	指標	1978	2000	2005	2010	2011	2012
浙江省	軽工業	60.2	54.1	46.0	40.7	38.9	39.3
	重工業	39.8	45.9	54.0	59.3	61.1	60.7
江蘇省	軽工業	52.4	43.2	31.2	26.6	24.7	25.8
	重工業	47.6	56.8	68.8	73.4	75.3	74.2

出所：『浙江統計年鑑』（各年版）、『江蘇統計年鑑』（各年版）より作成。

本節では、まず上記1から3について、実証的に検討する（第4点の検証は次節参照）。

(1) 民間経済の雇用吸収力と農業支援策の役割

1980年代の成長地域である「江浙モデル」のベースは郷鎮企業であり、郷鎮企業は農村に根づいた「農村工業」であり、労働集約型軽工業が主要な形態である。しかし概していえば、両省の産業構造には違いがある——浙江省は一貫して江蘇省より軽工業比率が高い（表3-29）。

実際、改革開放の初期段階においては、両省とも膨大な農村余剰労働力を抱え、発展途上国に一般的に見られるように、産業構造におけるGDP構成と労働力構成の間に乖離が存在したのである。その規模を時系列で確認してみよう（表3-30、表3-31）。

第1に、全体として、江蘇省農村余剰労働力の規模は浙江省より大きく、かつ労働力流出速度が浙江省より緩やかである。2012年の浙江省の就業構造は14.1：51.0：34.9であり、江蘇省は29.8：34.8：35.4である。江蘇省の農村余剰労働力の移動が浙江省ほど進んでいないことが明瞭である。

第2に、両省のGDP構成と労働力構成の乖離度を比較すると、2012年時点で、浙江省は14.14%の農村労働力で4.8%のGDPを作り出した（乖離度はマイナス9.34）。それに対して、江蘇省は20.8%の農村労働力で6.3%のGDPを作り出したのである（乖離度はマイナス14.5）。江蘇省の方が遅れを取っていることが分かる。

即ち、農業の生産性の向上及び余剰労働力の移動は両省にとってともに課題だが、江蘇省の方が浙江省に比べて一層課題が大きいことが分かる。なお、産業構

表 3-30　江蘇省の産業構造における GDP 構成と労働力構成

	GDP 構成（%）(A)			労働力構成（%）(B)			乖離度（A-B）		
------	第1次産業	第2次産業	第3次産業	第1次産業	第2次産業	第3次産業	第1次産業	第2次産業	第3次産業
1952	52.7	17.6	29.7						
1980	29.5	52.3	18.2	70.4	19.4	10.2	-40.9	32.9	8.0
1985	30.0	52.1	17.9	53.2	32.7	14.1	-23.2	19.4	3.8
1990	25.1	48.9	26.0	56.6	28.7	14.7	-31.5	20.2	11.3
1995	16.8	52.7	30.5	46.9	32.1	21.0	-30.1	20.6	9.5
2000	12.2	51.9	35.9	42.8	30.2	27.0	-30.6	21.7	8.9
2005	7.9	56.6	35.6	30.9	37.2	31.9	-23.0	19.4	3.7
2010	6.1	52.5	41.4	22.3	42.0	35.7	-16.2	10.5	5.7
2011	6.3	51.3	42.4	21.5	42.4	36.1	-15.2	8.9	6.3
2012	6.3	50.2	43.5	20.8	42.7	36.5	-14.5	7.5	7.0

出所：『江蘇統計年鑑』（各年版）より作成。

表 3-31　浙江省の産業構造における GDP 構成と労働力構成

	GDP 構成（%）(A)			労働力構成（%）(B)			乖離度（A-B）		
------	第1次産業	第2次産業	第3次産業	第1次産業	第2次産業	第3次産業	第1次産業	第2次産業	第3次産業
1978	38.1	43.3	18.7						
1980	35.9	46.7	17.4						
1985	28.9	46.3	24.8	54.90	31.70	13.40	-26.00	14.60	11.40
1990	24.9	45.1	30.0	53.20	29.08	17.00	-28.30	15.30	13.00
1995	15.5	52.1	32.4	44.00	33.70	22.30	-28.50	18.40	10.10
2000	10.3	53.3	36.4	35.58	35.45	28.97	-25.28	17.85	7.43
2005	6.7	53.4	39.9	24.50	45.07	30.43	-17.80	8.33	9.47
2010	4.9	51.6	43.5	16.00	49.79	34.21	-11.10	1.81	9.29
2011	4.9	51.2	43.9	14.57	50.86	34.57	-9.67	0.34	9.33
2012	4.8	50.0	45.2	14.14	50.96	34.90	-9.34	-0.96	10.30

出所：『浙江統計年鑑』（各年版）より作成。

造と就業構造の乖離問題は、当然「所得格差」に大きな影響を及ぼす。

　それでは、民間主導の経済構造及び国からの農業政策が具体的にどのように両省の所得格差に影響したのだろうか、データに基づいて検証してみる。

　図 3-6 は、浙江省と江蘇省の「農民 1 人当り所得」格差の変化を示している。概ね 5 段階に分けることができる。

図3-6　浙江省、江蘇省農民1人当り所得格差の変化（1978-2012年）

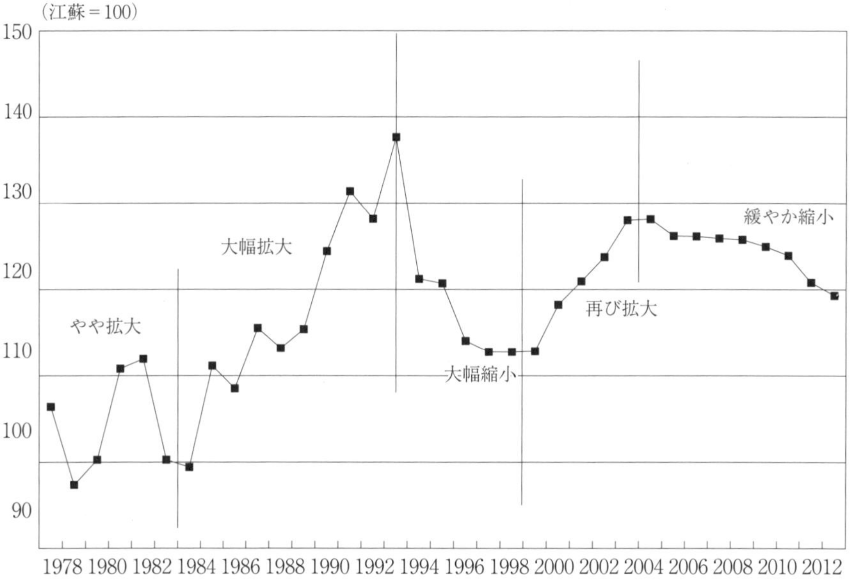

（江蘇=100）

グラフ内注記：やや拡大、大幅拡大、大幅縮小、再び拡大、緩やか縮小

出所：『浙江統計年鑑』、『江蘇統計年鑑』（各年版）より作成。

　第1に、1978-1985年は、格差が変動しながら、やや拡大した時期であった。この時期の浙江省農民収入は江蘇省より11％高い（表3-32）。また、この時期の両省の農村余剰労働力の移動速度は類似している。

　第2に、1985-1993年は、格差が大幅に拡大した5年間であった。1989-1991年にかけて、中央政府によるマクロ経済引締政策が採られ、郷鎮企業は大きな試練に晒された時期だった。とりわけ環境汚染や資源浪費型の郷鎮企業の倒産が多数発生した。それに加えて、1991年の江蘇省は深刻な洪水に見舞われ、農家の収入が伸び悩んだ。その後1992年、1993年から、鄧小平の「南巡講話」の南風に乗って、両省の経済特に第二次、第三次産業が再び発展したが、江蘇省は依然として浙江省に遅れを取ったのである。当該8年間における浙江省の農村労働力の減少速度は江蘇省より遙かに速く（表3-30、表3-31）、農民1人当り所得の超過幅も20％に上昇した（表3-32参照）。

　第3に、1994-1998年は、格差が縮小した4年間であった。その主要な理由は、

158　第Ⅱ部　開発モデルと格差

表3-32　浙江省と江蘇省の農民1人当り所得格差の構成

	総収入（元）			賃金型収入（元）			家族経営収入（元）			財産性及び移転性収入（元）			賃金型収入/純収入（%）	
	江蘇	浙江	超過幅(%)	江蘇	浙江	超過幅(%)	江蘇	浙江	超過幅(%)	江蘇	浙江	超過幅(%)	江蘇	浙江
1980	218	219	0.5	118	125	5.9	58	63	8.6	42	31	-26.2	54.1	57.1
1985	493	549	11.4	135	163	20.7	319	361	13.2	39	25	-35.9	27.4	29.7
1990	959	1,099	14.6	301	354	17.6	631	690	9.4	27	55	103.7	31.4	32.2
1995	2,457	2,966	20.7	822	1,110	35	1,544	1,696	9.8	91	160	75.8	33.5	37.4
2000	3,595	4,254	18.3	1,663	2,001	20.3	1,771	1,918	8.3	161	335	108.1	46.3	47.0
2005	5,276	6,660	26.2	2,786	3,299	18.4	2,125	2,766	30.2	365	595	62.9	52.8	49.5
2010	9,118	11,303	24.0	4,896	5,950	21.5	3,215	4,190	30.3	1,007	1,163	15.5	53.7	52.6
2011	10,805	13,071	21.0	5,747	6,878	19.7	3,781	4,872	28.9	1,277	1,320	3.4	53.2	52.6
2012	12,202	14,552	19.3	6,474	7,860	21.4	4,181	5,190	24.1	1,546			53.1	54.0

出所：『浙江統計年鑑』（各年版）、『江蘇統計年鑑』（各年版）より作成。

この時期の農産物価格の大幅な上昇によるものと考えられる。1994年に農産物買上価格指数は139.9に達し、工業品小売価格指数より22.7ポイント高い。1995年、1996年にも農産物価格は上昇し続け、1997年にやや下落したが、依然として高い水準にあった。従って、農業経営型収入の総収入に占める比率が浙江省より15-20％高い江蘇省にとっては、利益が大きかったものと思われる。一方、浙江省農村における非農村工業の発展は順調であった。その結果、農民1人当り所得の超過幅は18％に縮小している（表3-32）。

第4に、1999-2004年は、再び格差が拡大した5年間であった。この時期の中国の農工業製品価格指数はともに毎年下落しており、デフレ状態が続いた。浙江省は、第二次、第三次産業の発展により、農村余剰労働力の移動が順調に進み、14.94ポイント減少した（江蘇省は10.3ポイント減）。江蘇省の農村労働力の移動が浙江省に比べて遅れたことが、両省の所得格差に影響したと考えられる。しかも、この時期の農産物価格の下落幅は工業製品価格より大きかったため、江蘇省農民の所得に対する影響が大きかった。当該時期に、浙江省農民の所得超過幅はおよそ28％に達した（表3-32）。

第5に、2005-2012年は、浙江／江蘇の倍率は緩やかに縮小する傾向にある。「三農問題」が突出する中で、国家が食糧、綿花、オイル作物など主要な農産品に対して補助金や価格引き上げなどの政策を採り、江蘇省の農民所得増加に貢献した。その一方で、浙江省の農業のシェアは既に4.8％に下がっており、浙江省

農民が農業優遇政策から受けた恩恵はそれほど大きいとはいえない。

以下、浙江省と江蘇省農民1人当り所得を分解し、その所得構成の詳細を見てみよう（表3-32）。

全体的にいえば、2012年の時点で、農民1人当り純所得のうち、賃金収入がおよそ53-55％、財産性及び移転性収入がおよそ10-12％、家族経営収入が34-37％である。

第1に、賃金収入については、浙江省は一貫して江蘇省を上回り、しかも絶対額の格差は拡大している。超過幅は1995年の35％をピークに、2012年までほぼ20％を維持している。両省とも農家は概ね兼業化しているが、浙江省の方が起業者が多いのに対して、江蘇省では出稼ぎ者が多い——当然、企業経営者の収入の方が労働者の収入より多い。

第2に、家族経営による収入についても、浙江省は一貫して江蘇省を上回り、概ね24-30％高い。浙江省農家の家族経営内容が、非農業主体であるのに対して、江蘇省農家の家族経営内容が農業主体であることが原因であると思われる（浙江省では、農耕に相応しい土地がもともと少ない）。

第3に、財産収入と移転収入については、農家総収入に占める割合が小さいものの、両省の間には顕著な格差が認められる（15％-107％の間を乱高下している——2011年の3.4％は異常値である）。当該格差は、資金を非農業経営に向けた浙江省農家の資金運用力の高さを示しているものと思われる。

以上述べたように、浙江省の農家所得は各構成部分ともに江蘇省を上回っている。草の根市場経済（民間経済）の成功は、浙江省農家の所得向上に繋がったといえよう。

（2）省内格差の比較

江蘇省農民の更なる所得向上を阻害する要因として、省内の「南北問題」（蘇北と蘇南の地域間格差）が挙げられる。

江蘇省は、以下の13地級市からなる。即ち、南京、蘇州、無錫、常州、鎮江（以上は通称「蘇南」地域）、南通、揚州、泰州（以上は通称「蘇中」地域）、連雲港、徐州、塩城、淮安、宿遷（以上は通称「蘇北」地域）である。

江蘇省内の三大地域を比較すると、以下のように結論づけられる。第1に、全体としては「南工北農」の局面が存在する。第2に、省内経済格差を生産型指標

で見ると、一部改善されたとはいえ、消費型及び豊かさを表す指標で見ると、むしろ拡大しているのが現状である（表3-33）。

　より詳細に見れば、次の通りである。

　まず、生産型指標（規模以上工業利潤額、都市部固定資産投資、輸出入額、FDI（実行額）、地方財政収入等）で見ると、蘇北地域が上昇傾向にある。同時に、2012年のGDP成長率は蘇北地域が他の2つの地域より高い。それに合わせて、産業構造に占める第二次、第三次産業の比率がそれぞれ1.4ポイント及び1.8ポイント上昇し、第一次産業が0.4ポイント低下した（2012年と2007年の比較）。蘇南対蘇北の「1人当りGDP」の倍率も3.4倍（2007年）から1.5倍（2012年）へと縮小した。なお、蘇北地域の農業は地域全体の51.2%を占めており、農業地域の特徴は変わっていない。

　次に、消費型並びに豊かさを表す指標（人口集積、社会消費小売、金融機関預金残高、住民預金残高等）で見ると、むしろ蘇南地域への集中度が進んでいる。更に、豊かさを現す「都市住民1人当り純収入」、「農村住民1人当り純収入」倍率を見ると、蘇南、蘇中対蘇北の格差が拡大し続けていることが分かる。なお、蘇南対蘇北の「住民1人当り預金額」倍率が4.8倍（2007年）から2.9倍（2012年）に縮小したこと（及び人口の蘇南地域への集中）から、蘇北地域の労働者が「出稼ぎ」によって蘇南地域で働き、その所得を故郷へ仕送りするという地域間の経済循環が存在すると考えられる。

　蘇南地域の経済的優位性を如何にして蘇北地域へ浸透させ、同省の農民所得水準の向上に貢献させていくかということは、これからも江蘇省の大きな課題である。

　注意すべきことは、蘇北地域における「後進性」とはあくまでも江蘇省内の比較によるものだということである。確かに、宿遷市は江蘇省唯一の「国家レベルの貧困市」（貧困市や貧困県の認定は国家或いは省によって行われる）だが、他の4市は省内でこそ相対的に貧しいが、全国的に見れば、その経済的実力は100位以内に入っているのである（その中の徐州市は40位余りである）。近年、インフラ整備（エネルギー、交通、通信等）が急がれ、外資の受入も一定の成果を見せて、「地域特色の工業」を促進する産業政策が採られた。例えば、徐州市の工程機械（プラント）、塩城市の自動車、連雲港市の医薬、淮安市の鉄鋼、宿遷市の酒作りなどの発展は顕著である。

表3-33 江蘇省内三大地域間の比較

項目	2002年比率（%）			2007年比率（%）			2012年比率（%）		
	蘇南	蘇中	蘇北	蘇南	蘇中	蘇北	蘇南	蘇中	蘇北
戸籍人口	30.8	24.4	44.8	31.7	23.5	44.9	41.7	20.7	37.6
土地面積	27.8	20.2	51.9	27.3	19.9	52.8	/	/	/
耕地面積	22.7	22.6	54.7	20.5	23.1	56.5	/	/	/
GDP	58.9	18.3	22.8	62.4	18.1	19.5	59.9	18.3	21.8
1次産業	25.3	24.4	50.3	22.8	24.6	52.6	25.1	23.7	51.2
2次産業	63.1	17.6	19.2	64.8	18.3	16.9	60.6	19	20.4
＊工業	64.1	17.5	18.4	66.7	17.5	15.8	62.6	18.2	19.2
3次産業	62.8	17.4	19.8	65.2	16.7	18.1	63.3	16.7	19.9
食糧	19.9	26.2	53.9	14.8	25.9	59.2	14.4	24.9	60.7
オイル作物	22.3	27.5	50.2	21.8	36.1	42.1	15.7	38.9	45.4
綿花	3.5	15.2	81.3	2.1	28.7	69.2	3.3	32.1	64.6
規模以上工業利潤	69.9	14.9	15.2	66.3	18.6	15.2	48.6	24.7	26.7
都市部固定資産投資	61.7	15.9	22.4	59.4	15.5	25.1	54.9	19.3	25.8
社会消費財小売額	56.6	19.9	23.4	60.1	18.8	21.1	59.8	18.7	21.5
輸出入額	88.5	8.5	3.0	91.1	6.1	2.8	86.1	8.5	5.3
＊輸出	86.7	9.8	3.6	89.5	7.5	3	83.9	10.3	5.8
FDI（実行額）	87.9	6.5	5.6	67.6	21.7	10.7	64	16.1	19.9
地方財政収入	69.5	15.4	15.1	70.3	14.8	14.9	59.8	16.3	24
地方財政支出	63.0	16.7	20.3	61.3	15.8	22.9	51.1	17.8	31.2
金融機構預金残高	67.5	17.8	14.7	71	15.7	13.3	69.6	16.7	13.6
＊住民預金	58.4	22.9	18.7	60.4	21.6	18	59.1	22.7	18.2
金融機構貸出残高	71.4	14.0	14.6	76.3	13	10.7	72.3	14.4	13.3
1人当り指標比較（蘇北＝1）									
都市住民1人当り純収入	1.3	1.1	1.0	1.5	1.1	1.0	1.7	1.3	1.0
農村住民1人当り純収入	1.5	1.1	1.0	1.7	1.3	1.0	1.6	1.2	1.0
住民1人当り預金	/	/	/	4.8	2.3	1.0	2.9	2.3	1.0
1人当りGDP	3.7	1.5	1.0	3.4	1.7	1.0	2.5	1.5	1.0
GDP成長率（%）	13.3	11.2	11.4	15.7	15.9	15.2	10.8	12.0	13.0

出所：『江蘇統計年鑑』（2008年）より作成。

図3-7 浙江省内の二大都市圏

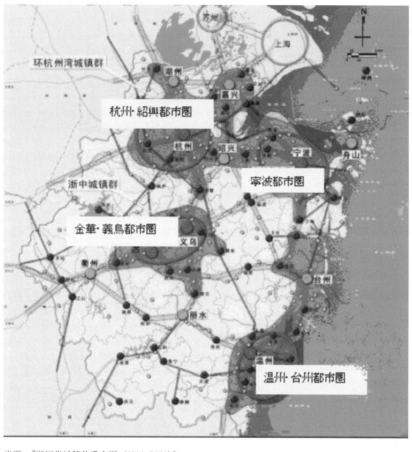

出所:『浙江省城鎮体系企画 (2011-2020)』。

　比較してみると、浙江省内の地域格差は江蘇省ほど顕著ではない。
　浙江省は、4つの都市圏を形成しつつある。北部の「杭州・紹興都市圏」、「寧波都市圏」、南部の「温州・台州都市圏」、中西部の「金華・義烏都市圏」である。省内において比較的バランスの取れた配置となっている(図3-7)。『浙江省城鎮体系企画 (2011-2020年)』は、この四大都市圏の位置づけを確認している。
　なお、所得の面を見ると、上記四大都市圏の間に顕著な格差が存在するとはいえないが、麗水市と衢州市は、地理的に上記四大都市圏から離れていることもあ

図3-8 浙江省内の都市圏と1人当り所得水準

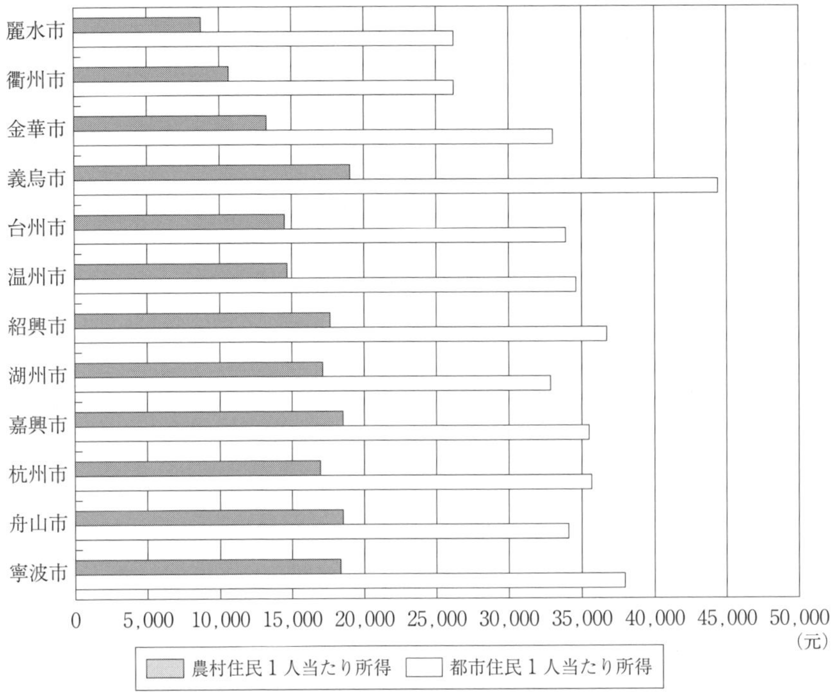

出所:『浙江統計年鑑』2013年版より作成。

り、都市部及び農村部住民の1人当り所得が低い水準にある。地域格差が全くないとはいえない（図3-8）。

それでは、なぜ浙江省内の地域格差が相対的に小さいのだろうか。(第5章の「義烏丸の奇跡」において詳細に述べるように) 民間の自発的な経済には、概ね外部に依存することなく (そもそも依存できる環境がほとんどない)、自主性を発揮し、道のない所に道を開く「企業家精神」が存在する。計画経済の時代にほぼ放置されていた浙江省は、蘇北のような「政治的資源」を持つこともなく、蘇南のような地政学的優位性も持っていなかった。従って、反対に「生存と発展」をかけた「戦いの精神」が根強く、計画経済体制の突破口ともなった (経路の効果について、詳しくは第4章参照)。

考察：地域経済における波及効果と集積効果

地域間の格差を論じる幾つかの理論が存在する。例えば、「不均衡成長論」は、成長拠点と周辺地域間に浸透効果（波及効果）と分裂効果（逆流効果ないしは集積効果）が併存すると主張する。ハーシュマンは、そうした浸透効果と分裂効果を国際及び国内の場合に分けて考察している。国際的には、国家という政策主体が国内産業保護政策を採ることが可能だから、一般的に、浸透効果・分裂効果とも弱いのに対して、国内の場合には、生産要素の移動が容易であり、域内の産業を強く保護する政策主体が存在しないため、浸透・分裂効果ともに強く働く傾向がある。

　即ち、市場経済体制は規模の経済、外部経済を通じて資源、人材、資金を集中させる効果を持つ。しかし、要素価格体系を含む市場機構が適正に働けば、地域間の格差は縮小する方向へ向かう。言い換えれば、ミュルダールのいう「累積的貧困」からの脱出口は、（市場原理の貫徹によって）波及効果が上手く働く地域経済圏の形成にあるといえよう。

　中国そして長江デルタにおいては、市場原理を阻む要素が依然として多数働いている。例えば、まず「地域保護主義」の台頭が考えられるが、同時に、蘇北のような「政治的人脈」を生かす経路依存性もまた注意深く見守る必要がある。つまり、各々の地域に根づく「重層的経路」（歴史的、文化的遺産）は、「発展の初期条件」として、時には「温帯効果」を発揮するが、時には「熱帯の罠」となってしまうのである（詳細な分析は、第4章参照）。

(3) 企業の性格と所得格差

　江蘇省はFDIの誘致に成功を収めた。外資企業は、これまで江蘇省に様々なメリットをもたらした。例えば、（ⅰ）産業構造の高度化に大きく貢献した。（ⅱ）外資投資額の増大に伴って、雇用の規模が拡大した。（ⅲ）外資企業は輸出額の三分の二を担っている、などである。しかし、所得水準の上昇ならびに所得格差の縮小という観点から見ると、外資主導の「江蘇（蘇南）モデル」は民間経済主導の浙江省に及ばない。その理由は何だろうか。

　概していえば、民間企業を中心とした浙江モデルの所得向上効果は、3つの側面から理解できる。1つ目は、労働集約型産業は全体として雇用拡大効果が大きい。即ち、より多くの農村余剰労働力を吸収できる（表3-30、表3-31）。その意味で、農民の増収（賃金収入増大）に貢献する。2つ目は、浙江省に遍在する

農村企業家の所得水準は、江蘇省の外資企業で働く農民工の所得水準よりも当然高いということである。3つ目は完全競争的な環境に置かれる民間企業は、労資関係の調和を求める点において、外資企業より主動的である。

以下、具体的に見てみよう。

第1は、民間企業（浙江経済の特徴）の多くは労働集約型であるのに対して、外資企業（江蘇経済の特徴）の多くは資本・技木集約型という傾向にある。結果として、浙江省は雇用吸収力の面で優れているのに対して、江蘇省は産業構造の面で優れている。Khan（2000）の研究結果もその主張を支持している。異なる企業所有制の中で、民間企業の雇用弾力性が最も高いという。

その背景にあるのは、中国政府の「産業構造高度化」方針である。1992年以降、外資向けに「投資奨励策」を打ち出し、それに併せて各省も奨励項目を設けたのである（2003年から10年連続外資誘致額全国第1位の江蘇省も例外ではない）。

統計を見てみよう。2010年、江蘇省の製造業に進出した外資企業の数、資金、固定資産、生産額は、それぞれ製造業全体の13.5％、31.8％、33.7％、29.9％を占めている。1人当り資金額は63.6万元となり、1人当り固定資産額も22.2万元に達し、非外資企業よりそれぞれ28.2％、40.5％高い。また、1人当り生産額は87.9万元、1人当り利潤は6.3万元であって、非外資企業よりそれぞれ17.4％、37.0％高い。技術集約型、資本集約型企業の特徴が確認できる。

外資の投資分野はどうだろうか。2004-2012年の業種別外資直接投資を見ると、（i）製造業の比率は82.8％から62.4％へ減少し、代わりに、第一次産業が0.8％から4.1％、第三次産業が16.4％から33.5％それぞれ上昇した。（ii）製造業においては、通用設備製造業、電気機械製造業の上昇速度が大きい。通信設備及び電子設備製造業、化学原料及び化学製品製造業の比率もまた大きい。（iii）第三次産業において、不動産業への投資増加がとりわけ顕著である。その他に、卸売及び小売業、リース及び商務サービスへの投資増加も見られる（表3-34）。

一方、浙江省民間経済の規模は10兆1,147億元で、44.9％が製造業に集中し、浙江省製造業全体に占める民間経済の比率は69.6％に達した。

業種を見ると、2012年製造業の十大業種において、民営企業の比率は45％を超えている。紡績業、金属製品業の場合は、更に60％以上となっている（表3-35）。これらの業種は概ね競争の激しい業種であり、企業の数が多く製品の差別化が小さい。同時に企業の規模が小さく、製品の付加価値が低い。

表3-34 江蘇省における業種別外資直接投資（2004-2012年）

業種	実績（万ドル）				比率（％）			
	2004	2007	2010	2012	2004	2007	2010	2012
合計	1,213,783	2,189,206	2,849,777	3,575,956	100	100	100	100
農林牧畜漁業	9,487.1	27,423	84,855	148,365	0.8	1.3	3.0	4.1
製造業	1,004,524.2	1,581,588	1,846,859	2,232,844	82.8	72.2	64.8	62.4
化学原料及び化学製品製造業	86,178.2	133,293	133,721	227,889	7.1	6.1	4.7	6.4
金属製品業	35,512.3	65,948	72,471	102,202	2.9	3.0	2.5	2.9
通用設備製造業	46,811.3	114,570	204,639	320,504	3.9	5.2	7.2	9.0
専用設備製造業	65,815.1	105,168	175,422	174,091	5.4	4.8	6.2	4.9
交通輸送設備製造	49,553.2	93,678	119,176	229,967	4.1	4.3	4.2	6.4
電気機械及び機材製造	82,345.7	163,765	265,070	290,337	6.8	7.5	9.3	8.1
通信設備・コンピューター及びその他電子設備製造業	237,069.8	401,392	341,825	247,752	19.5	18.3	12.0	6.9
卸売及び小売業	15,322.7	27,097	131,287	174,639	1.3	1.2	4.6	4.9
不動産業	73,175.4	336,432	437,418	587,029	6.0	15.4	15.3	16.4
リース及び商務サービス	12,839.4	57,398	97,799	111,921	1.1	2.6	3.4	3.1

出所：『江蘇統計年鑑』各年版より作成。

表3-35 浙江省における民営企業が全業種に占める比率（2012年）

業種	比率（％）
紡績業	65.5
金属製品業	62.6
自動車製造業	56.0
ゴムとプラスチック製品業	54.2
通用設備製造	50.8
非金属鉱物製品業	50.3
有色金属精錬＆加工業	47.2
紡績服装＆服飾業	46.9
黒色金属精錬＆加工業	46.5
電気機械＆機材製造業	45.1

出所：『浙江統計年鑑』2013年版。

浙江省経済と江蘇省経済を比較する際、浙江省の産業構造は江蘇省ほど高度化していないことは、浙江経済の問題点としてよく指摘される。しかし「最高より最適」という経済開発論の視点に立脚すれば、産業構造の高度化を指標にする性急な「追いかけ戦略」は、逆に「人間の発展」及び「成長の共有」（雇用重視、所得増加重視が土台となる）からかけ離れてしまう恐れがある。この点については、「東アジアモデル」地域と「東南アジアモデル」地域を比較する際、特に示唆的である（Chen, Yun（2009）、Chapter 6 参照）

第2は、企業家と労働者の所得格差についてである。浙江省は、中国全土において民間企業の活動が最も盛んな省であり、民間企業が確固たる地位を占めている。2007年、浙江省の法人数は68万社、個人経営者は300万人、省外で経済活動

を展開する人員数は約200万人に達する。浙江省の戸籍人口を4,659万人として計算すると、平均して8.2人に1人が経営者ということになる。当該数値は全国で第1位を占める。この他、2004年の全国第1回経済調査によると、「戸籍人口」対「第二次、第三次産業法人単位と個人経営者合計」の比率は、全国平均で28.2：1、広東省は25.6：1、山東省は26.1：1、江蘇省は24.7：1、上海は23.5：1であるのに対して、浙江省は14.6：1である。

　第3は、民間企業は完全競争的な環境に置かれているため、労資関係の協調により積極的である。これは義烏モデルでも観察される（第5章・第3節参照）。また近年、民間企業に端を発する「新型労働組合」（組合の委員長と委員は直接選挙によって選ばれる）が成長し始め、労働者権益の向上に寄与した。一方、外資企業は、産業構造高度化の面で優位性を持つ（この分、地方政府から「色々面倒を見られる」）ほか、販売ルートも確保されている（その分、厳しい市場競争に晒されずに済む）ため、民間企業ほどインセンティブが大きくない。事実、民間企業の多い浙江省では、1999年に全国に先立って、直接選挙による新型労働組合の「実験」を密かに展開した。杭州市余杭区の統計によると、2003年に当該区で直接選挙を行った組合は310箇所であり、企業・事業単位全体の36％、民間企業全体の70％に当たっている。

　新型労働組合の誕生には、外圧と内圧の双方による刺激が存在した。（ア）外圧についていえば、取引関係にある外国の企業は「企業の責任」を連帯的に果たすため、中国企業に対しても労働者権益に関する要求を求め（労働契約書に含まれる）、定期検査も行う。（イ）内圧についていえば、企業の発展には熟練労働力の安定した雇用が重要である。新型労働組合の成立後には、労働者が問題を感じた際に、労働組合を通じて経営側と集団交渉を行い問題の解決に当たることができるようになった。そのため労働者は安心して働け、流動率が著しく低下している。つまり、企業と労働者の双方にメリットが存在する。

4．開発区方式の終焉

　地域間のGDP競争が全国的な開発区ブームを引き起こした。「開発区で興隆」・「開発区で衰退」といった現象に対して、考えさせられることが多い。
　民間主導の「浙江モデル」とは対照的に、優遇政策による外資誘致は「開発区

方式」の範疇に入る。通称「経済技術開発区」の設置は、1980年代に沿海部の特定地域に限定されていたが、1990年代になると、「三沿開放」（沿海、沿江（長江）、沿辺（国境沿い））とともに、内陸・辺境地域にもその機会が与えられることになった。このうち有名なケースは、江蘇省昆山市の経済技術開発区であった。同開発区は、中央政府の許可・援助なしに、自助努力で建設され、独自に優遇措置を与えて外資企業を誘致したのである。こうした方法に対して、1991年初頭に、中央政府はそれまでの「違法」という態度を変え、同開発区を地方による「自助的な」地域開発の新たなモデルとして承認した。輸出工業団地の性格を持つ各種経済技術開発区は、中国全土に広がることになったのである。

こうして、中国では、沿海・内陸、省・市・県・郷鎮を問わず、開発区ブームが起こった。実際その数は数え切れない。例えば、1990年代の江蘇省の場合は、ほとんどの郷鎮（更に村）レベルで開発区の建設が進められた。最後に国家レベルの開発区と認可された一部の開発区（例えば、上で述べた昆山経済技術開発区）を除いて、各地方レベルの開発区は、本来30％の企業所得税（国税）を課されるが、中央の許可した開発区並みの15％とし、差額は地方政府が肩代わりする方式が採られた。

「開発区ブーム」は、地方政府の積極性を引き立てた。しかしその反面、外資企業による発展への過大な期待のもとで、開発区建設のため農地を潰す乱開発が各地で頻発し、外資誘致のために過度な優遇措置の供給が行われるという混乱を引き起こした。従って、中央政府は管理強化の必要に迫られ、取締策を繰り返すこととなった。

「経済開発区」は「四つの窓口」と位置づけられる。即ち、「外資直接投資」の効果は、単なる投資資金の導入だけでなく、先端技術の導入、合理的経営方式の吸収、そして雇用の拡大、人材の育成、外貨の獲得など実に多面にわたり、移行期の中国経済に多様な効果をもたらしている。そして、海外との経済的リンケージが深まる中で、中国と海外諸国の最終需要は互いの付加価値を誘発する効果も生み出すのである。

佐野は、1985年の国際産業関連表を用いて、中国とアジア太平洋諸国との相互依存関係を分析した（佐野敬夫（1993））。それによると、中国の付加価値の中で、海外諸国の需要からもたらされる比率が最も高いのは石油を中心とする鉱業であり、次いで商業・運輸、更に製造業である。また、中国の最終需要が海外の付加

価値を誘発している産業は、日本の金属、機械、化学等の重工業と、そうした部門の生産から誘発されるサービス、商業、運輸部門であり、またアメリカの機械、化学、商業、運輸、サービス業である。

中国におけるハイテク産業の育成において、外資による直接投資の「技術移転効果」が期待されている。ハーシュマンは、外資投資について、「一国を不均衡成長経路に踏み出させ、かつそのことに自信を持たせることである」と指摘し、「成長拠点」の発展における外資の役割を積極的に評価している（ハーシュマン（1961））。しかし他方で、中国の外資企業による貿易では、次のような問題点も指摘されている。即ち、加工貿易は技術移転に対しては効果的ではないこと、そして中国の国内産業に対する波及効果もまた限定的だということである。先に述べた（1980年代の）「広東モデル」や（2003年以降の）「江蘇（蘇南）モデル」でも、こうした問題点が払拭できていない。

実際、江蘇（蘇南）モデルの考察から明らかなように、外資主導のモデルは外発的モデルであり、強力な民間経済が育たなければ、発展の究極の目的（成長の共有）から乖離していく危険性がある。その意味で、江蘇省のみならず、今まで「強い政府の指導」の下で開発を推進してきた上海もまた、「浙江モデル」に見習う点が多いのではなかろうか。

おわりに

開発モデルを研究するに際して、評価基準は手段（外資主導か、民間主導か、政府主導か）ではなく、効果——つまり「成長の共有」の実現度——にある。

本章で述べたように、1990年代以降の中国で、成長の中心となった長江デルタにおいて、上海市は強い政府の主導の下で、外資（とりわけ多国籍企業）導入、そして外資と地元国有企業との融合により、「接木戦略」を展開してきた。また、「江浙モデル」といわれた地域（浙江省と江蘇省）は、民間主導の「浙江モデル」と外資主導の「江蘇モデル」に分化した。

異なるモデルに対して、発展の根本目的——成長の共有——から離れては評価できないはずである。結論からいえば、国有企業（政府）主導の「上海モデル」や、外資主導の「江蘇（蘇南）モデル」は、富を国或いは海外へ帰属させる「外発的モデル」であるのに対して、民間主導の「浙江モデル」は、富を民間に残す

「内発的モデル」である。後者は、所得水準の上昇並びに所得格差の縮小に、より効果的である。

　その意味で、これまで外資の誘致に熱心であった中国の地方政府は、今一度この政策手段を問い直す必要があるだろう。外資の増加はすべてではない。「民間経済」が強くなければ、国民の厚生の向上は図れない。

第4章
「重層的経路」のダイナミックス：
「温帯効果」と「熱帯の罠」論の検証

はじめに

　長江デルタ地域は、上海直轄市、江蘇省、浙江省から構成される。実際、第3章で分析したように、1990年代以降、成長の中心となった長江デルタ内部の地域では、開発モデルとして、それぞれダイナミックな変身を遂げてきた。即ち、(1) 上海は強い政府の主導で、外資（とりわけ多国籍企業）の導入、そして外資と国有企業の融合により、「接木戦略」を展開してきた。また、(2) 従来の「江浙モデル」地域は1990年代後半に入ると、民間企業主導の「浙江モデル」と外資企業主導の「江蘇（蘇南）モデル」へと分化した。

　先の各章で述べた通り、開発モデルの評価に際しては、「成長の共有」が核心的価値を持つはずである。この基準に照らして、諸「サブモデル」が異なる実績を積み上げてきたことは、第2章・第3章で述べた通りである。それでは、一体なぜそうした違いが生まれたのだろうか。

　開発の初期条件、政策、体制といった要件と効果との間に有意な因果関係が存在することは、経済開発論の重要な主張の1つである。ただし、地域の歴史や文化として累積した「初期条件」（本章では「重層的経路」と名づける）が、具体的にどのように影響力を発揮したのかについては、必ずしも十分に研究がなされてきたとはいえない。本章は開発の目標（成長の共有）に照らして、地域に根づく「重層的経路」の影響力を「温帯効果」と「熱帯の罠」に分類する。即ち、前者はポジティブな効果であるのに対して、後者はネガティブに働く効果である。

　本章は、長江デルタ各地域モデルに隠れた「重層的経路」のダイナミックスを追跡することである。具体的に以下の2点に分析の重点を置く。即ち、(1) 各地域における「重層的経路」形成経緯、及び (2)「重層的経路」が如何に発展のプロセスに作用し影響を及ぼしたのかを分析してみる。

第1節　長江デルタにおけるサブモデルの性格付け

　第3章で述べた通り、「内発的モデル」に着目しとりわけ格差の側面に照らしてみると、それぞれのサブモデルの実績に有意な差異が認められる。端的に表現すれば、浙江モデルは「成長の共有」に最も近い存在といえるのに対して、江蘇モデルは、高い成長は実現したものの、共有度が低い。また、上海は直轄市であり、地域的特質が浙江省及び江蘇省とは異なる。上海の格差問題は、「体制的格差」と「政策的格差」の2つに分類される。前者は主に戸籍制度に起因する格差問題であり、例えば、域内の都市農村間格差、流動人口の市民待遇問題、異なる所有制の企業間の所得格差などがそれに当るが、後者は大都市問題に対処する政策に起因するものであり、例えば、都市貧困層問題等が当て嵌る（図4-1）。

　以下、第3章の分析を踏まえて、3つの開発モデルの特徴を振り返ってみる。

1．江蘇モデル：高成長・低共有モデル

　「成長の共有」に照らしてみると、江蘇モデルの問題点は、外資依存の蘇南地域の問題と「南北格差」問題に分解できる。当該両問題とも、江蘇省の「成長の共有」にネガティブな影響を及ぼしている。

　概していえば、(1) 外資依存型蘇南モデルは、産業構造の高度化にこそ寄与したものの、住民所得向上への貢献は限られている。また、(2) 省内の「南北問題」（蘇北と蘇南の地域間格差）が従来の阻害要因である。地理的関係から見て、蘇北は東部沿海地域の中間部に位置し、海を隔てて日本及び韓国とは近隣関係にある。従って、立地条件から判断して、蘇北は決して劣っているわけではない。しかし、省内の経済格差が以前から存在した——それはどのように生成したのか。また2000年以降、蘇北の経済発展諸指標は一部改善されたが、豊かさに関係する諸指標を見ると、むしろ蘇南地域との格差は拡大している。

2．浙江モデル：「成長の共有」への接近

　繰り返していえば、民間企業を中心とした浙江モデルの住民所得（とりわけ農民の所得）向上効果とは、3つの側面から理解すべきものである（第3章・第3

図4-1　中国における発展モデルの分化と所得格差

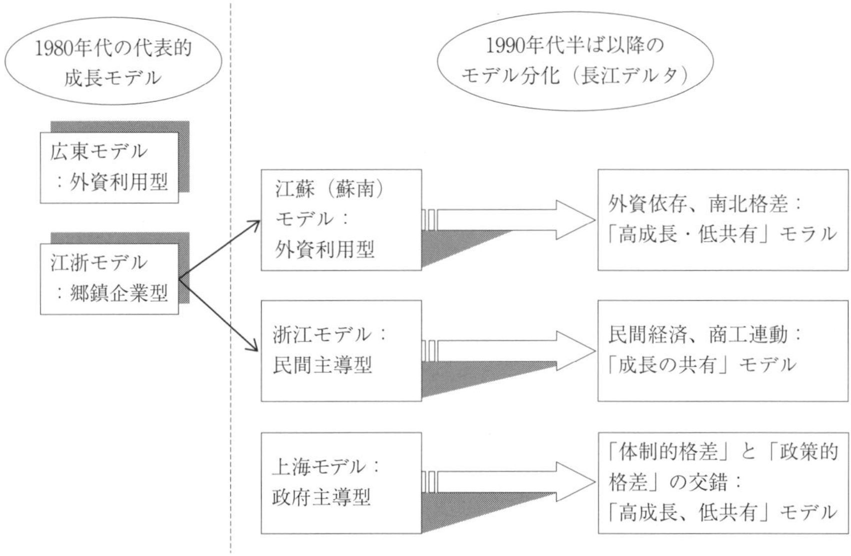

```
1980年代の代表的              1990年代半ば以降の
成長モデル                    モデル分化（長江デルタ）

広東モデル
：外資利用型

                    江蘇（蘇南）         外資依存、南北格差：
                    モデル：       →    「高成長・低共有」モラル
                    外資利用型
江浙モデル
：郷鎮企業型
                    浙江モデル：         民間経済、商工連動：
                    民間主導型      →   「成長の共有」モデル

                    上海モデル：        「体制的格差」と「政策的
                    政府主導型      →   格差」の交錯：
                                       「高成長、低共有」モデル
```

出所：筆者作成。

節参照）。

　第1に、労働集約型、軽工業中心の民間経済は全体として雇用効果が大きく、農民の増収（賃金収入）をもたらした。農村部に余剰労働力が大量に存在し、労働力移動の必要が存在することは、江蘇省も浙江省も同様である。しかし、江蘇省の外資による資本・技術集約型企業形態（従って、雇用吸収力が一部損なわれる）とは対照的に、浙江省は民間経営の労働集約型産業を発展させ、当面の労働力構造（量が大きく、質がまだ低い）にマッチしたため、より高い雇用吸収効果が認められた。

　第2に、浙江省に遍在する農民企業家（投資家、経営者として）が、江蘇省の外資系企業に働く農民工よりも高い所得を得ているのは当然だということである。またその企業家精神は自助努力の現れで、市場経済の発展に貴重な存在であることはいうまでもない。

　第3に、民営企業は完全競争的な環境に置かれているため、協調的な労資関係の構築により積極的である。

当面、浙江省は産業構造高度化面でまだ江蘇省に及んでいない。「内発的モデル」の特徴とは、徐々に内部において経済発展の諸要素を成長させることであり、外部からの移植（外資、国有企業の移植）による「突発的な追い越し」現象は普通発生しない。発展（体制移行）を一連の均衡点の連続移動と見なせば、「成長の共有」を内包する浙江モデルの発展において、産業構造高度化の速度こそ緩やかだが、右肩上がりの成長軌道に乗っているものと考えられる。

3．上海モデル：「体制的格差」と「政策的格差」の交錯

　上海は直轄市であり、地域的特徴も格差の表現も浙江省、江蘇省とは異なる。上海の格差問題は、「体制的格差」（戸籍制度に起因する域内の都市農村間格差や、流動人口の市民待遇問題、異なる所有制の企業間所得格差など）と「政策的格差」（都市部の貧困層問題、特に若者を中心とする新貧困層問題など）に分類できる。

　その中でも、所有制の異なる企業間の所得格差問題は「特殊利益団体」への警戒と批判に伴い顕在化している。接木戦略の下で優遇された大型国有企業が社会的公平を著しく損なう存在となったことは、「社会主義体制」にとって皮肉な現象と言わざるを得ない。

　更に、都市部貧困層問題、特に若者を中心とする都市新貧困層問題などの政策課題は、都市化の「落とし穴」として現れている。それらの問題は何れは「資源配分並びに富の分配制度」（税収制度や福祉制度、更に住宅政策や雇用政策など）に深く関わっている。実際、強い政府が指導する「上海モデル」は、大企業（国有企業と外資系企業）重視の指向、そして成長指向の強いモデルであって、草の根の貧困問題を軽視する傾向にあり、上述した諸課題の解決は簡単ではない。

　以上述べたように、「成長の共有」に照らして、民間主導の浙江モデル、外資主導の江蘇モデル、そして政府（国有企業）主導の上海モデルがそれぞれ異なった実績を残している。それでは、一体なぜこのような分化となったのか。舞台の裏側――重層的経路――に迫ってみる必要がある。

　以下、それぞれのサブ開発モデルの背後にある「重層的経路」並びにその影響力を確認してみることとする。様々な経路が開発モデルに与える影響について、ポジティブに働く「温帯効果」とネガティブに働く「熱帯の罠」に分類して、検討してみよう。

第2節　重層的経路と発展効果：「温帯効果」と「熱帯の罠」論

1．「重層的経路」の特徴

これまでのところ、新制度派経済学によって提出された「経路依存性」という概念が、発展途上諸国の開発に伴う諸事情にの解釈力が認められ、かなり広汎に使われるようになった。

われわれは、個々のサブモデルに関わる経路は多種多様であり、従って「重層的経路」という概念を認識する必要があると考える。いってみれば、文化や歴史に深く関わる様々な「経路」は、樹木の年輪のように重なっていくものである。なお、「経路」はその効果によって二種類に分類できる。

第1は、「経路」の存在が「地域共同体の生存と発展」という長期目標（中身は「成長の共有」）に合致する場合である。その場合、「経路」は社会資本に等しく、「内発的モデル」の構成要件にもなる。第3章で述べまた第5章でも触れるように、以下のような「経路」はポジティブに働くものである。即ち、(1) 民間経済並びに企業家精神、(2) 市場指向の地方政府の性格、(3) 民間自発的組織（新型労働組合、業界組織）、などである。

第2は、「経路」の存在が「地域共同体の生存と発展」という長期目標に反する（成長の共有から乖離する）場合である。この場合、何れは「緩やかな脱経路」（漸進的改革にリンクする）或いは「強制的突破」（急進的改革にリンクする）の動きが出現する――なぜなら、市場経済において、需要と供給のバランスによって均衡に到達するのと同様に、「成長の共有」は社会・政治システムにおいて、社会的安定をもたらす均衡点にほかならない。言い換えれば、「成長の共有」から大きく乖離した社会は、安定性を保持することができない。

またその推進力については、幾つかの可能性が存在する。例えば、政治指導部（賢明な権威）主導のケース、民間の自発的ケース、そして外圧によるケースなど、様々である。

それでは、重層的経路は一体どのように機能するのだろうか。以下、ハンティントンの主張に沿って、「（擬似）熱帯の罠」と「温帯効果」という2つの論理を提出し、当該論理を用いて、長江デルタのサブモデルに関わる「重層的経路」の効果を検証してみよう。

2.「文明と気候」の物語及び示唆

　中国の歴史の中で繰り返し惹起した王朝末期の農民蜂起は、均衡から乖離した前王朝を是正するための「均衡回復運動」と解読できる。古代中国において、自給自足の「小農生産方式」と「科挙制度」は中央集権的ガバナンスを支え合う2本の柱であった。新王朝による「均衡回復」は、事実上この2本の柱の修復にほかならない——新王朝の始まりにおいて、農民に対する「修養生息」政策や、人材選抜制度の見直しなどが真っ先に採られるのである。中央集権、小農経済、そして儒教思想（科挙制度を通じて社会統治思想に代する）からなる「超安定構造」（金観濤・劉青峰（1987））によって、古代中国は結局のところ、農業文明の域から自主的に脱出することはできなかった。対照的に、西欧は自主的に工業文明の道へ進んだ。この「ニーダムのパズル」の疑問（Needham（1954））に関して、多くの研究が行われているが、われわれはやや違った角度から見解を述べたい。ちなみに、中国文明の進化が止まった理由として、「熱帯の罠」に嵌ったためと解釈できる。中国だけでなく、多くの古代文明が滅亡に至った原因もまた類似していると思われる。

　われわれがここで提出する「熱帯の罠」論は、ハンティントンの考えに触発されたものである（Huntington（1915））。

　ハンティントンは、その著書『文明と気候』の中で、「なぜ文明の発展した地域はすべて温帯に存在するのか」という疑問を提示している。彼自身の解釈は、ある物語に託して述べられている。次の通りである。

　遠い昔、熱帯に居住していた最初の人類のグループは、ある理由で北へ移動し始めた。しかし北へ行くにつれて、気候はますます寒くなっていった。そのうちに、一部の人々は温かい南の故郷を恋しく思い、帰ってしまった。このグループの人たちは現在も未開化のままである。だが一方、頑張って北に残った人々のグループは、次第に生存の知恵を見出した。彼らは、木や石で家を作ったり、野獣の皮で体を包んだりして、冬の寒さを凌いだ。更に、自然界の種を集め、改良し、収穫量を増やしたのである。厳しい外部環境との対抗を通じて、技術力（文明）が徐々に発展した。

　ハンティントンの主張とは、即ち、人類文明は外部環境との闘いの中で熟していくものだということである。温帯は、人類と外部環境の間に適度な緊張をもた

らし、文明発展の刺激剤となった（一方、熱帯と寒帯はそのような環境になっておらず、結果も異なる）。

この物語から次のような知見が得られる。第1に、文明発展の初期段階に近づけば近づくほど、地理（環境）要素の決定力が強くなるということである。中国の諺「靠山吃山、靠水吃水」（山に近い人は、山を頼りに生活を営む、また川に近い人は、川を頼りに生活を営む）に言われる通り、異なる環境は異なる文明の形態を作る——この場合、環境は決定的「経路」となる。第2に、「地理」がいつまでも決定力を持つわけではないということである。人間が主体性を発揮すれば、当然「地理決定論」を超越できる。トインビーが展開した「文明の挑戦—応戦理論」はこのプロセスをダイナミックに概括している（Toynbee（1987/1934-1961））。なお、トインビーの理論はハンティントンの学説にヒントを受けたといわれる。

中国に注目して見よう。確かに、高度な古代文明を持つ中国も温帯に位置している。だが一方で、現在も「温帯」にあり続ける中国が、なぜ近世になって、文明の進化が止まったのだろうか。言い換えれば、「温帯の決定力」がなぜなくなったのか、という疑問が残る。われわれは以下のように答えたい。

実際のところ、農業文明が熟した中国では、「擬似熱帯」の状況が出現したと考えられる。即ち、高度な農業文明は人々に安定した生活をもたらし、そこからの「脱出」は様々なリスクを意味する。リスク回避指向は農民たちだけでなく、統治者グループもまた同じである。結局中国の宋、明、清の時代に、資本主義の発芽が認められたものの、何れも統治者によって厳しく抑制される結果となった（「重農抑制」政策の施行）。保守的統治者集団はこの場、ハンティントンの物語の中の「南方帰還者」の役を演じた。

即ち、文明はダイナミックな挑戦を受け続けるものであり、一回のみの勝負で終わるのではない。「恵まれた環境」とは、地理的要因を指すだけでなく、前段階の文明状態もその範疇に入る。

中国の諺で、「三十年河東、三十年河西」（前の30年間は、河東地域が繁栄（成功）したが、次の30年間は、河西地域に繁栄が訪れる。繁栄や成功はいつも流水のように変わっていく）という言い方がある。「熱帯の罠」に照らしてみると、その理由は明白である。「熱帯の罠」は厄介なことに、「成功者好み」なのである。

総じていえば、「熱帯の罠」とは、環境に恵まれ過ぎ、人間の潜在力の発揮が

抑圧されてしまう状況を表す——「資源の呪い」(Resource Curse) 現象もこれで解釈できる。対照的に、「温帯効果」とは、環境との間に恒常的な緊張感が働き、「挑戦—応戦」によって文明が進化し続ける状況である。

諸先進国の事例を見ると、体制の開放性が「温帯効果」を作る条件であることを強調したい。人間の視野や、経済活動の範囲、期待する目標値などがすべて国際化したため、緊張感が自然に高まる。この意味で、「体制の開放性」は中国の体制移行にとって重要な環境作りになることは間違いない。

次節より、「(擬似)熱帯の罠」と「温帯効果」のロジックを用いて、江蘇省、浙江省及び上海におけるそれぞれの経路が開発に与える影響を分析してみることとする。

第3節　江蘇の省内格差:「熱帯の罠」論

先に述べた通り、2003年以降、江蘇省は外資誘致によって産業構造の高度化が進んだ。しかし、所得水準の向上ならびに所得格差の縮小という政策目標に関しては、課題が残っている。更に、省内に「南北問題」が存在し、当該問題の生成には長い歴史的経路が存在する。

江蘇省の歴史的経路を辿る際、「蘇南」と「蘇北」の概念に直面する。前者は長江(揚子江)以南の3市プラス南京、南通の2市(2000年から増加)の合わせて5市を表す。そして、後者は広義と狭義の2つの意味がある。広義の「蘇北」は、長江のすぐ北に位置する「蘇中」地域を含むのに対して、狭義の「蘇北」は「蘇中」地域を除いて、省の最も北に位置する5市(連雲港、徐州、塩城、淮安、宿遷の5地級市)を指す(図4-2)。

以下では、「外発的モデル」に留まっている江蘇省の「重層的経路」の経済効果を「熱帯の罠」論の視点から述べてみることとする。

1. 江蘇省の歴史

江蘇省は、北に山東省、西に安徽省と河南省、南に上海直轄市と浙江省にそれぞれ隣接する。「江蘇」の二文字は、清朝時代の江寧府と蘇州府の頭文字を取って、名づけられたものである。略称の「蘇」が表しているように、「艸かんむり」は

図4-2　江蘇省地図

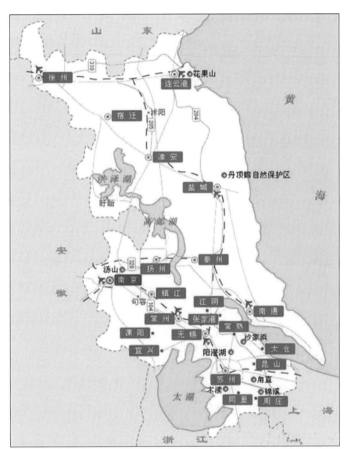

出所：筆者作成。

平野を表し、「魚」と「禾」は「魚米の里」を意味している。江蘇省の総面積は10.26万km²で、全国の1.11％を占め、海岸線は1,000kmに及ぶ。同省域内では平原が広がり、河や湖が密集し、平原と水域の面積はそれぞれ69％と17％を占める。中国四大淡水湖の中の二つである太湖（長江流域に属する）と洪澤湖（淮河流域に属する）が、省の南部と北西部に位置している。

　江蘇省の北には淮河、南には長江が流れ、それぞれ「古代徐国」と「古代呉国」を育んだ。この二大地域、中国呉文化（蘇南は三国時代の孫権の根拠地）と中国

漢文化（徐州は劉邦の故郷、近くの宿遷は項羽の故郷）の発祥の地でもある。

　遡って見ると、6,000年前から、蘇南の太湖近くの南京、及び蘇北の洪澤湖近くの徐州では原始部落が出現した。また3,000年前には、江蘇の青銅器鍛造技術は既に高い水準に達した。『尚書・禹貢』の中では、江蘇は「九州」の中の「徐州」と「揚州」の一部に属した。

　春秋時代、江蘇は呉、宋国に属し、戦国時代は楚、越、斎国に分かれた。始皇帝が中国を統一した後、江蘇は九江、会稽などの郡に属し、西漢の時代には、それぞれ徐州郡と揚州郡に分かれた。

　江蘇省の正式な設立は清・康熙6年（1667年）に遡る（従来の江南省は江蘇、安徽の二省に跨った）。江蘇省の巡撫官邸は蘇州に置かれ、1912年の辛亥革命まで続いた。当時の江蘇省の範囲は、今日の江蘇省のほか、松江府（現在の上海）まで包括していた。1927年、国民政府（中華民国時代）は南京を首都にし、上海を「特別市」として独立させた。

　歴史的に見ると、江蘇省の南北はもともと長江を挟んで異なる行政区に属した。例えば、宋の時代にはそれぞれ淮南東路と江南東路、両浙西路であり、元の時代にはそれぞれ河南江北行省と江浙行省に属し、そして明の時代には共同で南直隷省に属した。

　清の時代に、江蘇省成立後、数回にわたって長江を境に行政区画の変化があった。一時期に「蘇州巡撫」（蘇南地域）のほか、蘇北地域の淮安にも「江淮巡撫」が置かれた（大半の時期に、江淮巡撫の官邸所在地は南京だった）。

　民国の時代に、江蘇省は南北を統一し、省都を南京に（1912-1929年）、そして後に鎮江に（1929-1949年）置くようになった。汪精衛政権の時期に、江蘇の省都は蘇州に移され、実際の管轄範囲は長江以南に限った。蘇北地域の南部では泰州を中心とした蘇北行署区、そして北部では徐州を中心とした淮海省をそれぞれ設立した。1949-1952年の期間に、中華人民共和国は華東大区の下に、それぞれ蘇南行署区（駐無錫）及び蘇北行署区（駐揚州）を設置した。

　中国沿海部を縦に眺めてみると、蘇北は自然環境の最も良い地域の1つである。広大な黄河・淮・海河平原に位置し、土地が肥沃であって、河と湖が大地に張り巡らされている。蘇南に劣らない「魚米の里」であった。しかし現在、蘇北地域は沿海地域中の「盆地」（後進地域）となっている。蘇北地域が蘇南地域より著しく遅れた理由は一体何だろうか。

図4-3 蘇北と蘇南における重層的経路及び効果:「熱帯の罠」の論理

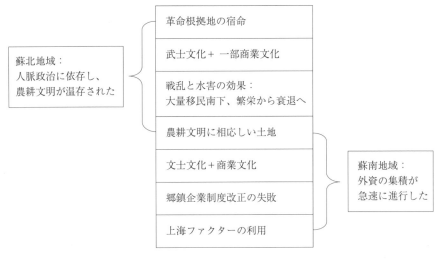

出所:筆者作成。

図4-3は、蘇南と蘇北における「重層的経路」を整理したものである。「農耕文明に相応しい土地」という「経路」は、蘇北と蘇南に共通しているが、以下では主に両者の相違を述べてみることとする。

2. 蘇北地域:人脈政治依存と農耕文明温存

(1) 上海ファクターと南北格差

アヘン戦争以降、中国経済の中心は上海等の港湾都市に移り、塩商時代[54]が幕を閉じた。周辺地域にとって「上海ファクター」はますます輝き始めた。上海から比較的遠く離れた蘇北地域にとって、徐々に蘇南地域との間の格差が拡大していった。

そして1950年代以降の計画経済の時期に、今度は体制的要因によって、「上海ファクター」が自己閉鎖的になり、周辺地域への波及効果がほぼ自然に消滅することとなった。

---

54 清王朝は明王朝の制度を継承し、特許経営の形で、一部の商人に塩を独占的に売買することを許可した。「塩商」はそれゆえに、巨額の富を手に入れた。

1980年代に入ると、上海経済の地盤沈下が続き、「上海効果」も期待できなかった。ただしこの時期に、上海の国有企業に勤務していた技術者たちによる蘇南地域や浙江省への「週末出稼ぎ」（いわゆる「週末エンジニア」現象）が一般化し、郷鎮企業をベースにした「江浙モデル」（自力的な発展モデル）が恩恵を受けた。

1990年代以降、蘇南地域では、郷鎮企業の制度改正に失敗が重なり、市場の空白（存在感のある企業群の喪失）が発生した。その一方で、上海は浦東開放により新たな「上海効果」が誕生することとなった。特筆すべき現象は、外資の蘇南進出である——その結果、外資がかつての郷鎮企業に代わって新しい経済主体となった。だが、外資企業の進出は、産業構造の高度化にこそ貢献したものの、所得水準の向上並びに所得格差の縮小という政策課題に限界があった。

長江の分断作用により、蘇北地域は蘇南との陸上交通が不便であった。現在、長江に幾つかの大橋が建設されており、蘇南地域と蘇北地域とのアクセスが改善されているとはいえ、均衡的発展は容易に実現するものではない。

江蘇省のこれまでの開発戦略は、均衡的発展というより、むしろ南部重視の姿勢が鮮明である。長い期間にわたって、江蘇省政府は「南工北農」という考え方を持っていた。即ち、工業を優先的に蘇南地域へ集積させるという方針である。まさに省内の地域傾斜戦略の実施ともいえる。この政策の背景には、成長軸としての上海の影響が存在する。

ちなみに、1990年代の上海開発は、少なくとも初期の段階で、蘇北地域の発展にとってむしろマイナスである。

通常、成長軸とその周辺の間に、集積効果と波及効果が発生する。上海の再開発は周辺地域へ強いインパクトを与えている。とりわけ2010年の上海万国博覧会前の時期に、長江デルタ地域の諸都市は競って上海とのリンケージをよくしようと試みた。上海のからの波及効果を多いに期待していた。

沿海の省として、江蘇省はおよそ1,000kmの海岸線を持ち、蘇北地域にも連雲港という良港があり、南京、蘇州、南通に次ぐ（貨物の取扱量で）省内4番目の大きさである。1990年代以降、省政府は、蘇中地域と蘇北地域に位置する深水港である洋口港（南通市）、大豊港（塩城市）、浜海港（塩城市）等の発展に関心が薄く、むしろ上海に近い長江沿岸の都市開発に重点を置いた。1990年代から21世紀の初頭にかけて、上海の台頭は、蘇北地域にとって、波及効果よりも集積効果の方が大かったと考えられる。

江蘇省では、蘇北地域の発展について議論が絶えず行われているが、概ね実行性のない計画論で終わった。その中で、唯一実施されたのは「交通大発展戦略」である。しかし当該戦略は、高い評価を与えられるものではない。

　1990年代、江蘇省政府は「徐州・連雲港経済ゾーン」構想を提出したが、一時議論されたのみで、何も実現しなかった。1998年、今度は蘇北地域における「交通建設の匯海戦役」[55]構想を打ち出した。大規模な交通への投資が主として高速道路に投下され、需要を遙かに上回る高速道路がその数年後に完成した。蘇北地域の高速道路は1,539kmに達し、省全体の41.4%を占めるようになった。しかし、広々とした高速道路の上で車は僅かしか走っていなかった。その一方、低コスト運輸を可能にする鉄道建設は蘇北地域でかなり遅れた。また、1990年代末から21世紀初頭にかけて、江蘇省政府は「蘇北大発展」戦略を検討したが、これもまた有効な政策がないままで終わった。概していえば、蘇北地域の開発に関する政策的アプローチは不明瞭なままで推移してきた。

　なお、南北5市の間の「一対一の扶助政策」は現在も続いている。しかし、この種の行政措置策は計画経済時代の名残というべきものであり、援助を通じて蘇北地域を貧困脱却させることはあり得ない。

(2) 革命根拠地の宿命：人脈政治と閉鎖的地域文化

　連雲港市、徐州市、塩城市、淮安市、宿遷市の5地級市は「蘇北」と称される。徐州（古称は彭城）は4,000年余りの歴史を持ち、華夏九州の1つに数えられる。西漢劉邦の出身地も実は徐州市の沛県なのである。劉邦が漢高祖に就いて以降、侯になった人物は143名を数え、そのうち沛県出身者は23名に達した。そして、近隣の宿遷市は悲劇の英雄――項羽の出身地である。いわば、古代蘇北の大地に英雄豪傑が輩出した。そのうち、一種の「武士文化」が育まれた。

　もっとも、蘇北地域に一部「商人文化」も存在した。南宋以前、蘇北地域は幾多の繁栄を築いた。春秋戦国時代の彭城（徐州）、漢時代の淮蔭などがその代表的な地域である。明清時代には、（京杭大運河沿いの）交通要所に位置した淮安は、南の揚州とともに、塩商の集まった町として栄えた歴史を持つ。

55「匯海戦役」とは、共産党と国民党との内戦の時に行われた「三大戦役」の一つ（国民党側は「徐蚌会戦」と呼ぶ）であり、蘇北地区が戦場となった。1948年11月6日から1949年1月10日の間、66日もの激戦の末、共産党の勝利に終わった。

南宋時代、黄河が淮河に流れ込んだ後、大洪水が度々発生し、蘇北地域の人々はやむを得ず南方へ逃れ、地元の商業文化は徐々に衰退した。民国時代以後、蘇北地域では淮河工事、蘇北灌漑総渠といった水利建設が行われ、重要な農業地域へと成長した。しかし経済発展水準は依然として蘇南地域より遅れている。

　近代以降、かつての「武士文化」にリンクするかのように、蘇北地域は新四軍の根拠地となった。塩城市、淮安市、泰州市などが主な活動拠点であった。

　新中国建国後、革命の功労者として、蘇北地域から大量の幹部が江蘇省政府の重要ポストに就いた。そのお陰で蘇北各地は大量の財政移転を受けるようになった。地元幹部たちはその資金を「見栄えのする」業績として用い、昇進を狙った。そうして、いつの間にか閉鎖的な人脈政治が張り巡らされることとなり、地元幹部たちは自力努力の市場指向ではなく、人脈頼りの政治指向へとロックインされたのである。

　このようにして、もともと有利な人脈政治が結局「（擬似）熱帯の罠」と化して、蘇北地域の風土や体制に強く影響することとなった。例えば、蘇北地域の人々の省都南京への大きな憧れは、強い人脈政治文化の影響と思われる。対照的に、蘇南地域の人々は南京に憧れる気持ちが薄弱である。蘇南地域の若者たちが目を向けているのは比較的閉鎖的な南京ではなく、むしろ太平洋の風に吹かれる上海等の先進地域である。

　また、閉鎖的人脈政治文化と従来の農耕文明との相乗効果も認められる。人脈政治の下での財政移転の一部は水利建設に流れ、蘇北地域の農漁業環境が改善され、「国家食糧生産基地」、「水産養殖基地」が多数作られることとなった。その結果、地元の人々が、改善された農業環境に依存してしまう傾向も窺われる。

　歴史を振り返ってみると、「武士文化」や「革命文化」は、一種の「富を横取りする」文化であり、「文士文化」や「商業文化」は「自ら富を創出する」文化といえる。このような文化的相違性が市場経済体制の進行に際して、分岐点を作った。ちなみに、市場経済体制は、人脈や伝統的な人間関係に代わり、権利と責任の対等性に基づく契約精神、人格の独立、更に競争精神を求める。革命根拠地であった蘇北地域の閉鎖的な人脈政治の文化は、「（擬似）熱帯の罠」と化し、市場経済の浸透を妨げる弊害となる。現状を見ると、蘇北地域で、男性は酒好きが多く、女性の地位が低い。商人や知識人を尊重する風土が希薄で、自らビジネスを起こす人が少ない。そうした状況が続く中で、大卒の若者は故郷へ帰ることを

拒むことも理解されやすいだろう。蘇北地域は、従って、人材の純流出地域となり、多くの人は蘇南地域や上海へ流れていくのが現状である。

概していえば、蘇南地域に比べて、蘇北地域の市場化改革が遅れ、相対的貧困が累積的に進行する背景には、「革命根拠地の宿命」が一つの要因として存在ことが確認できる。この点は国内に多数存在する革命根拠地の開発に示唆的と思われる。

3．蘇南地域の「重層的経路」とモデル・チェンジ

歴史上の蘇南地域は、上海より先進的であった。蘇南地域の歴史をまず簡単に振り返ってみる。

歴史的にいえば、3-6世紀から、南京が中国南部の経済の中心となった。そして7-10世紀以降、全国的な経済中心地が南へ移され、「天下大計、仰于東南」（『新唐書』第178巻）のような表現まで生まれたのである（豊かな江南地域は、実に全国税賦の9割を占めた）。その中でも、揚州は南北交通の要所として栄えた。

隋唐時代以降の揚州は、経済的繁栄が続いた。幾多の戦乱があっても、地理的優位性や豊かな土地、豊富な物産が存在し、戦乱の後、間もなく経済が回復した。清の初期の揚州は、惨烈な「揚州十日」（掠奪や大虐殺が10日間も続いた）を経験したが、康煕、雍正、乾隆時代ともに、繁栄が続いた。揚州は長い間にわたって、東南沿海部随一の大都市であり、全国の貿易の中心でもあった。特に塩に関わる産業が盛んであった。

その理由は簡単である。京杭大運河の運航を管理する総督府が淮安に所在し、同総督府は塩税を徴収することが責務であった。京杭大運河を利用して塩の運搬と販売を行った富豪の塩商たちが、ごく自然に、運河沿いの淮陰、淮安及び揚州に居住するようになったのである。経済の繁栄は文化の発展を促し、著名な画家グループである「揚州八怪」もこの地で活躍した。

14-17世紀半ば以降、蘇州は全国で最も繁栄した商工業都市及び文化センターに発展した。19世紀、蘇州、南京は上海の松江等と並んで、中国資本主義の発祥の地となった。19世紀末には、紡績、麦粉、石炭採掘等の近代産業が、無錫、南通、蘇州、常州、徐州などへ拡散した。そのうち蘇州の紡績業は世界的に名高かった。総じて、19世紀の江蘇省経済は中国全体をリードし続けた。

アヘン戦争以降、上海の開港に伴って、上海が次第に中国一の経済の中心となった。しかし、1949年以降の計画経済の時期に、上海は国有企業の重鎮に改造され、かつての活力を失ってしまった。一方、改革開放の時期に入り、蘇南地域は郷鎮企業主導の「蘇南モデル」の構築に成功し、浙江省とともに「江浙モデル」として脚光を浴びた（南の広東モデルに比較して、「江浙モデル」は地元の余剰労働力を吸収し、原材料の調達も製品の販売も国内市場を中心に行ったため、「内発的モデル」として賞賛を得た）。

続いて、1990年代後半期に、「江浙モデル」は分化することとなり、蘇南は外資主導のモデルへと変身した。

蘇南の急速な外資集積の背景には、地政学的な理由が存在する。当該時期に、上海の土地や人件費等のコストが上昇し、外資の上海からの移転が始まった。当然、上海と陸続きの蘇南地域が格好の移転対象地域となった。21世紀初頭の蘇南地域は、江蘇省全体のFDIのおよそ9割を占め（現在は徐々に蘇中地域や蘇北地域へ拡散している）、そのうち蘇州市と無錫市は二大外資集積地となった。

現在の蘇南経済は、大雑把に数百億ドルの外資と数百万人の蘇北出身の出稼ぎ労働者の結合によって誕生したものといえる。省内格差の存在は歴然である。所得及び消費関係の諸指標に関しては、近年南北の格差が拡大し続けている（第3章・第3節参照）。

成長の共有に効果の認められないモデルは、経済的、社会的、政治的に合理性を欠くモデルであり、持続性に乏しい。その間、制度のインボリューションが発生し、より多くのメンバー（個人、企業）が非協力的な態度及び行動を採るようになる。その結果、各種資源が流出する方向へと向かう。例えば、蘇北から蘇南や長江デルタ地域の他の都市への人口流出がそれに当たる——当該流出によって、地元が一層の後進性に陥る懸念が膨らむ。累積的貧困のロジックの現れである。

現代の流動化社会では、経済的競争の本質は結局制度的競争なのである。

第4節　浙江モデルの経験：「温帯効果」論

1．浙江モデルにおける「重層的経路」

「温帯効果」とは、人間と環境との適度な緊張感が自助努力の精神を促し、技

術進歩や文明進化に繋がっていく効果のことである。浙江省の「重層的経路」について、以下の3点に概括することができる。

(1) 農耕条件の悪さと商業精神の発達

　江蘇省と対照的に、浙江省特に南部の温州、台州地域の自然環境は農耕に適していない。人口が増えるにつれて、窮地に陥った人々が積極的に外部へ出かけ、非農産業に従事する慣習が昔から存在し、起業者も多い。「浙商」は中国全土でよく知られる商人グループであり、1930年代、40年代の上海で大活躍をした。

　また、広東省北部の山岳地域も状況が類似している。貧困であるがゆえに、多くの人々は海外へ出稼ぎに向かった。現在、海外で活躍している華人ネットワークの中で有力な一つである「潮州帮」（潮州人を中心とした商人グループ）の出身地が、正に広東省北部なのである。

(2) 冷戦構造と浙江省の民間経済

　浙江省は福建省と同様、台湾海峡に近い地域に位置しているため、国防の観点から、国家の重点投資地域から外された。その事情は却って、その後の民間企業の生存と発展にとって有利な条件となった。

　改革開放当時、浙江省の初期条件として、以下の3点が挙げられる。

　第1は、中国経済全体の平均水準より遅れたことである。実際、（ⅰ）1953-1978年の年間平均成長率は5.7%であり、全国平均の6.1%より0.4ポイント低かった。また、1978年の浙江省1人当りGDPは僅か331元であり、全国平均の87%しかなかった。更に、（ⅱ）経済構造の面で見ると、農業及び農村労働力の比率が高かった。表4-1は、1978年の浙江省GDP構造と就業構造であり、全国平均値に比較して「農業省」の特徴が際立っており、当時のインド或いは低所得国の平均水準に近い状態であった。

　第2は、非国有経済の比率が高かったことである。都市部及び農村部における「集団企業」（当時、民営企業はまだ法律的に認められなかった）の工業総生産高に占める比率は、それぞれ22.7%及び16%であり、全国平均に比べて9ポイント及び7ポイント高かった。小売業では集団企業比率はそれぞれ53.3%及び4.0%であり、全国平均より10ポイント及び1.9ポイント高かった。

　第3は、中央直属の国有企業（中国の国有企業は中央直属、省直属、市直属、

表4-1　1978年浙江省のGDP構造と就業構造：国内外の比較（%）

	浙江省		中国平均		インド		低所得国		中所得国	
	GDP構造	就業構造	GDP構造	就業構造	GDP構造	就業構造	GDP構造	就業構造	GDP構造	就業構造
第1次産業	38.1	74.8	27.9	70.5	38	74	38	72	15	45
第2次産業	43.3	17.1	47.9	17.4	27	11	24	11	38	23
第3次産業	18.7	8.1	24.2	12.1	35	15	38	17	48	32

出所：『中国統計年鑑』（2007年版）、『改革開放十七年の中国地域経済』（中国統計出版社1996年）、世界銀行調査団『中国：社会主義経済の発展』（中国財経出版社1993年）より作成。

県直属等に分けられる）及び大・中型企業が少なかったことである。地理的なまた資源制約という条件により、当時の重化学工業優先戦略の下で、浙江省は国家の重点投資地域ではなかった。1953-1978年の国家による浙江省への投資は、中国全体の1.5%に過ぎなかった。1978年の時点で、浙江省における郷以上工業総生産のうち、中央直属の国有企業及び大・中型企業の比率はそれぞれ2.6%及び16%であり、全国平均よりそれぞれ4.2ポイント及び27.4ポイント低かった。

それによって、浙江省の小型の国有企業及び集団企業の生産において、計画当局からの指令を受ける範囲が小さく、企業の製品はほとんど日常雑貨類或いは農機具であって、市場或いは市場に準じたメカニズムの働く余地が大きかったのである。1980年代以降、浙江省は更に郷鎮企業を大きく成長させ、その実績から（蘇南地域とともに）「江浙モデル」と呼ばれるようになった。

2．考察：計画経済時代の都市農村関係及び格差

中国の民間企業は「郷鎮企業」から発するものといって過言ではない。一方、「郷鎮企業」の前身は人民公社時代の「社隊企業」である。それでは、計画経済時代の都市農村関係はどういったものだろうか、またそれに合わせて、格差はどういう性格を持っていたのだろうか。

「人民公社」及び「社隊企業」のような制度は、ヌルクセの「過剰労働モデル」の適用によって解釈され得る（ヌルクセ（1955））。即ち、ヌルクセによれば、発展途上国の資本形成が「貧困の悪循環」によって実現困難になるのなら、膨大に

存在する限界生産力ゼロの過剰労働力（偽装失業人口）を資本蓄積に動員すればよいということになる。

また、人民公社制度の下で行われた伝統技術による農村内部の工業生産（「五小工業」、いわゆる小製鉄所、小炭坑、小発電所、小機械工場、小化学肥料工場など）は、開発論でいう「中間技術（intermediate technology）」或いは「適正技術（appropriate technology）」の適用であると見なされ得る。中間技術とは、近代技術のエッセンスを持ち、しかし地域の実情（例えば要素賦存状況）に適した技術を指している（石川滋他（1974））。シガードソンによると、中間技術は都市近代部門の技術を農村に移転し、都市農村間の技術格差を縮小させるためのアプローチである（Sigurdson（1977））。

しかし実際に、「人民公社」制度は農村を重工業発展のための蓄積源泉として縛り付ける方策にほかならない。従って、農村工業が行われても、それは農村内部の循環に留まり（渡辺利夫（1996））、都市農村間の技術を含む格差の是正には繋がらなかった。

計画経済の時期の「三大制度」（戸籍制度、口糧制度（食糧の「統一買付・統一販売」制度）、労働就業国家管理制度）によって、中国における「都市部門」と「農村部門」間の最も基本的な格差が定着し、農民には生まれつきの不平等が背負わされていた。言い換えれば、（都市農村間の格差が代表した）この時期の格差は、体制的、固定化した格差なのである。

農村工業の市場参加を容認するようになったのは、1980年代以降のことである。都市工業との競争を許された「郷鎮企業」が「醜いアヒル」のように素早く市場化の波に適応し、泳げるようになった。やがて、この「醜いアヒル」は白鳥へと華麗な変身を遂げていく。

3．「江蘇（蘇南）モデル」と「浙江モデル」分化の原因

1990年代半ば、「江浙モデル」といわれた地域モデルに分化が見られることとなる。浙江省が民間企業主導のモデルへ進むのに対して、蘇南地域は次第にFDI受け入れの最も盛んな地域となり、「外資主導のモデル」へと進んだのである——先に述べた通り、江蘇省には南部と北部に明瞭な地域格差が存在し、従って「江蘇モデル」とは正確には「蘇南モデル」というべきである。モデルの分化（民間

図4-4　市場経済体制の進化と「江浙モデル」の分化

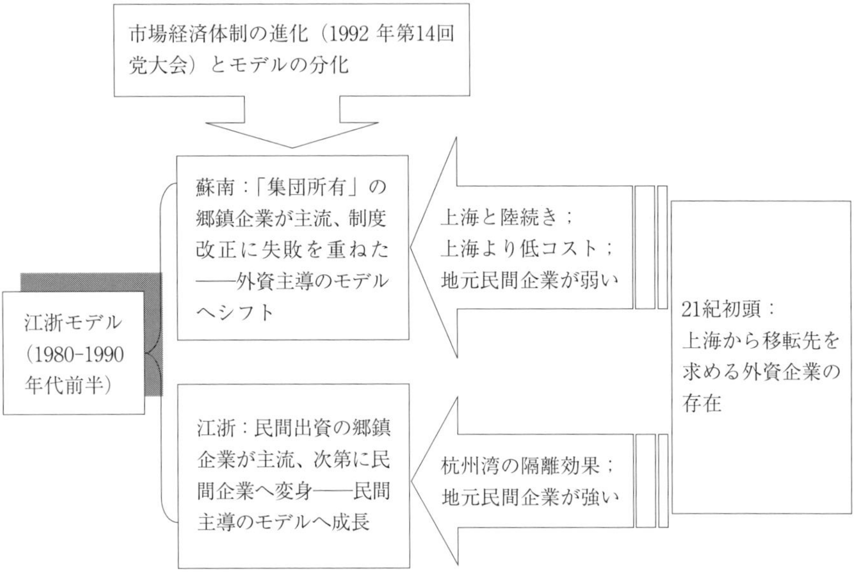

```
                市場経済体制の進化（1992年第14回
                党大会）とモデルの分化
                        │
        ┌───────────────┴───────────────┐
        │                               │
   蘇南：「集団所有」の         上海と陸続き；
   郷鎮企業が主流、制度       上海より低コスト；      21紀初頭：
   改正に失敗を重ねた         地元民間企業が弱い      上海から移転先を
   ──外資主導のモデル                              求める外資企業の
   へシフト                                        存在
江浙モデル
（1980-1990
年代前半）
   江浙：民間出資の郷鎮
   企業が主流、次第に民       杭州湾の隔離効果；
   間企業へ変身──民間       地元民間企業が強い
   主導のモデルへ成長
```

出所：筆者作成。

主導のモデルと外資主導のモデル）は両省の所得（特に農民の所得）格差に有意な影響を及ぼした。

以下、モデルの分化に影響を及ぼした「重層的経路」について、振り返ってみよう。

第1は、市場経済化につれて、郷鎮企業の性格の相違がモデルの分化に影響を与えたということである（図4-4）。

モデルの分化を説明するためには、まず浙江省と江蘇省における「郷鎮企業」の相違を識別しなければならない。

1980年代から1990年代初頭まで存在した「江浙モデル」は、郷鎮企業が成功したモデルとして知られていた。1990年代後半、市場経済体制の進展に伴い、明確な財産権を持つ企業主体が求められ、郷鎮企業の制度改革が余儀なくされることとなった。

蘇南経済の中心的存在は、所有権が郷政府及び鎮政府に属する「集団企業」であり、一種のミニ国有企業体制であった。一方、浙江省経済の場合、1980年代か

ら知られた「温州モデル」のように、その本質は民間が起業した町工場や家内工場である（即ち、浙江省の郷鎮企業の本質は、飽くまでも「赤帽子」を被った民間企業なのである）。

　蘇南式の郷鎮企業は、地元政府が経営者を派遣して支援をする（いわゆる「行政主導型」）のに対して、浙江式の郷鎮企業は、従来民間所有・民間経営の形態を採った。1992年に行われた「共産党第14回全国大会」の後、「市場経済」はその後の中国経済の発展方向として明確化された。その状況のもとで、1980年代に比較的混沌とした「二重体制」の下で発展を遂げた「蘇南式」郷鎮企業は、進化しつつある市場経済化の波の中で、それ自身が持つ所有権不明確という性格がますます障害となって、生産・販売メカニズムの一層の市場経済化と行政主導の管理機構との間の溝が更に深くなった。1998年と2000年、制度改革が数回行われたが、効を奏していなかった。付け加えていうと、2000年以後、「郷鎮企業」の名は概ね「民間企業」に改められた。

　2004年に行われた「企業経営環境」に関する江蘇省政府の調査では、江蘇省で実施されている国家・省レベルの許認可項目は浙江省に比べて２倍も多い。また、民間企業の融資難問題も更に深刻である。2003年の江蘇省における GDP の34.4％が民間企業によるものであるのに対して、民間企業への銀行貸付は全体の僅か９％に止まり、浙江省の民営企業に比べて半分に過ぎない（江蘇省統計局のサイトによる）。

　一方1990年代後半、「民営」を基調にした浙江省の企業は、市場経済化への一層の進化に適応し、江浙両省の郷鎮企業の業績に徐々に格差が見られるようになった。1993年の時点で、両省の郷鎮企業の利潤と納税総額はほぼ同じだったが、1996年になると、浙江省の郷鎮企業の方が24.5％大きくなった。その後江蘇省によるキャッチアップが見られたが、結果は変わらない。

　市場経済化の進展及び蘇南郷鎮企業制度改革の失敗によって、蘇南経済に大きな空白が生まれた。丁度時期を同じくして、上海からの外資がより低いコストを求めて移転先を探していた。上海と陸続きの蘇南地域（昆山、蘇州、無錫、常州など）が格好の移転先となり、蘇南モデルが転換期を迎えたのである。

　第３章で述べたように、蘇州、無錫、常州が代表する蘇南地域において急速な FDI の集積が進んだ。総合的に判断してみると、以下の理由によるものと考えられる。第１は、統括機能や情報機能に優れた上海と陸続きで、地理的距離が近

いこと。第2に、土地、労働力の豊富さを持ち、諸生産コストが上海よりも低いこと。第3に、既に立地した業種が多く、産業集積による利益が認められること。第4に、港、鉄道、空港など交通アクセスが良好であり、物流の中心であること。実際、1992年から、江蘇省は高速道路ネットワーク作りに専念し、2010年11月の時点で高速道路の密度が全国一と誇れるようになった。そして、第5に、郷鎮企業改革の失敗により地元民間企業が脆弱であり、そのために市場に大きな（外資が進出する）余地が存在したこと、などである。

　比べてみると、浙江省の北部も上海と隣接しているが、大半の境界線は杭州湾に阻隔され、杭州湾を回る交通の路線は外資にとってコストの増加となる（近年、2本の杭州湾横断橋が建設され、上海とのアクセスが改善されつつある）。また同時に、浙江省の地元民間企業が発達しており、そのことは、外資にとって激しい人材・資源・市場等をめぐる競争を意味する（当然真の競争力を発揮するには、ライバルの存在は悪いことではない――外資及び民間の両方にとって）。

　従って、両者の地政学的及び市場的状況を比較すれば、それまでの段階で外資が蘇南を選好するのは当然のことといえる。

　第2は、文化的遺伝子の相違が認められるということである。

　浙江省と江蘇省はそれぞれ翼のように上海の南北に広がっており、地理的優位性は類似している。また、面積にもそれほど大きな違いはない。しかし、江蘇省は平原が69％、水域が17％であるのに対して、浙江省は「七分山、二分水、一分田圃」といわれるように、（特に農業にとって）江蘇省ほど恵まれてはいない。

　浙江省の場合、従来、人口に比較して耕地面積が小さい――人口高圧（1単位の農地当りの農業人口が極めて大きい）が続いた。浙江省農村の1人当り耕地面積は江蘇省より0.6畝（1畝＝6.667アール）小さく、僅か0.86畝に過ぎない。山岳地域である浙江省南部（温州など）では更に小さく、0.41畝しかない。この地理的要因は発展の初期条件として強く働いたと思われる。即ち、農耕条件の良い蘇南地域では、人々が土地と故郷を離れて生活を営む必要がなく、「逐水草而居」の農耕民の性格が濃厚であるのに対して、浙江人の精神構造は次第に、「逐市場而居」の商工民の性格に変わっていった。

　耕地が限られたため、浙江人は非農業活動に従事すること（重商主義）が一種の伝統と化した。出稼ぎを生活の必須手段と考え、その活躍ぶりは「無寧（寧波）不成市、無紹（紹興）不成衙」（寧波商人なしでは市場が開けない、紹興師爺[56]

なしでは役所が成り立たない）といわれるほどであった。また、南宋時代に「義を重んじ、利を軽視する」儒教思想が江南の地に浸透した際に、浙江省（温州周辺）で生まれた「永嘉学派」は「講実際・重事功」の旗を掲げて、「利を通じて義に到達する」ことを提唱した。「永嘉学派」の誕生地である永嘉地区（今日の温州）は南宋時代から商工業が発展し、豊かな商人や地主が多かった（「資本主義の芽生え」現象が観察された）。

「永嘉学派」（代表人物に葉適（1150-1223）が挙げられる）は、朱熹の理学、陸九淵の心学と並び、当時の名高い「三大学派」の1つであった。儒教流派の中では珍しく、実利主義的精神が旺盛で、中国土着の「実利主義派」（Utilitarianism）ともいえよう。彼らは当時の国策である「重農抑商」政策に反対し、その代わりに「通商恵工・流通貨幣」を提唱した。西洋の知識も積極的に取り入れ、儒教との融合を図った。いうまでもなく、「永嘉学派」の学問的主張と社会経済的な事情との間に整合性が存在したのである。いわば、文化はある特殊な環境に触発され、大きく成長し、更にその地に埋め込まれた（embedded）遺伝子なのである[57]。

温州人は「東方のユダヤ人」と称されるように、農民の一般的な性格とは異なっている。即ち、浙江人はリスクを恐れず、ビジネス機会にいち早く挑む勇気と胆力が育てられた。それは、一種の文化的遺伝子として風土及び人々の意識の底へと沈殿された[58]。そうした「遺伝子」はたとえ計画経済体制下であっても、存続していた（この点は、更に第6章の「義烏モデル」参照）。

『フォーブス』誌が行った「2004年度中国大陸ビジネス都市番付」の中で、浙江省の杭州市（1位）、寧波市（2位）、温州市（5位）、紹興市（9位）という

---

[56] 師爺とは地方官僚の顧問役を果たす秘書官を指す。一般的には、「銭谷師爺」（財政管理）、「刑名師爺」（刑事管理）、「文書師爺」（書類管理）の3つに分けられる。紹興は古くから文化的な土地柄であり、多くの「秀才」（中国古代の「科挙制度」の選抜コースでは、「秀才」―「挙人」―「進士」というランクの異なる試験が設けられた）を生んだ。「挙人」とならない「秀才」たちは、塾を開くか或いは地方官僚の「師爺」になるかの選択をする。そのうち「師爺」になる人たちは中国全土に出ることになるため、「紹興師爺」の名称が広まったのである。
[57] タルコット・パーソンズの「AGIL図式」に従っていえば、「文化的遺伝子」は、「L」（Latent patter-maintenance：潜在的パターンの維持）を受け持つ「文化体系」に相当する。価値観の提供を通じてシステムを安定化させ、行動者間の緊張を緩和させるのである。なお、「A」は適応（Adaptation）：環境の中で必要な資源を吸収し内部での配分を行うこと。「G」は目標達成（Goal attainment）：目標を設定し、資源の動員及びメンバーへの誘導を通じて、目標を達成させる。「I」は整合（Integration）：各構成部分を1つの機能的共同体に協調させること（森田憲・陳雲（2009）、第4章参照）、を意味している。

4都市が10位以内にランクされ、特に起業力、人材、投資適格性等の指標で高い評価を得た。

　ビジネスの成功に重要な生産要素の質ならびに経営能力等各指標において、（対内直接投資を通じて海外から導入されたものではなく）浙江省に伝統的に存在する諸要因が高く評価されたということに他ならない。

　実際、清朝末期から民国時代にわたり、浙江の「学界」、「財界」、「政界」とともに、全国に先駆けて現代的な経済思想に目覚めた。清朝末期の著名な思想家である龔自珍（杭州出身）の経済思想は、「永嘉学派」にかなり近かった。民国時代、浙江省からは更に人材が輩出していた。1941年、「経済学名詞審査会」を作るために、教育部が32名の専門家を招聘したが、浙江籍の専門家が12名、37.5％という圧倒的な比率で全国第1位を占めた。また、南京政府を主導した蔣介石の周りには、浙江省出身者が沢山集まった。彼らは当時の経済政策に実際に携わり、市場経済の基本的なルール作りに努めた（蔡志新（2009））。同時に、浙江省経済も中国経済全体を牽引した。とりわけ、銀行業務を果たした「銭荘」は、上海で独占的地位を持ち、店舗数及び資本金の双方とも、上海全体のおよそ7割を誇った（「浙江籍資本家的興起」、『浙江文史資料選輯』第32輯、202頁）。従って、「浙江財閥」は当時の上海総商会、上海銀行公会及び上海銭業公会の指導権をしっかり握っていた。1949年以降、こうした優れた人材のかなりの部分は台湾へ流出し、台湾建設の貴重な存在となった。

　それでは、なぜ宋から清までの時期、浙江省においてそうした金銭観や工業、商業、貿易の市場化方策に関する斬新な発想が生まれたのだろうか。2つの理由が考えられる。1つは、浙江省は、清朝の統治中心から離れた「僻地」だったということである（計画経済時代においても、浙江省は同じく「僻地」だった）。従って、独自の模索が一部可能だった。即ち、旧体制が比較的薄弱な「周辺」では、斬新な思想や実験が行われやすいのである——生命力があれば、何れは中心

58「社会資本論」や「経路依存論」等の枠組みは文化的要素の存在を鮮明にアピールしたが、文化的要素の有意性を量的に検証するのは容易ではない。今日の動向からみると、実験或いはアンケートを通じて有意性を捕捉するのが1つの手法であろう。何れにせよ、そうした文化的伝統、社会的規範等といった概念を通して当該経済社会の経路（Path）を捉えてみるアプローチが必要であるように思われる。また標準的には、（近年盛んになってきている実験経済学等の手法によって）様々な実験を通じて或いはアンケートによって捉えていくことになるだろう。例えば、Vedina, Vadi and Tolmats（2006）は、バルト3国における文化的要素を、アンケート調査を通じて測定し、興味深い結果を得ている。

部へ浸透し、変えさせていく。もう1つは、浙江省は沿海の省であり、海外の異なる事情に関する情報や、思想が伝わり易かったということである。浙江省の人々自身も、商業活動や勉強（留学）のために積極的に外部（海外を含む）へ出ていく傾向にあった。

第5節　上海：「温帯効果」と「熱帯の罠」の翻弄

1990年代以降、中国経済の動力源となった上海は、これまで幾つかの発展段階を経験してきた。即ち、1978年までの「計画経済期」、1980年代の「沿海開放期」、そして1992年以降の「全方位開放期」である。

経路は二種類に分類できるが、経路が長く続く間に、粘着性（物理学的にいうと「慣性」）が生まれ、簡単には変えらない。「社会資本」に相当する良い「経路」にしても、阻害要因となる「経路」にしても、同じことである。しかし、外力が十分に大きければ、それまでの経路の慣性を変えることができる。上海の場合、3回ほど外圧により強制的に変更させられた。その大きな外圧となったのは、いずれも「政治的要素」であった。

以下、「温帯効果」と「熱帯の罠」の間に翻弄された上海の「重層的経路」及び効果を概括してみる。

1．1950-1970年代：市場経済の撤退と計画経済の登場

1949年以前の上海が、一漁村から開港し、一躍「東洋のニューヨーク」に発展した経緯を見ると、そこには地政学的優位性を生かした「温帯効果」の存在を確認することができる。

実際、20世紀初頭の上海は、中国の金融・貿易・工業の中心地として、圧倒的な経済力を誇っていた。銀行業でいうと、銀行総数の43％、総資産の89％が集中していた。また、貿易量、工業生産量も中国全体の約半分を占めた。外灘（バンド）には、世界の113の金融機関が店舗を構え、名実ともに極東の金融・貿易センターであった。上海は、また中国の西洋文化輸入の窓口でもあり、各国政府公館のほかに、新聞・出版・学校・翻訳機関・ラジオ局などが集まり、国内外向けの情報センターでもあった。

社会主義体制確立後、中央集権による強力な開発政策が推進された。イデオロギー対立と冷戦構造の中で、軍事力の増強を目的とする「追い越し戦略」が実施された。なお、この時期の開発戦略は概ね次の三つに分けられる。即ち（1）内陸優先の開発戦略、（2）重工業優先戦略、（3）「三線建設」を早める戦略であった。（陳雲・森田憲（2010a）、第1章参照）。

当時、体制の激動により、上海にあった外国の銀行や貿易関連企業の大半が香港などに移転し、上海に残された金融機関は僅か6行だった。その後、中国と世界の隔絶が始まった。重工業優先の開発戦略の下で、上海は国内復興を進めるための生産基地として改造され、金融・貿易センターとしての機能は失われた。更に、工業の側面で、国有企業しかも重工業が経済の中心的地位を占めた。表2-4（第2章）によると、国有企業の比率は、1949年当時の16.3％から1952年の97.2％、重工業の比率は1952年の20.1％から1962年の54.9％にそれぞれ急激に上昇した。

即ち、計画経済体制の中国は、上海のアジア金融センターという歴史的蓄積を無視し、国有企業・重工業の集積地として改造を行い、経路の強制的な転換が発生した。

この時期の格差の性格は、固定化された「体制的格差」といってよい。即ち、計画経済体制が規定した「計画下の権利」を享受するのは、都市部及び都市部に立脚する重工業、国有セクターなどであり、「計画下の義務」を負担するのは、農村部及び農村部に立脚する農業生産、社隊企業などであった。

体制的格差は、次第に人々の意識構造まで浸透した。1980年代になってからも、老上海人の意識に依然として一種の優越感が漂っていた。例えば、非上海戸籍の人々をすべて「田舎者」と呼ぶ口癖があった。国営商店の店員は上海語しか対応しない風景が妙であった。

上海人の内部でも、郊外農村部の出身者や、蘇北からの早期移住者などに対して、差別が残った。普段の言葉遣いだけではなく、通婚を拒絶するケースもまた多い。計画経済という「熱帯の罠」に嵌った上海で、その後遺症があちこちで観察される。

2. 1980年代の地盤沈下：取り残された改革の課題

　1980年代に、国有企業重鎮という「体制的経路」が上海の足枷となった。上海にとっては、計画経済的優位性の衰退と市場経済的優位性の不在の双方に挟まれ、移行期の痛みを痛感することとなった。この時期に、市場経済化の波に乗り遅れた上海では、国有企業の改革が難航し、経済的地盤沈下の10年を経験した。

　1980年代の改革開放政策の下で、上海や東北3省（遼寧、吉林、黒龍江）など国有セクター中心の伝統的工業地域と華南（広東、福建省）、「江浙」（江蘇、浙江省）など非国有セクター中心の外向的経済地域の間の格差は一層際立ってきた。例えば、第2章の表2-2によると、上海の年平均名目GDP成長率（1985-1990年）は8.92％であり、江蘇省の14.84％、浙江省の14.83％、そして広東省の19.52％、福建省の19.26％を何れも大きく下回った。実際、上海は全国第27位に後退したのである。

　その原因を簡単に探ってみよう。第2章の表2-4によると、産業構造の面では、上記の後者は軽工業の比率が高く、上記の前者は重工業の比率が高い地域である。また、産業の形態の面では、前者が非国有部門の比率が高く、後者は極めて低い。1991年の上海の工業生産に占める軽工業と非国有企業の比率は、それぞれ50.1％及び35.1％であり、広東、浙江、江蘇などに比べて、何れも低い。市場経済化という経済改革のプロセスは、市場に近い産業を持つ地域において浸透しやすい。それが成長率の地域間格差をもたらした原因と考えられる。

　いわば、格差が生じた根本的な原因は、非国有セクターの育成等市場経済化の進行テンポが地域によって大きく異なったために他ならない。そしてそれは、1980年代の経済改革の特徴である「漸進改革路線」が、地域傾斜発展政策を選択させた結果である。

　以上を踏まえると、中国の開発戦略が、1980年代の地域傾斜（沿海開放戦略）から1990年代の産業・企業傾斜（全方位開放戦略）へと重点を転換した根本的な理由が理解できるだろう。従来の中国経済の主体は膨大な国有企業群であるから、国有企業の改革を通じてこそ、上海、東北、内陸のような国有工業基地を蘇生させ、更に全国的に均衡の取れた発展が成し遂げられるのである。

3．1990年代以降：上海経済の復活と貧困問題の浮上

1992年における浦東開放以降、上海は1930年代の金融センター時代の上海との接点を模索しつつ、「接木戦略」（国有企業と外資企業の結合による発展戦略）を展開し、新たな「上海モデル」の構築に努めた。

(1) 上海復活の二大条件：浦東開放と国有企業改革

1990年代初頭、中国の改革開放は新たな段階を迎えた。上海の地理的優位性、歴史的実績・蓄積が再び注目されるようになった。そして、上海と長江デルタ、更に長江流域各省には、浦東開発に際して、1つの発展戦略が与えられている。それは、「上海を1日も早く国際的な経済・貿易・金融の中心都市に育て上げ、それによって、長江デルタと長江流域全体の新しい飛躍を図る」[59]というものである。この戦略は、「T字型（海岸線と長江水系からなる）戦略」ともいわれる。

上海は、中国最大の港湾都市である。最大・最長の河川であり、全国の河川水上運送総量の半分以上を占める長江の河口に位置し、また、華北と華南を含めた沿海地域の中間に位置している。上海は、太平洋に面した長い沿海地域と長江の接点に位置する。正に、「T」字の2つの線が接する地点が上海である。これを以て上海浦東開発から始まった「全方位開放戦略」は、「T字型戦略」といわれ、目指す政策的目標は以下の2点である。（ア）1980年代に地盤沈下が続いた上海経済の復活、及び（イ）その波及効果を長江デルタ周辺地域更に長江流域に、広げていくという経済地域の再編成、である。

上海の復活は、1990年代以降の中央政府の強い支援によるものであり、以下の2点が重要である。

第1は、1990年代の開放戦略に相応しい斬新な「経済特区」——浦東が生まれたということである。上海の「接木戦略」の展開にとっても、浦東は重要な受け皿である。

第2は、上海は計画経済の時期から国有企業の重鎮であり、上海経済の復活にとってもう1つの重要な前提条件は国有企業の改革だということである。

1990年代の全方位開放戦略の策定については、開放地域の範囲の拡大だけでな

---

[59] 江沢民総書記（当時）が、1992年10月の中国共産党第十四回大会で行った報告による。

く、それら地域の「市場経済体制の実験場」としての役割も一層深化することになった。生産要素の市場経済化、機会の均等化による競争の促進、市場環境の整備などがこの時期の改革の重点になっていた。1994年1月1日、中央政府は、財政・金融、外資・投資、企業制度などの各方面で、一連の重要な改革措置を発表した。

これらに併せて、国有企業に関しても、その株式化などの改革動向が徐々に見られるようになった。しかし1990年代前半の改革段階においては、株式化された国有企業株に対して国家は絶大な支配権を持ち、また国家所有株については株式の流通と譲渡を許可していないため、依然として国有企業に対する国家の温情主義を根本的に解消することは困難であった。国有企業改革は、1997年の朱鎔基首相の「三大改革」(国有企業、金融システム、行政システム)に盛り込まれ、新しい展開を見せた。1998年に、国家所有株を法人株に転換し、更に上場する案がまとまった。また、1999年3月の憲法改正と同時に、「非国有セクター」の法的地位が確立されることになった。

われわれは、中国の漸進的改革に「創造的衰退」の知恵が働いたと考えている(陳雲・森田憲(2010)、第2章)。国有企業が計画経済体制の象徴であり、企業改革においては、様々な制度改革と連動する必要がある——金融、行政、社会保障と「四位一体」で改革しなければならない(陳雲(2008a))。1980年代には、複雑に形成されている国有企業を抜本的に改革するための条件が整っていなかった。更に、イデオロギー論争に巻き込まれるリスクも存在した。従って、当該段階において、中国の改革はむしろ非国有セクター(外資企業、民間企業)に活躍の空間を与えるように努めた。実際、(1) こうした改革は、新しい「柱作り」に相当するものである——古い柱を撤去する前に、新しい柱の「創造」が必要である。しかも、(2) 非国有企業のガバナンスの効率性は、国有企業改革の際の手本にもなり得る。更に、(3) 非国有企業の効率的な運営の実績は、イデオロギー論争を排除する何よりの武器になり得る。

上海の「接木戦略」の展開は第3章で述べた通りである。それによって、上海の国有セクターの規模が縮小し、国有セクターが作り出したGDPの比率は、1990年の71.3％から2012年の44.6％へ低下し続けた(第2章、表2-4)。しかし、それにしても長江デルタの他の二省に比較して、上海経済の主体が依然として国有企業(政府主導)であることは間違いない。

図4-5 「上海モデル」の貧困

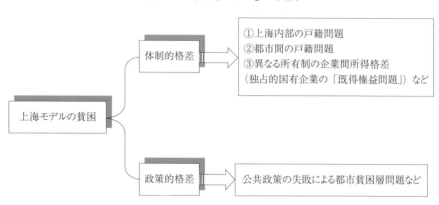

出所：筆者作成。

(2) 上海モデルの貧困

　上海の格差問題は、「体制的格差」と「政策的格差」の2つに分類される。前者は主として戸籍制度と国有企業に関するものだが、後者は大都市問題に対処する政策に起因するものと考えられる（図4-5）。このうち、「体制的格差」に起因する格差は、社会公平・公正に反する特権の存在が問題で、「主観的格差」を惹起しやすい。

　以下、それら2つの格差について見てみよう。

　第1は、「体制的格差」であり、主に戸籍制度問題や国有企業問題と深く関わっている。以下の3点が挙げられる。

　（i）上海内部の戸籍問題について。2010年に万国博覧会が開催された上海は、"Better City, Better Life" のスローガンを掲げた。しかし、上海の非農業人口が総人口の90％を占める中にあって、市街地面積は全行政区面積の僅か10％に過ぎない。域内開発の不均衡さが顕わである。倍率で見た都市農村間格差の絶対値は、浙江省より小さいが、しかし拡大傾向にある。

　（ii）都市間の戸籍問題について。市場経済体制への一層の移行は、生産要素（特に労働）の移動を前提にしているのはいうまでもない。2014年の時点で、人口の流動化は急速に進んでいるものの、戸籍制度の改革が遅れを取り、市民待遇の平準化は依然として実現されていない。上海では、「都市部―農村部―流動人口」という「体制的格差」がいわば段差の形で現れており、異なる身分や階層の

待遇の格差が歴然として存在する。例えば、社会保障制度を例にして見れば、少なくとも4つの異なった層が存在している。即ち、(1) 都市部住民保険、(2) 農村部住民保険、(3) 農地が徴用された近郊の元農民たちを対象とした「小城鎮保険」、(4) 外来農民工を対象にした「総合保険」という四重構造である（第6章の「上海モデルの貧困」で述べる外来低所得流動人口の住宅難事情も、この差別的な戸籍制度と関係するものである）。

(ⅲ) 所有制の異なる企業間の所得格差が注目を集めている。これまでのところ、上海では、外資企業の参入や上場等を通じて、国有企業が着実に変化している。しかし、成功の反面課題も残っている。即ち、改革後の国有企業であっても、管理層の人事や企業ガバナンス、更に政府プロジェクト受注等の面で、依然として「特殊性」が認められる。また一方、過剰配分問題、独占による企業収益増大問題、浪費や腐敗問題等に対して根強い社会的批判が存在する（李培林・張翼 (2003)、高路易ほか (2005)、朱珍 (2011)）。

第2は「政策的格差」であり、公共政策の失敗による貧困問題が浮上している。

上海の大都市問題が膨らんでいく中で、格差問題もまた複雑化している。従来の国有企業のリストラによる失業者問題とは違った新貧困層問題が深刻さを増している。

当該問題には、衣食住等人間の基本的ニーズに関わる公共政策の失敗が大きく関わっている。特に「不動産バブル」（及び他の民生問題である高い医療費、高い教育支出等）のため、若者を中心とする「新貧困層」が大量に出現した。「房奴」（家のローンで苦しむ人々を指す）、「月光族」（月々の給料はすべて使い込んで、貯蓄がゼロの人々を指す）、「啃老族」（親からの援助を頼りにする若者を指す）、「蟻族」（蟻のように、地下室など狭い場所で多数の人が共同生活を強いられる状態を指す）、「蝸居」（カタツムリのような狭い場所に身を寄せている人々を指す）などと呼ばれる社会現象が激しい議論を呼んでいる。不動産バブルにより、比較的高い給料を得ているホワイトカラーの若者たちでさえ、悲鳴を上げている。そうした公共政策の失敗は、せっかくの「中産階級」を消滅させてしまい、都市新貧困層を形成させることとなっている。更に、高騰した不動産価格は上海のビジネス環境を悪化させる恐れもある。企業と若い人材の双方に敬遠されることになれば、上海の高度な都市機能の実現はあり得ないだろう。

上海は「強い政府主導の開発モデル」であり、これまで大型企業（国有企業と

外資企業）重視の政策指向が観察されてきた。都市貧困層問題のような「草の根」で発生する公平性の問題は、軽視されやすい。

「成長の共有」を内包する「内発的モデル」に照らしてみると、1990年代以降、「新しい政治の力学」によって生まれ変わった上海モデルには、自らの「落とし穴」が存在する——「熱帯の罠」は常に「成功者好み」であることを忘れてはならない。

「内発的モデル」に向かって、上海には縦（時間）と横（空間）という二つの学習方向が存在する。縦についていえば、1930年代の上海自身の歴史と如何に接点を模索するかが課題であり、横についていえば、「浙江モデル」を意識し、健全な市場メカニズムの育成・法整備ならびに民間経済の十分な発展を図ることが重要である。

おわりに

ある国（地域）の「体制移行」の方向性とは、「成長の共有」を内包する「内発的モデル」の構築に他ならない。成長の共有こそ社会に安定性を与えられるからである。さもなければ、社会は次第に不安定化し（エントピー値の増大を意味する）、モデルの変更が余儀なくされる。

そうした基準に照らして、長江デルタの各サブモデルはこれまで異なる実績を積み上げて来た。原因究明のために、われわれは各地域における「重層的経路」を追跡した。なお、「重層的経路」が開発の効果に与える影響は二種類に分けられる——ポジティブに働くのは「温帯効果」であり、ネガティブに働くのは「（擬似）熱帯の罠」である。

いうまでもなく、本書で用いられる「（擬似）温帯効果」は地理学の範囲を超える概念であり、「一つの文明は周辺環境との間に適度な緊張感を持ち、それによって自助努力が最大限に発揮され、文明進化のパワーとなるもの」と考えられる。その根底には、人類の「生存と発展」の本能が駆動力として存在する。

経路は「適者生存法則」の現れであり、「便宜主義的原則」が貫徹される。この便宜主義は、具体的に「距離の原則」と「力量の原則」に分けることができる。(1) 距離の原則：距離が近ければ近いほど影響力が強いこと。実際、長江デルタのように、地政学的に隣接し合う地域では、「思わぬ」影響が他の地域から受け

ることはしばしばである。(2) 力量の原則：力量が大きければ大きいほど影響力が強いこと。本章で見たように「政治的要素」が最も力強いものだが、開放経済になりつつある中国にとって、「外圧」もまた重要なパワーとなっている。この点については、更に第5章の「義烏の事例研究」で触れる。

「距離の原則」は空間経済学の範疇に入る。具体的な事例を挙げてみよう。

まず、上海からの波及効果について、以下のような現象が観察された。1930-1940年代、東洋一の金融センターとなった上海は、浙江省（特に北部）、江蘇省（特に南部）の発展にプラスに働いた。閉鎖的な計画経済の時期を除いて、改革開放期以降、上海は1980年代に経済地盤が沈下したものの、波及効果は依然として認められた――上海からの「週末エンジニア」現象の発生である。更に、21世紀に入り、上海から流れ出したFDIは蘇南地域を大きく変貌させ、開発モデルが従来の郷鎮企業主導から外資企業主導へと変化した。

同時にまた、逆の方向の影響も観察される。概ね19世紀の後半から、近隣地域の浙江省と江蘇省から大量の人・資金が上海に流入し、上海繁栄の基礎を作った。また、1990年代以降の浦東開放及び上海の再開発に際して、郷鎮企業の発展で成功を収めた浙江省と江蘇省が後背地となり、人材・資金・市場供給の面で大きくバックアップした。

更に、浙江省と江蘇省の間にも相互の影響が認められる。浙江省が江蘇省の外資企業を羨望する一方で、江蘇省は浙江省の民営企業の成功に脱帽している。同時にまた、両者の間の学習効果も明瞭である。浙江省は杭州湾で「架け橋」作りに意を注ぎ、外資の通路打開に努めたのに対して、江蘇省は民営企業育成の「追いかけ戦略」を展開している。そして現在、江蘇省は浙江省に次ぐ民営企業の「強省」となっている。ただし、課題は残っている。例えば、地方政府の強いバックアップによって、新エネルギーなどの資本集約型産業に参入した江蘇省の大手民営企業は、国有企業並みの「超国民待遇」（政府担保の巨額な銀行融資等）を得たが、余りに急速な拡張戦略によって結局破綻することになった。そうした企業の在り方は、市場競争を通じて成長を遂げた浙江省の民営企業とは性格が異なる――そもそも、民営企業とは、「機械の組み立て作業」のように人工的に作れるものではない。江蘇省の民営企業に関する一層踏み込んだ研究が不可欠である。

要するに、長江デルタの各サブのモデルは、お互いに近隣地域の「経路作り」と「経路変遷」のダイナミックスに参加しあっていることは明白である――「空

間経済学」の対象とする機能である。

第5章
「義烏丸」の奇跡：貧困から豊かさへ

第1節　研究の背景

　本章は、浙江省の一県である義烏に焦点を当てる（中国全域は3,000ほどの県に分けられる）。義烏を選ぶ理由は、以下の通りである。(1) 浙江省が全国の中で「小さくて、輝く省」といい得るならば、義烏は浙江省の中で「小さくて、輝く県」であるに違いない。面積は各県・市（県レベルの市）の中で小さいものの、発展の成果は輝かしい。(2) 浙江モデルの代表としては、温州モデルが有名だが、義烏モデルは温州モデルとは一味違った存在であり、そのユニークな特徴が極めて示唆的である。

　経済・社会共同体としての義烏は、1つの「域」（Field）と見なせる。社会資本論でいう「域」は実在の空間を超える社会的ネットワークの意味を持つ。即ち、現実の空間から逸脱した抽象的な空間である。それは現代社会及び商業社会の根本的な特徴の1つでもある。

　義烏モデルが持つ「社会資本」は、浙江モデルのそれに共通している（第4章・第4節）。社会資本による産出は、何といっても「信頼関係」である。商業文明に根づく義烏の「共同体としての連帯意識」は、「民と民」及び「官と民」の2つの角度から観察可能である。義烏の経済及び社会の発展にポジティブに働いた社会資本の機能は、第4章で論じた「温帯効果」に相当する。

1．義烏モデル：貧困から豊かさへ

　義烏モデルは「卸売市場」に特化した経済である。山間部に位置する義烏は、30年間にわたって、浙江省の平均を上回る速度で急成長を遂げた。

　浙江省全体に比べて、義烏はとりわけ所得水準の向上という効果が鮮明である。改革開放が始まった時期、義烏の1人当りGDPは、浙江省平均のおよそ三分の

二だったが、現在は、浙江省平均の1.7倍に達している。都市部と農村部の住民1人当り所得、1人当り預金残高などの指標でも浙江省平均を上回っている。実際、『フォーブス』誌の「2013年中国で最も豊かな県級市トップ10」の中で、義烏市は第1位にランクされた。

それでは、義烏市が貧困地域から全国トップレベルの豊かな県に成長した秘訣は一体何だろうか。

義烏モデルの成功は、普通の人々の素朴な実践を出発点にしたものであり、浙江モデルの縮図でもある。民間経済、専門市場、塊状経済（特色ある産業集積）[60]などの特徴が浙江モデルと共通している。

先に述べた通り、浙江省は民間経済の活力で知られる。民間経済を受け皿に、製造業が発達し、各県に塊状経済が出現したのである。しかも、それらの製造業は、すべて販売市場（各種の専門市場、陸立軍（2008）参照）とリンクしている。「浙江モデル」は、いわば「商品製造―市場販売」連携型モデルである。

義烏も例外ではない。義烏は、「世界最大級の小商品卸売市場」の構築に成功した。そして、巨大な市場での販売を契機として、（本来、工業基盤のない義烏で）農村地域を巻き込んだ加工業が発展し、義烏の豊かさに繋がったのである。

義烏モデルは、浙江モデル（或いは域内の他のモデル――例えば、温州モデル）と共通点を持つと同時に、ユニークな特徴も持つ。それは他の地域に比べて、地方政府という「見える手」がより積極的に地方経済に参加したという特徴であり、次の二点が指摘できる。

（1）義烏市政府が、義烏経済の中枢である「中国義烏国際小商品城」株式会社（上場企業）の50％以上の株を持ち、いわば、「義烏丸」の船長である。更に、その経営の収益を社会福祉や農村部の発展に充て、均衡の調節を行う――「企業の社会的責任」と「政府の社会的責任」の合体といってよい。

（2）義烏は、早い時期に計画経済体制の足枷を突破した。義烏小商品城（市場）は、「民間自発・政府誘導」という二人三脚体制の下で進化のプロセスを辿ってきた。その中で、民間における「生存と発展」の願望が推進力となり、民間のノ

---

[60] なお、浙江省と同様、広東省にも「塊状経済」が存在する――「専業化するタウン経済」（中国語で「専業鎮経済」）と呼ばれる。浙江省と異なるのは、（1）浙江省の塊状経済が県域を単位とするのに対して、広東省の塊状経済は鎮（県より小さい行政単位）を単位にしている。（2）浙江省の塊状経済が民間企業主導であるのに対して、広東省の「専業鎮経済」は、「両頭在外」及び「来料加工」（原材料も市場も海外に依存している）を基礎に形成された産業集積であり、外資企業の下請けがほとんどである。

図 5-1　義烏「中国小商品城有限公司丸」

出所：筆者作成。

ウハウを十分に吸収した地方政府が次第に主導権を握るようになる。

2．問題意識

本章の問題意識は、以下の3点に概括できる。

第1は、義烏モデルには「賢明権威主義」の光を窺うことができるということである。

義烏の経済的奇跡は、「義烏株式会社の奇跡」といってよい——義烏経済を左右するのは「中国義烏国際小商品城有限公司」である。この「義烏株式会社」は、市場経済の波に乗った「一隻の船」と喩えれば、義烏政府は、戦略的判断を行う船長に当たる。義烏政府は、戦後日本のように外部から「護送船団方式」の産業政策を展開するのみではなく、自らが船長にも就任した——その必要性は一体何だろうか、一般化できるのだろうか、将来性はどうだろうか。本章はそうした問題を併せて問うてみることとする。なお、図5-1は義烏モデルの構造を示したものである。

第2は、「内発的モデル」の秘訣の究明ということである。

義烏経済は、浙江省に遍在する「県域経済」の1つである。「県」（或いは「県級市」）は「区」と違って、伝統的には農村地域であり、農業が主要な産業である。浙江省では、市場経済化改革以降、県を単位に特定の産業集積が進んだ（「塊状経済」と呼ぶ）。更に、製造業は専門市場と連携を採り、高付加価値を手に入れている。むろん、市場の主体は皆民間セクターである。

そこでは、浙江式「内発的モデル」の2つの特徴が検出できる。即ち、(1) 民

間主導、(2)「商工連動」による高付加価値の実現である。この開発方式は、地域住民に豊かさをもたらした。

第3は、経済発展と体制移行の関係を考えるということである。

義烏モデルに対する考察を通じて、経済発展と体制移行の因果関係が観察される。「強県拡権」のロジックや、知的財産権保護問題の進歩及び包容的社会管理体制作りはそれに該当する。

本章の構成は以下の通りである。まず第2節は、浙江（義烏）モデルの一般性の概括、義烏における「成長の共有」の現状に焦点を当てて考察する。第3節では、「義烏モデル」の特徴を分析する。世界最大級の「小商品卸売市場」の現状、製造業への連鎖効果、知的財産権保護問題を巡る力学、所得水準向上効果と包容的社会管理体制作り、義烏モデルの文化的遺伝子の五点について、分析を試みる。第4節はまとめとして、「内発的モデル」の義烏バージョンの特徴を論じる。義烏モデルのロジック、義烏政府の賢明的戦略指導者としての役割、そして義烏モデルと温州モデルとの比較検討を行う。

第2節　「小さくて、輝く」浙江と義烏

義烏モデルは、普通の人々の素朴な実践により作り出されたものである。浙江モデルの縮図でもあり、浙江モデルとは民間経済、専門市場、塊状経済（特色ある産業集積）などの特徴を共有している。陸立軍（2006）及び陸立軍・楊志文・王祖強（2008）は、「市場化―工業化―国際化―城郷一体化」というふうに義烏モデルの特徴を概括した。それは的確な指摘だが、それでは一体なぜ「義烏モデル」が機能できたのか、内面のロジックの究明が課題である。

1．「製造―販売」連携型浙江経済のパワー

浙江省の面積は10.18万 km^2、中国の中で最も面積の小さい省の1つに属する。浙江省の1人当り GDP は、直轄市の上海、北京、天津を除いて、全国第4位である。「小さくて、輝く」省といえよう。2012年末の常住人口は5,477万人、11の「地級市」（地区レベルの市）に分けられ、その下には69の市・県・区（22の「県級市」、36の「県」、11の「市轄区」）を抱える（表5-1）。

表5-1 浙江省及び義烏市の概況（2012年）

	義烏市	浙江省	「義烏／浙江」の比率（％）
面積（km²）	1,105	101,800	1.1
常住人口（万）	218.6	5,477	4.0
戸籍人口（万）	75.3	4,799.34	1.6
外来常住人口（万）	143.3	677.66	21.1
※外国籍常住人口（万）	1.3	—	
地域総生産（億元）	806.03	34,665.33	2.3
工業総生産高（億元）	283.83	15,338.02	1.9
産業構造	2.66：41.35：55.99	4.8：50：45.2	—
都市化率（％）*	58	63.2	—
都市部登録失業率（％）	2.88	3.01	—
輸出入	93.47	3,124	3.0
※輸出	90.05	2,245.7	4.0
財政収入（億元）	101.46	6,408.49	1.6
※地方財政収入（億元）	57.42	3,441.23	1.7

注＊：「都市化率」は常住人口で計算したものである。
出所：各種資料より作成。

　浙江省の地形は「七分の山・一分の水面・二分の田圃」と概括できる。山岳地帯が総面積の70.4％、平原と盆地が23.2％、川と湖が6.4％をそれぞれ占める。耕地面積は僅か208.17万ヘクタールである。全体として、南西から北東へ傾斜している。

　浙江省は「製造―販売」連携型経済に進み、それによって、高付加価値が獲得可能となった。しかも、民間経済をベースにしているため、富が民間に流れるのである。それが、浙江省が全国に先駆けて「成長の共有」に近づくこととなった秘訣である（この点については、第3章・第4章を併せ参照）。

　浙江省の製造業は、「塊状経済」（特定の産業集積）の形態で存在することが一般的である。また、販売ルートは、遍在する各種専門市場をその特徴としている。そうした中にあって、義烏の「塊状経済」の性格はやや特殊である――「中国小商品城」はもとより製造業ではなくサービス業だが、「小商品卸売市場」の存在が製造業を牽引したのである。即ち、義烏モデルは市場に牽引された「商業―製造業」の連携であり、浙江省内の他の地域に比較してむしろ反対のパターンを採

ったといえる。

以下、具体的に見てみよう。

(1)「県域経済」の特徴

浙江省は、合計して69の県レベルの行政単位（58の県・県級市、11の市轄区）を有する。そのほとんどが特色ある「県域経済」（「塊状経済」）を形成している。浙江省の「塊状経済」は、省経済全体の60％近くを占めており、「塊状経済」の数は312に達する。例えば、永康五金、義烏小商品（雑貨）、温州鹿城区の靴・アパレル・メガネ・ライター、温州楽清の低圧電器、温州瑞安の自動車・バイク部品、杭州のプラント製造、嵊州のネクタイ、湖州織里の子供服、海寧の皮革製品、富陽の製紙業、建徳の化工、余姚の省エネ型照明器具などである。図5-2は、「浙江省における塊状経済の現代産業集積へのレベルアップを推進させるための指導意見」の中で提示された20の実験区の配置図である。更に2010年10月に、二期目の実験区21箇所が追加された。

2008年、これら「塊状経済」の売上額は2兆8,100億元、輸出額は6,122億元、就業者数は831万人だった（浙江省全体のそれぞれ54％、62％、56％を占める）（浙江省経済与情報化委員会（2010））。また、年間売上高が200億元を超えた26の「塊状経済」のうち、生産単位数が１万を超えるものは、義烏小商品市場、長興紡績、諸曁靴下及び永康五金業である。就業者数が10万人を超えるものは蕭山紡績など6箇所であり、このうち、義烏小商品市場の就業者数は40万人に達し、とりわけ雇用吸収力が顕著である（表5-2）。

浙江省に遍在する数多くの塊状経済の中で、複数の業種が重なっていることが確認できる。そのうち、電気機械及び機材製造業は最も多く分布しており、35箇所を数える。次いで、通用設備製造業が33箇所であり、第3位は紡績業の29箇所である。

2008年の売上高を見ると、1,000億元を超える業種が9、1,500億元を超える業種が6存在する。紡績業の5,723億元と電気機械・機材製造業の3,146億元を筆頭に、輸送機械、通用設備、金属製品、紡績・アパレル、石油加工、皮革、電子通信という順位である。

注意すべきことは、浙江モデルの成功の秘訣は、製造業における生産のみではなく、市場における流通ルートの創出こそ重要であり、高付加価値を獲得できる

図 5-2　浙江省「塊状経済」の配置

出所：浙江省人民政府弁公庁（2009）、「浙江省における塊状経済の現代産業集積へのレベルアップを推進させるための指導意見」。

要因はここにある——その詳細は以下の通り——ということである。

(2) 販売ルートの開拓：各種専門市場の遍在

浙江省は「市場立省」の手本である。遍在する専門市場はすべて民間によって自発的に作られたものである。専門市場を通じて、第二次産業と第三次産業が密接に関連するようになり、高付加価値の実現も可能となった。

浙江省の民間経済による第三次産業への進出は着実に進んだ。2006-2012年の期間、民間経済における各産業の年間平均成長率はそれぞれ9.3％、13.7％、

表5-2 浙江省における年間売上高200億元を超える塊状経済（2008年）

塊状経済	生産単位（社）	全体の就業者数（万人）	売上高（億元）	輸出額（億元）
1. 杭州蕭山の紡績業	4,500	22.8	1,396.30	235.41
2. 紹興市紹興県の紡績業	2,666	19.5	1,066.50	280.35
3. 寧波鎮海の石油化学と新材料	84	1.8	1,058.85	143.08
4. 金華永康の五金業	10,492	31.8	835.00	196.00
5. 金華義烏の小商品（雑貨）	20,884	40.8	822.22	133.87
6. 寧波慈渓の家電	9,400	28.4	570.00	180.00
7. 杭州蕭山の自動車部品	547	4.0	564.37	122.65
8. 温州楽清の工業電器	1,300	16.0	489.00	55.00
9. 温州鹿城のアパレル	3,000	2.7	445.12	80.36
10. 紹興諸曁の五金化工	3,597	6.9	432.42	53.95
11. 寧波北侖の装備製造業	2,460	11.8	427.49	24.00
12. 寧波北侖の石油化学	127	1.7	412.48	7.20
13. 寧波保税区の液晶光電	21	2.5	412.44	196.24
14. 寧波余姚の家電	2,300	9.2	400.00	93.00
15. 紹興諸諸曁の靴下	11,080	7.8	373.60	291.41
16. 寧波余姚の機械加工	2,500	7.8	369.16	22.99
17. 寧波鄞州の紡績・アパレル	725	14.8	324.73	158.81
18. 紹興市紹興県の化学繊維	35	1.3	310.60	12.19
19. 温州温嶺の自動車・バイク部品	3,000	5.5	305.00	30.00
20. 温州玉環の自動車・バイク部品	1,900	8.2	260.00	30.00
21. 湖州長興の紡績業	15,616	1.6	248.00	23.30
22. 温州瑞安の自動車・バイク部品	1,500	20.0	230.00	33.34
23. 嘉興秀洲の紡績業	660	6.3	225.70	36.30
24. 杭州富陽の製紙業	362	3.3	216.00	1.70
25. 台州温嶺の靴	4,312	9.1	201.85	42.35
26. 台州温嶺のポンプと電機	5,600	3.0	200.00	13.20

注：「塊状経済」の名称の中で最初に示したのは、「地級市」の名称である。
出所：浙江省経済興情報化委員会、『2009年浙江省塊状経済調査報告書』より作成。

16.4％に達した。なお、2012年の民間経済内部の各産業の比率は、それぞれ7.5：54.3：38.2で、2005年に比べ、第一次、第二次産業が2.8ポイント、1.8ポイント低下した代わりに、第三次産業が4.6ポイント上昇した。

　第三次産業への貢献が大きいのは、浙江省各地で商品ごとに開かれている「専門市場」である。当該市場は浙江省経済の一大特色であり、運営はむろん民間に任されている。市場は生産と流通をリンクさせ、浙江省経済（特に「県域経済」）を発展させた。近年、浙江省で三年連続「全国強県トップ100」にランクされた

表5-3　各省における取引金額1億元以上の専門市場の状況

省	2012 数（箇）	2012 取引金額（億元）	2010 数（箇）	2010 取引金額（億元）	2005 数（箇）	2005 取引金額（億元）
合計	5,194	93,023.8	4,940	72,703.5	3,323	30,020.9
浙江	764	13,769.3	695	11,592.2	520	6,257.3
山東	569	8,021.0	543	6,676.2	378	2,820.0
江蘇	562	15,659.2	553	11,754.3	459	4,814.6
広東	384	5,506.5	378	4,827.4	268	1,940.5
上海	188	10,778.6	179	6,479.9	51	2,197.0
構成比（％）						
合計	100	100	100	100	100	100
浙江	14.7	14.8	14.1	15.9	15.6	20.8
山東	11.0	8.6	11.0	9.2	11.4	9.4
江蘇	10.8	16.8	11.2	16.2	13.8	16.0
広東	7.4	5.9	7.7	6.6	8.1	6.5
上海	3.6	11.6	3.6	8.9	1.5	7.3

出所：各省統計年鑑（各年版）より作成。

県の数はおよそ30であり、江蘇省及び山東省の2倍に相当している。

　2005年、浙江省の取引専門市場は4,008箇所、そのうち取引金額が1億元以上の市場が520箇所であって、第2位の江蘇省より61箇所多い。取引金額では、浙江省の1億元以上の市場の取引金額は合計で6,257.3億元（全国の20.8％）、第2位の江蘇省と第3位の山東省よりそれぞれ1,442.6億元、3,437.3億元多かった。2012年になると、取引専門市場数は4,297箇所に増え、そのうち1億元以上の市場は764箇所を数える。ただし、浙江省の1億元以上の市場数は依然として最も多いが、取引金額は江蘇省に抜かれている（表5-3）。その理由は概ね、江蘇省に比べて、浙江省商品の付加価値性が低いためである。

　浙江省内の資源が少なく、面積も狭いため、有能な浙江商人の足跡は省内に留まらず、全国及び世界へ広がっている。上海、長江流域、西部大開発、東北老工業基地振興、中部台頭などの国家戦略の展開に、何れは浙江商人の姿が多く見られる。

図5-3 義烏市の行政区画

出所:筆者作成。

2. 義烏における「成長の共有」の現状

　義烏市(県級市)は、浙江省中部に位置して金華市(地級市)に属し、海から離れた山間部に所在する。面積は1,105.46km²(そのうち市街地面積は90km²)であり、浙江省の県・県級市・区の中の第49位である。そして、戸籍人口は75万人(常住人口は218万人)であり、第20位に当たる(前掲表5-1)。

　義烏市は金衢盆地の東側に位置し、丘陵が主であって、東、南、北の三方向が山(最高峰の標高がそれぞれ1,000m弱)である。地勢は北東から南西へ傾斜し、全体として、南北が長く東西が短い回廊式盆地を形成している。

　義烏の「県制」は1,400年の歴史を持つ。1988年5月より、義烏県は「県級市」に昇格し、現在、6鎮、7街道に区分されている(図5-3)。

表5-4　浙江省及び義烏市の豊かさ比較（2012年）

	義烏市	浙江省	義烏／浙江
1人当りGDP（元）	107,420	63,374	1.7
都市住民1人当り純収入（元）	44,509	34,550	1.3
農村住民1人当り純収入（元）	19,147	14,552	1.3
都市／農村の倍率	2.32	2.37	
1人当り預金残高（万元）	14	5.5	2.5
都市部百家庭当り自動車保有数（台）	48.8	36.5	1.3
農村部百家庭当り自動車保有数（台）	28	15.2	1.8

出所：『浙江統計年鑑』（各年版）、『義烏国民経済與社会発展公報』（各年版）より作成。

　義烏市は古くから交通が不便で、自然資源にも乏しい。国家による投資はほとんどなかった（浙江省全体が、国家による投資の少ない省だが、義烏は浙江省の中でも特に少ない地域である）。

　1978年の改革開放以降、この地で斬新な「義烏モデル」が生まれ、その影響力は中国全土及び世界へ波及したのである。2007年12月、中央政策研究室並びに中央財経指導グループ弁公室の共同研究プロジェクトにおいて、18の地域が「全国改革開放モデル地域」に選ばれた。義烏もその中の1つである。以下、「小さくて、輝く」義烏経済のパフォーマンスを簡単に見てみよう。

　2006年以降、義烏経済の成長は、全体としていえば、浙江省を上回っている（図5-4）。各産業の比率は2.66：41.35：55.99であり、浙江省の中で第三次産業の比率が50％を超える最初の県（県級市）であった。

　それでは、義烏経済の成長に伴って、経済格差（特に所得格差）はどう変化したのだろうか。

　浙江省全体に比較して、義烏経済は所得水準の向上の側面でとりわけ優れている。遡ってみると、改革開放政策当初、義烏の1人当りGDPは浙江省平均のおよそ三分の二だったが、2012年時点では、義烏の1人当りGDPは107,420元で、浙江省平均（63,374元）の1.7倍に相当する。また、都市部と農村部住民の1人当り所得は、浙江省平均の1.3倍、1人当り預金残高は2.5倍となる。100世帯当り自動車保有台数も都市農村を問わず、浙江省平均を上回っている（表5-4）。

　浙江省内の県単位（県・県級市・区）で見ると、GDPの規模は第7位だが、

216 第Ⅱ部 開発モデルと格差

図 5-4 浙江省と義烏市の GDP 成長率（2006-2012年）

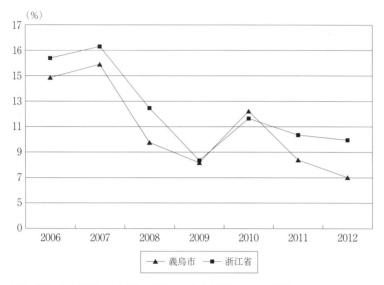

出所：『浙江統計年鑑』（各年版）、『義烏国民経済興社会発展公報』（各年版）より作成。

図 5-5 浙江省と義烏市都市部住民1人当り純収入成長率（2005-2012年）

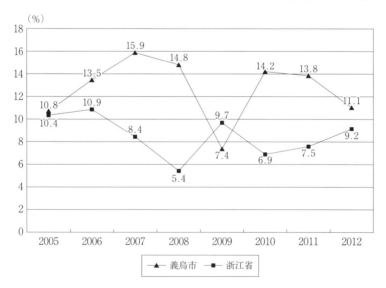

出所：『浙江統計年鑑』（各年版）、『義烏国民経済興社会発展公報』（各年版）より作成。

図5-6 浙江省と義烏市農村部住民1人当り純収入成長率（2005-2012年）

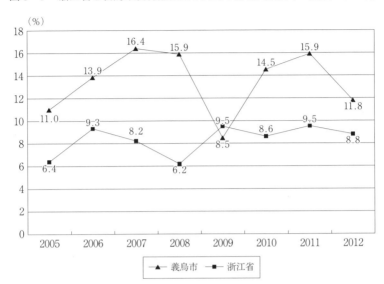

出所：『浙江統計年鑑』（各年版）、『義烏国民経済與社会発展公報』（各年版）より作成。

豊かさを現す諸指標では良好な数値を示している。(1) 義烏の都市部住民の1人当り所得は第1位（全国でも第1位である）、(2) 農村部住民の1人当り所得は、紹興県、慈渓市、寧波市区、海寧市に次ぐ第5位である。また、(3) 1人当り預金残高は第1位、(4) 1人当りGDPは紹興県に次ぎ第2位、である。

図5-5及び図5-6は、浙江省及び義烏市の都市部住民1人当り純収入成長率である。都市部・農村部を問わず、義烏市は浙江省を上回っている。

もう1つのデータを見ておこう。『フォーブス』誌は、2013年までに合計5回、「中国における県級市の豊かさリスト」を発表している。5回目は、「都市住民1人当り所得」を指標に「2013年中国における最も豊かな県級市トップ10」が作られた。その中で、義烏は40,078元／人（2011年）の成績で第1位となった（浙江省が全部で10県級市のうちの半数を占め、義烏のほか、諸曁、楽清、慈渓、上虞もリストアップされた）。また、トップ10は、すべて浙江省と江蘇省の都市であることにも留意すべきである（表5-5）。

なお、2009-2012年のリストの名称は、「フォーブス中国最優秀県級市」であり、順位は「人材、都市の規模、消費能力、旅客及び貨物輸送、経済活力、経営コス

表 5-5 「フォーブス中国最も豊かな県級市」(2013)

順位	2013			2012		2011		2010		2009	
	名称	所属省	1人当り所得(元)*	名称	所属省	名称	所属省	名称	所属省	名称	所属省
1	義烏	浙江	40078	昆山	江蘇	昆山	江蘇	昆山	江蘇	昆山	江蘇
2	諸曁	浙江	35697	常熟	江蘇	常熟	江蘇	常熟	江蘇	常熟	江蘇
3	昆山	江蘇	35190	江陰	江蘇	張家港	江蘇	張家港	江蘇	義烏	浙江
4	張家港	江蘇	35128	張家港	江蘇	江陰	江蘇	江陰	江蘇	張家港	江蘇
5	常熟	江蘇	35041	呉江	江蘇	呉江	江蘇	呉江	江蘇	呉江	江蘇
6	江陰	江蘇	34888	義烏	江蘇	太倉	江蘇	義烏	浙江	江陰	江蘇
7	太倉	江蘇	34887	太倉	江蘇	義烏	浙江	太倉	江蘇	慈溪	浙江
8	楽清	浙江	34448	慈溪	浙江	余姚	浙江	余姚	浙江	余姚	浙江
9	慈溪	浙江	34123	余姚	浙江	宜興	江蘇	宜興	江蘇	太倉	江蘇
10	上虞	浙江	34011	宜兴	江蘇	慈溪	浙江	慈溪	浙江	諸曁	浙江

注：2009-2012年のリスト名は、「フォーブス中国最優秀県級市」であり、順位は人材、都市の規模、消費能力、旅客及び貨物輸送、経済活力、経営コスト、イノベーションなどの複合的指標により決められた。2013年には、「都市住民1人当り純収入（2011年データ）」によりリストが作成され、名称も「フォーブス中国における最も豊かな県級市」に改められた。
出所：『フォーブス』誌（中国版）サイトより作成。

ト、イノベーション」などの複合的な指標によって決定された。その結果は、(1)トップ10がすべて浙江省と江蘇省の都市である点は変わらず、しかし、(2) 2009-2012年の4回とも、江蘇省が優位に立ち、浙江省をリードしている。

問題は、総合的指標で優位に立った江蘇省の諸都市が、一体なぜ所得の面で浙江省に及ばないのかということである。その理由は浙江省の民間経済及び「製造―市場」連携型「県域経済」の強さに求められる（第3章・第3節を併せ参考）。

また、都市農村間格差については、義烏市の場合、都市部対農村部住民の「1人当り純収入倍率」は2.32：1で、浙江省平均値（2.37：1）よりやや低い値だが、全国平均値（3.03：1）に比べて遙かに低い。義烏市第12次5カ年計画では、都市農村間の所得の倍率を2：1以内に縮小することを目指している。

第3節 「義烏モデル」の特徴

浙江モデルの典型的事例として、「義烏モデル」が脚光を浴びてきた。金融危機の影響は受けたものの、義烏の活力は衰えていない。

「義烏モデル」の特徴は以下の三点である。(1)「小商品、大市場」(小さな商品、大きな市場) という商工連動型のモデルであり、市場の先導的役割が顕著であること。実際、各産業の比率は2.66：41.35：55であり、浙江省全体の4.8：50：45.2に比較して分かるように、第三次産業が第二次産業をリードしている（前掲表5-1）。(2)「民間自発、政府誘導」という官民協力体制を取り、政府が自ら「義烏丸」の船長に就任したこと。そして、(3)「商工連動」という産業チェーンが形成され、「来料加工」への参入によって、農村地域（特に農村の女性）の所得水準が向上したこと、である。

1．世界最大級の「小商品卸売市場」

前述の通り、浙江省は「市場立省」の手本である。そして、義烏モデルは浙江モデルの典型的な事例といってよい。

義烏が世に知られたのは、世界最大級の「小商品卸売市場」の存在によってである。2005年8月、国連、世界銀行とモルガン・スタンレーが共同で発表した「世界を驚かせた中国の数値」の中で、義烏市場を「世界最大級の商品卸売市場」と認定した。

2011年11月、中国社会科学院が発表した「中国商品市場トップ100」（第1回）の中で、義烏市場は「総合類第1位」と評価された（総合類のほか、紡績・服装、五金・家具、自動車及び生産財、電子及び専門市場、農産品など6種類に分けられた。選ばれた100市場のうち、浙江系の市場が概ね半数を占めた。そのうち、省内での開業が38、省外での開業が13である）。

義烏「中国小商品城」は、浙江省専門市場全体の取引額の60％を占める。取引された商品は世界220余りの国・地域へ輸出される。国連難民署、中国外交部、カルフールなどは、義烏市に商品調達・情報センターを設けている。

2012年の義烏市場の取引高は758.8億元（前年比11.9％増）であり、そのうち580億元が「中国小商品城」による取引である（前年比12.6％増）。1992年以降、

図5-7　義烏「中国小商品城」の取引高（2005-2012年）

出所：『義烏国民経済與社会発展公報』（各年版）より作成。

　義烏「中国小商品城」の取引高は22年間連続して全国各専門取引市場の中で第1位を占めている（図5-7）。そして、これらの取引の約65％が輸出に向けられた。義烏税関は、全国で最も忙しい内陸の税関となっている。
　健全な市場の育成には、以下の要件が不可欠である。即ち、(1) 企業（経営者）の数が十分に大きく、市場競争が十分に存在すること。(2) 市場が開放的性格を持ち、法によって秩序が守られること。そして、(3) 商業精神の浸透――取引主体が市場経済に相応しい適性を持つこと（「誠実」、「信用を守る」等）、である。
　以下、商業文明の道に沿って進む、義烏の様子を具体的に見てみよう。

(1) 民間自発・政府誘導の開発モデル
　先に述べたように、義烏は内陸の山岳地域に位置し、山に囲まれた小さな盆地であって、農耕条件には恵まれていない。また、自然資源にも乏しい。そのために、義烏人は古くから商業活動を活発に営んだ。改革開放以前の計画経済の時期

でさえ、義烏商人たちはこの伝統を引き継いだ。彼らは全国へ出かけ、子供の好きな駄菓子や日用雑貨品を担いで、村々を転々と回り、各家庭にあった鶏の羽毛や、歯磨きチューブ等の物資と交換した。そして、入手した再生資源を市場で販売し、得たお金で更に商品を仕入れ、義烏の露天市場で販売した。このような原始的な商業活動が現在の大規模卸売市場の前身である。

　言ってみれば、義烏商人たちは、市場経済体制がなかった時代に、自分の足で生産要素の流動性を作り出したのである。

　注目すべきことは、義烏商品市場の始まりは確かに民間の自発性によるものだが、地元政府が商品取引市場の発展（規模化、専業化、国際化）に「戦略的設計士」の役割を果たしてきたということである。こうした市場の力を巧みに誘導する地元政府の姿勢は、「浙江モデル」の一般性に合致したものだが、義烏政府は他の地域に比べて、政府が一層積極的に市場の開拓に参加した――自ら「船長」に就任し、戦略的誘導を行った。次のような諸点が指摘できる。

　第1に、国有企業の改革に一貫して積極的だという点である。1990年代半ば、義烏で国有企業改革が行われ、政府資本が競争的分野から全面撤退した。民間資本に一層多くの市場空間が生まれた。現在、卸売市場を中心に、生産、販売、物流など16の業種で民営企業が主体となっている。また、2009年に、義烏の国有資産は更に、「国有資産経営公司、恒大開発公司、交通発展公司、公用事業公司」の四大公司に統合された。そのうち恒大開発公司は「中国小商品城」の株式を保有している。

　第2に、「中国商品城」という戦略的資源を社会の共同資産にする工夫を行っているという点である。2002年、「中国小商品城」が上場することとなった。義烏政府は、この戦略的資源の主導権を失うことを危惧し、2008年に増資を決め、持株比率を39.86％から55.81％へ引き上げた。それによる収益の社会還元を通じて、政府の社会的責任と企業の社会的責任を果たそうとしている。

　第3に、地方政府が「中国小商品城」の運営に工夫を凝らしたという点である。例えば、市場の店舗や貨物運送センターの所有権を地方政府が譲らず、将来の発展を見据えて、主導権を握っている。また、経営者の信用記録及び賞罰制度、建設用地使用権の競争入札制度などを策定し、健全な市場の取引に不可欠な公平で透明な制度を供給している。以下、具体的に見てみよう。

(ア) 市場建設の初期段階

　1980年代初頭、義烏市は全国に先立って、個人経営者の商工登録を認めた。1982年9月5日、稠城鎮湖清門小百貨市場が正式に開業した。市場内で営業許可証を持つ個人経営者は200人、臨時営業許可証を持つ個人経営者は600人余りに上った。取引に訪れる顧客は一日当り3,000-5,000人に達し、次第に影響力を拡大していった。丁度その11日後、中国国務院は160種類の商品価格を「市場による調節」に任せることを決定した。義烏の大胆な実験が時代の潮流に乗ったのである。

　1983年から、義烏市政府は、「興商建市」（商業を都市の基礎産業部門と位置づける）戦略を提出した。その後、「商業を以て、工業を促進」、「商業を以て、都市を建設」、「商業を以て、市民を豊かに」などのスローガンが続々と加わった。義烏小商品市場は、地元政府主導の下で、五回にわたって場所が変わり、規模が拡大し続けてきた。

　1992年新しい篁園市場営業後、義烏市工商局は1.3万人の経営者に対して「業種ごとの専業化経営」を試みた。業種ごとの集積によって、市場の競争が高まり、専業化の水準も引き上げられた。このように、義烏は全国様々な市場との間に一線を画する存在となった。

　2001年9月から2008年10月の間に、「中国小商品城」は5段階のリフォーム案を経て、一層レベルアップした。2008年10月21日、新しく拡張した第5期の義烏国際商業貿易プラザ（新館）では、「輸入商品展示館」が設けられた。義烏市場は「世界の商品を買い、世界の商品を売る」時代に入った。現在の義烏小商品城は、470万m²の経営面積、7万の店舗数を持つようになった（1つの店舗に1分間を使い、毎日8時間使う計算で、すべての店舗を回るには145日もかかる）。義烏は名実ともに「世界のスーパー」となったのである。

　同時に、義烏小商品城は、従来の単一な商品取引機能から、商品展示、情報集積、価格形成、商品開発などの機能へ拡張・高度化している。例えば、2006年10月以降、商務部編の「義烏・中国小商品指数」が世界へ発信され、日常雑貨品の取引指標として影響力を増している。2008年7月、義烏小商品城をベースに、「小商品分類コード」という国内初の業界基準も作成された。この目録によると、現在義烏小商品市場には、16の大分類、4,202の中分類、33,217の小分類、170万の単品が存在している。

現在の義烏「中国小商品城有限公司」はすでに上場企業である。地元政府が最大の株主として、56％の株式を所有している。経営の面で、「中国小商品城」は市場内の店舗の所有権を持ち、店舗の経営者（個人経営者、法人経営者）は毎年リース料を支払い、使用権のみを持つ。しかも、店舗使用価格の高騰を抑制するために、使用権の私的譲渡（転売）は禁止されている。同時に、安い税負担や管理費用も市場活力の源泉である（それに比べて、多くの地方政府には、民間経済の興隆につれて、税負担・雑費引き上げなどの「掠奪式管理」がしばしば見られる）。

　2013年末までに、義烏市場の経営者数が206,066に達した。内訳は、国内資本系200,842（前年比36.38％増）、外資系5,258（外資系パートナー企業2,018を含む）である。なお、外資系パートナー企業（Partnership Enterprise with Foreign Investment）の設立条件は簡単であり、義烏で経営活動を行う外国資本に歓迎されている。現在の義烏において、この種の企業数は全国の7割以上を占める（この点は後述）。

　義烏経済は「市場」に特化した経済である。現在、「中国小商品城」周辺に、11もの専門市場（農業貿易市場、家具市場、木材市場、装飾市場、生産財市場、通信市場、家電市場、自動車市場、中古車市場、不動産取引市場、出版物取引市場）が集積されている。正に「市場が市場を呼ぶ」効果の現れといえよう。

(イ) 物流と展示機能の構築

　「全国の商品を買い、全国の商品を売る」時代から、「世界の商品を買い、世界の商品を売る」時代へ邁進する中にあって、内陸地の義烏はどこよりも、交通や物流面のサポートを必要とする。1985年5月、義烏から南京までの貨物運送センターが最初に作られた。そして2002年10月、義烏国際物流センターが開業した。長い年月をかけて作られた道路、鉄道、航空からなる物流システムは現在、全国及び世界へ業務を展開している。そのうち、義烏空港は、1991年4月から正式に軍用から軍事・民間併用へと転じた。そして1993年及び2006年の二回にわたり、空港の拡張工事を行った。2007年10月、義烏─香港路線が開通した（県級の空港の中で最初である）。旅客数は1991年の延べ1.28万人から、2012年の延べ93.7万人に大幅に増加している。また、外国籍の旅客がそのうちの40％を占める。

　義烏市場は、「低価格、品揃え」だけではなく、物流的優位性も認められた。

義烏における物流センターの機能は成長しつつある。江東貨物運送センターは、面積及び輸送量ともに浙江省第１位であり、全国320の都市へ輸送ルートを開拓している。

義烏流通産業の発展は、小商品市場が生んだ巨大な市場需要と密接な関係にある。義烏発の物流コストが比較的低いため（物流コストは商品価格の12％を占め、全国平均に比べて５％低い）、周辺地域だけではなく、温州の貨物も義烏経由になることが多い。

同時に、中国小商品城有限公司は、全国に義烏商品の展示場を設けており、各地における地元の顧客が展示商品を見て即その場で発注が可能である。義烏小商品城側はそれに連動して、即時に必要な商品を手配することができる。

この他、義烏の商品展示会も発展を遂げた。1995年、義烏は初めての「小商品博覧会」を開催した。1997年から義烏博覧会は省政府主催へと代わった。2002年、「義烏博覧会」は「中国義烏国際小商品博覧会」へ格上げされ、国内で三番目に大きい商品展示会（広州交易会、華東交易会に次ぐ）へと成長した。2012年、義烏で行われた展示会は合計158回を数える。展示会を通じて、地元ブランドが宣伝され、義烏市場の影響力を更に拡大させるのである。

今後の義烏は、「国際生産財市場、国際電子商務城、国際・国内物流園区、総合保税区及び高付加価値工業園区、情報処理センター」など五つの園区の機能的な発展を進めていく予定となっている。

(2)「改革が改革を呼ぶ」波及効果：「強県拡権」のロジック

義烏で、「改革が改革を呼ぶ」波及効果が起きている。「世界最大級の商品卸売市場」を運営するに当たって、義烏の行政システム（税関、検査・検疫、税務、外貨、市場監督等）、金融システムも徐々に変化を遂げてきた──変化せざるを得なくなった。

「強県拡権」とは、経済力の強い県の自主権を強化する目的で行われる改革である。浙江省のような「県域経済」の強い地域では、既に1990年代の初頭に、ボトムアップ式の「強県拡権」の改革要求が出現している。

中国では、「地方自治」が存在しておらず、地方ガバナンスは様々な面で上位政府の指示と許可を仰ぐ立場にある。既存の縦の行政システムは、「中央─省─地級市─県・県級市─郷・鎮─行政村（村は「村民自治組織」だが、事実上は行

政の末端組織)」という6つの層からなる。経済と社会が発展していくに従って、集権型行政システムがますます障害となり、県独自の管理権限の拡大が急務となった。

浙江省の「強県拡権」改革は、全国の先頭に立った。1992年以降、合計五回の「強県拡権」改革に挑戦した。

1992年、上海とのリンケージを改善するために、浙江省は13の県(市)に向けて、経済管理権限の拡大を試みた(当時の国家体制与改革委員会が、義烏を浙江省唯一の全国総合改革実験県(市)に指定した)。1997年、分権の程度と実施範囲が浙江省で拡大された。2002年8月、浙江省政府は義烏を含む省内17県(市)の経済管理権限の拡大を決め、313項目の権限は地級市から下放された。2006年11月、義烏は浙江省による四回目の「強県拡権」の唯一の対象地域に選ばれた。以後、義烏は中国で「最も権力の大きい県」と呼ばれるようになった。また2007年以後、「強鎮拡権」改革も合わせて浙江省で行われた。

権限下放の中で、金華(義烏の上位「地級市」)税関義烏事務所(税関を持つ初めての県)、義烏出入境管理局が設立された。また義烏裁判所は、全国で初の対外貿易関係の案件の審理権を持つ基層裁判所となった。

「船長」の役割を果たしてきた義烏政府は、絶えず制度改革で内外の挑戦を乗り越えようとする姿勢が鮮明である。実際、義烏は「体制突破」の実験を数多く行ってきた。2011年5月、義烏は国務院から「国際貿易総合改革実験都市」に指定された。これは国内県域経済に対する初めての「国家戦略」の適用である。義烏にとって、新たな成長の空間が生まれる。具体的には、通関、税収、外貨、金融、外国経営者資格などの面での規制緩和実験、展示区、保税区、物流、交通などインフラ建設の推進が含まれており、17項目の新制度実験も盛り込まれている。

その中で、「外国人経営者の資格問題」が義烏発展の悩みの種だった。義烏小商品市場の中で、21万人に上る経営者が存在し、そのうち個人経営者が80%を超える。しかし一方で、義烏でビジネスを行う外国人商人の大半が発展途上国から来ている。彼らは外資企業の高い設立基準に悩まされ、合法的かつ適切な経営者身分を欲している。また、外国企業の義烏駐在事務所も法律上経営活動を行う資格を持っていない。これまで、義烏の外国人商人は毎年自国に帰り、様々な企業存続の証明材料を用意しなければならなかった。

2010年3月、義烏などの地方実験の経験を吸収して、国務院は「外国企業或い

は個人が中国で『外資系パートナー企業』(Partnership Enterprise with Foreign Investment) を設立するための管理方法」を提出した。設立基準が低く、手続きの時間も短くなったため、義烏常住の外国人商人に歓迎された。現在、義烏で500以上の外資系パートナー企業が認可されており、その数は全国の70％、浙江省の90％以上を占める。

　海外との交流が拡大する中で、義烏市は内陸ながら国際的都市へと成長しつつある。義烏は220余りの国・地域と貿易関係を築き、3,000以上の外国企業が事務所を開設している（浙江省の50％強を占め、全国の県域の中で最も多い）。

　「強県拡権」改革によってもたらされた行政効率の向上が、多くの民営企業の時間的コストと経営的コストの節約を可能にし、経済全般の活力を一層引き出す結果となっている。しかし他方で、改革はあくまでも実験段階にあり、改革が行われた県とそうでない県との間に、一種の「制度格差」も現れており、「公平な競争」の原則に反するのではないかという懸念も存在する。

　またシステム論的に見れば、こういった分権化改革には整合性が欠けていると言わざるを得ない。人事権、事務権、財政権「三位一体」の「地方自治制度」の貫徹こそ、中国における政府間関係の帰結であると考えられる。

(3) 義烏モデルへの模倣

　近年、義烏モデルを模倣した「義烏系商品取引市場」が全国各地で盛んになっている。例えば、中国社会科学院が発表した「中国商品市場トップ100」（第1回、2011年）にリストアップされた「済南義烏商品市場」（山東省）、「通化義烏商品市場」（遼寧省）、「重慶義烏商品市場」などはそうした事例である。この他、義烏商人が投資した「昆明螺螄湾国際貿易城」などもトップ100に入っている。

　事実、義烏市場を模倣した小商品市場は、北の黒竜江、南の海南、西の新疆など全国に広がった。「義烏の経験」に倣って、北京、深圳、珠海、大連、西安、蘭州、南昌、南京、吉林、宜賓、河源、東莞、恵州、宿遷、清遠などでその「子市場」が数多く作られた（深圳にのみ3箇所存在する）。更に、義烏モデルの海外進出も活発である。ロシア、南アフリカ、ドバイなどで、義烏商人が投資した「義烏市場」の姿が広く見られた。

　特に、国内の中部・西部地域では、参入障壁が低いことや、周辺分野（工業生産）と周辺地域への波及効果も期待されるため、積極的に推進されている。それ

では、その効果はどうだろうか。

　第1に、一部の市場は、「義烏小商品市場」の看板を掲げたものの、実際には不動産販売の宣伝手段に過ぎないという現象が発生したということである。比較的良いケースの場合、一部周辺地域からの集客効果が確認されたが、比較的繁栄した「商品小売市場」に過ぎない。

　第2に、義烏市場の成功は、「商工連動」を背景にしたものであり、各地の模倣の中で成功例は稀である。更に重要なのは、勤勉と智恵を兼ね備えた商人グループは簡単には模倣出来ない貴重な存在だということである（この点は後述）。

2．製造業への波及効果：「義烏商圏」の形成

　義烏市場の成長は、製造業の興隆をもたらした。地元だけでなく、周辺地域（東洋、蘭渓、浦江など）への波及効果も認められた。「商業—工業」の連動によって、「義烏商圏」が形成されている。

　1992年、義烏は深圳科学技術園区と協定を結び、義烏城南開発区を発足させた。そして1994年に、省レベルの開発区へと格上げされ、名称も「義烏開発区」に変わった。「商業を以て、工業を促進」、「商工連動」といった戦略の下で、現在、義烏市は10余りの専業村、13の鎮・街道工業区、2つの省レベル経済開発区及び13の国家レベル産業基地を持つようになった。

　義烏では、2.67万の地場企業が20余りの業種に集積し、市場のシェアを拡大しつつある。そのうち、義烏の靴下の生産・販売量は全国の35％、縫い目なしの下着は世界の20％、全国の80％、アクセサリは全国の65％をそれぞれ占めている。こうした中で、義烏の工業は順調な成長を見せた。金融危機の2008年、2009年を除いて、高い成長率を維持している（図5-8）。

　1980年代以降、中国各地で誕生した専業化市場は数え切れない。その中で、一時的に繁栄した取引市場がその後徐々に衰退していくケースも多い（例えば、武漢市の漢正街）。しかし、浙江省の市場は勢いよく発展してきている。その重要な相違は、①浙江省の市場はすべて製造業と連動関係にあるということである。市場のニーズをよく理解しているため、製造業における研究開発の対応力が高い。同時に、②市場情報の伝達がはやく、看板式生産が可能となる。そして、③規模化的生産流通となっているため、物流コストの節約もできる。商業—工業の連動

228 第Ⅱ部 開発モデルと格差

図5-8 義烏の工業生産高及び成長率（2005-2010年）

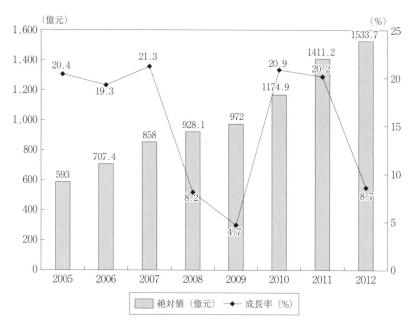

出所：『義烏国民経済與社会発展公報』（各年版）より作成。

で、義烏及び周辺地域がほぼ全員参加の体制で市場に関わり、当然、規模の経済が働く。現在、義烏市場で販売される商品のおよそ30％は地元産である。

電子商務の時代に突入した現在、義烏の発展計画の中でも、「ネットビジネス」が新たな目標として加えられた。電子手段の発達によって、商品と市場のリンクが改善されるが、市場接近の製造業が依然として様々な優位性を持っているに違いない。

3．「知的財産権」を巡る力学

商工連動方式で、一大商品卸売市場となった義烏は、他の地域と同様に、偽物の製造、流通、販売に関わっていないかという疑いに直面している。

確かに、「世界の工場」となった中国では、知的財産権を侵害するケースが数多く存在する。この問題に対する従来の政府の態度は、必ずしも明確ではなかっ

た。一方、中国で「政府」といっても、中央政府と地方政府に分けられ、実際の企業経営の監視役は地方政府である（地方政府の中でも、特に基層レベルの地方政府の役割が重要である）。しかし、地方政府は他の地域とのGDP拡大競争に没頭し、監視責任を怠る可能性が大きい（「理性的経済人」という性格の表現）。知的財産権侵害問題に限らず、環境汚染問題や労働者権益侵害問題の発生原理も、概ね類似している。

しかし一方、近年中国の知的財産権保護に進歩が見られるのも事実である。その重要な動力源は「外圧」である。中国経済は、貿易依存度が極めて高く、貿易相手国からの「知的財産権保護」の要求を無視できなくなったのである。

2006年がその分岐点だった。2006年3月、全人代は「第11次5カ年計画」を制定した。その中に、「知的財産権保護の強化」という内容が盛り込まれた。1ヵ月後の4月、北京高等裁判所において、フランスのルイ・ヴィトンなど五社が共同で提訴した案件の判決が出された——訴訟の相手は北京の秀水街服装市場有限公司である。秀水街服装市場有限公司が管理した市場で、大量の偽物が出回っていたことが問題となったのである。判決の結果は、「秀水街」の敗訴だった。

北京で行われた当該判決は、中国における多くの生産、流通、販売企業に衝撃を与えた。義烏でも緊張が走った。

義烏小商品市場が発足した当時から、偽物問題が絡んでいた。1995年、義烏工商局の傘下で「ブランド製品保護連合会」が作られた。また、2000年「義烏市知的財産権指導チーム」、2002年「義烏市知的財産権局」が次々と登場した。更に、2006年に義烏で、「知的財産権保護監視センター」が立ち上げられ、県級市としては全国で最初のケースであった。義烏は、中国全土の「知的財産権保護実験都市」となった。

その後、義烏裁判所では「知的財産権法廷」、義烏税関では「知的財産権課」がそれぞれ設けられた。また、各種取締りも厳格化した。2009年5月、『2008年義烏知的財産権保護状況白書』が中国語と英語の両方で刊行された。情報公開及び知的財産権保護への取組みを内外にアピールしたのである。国際貿易が義烏経済の60％を占める状況下にあって、「外圧」が体制進化の動力源となったわけである。

同時に、義烏政府は「ブランド戦略」を立ち上げた。特許や商標の申請を奨励する政策を打ち出し、申請成功に当たって財政支援及び奨励金を受けられること

になった。2013年8月の時点で、義烏の商標総数が51,248件に達し、全国県・市の中で第1位となり、山西や貴州、甘粛などの省域を超える水準に達した。義烏の商標の総合的実力は、全国県域経済の中で第2位、浙江省の中で第1位と評価されている。

　また、ネットビジネスの興隆は商標のニーズを向上させ、商標の申請や取引がますます活性化している。近年、海外の消費者だけでなく、中国の消費者もブランド意識に目覚めた。安価なだけではなく、品質や安全性にも関心が高まっている。その中、中国ネットビジネス最大手の淘宝は、市場での消費者ニーズを吸い上げ、自家ブランドを持つ企業向けの「Tモール」（中国語で「天猫」という）を開設した。消費者の成熟は企業の成熟を促すという連鎖反応が中国の市場に現実に起きている。

　そのように、開放経済に向かっている中国にとって、「外圧」は「内圧」とともに、経路形成や経路変遷に重要な影響力を持つようになっている。中国の知的財産権保護問題に関して、アメリカ政府の姿勢がその典型的事例である。

　1974年に制定されたアメリカ「通商法」の中に、「301条」が盛り込まれた。301条によると、アメリカ政府は、知的財産権保護に問題があると思われる国や地域に貿易代表を派遣して、調査・認定の上、報復措置を採ることができる。調査内容と評価は、『スペシャル301条報告書』の形で発表される。中国に対しては、国家レベルだけでなく、沿海部の製造業先進地域への調査も進んでいる。北京、福建、広東、江蘇、浙江、上海などが調査対象地域となった。

　浙江省の場合、2007年からアメリカ貿易代表弁公室による調査代表が派遣されている。義烏国際商貿城、アリババ（阿里巴巴）サイト、寧波港及び浙江東部、南部の諸都市が対象地域に入った。2008年から2010年の『スペシャル301条報告書』の中で、アメリカ側の浙江省知的財産権保護に関しては、概ね「消極的」から「積極的」へ評価が変わっている。

　2008年の報告書では、「浙江省は民営企業中心の中国東部製造業大省だが、長年にわたり、知的財産権侵害の疑いのある商品の生産、流通、販売に関わった」と批判し、その中でも、「寧波、慈渓、義烏、温州は偽物製品の生産及び販売（輸出を含む）に関わりが深い。一方、台州、玉環などは、寧波、慈渓、義烏での取締強化の後に現れた新しい偽物生産基地である。刑事起訴の面で地域保護主義が存在し、知的財産権の刑事責任の追及を強化すべきである」と釘を刺している。

2009年の報告書では、浙江省への批判は少なかった。しかし、第Ⅲ部において、「義烏の知的財産権保護と法律の執行には、更なる改善が望ましい——特に刑事起訴の面で」と指摘している。

2010年の報告書では、肯定的な評価が盛り込まれた。「……上海万博の開催は更なる進歩をもたらすことが期待される。隣接の浙江省でも進歩が見られた。浙江省の裁判所は、ネットを通じて知的財産権裁判の判決書を掲載し、透明性向上の手本となった。2009年の浙江省は、商標権侵害に関する調査件数の最も多い省であり、法律の執行が強化されている」。浙江省の商品取引市場に関する評価の中で、淘宝とアリババのサイトは、依然として偽物の流通に関わっていると指摘した他に、「義烏の政府関係者は、頻繁にアメリカの政府関係者と接触を図り、知的財産権保護への努力と決意を示した。(アメリカの)企業側は、義烏での法律の執行が確かに改善されていると証言した」と述べられている。

アメリカ側とのやり取りの中で、浙江省及び義烏市政府の対応は前向きといえる。(1)「知的財産権指導チーム」を統括部門とし、アメリカの調査代表と効率的に交流を図る。(2) 情報伝達の面で、アメリカの『スペシャル301条報告書』のうち、中国特に浙江省と関わりのある部分を翻訳し、情報を関係部門に周知させる。(3) 積極的に自らの情報開示やPRを行う。例えば、浙江省は毎年『知的財産権保護状況白書』を発表しており、記者会見も行う。それを通じて、知的財産権保護に関する成果を内外に示す。義烏市も2009年に、初めての『義烏市知的財産権保護状況白書』を発表した(県級市としては全国初)。

開放経済の時代となり、政治と経済の力学が国内に留まらず、国際化するのは当然のことである。それによって、中国の体制移行は「もう1つの動力源」を得ている。

4．所得水準向上と包容的社会管理体制作り

繰り返し述べている通り、「内発的モデル」の重要な特徴は、「成長の共有」である。そして、それを実現させるためには適切な工業化戦略が不可欠である。具体的には、生産高の工業化率と労働力の工業化率が比例する形で上昇していくことが望ましい。そのために、性急な工業化戦略ではなく、地域の既存労働力の量と質を考慮した上での漸進的産業高度化の戦略が期待される——そのことは、第

二次世界大戦後東アジアモデル諸国（地域）が、東南アジア地域と一線を画する重要なポイントであり、発展の成果も明らかに異なっている。更に、「成長の共有」をベースにして、1980年代の末、台湾、韓国などは平和的な体制移行を実現した（Chen, Yun（2009）、Chapter 6）。

浙江省は中国の他の地域に比べて、「成長の共有」という特徴が顕著である。義烏は更に浙江省の中の優等生といってよい。

(1)「三農」投資と余剰労働力移転による所得向上

義烏は本来、伝統的な農村地域であった。農民は義烏発展の功労者である。1982年、農村出身の馮愛倩がこっそり路上で商売をしていたところ、政府の役人に発見され商品を没収された。絶望した馮愛倩は、当時の県の党書記謝高華の弁公室に乱入し、「路上での商売が出来なければ、生きていけない」と苦情を申し入れた。この事件をきっかけに、謝書記を始めとする県幹部たちが、真剣に農民による自主的な商業活動の是非を考えるようになった。その結果、「農民が町に入り商売することを許す」と公式に決定した。それ以降、路上での市場が地方政府の支援を得、発展を遂げたのである。

しかし、経済は発展したが、都市農村間の格差は拡大する一方だった。また、義烏江の水質も農村部の生活排水や工場汚水の大量排出によって悪化した。

後進義地域の発展に際しては、農業と工業、都市と農村、生産と生活との均衡をどのように図っていくかが難しい課題である。中国の当面の開発は、「均衡のとれた発展」という目標に照して失敗した。様々な経済格差は拡大する一方である。

義烏が「三農」（農村、農業、農民）問題に本格的に取り組んだのは、2002年以降のことである。2002-2005年の間に、それぞれ8.4億元、8.9億元、12.5億元、15.4億元の財政資金を「三農」に投入し、財政支出に占める割合は25.0-34.5%であった。2006年以降、その比率が更に35%以上に引き上げられた。農村の路面舗装、飲用水、衛生、街灯設置などが重点分野であった。農業保険、教育、社会保障面の政策も次々と打ち出された。更に、農業開発区の設立及び農業支援基金の設立を政策手段として、商工業資本が農業分野に誘導され、それによって規模化経営の1,900の農業企業（そのうち大型企業は161）が事業を展開し、その傘下で、8万戸の農家、23.8万畝の農地が経営に参加した。

そして、加工産業は農村部の余剰労働力を吸収し、所得向上効果が生まれた。義烏市場の存在で生まれた製品加工の需要は農村部を席巻し、農民の所得向上に大きく貢献した。

　巨大な市場需要の下で、「市場が百村を牽引、企業が万戸家庭と連動」（市場帯百村、企業聯万戸）というキャンペーンが義烏で実施された。その中で、とりわけ「百万の女性が市場経済に参加し、来料加工で収入を得る」（百万婦女闖市場、来料加工顕身手）というキャンペーンは特筆に値する。2007年、全国女性連合会は義烏を「全国女性訓練基地」に指定した。「来料加工」方式の農村内職は、農村余剰労働力の格好の受け皿となり、とりわけ女性の収入増に寄与した。義烏市全体では、333の行政村の35万人の女性が「来料加工」に携わり、1人当り平均で、年間3,000元の増収となった。事実、義烏市場による「来料加工」の加工費は年間30-40億元に達する。加工産業は地元に留まらず、全国16の省・直轄市・自治区に及び、200万人以上の農村余剰労働力（その多くは女性）の収入増に貢献した。

　また、義烏は「学習型都市」の建設を重視し、これまで30万人の農民が各種の訓練を受けて第二次及び第三産業へ移動している。同時に、政府が農村部の学校建設に投資し、都市農村間の均衡の取れた教育環境の整備に力を入れた。4万人の外来常住人口の子弟も地元で教育を受けている[61]。

（2）包容的社会管理体制作り

　義烏市の面積と戸籍人口は、浙江省の69の「県・市・区」の中で、それぞれ第49位及び第20位である。実際には、大量の外来人口が流入しているため、常住人口は218万人に膨らんでいる。

　義烏の外来常住人口は143万人であり、浙江省全体の19％を占める（前掲表5-1）。そのうち省内出身者（主として金華、温州からの人々）は約一割で、九割が浙江省以外からの人々である（江西、河南、安徽、貴州の順に多い）。短大以上の学歴を持つ人々は約20％で、増加傾向にある。そのほか、義烏には6万人余りの少数民族が居住しており、彼らは48の少数民族に属している。

　そして、義烏市は1.3万人の外国籍常住人口を持つ（全国の外国籍常住人口の

---

[61] 中国の人口流動化に伴い、農村出身の子供たちが親とともに都市へ移住し、定住することが多い。彼らはもはや農村へは戻れない。しかし一方、戸籍の問題で、都市に居住しながらも様々な差別を受けざるを得ない、次第にアイデンティティ（身分認知）問題が起きる。熊易寒（2010）は、こうした農民工の子女たちを「都市化の子供」と呼ぶ。

総数は約60万人であり、最も多いのは北京市の11万人である)。外国籍のうちで人数が多いのは韓国籍であり、彼らは4,000人余りのコミュニティーを作り、毎年運動会も開催している。

　以上のように、義烏の人口集積は著しい。しかも多民族が共同で居住している。これまで、義烏は包容的社会管理体制を作り、開放的都市へ邁進することに努めている。外来労働者を「外来建設者」に名称を改め、143万人の外来常住人口は「新義烏人」として登場しつつある。これより実質的なのは、外来人口への定住誘導策である。例えば、(ア) 義烏では、全国的にも珍しく、外国人による人民代表大会の傍聴が許可されている。(イ) 優秀な外来人口は、党代表、人民代表、政治協商会議委員に選ばれている。2001年12月、義烏市大陳鎮で、7名の外来労働者が鎮人民代表大会の代表に当選した。全国初の出来事であった。2007年、党代表の選挙でも外来労働者が被選挙対象に入れられた。(ウ) 義烏は労働組合を通じて、外来労働者を含む労働者の権益保護に熱心である。この点について、もう少し詳しく見てみよう。

(3) 労働者権益保護について

　1つの地域或いは国において、労働者権益保護に関するメカニズムは所得格差の是正に重要である。その中でも、労働組合は正式制度として最も重要視される。

　義烏は2004年頃から、労働組合の労資関係における役割を重視し始めた。従来、義烏市で働く大量の農民工は他の地域同様に、自らの権益保護に困難であった。給料の不払いや、労働災害に遭遇した場合、訴訟コストが高いだけでなく、仮に農民工に有利な判決が下されても、企業が執行を拒むことが多い。そこで、多くの外来労働者が「同郷会」(同じ出身地の労働者団体) のような非正式組織を頼るようになった。特に「新世代農民工」は、教育水準及び見識で親の世代を超え、権利意識も強い。共同利益の獲得を目指して労働者の結束力が強まっているのが現状である。

　こうした状況は、義烏労働組合総会が外来労働者の利益代弁者になる自覚を促した。「従業者法律支援センター」が作られ、労使紛争の解決に仲介的な役割を果たす試みが行われた。

　留意すべきことは概ね次の三点である。(ア) 義烏の発展に、外来労働者が欠かせない存在である。つまり、労働者の権益保護はウィン・ウィン・ゲームなの

である、(イ)「同郷会」のような自発的な民間組織の発展は、従来の正式制度(官製の労働組合)に危惧の念を与えかねない。既存の労働組合が「同郷会」より積極的に動かなければ、農民工たちにますます疎まれる結果となり、労使紛争の場で発言力を失ってしまう。本書第1章で述べたように、本来自発的な公民社会組織は、市民社会の運営に欠かせない社会資本であり、経済発展と政府効率向上の前提条件でもある。政府組織と民間組織のマッチングはそのまま体制移行の課題となる。(ウ)司法手段の位置づけはどうだろうか。司法は最後の救済手段であり、独立した司法機関の存在こそ、事前の労使交渉を機能させる保障となる。現状では、労働者権益の保護のための法的環境は中国では整っておらず、義烏もまた例外ではない。

5.「域」としての義烏モデル:文化的遺伝子の役割

ブルデュー及びヴァカンは、社会資本の研究において、「域」(field) という空間概念を提出した。「域」は実在の或いは抽象的な空間として、様々な社会関係の繋がりによって形成されるネットワーク或いは構造を表す。「域」は、常にダイナミックに変動するが、その牽引力は社会資本に他ならない(Bourdieu and Wacquant (1992))。経済及び社会共同体としての義烏も、1つの「域」と見なせる。

一方、コールマンによれば、社会資本の構成要件として、義務と収益、情報ネットワーク、規則と罰則、権威関係などが挙げられている(Coleman (1990))。「義烏丸」の成功にも、これらの要件が確認できる。

義烏モデルの構築には、2つの主体が不可欠である。1つは、聡明さと勤勉さを併せ持つ商人グループの存在(船員)であり、もう1つは、賢明な権威である義烏地方政府(船長)の存在である。長い実践を通して、この2つの主体の内面に、共通の「文化的遺伝子」が埋め込まれ、「社会資本」の一環として有効に働いてきたのである。

義烏モデルの文化的遺伝子は、具体的に以下の二点に尽きる。即ち、(ア)素朴な現実主義、(イ)共同体としての連帯意識、である。

(1) 素朴な現実主義：生存と発展への願望が行動の起点

1978年の改革開放は、「生存と発展」という国民の根本的ニーズに答えるための体制移行である。一方、浙江及び義烏の場合、正式制度が宣言される前に、生存と発展のための草の根の自助努力が恒常的に存在し、また機能していた。

1978年当時の、中国改革の原動力（源泉）は民間であった。しかも、改革の発祥地は義烏と同じ性格の農村地域（安徽省小崗村）であった——その原因は他でもない、当時の農村部は都市部よりも「生存と発展」の課題が一層深刻だったからである。

権威主義的色彩の強い中国の改革の重要な道筋は意外にも、「ボトムアップ」的である（もう一つは、「改革開放」政策に代表される「トップダウン」式パターンである）。民間が発案者かつ行動者であり、問題意識を共有する指導層がそれを肯定し、制度変革の方向付けを行う（陳雲・森田憲（2010a）、第7章）。

義烏は1980年代以降、様々な面で実験者となり、義烏での実験は上位政府（中央を含む）に伝わり、制度創設の契機となった（前述した外国人商人の資格問題の解決もそうした事例である）。

(2) 義烏の商業文化

義烏人の市場に関する意識は、宋・永嘉学派の代表者陳亮が提出した「商籍農而立」（商業は農業の発展によって成り立つ）、「農頼商而行」（農業は商業を頼りにして発展する）の思想に根づくものである。農耕資源、鉱物資源に乏しい義烏で、人々が早い時期から農から離れ、商に携わることは、極めて自然なことである——「適者生存」だからにほかならない。最初の行商は、駄菓子と鶏の羽毛の交換という原始的な商業活動を行う人々であった。彼らは自らの足で、市場経済の要素流動性を作り出した。積極的な行動力は、義烏商業文化の宝である。

「孝行」と「仁義」を重んじる文化は義烏のルーツ[62]なのである。義烏モデルの展開は「義と利ともに重視」、「誠実と信用をともに堅守する」といった文化的遺伝子への継承ともいえる。

---

[62]「義烏」という地名の由来は、親孝行の顔烏（若者の名前）と仁義に篤い鴉に関する民間伝説によるものである。

(3) 共同体としての連帯意識

 義烏モデルの成長において、共同体としての連帯意識が2つの側面に現れている。(ア) 民間商人の間、そして (イ) 官民の間、である。

 第1に、民間商人の間では、義烏商人同士は同じ商品を販売していても、悪性の競争を避け、市場開拓に向けて助け合うという慣習がある。パイ全体が大きくなれば、互いの分け前も大きくなるからである。このような風土は、商品を担いで各地域を転々と回った時代から存在し、義烏市場の貴重な文化的遺伝子として息づいている。

 第2に、官民の間では、幾つかの興味深い特徴が確認できる。即ち、(i) 地元政府はこのような民間の自発的な経済活動を理解し、巧みに誘導してきた。また同時に、(ii) 中国の多くの地方行政にあって、「一期政府、一期計画」が常態化した。地方のトップが替われば、戦略や政策も変わるが、義烏の発展戦略は良好な継続性を見せた。「興商建県」が1984年より提出されて以降、戦略の趣旨が変わらずに継続された。更に、(iii) 義烏モデルの成功の秘訣を見い出すために、義烏政府主導の下で、「義烏精神」に関する大討論が幾度となく行われた。例えば、1988年7月から1989年5月の間に、義烏政府は、「義烏精神」の中身について市民から意見を募集し、その結果を「勤耕、好学、剛正、勇為」として概括した。そして1993年に、それは「勤業興商、誠実守信、以小做大、敢為人先」に改められた。2006年上半期には、全国に向けて、新たに大規模な意見の募集を行い、6万件以上の投稿が寄せられた。結局、「義烏精神」は「勤耕好学、剛正勇為、誠信包容」に決まった。

 なぜこのような「官民協奏曲」が可能だったのだろうか。その理由は、地元政府もまた基本的に民間と同じ環境に置かれ、「生存と発展」の課題を共有しているからである。つまり文化的遺伝子はもとより彼らにも浸透している。更にいえば、蘇北のような革命の根拠地と違って、義烏には特有の政治的資源は存在せず、従って、安易な財政支援を得ることはできない (第4章・第3節参照)。地方政府の幹部にとって、すべて自らの努力によって業績を向上させるしかない。こうした状況の中で、民間の自発的な経済活動をサポートすることは地元政府の利益にもなる。官と民のメンタリティーがますます近づいていく。

 そのことと関連して、説明しておく事情が存在する。中国では、県の主要幹部 (県の長、党書記、人民代表大会常務委員会の主任、政治協商会議の主席、裁判

院長、検察院長を指す）には「地域回避制」が設けられた。地元（県）の出身者は、当該県で主要な職務に就けないというルールである。地方自治制度がない——従って、直接選挙がない——という状況の下では、この制度は腐敗防止に役立つと考えられ、設定されたものである。

それでは、地元（県）の出身者ではない県主要幹部たちは、なぜ義烏の商業文化を十分に理解し、船長を務めることができたのだろうか。

以下の三点が働いたと考えられる。即ち、（ア）浙江省経済全体が市場指向であり、各地は概ね義烏の商業文化に似通った文化的遺伝子を共有している。従って、省内の出身者なら、義烏の商業精神を理解しやすいだろう。（イ）県の主要幹部というのは六名程度であり、大多数の幹部は県内出身者である。外来の幹部たちは、池に落ちる数滴の水のようなものであって、地域の文化を変えるどころか、遅かれ早かれ、自らがこの文化に染まっていく結果になる。（ウ）一層根本的には、このような地域文化は、地域の発展にポジティブに働く「社会資本」であって、その効果は実践の中で広く認められた。外来の幹部もこれを素直に受け止める立場にある。

概していえば、そうした連帯意識が機能し、「義烏丸」が順調に出航したのである。

第4節 「内発的モデル」の義烏バージョン

経済発展を図っていくに際しては、様々なボトルネックを突破する「臨界最小効果（Critical Minimum Effect）」（Leeibenstein（1957））が必要である。後進国が後進国である理由は、「貧困の累積」により、低水準の均衡に陥っているからである。そこから脱出するために「臨界最小効果」が求められる。そしてその後に、「改革が改革を呼ぶ」波及効果が働くことになるのである。

中国の経済開発の場合、その「臨界最小効果」は常に「草の根」と「指導層」の共同作業によって作り出された。1978年の「開国」もその通りであり、義烏モデルの場合も同様である。「民間の自発性」プラス「政府誘導」のパターンが功を奏したのである。

第5章　「義烏丸」の奇跡：貧困から豊かさへ　239

図5-9　義烏モデルの特徴

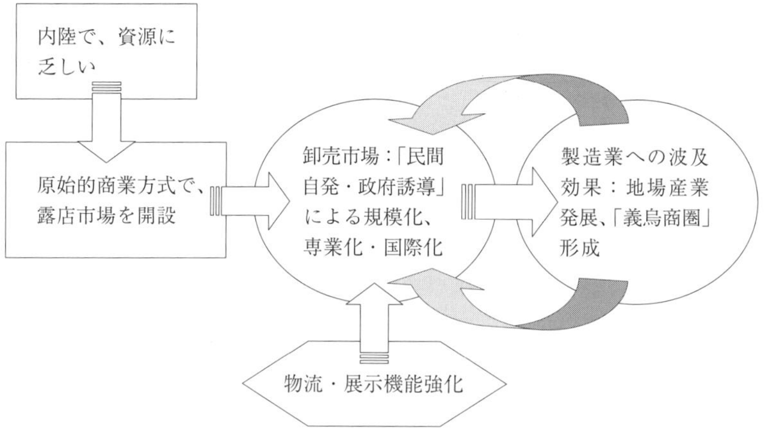

```
┌──────────────┐
│ 内陸で、資源に │
│ 乏しい         │
└──────┬───────┘
       ↓
┌──────────────┐   ┌──────────────┐   ┌──────────────┐
│ 原始的商業方式で、│→│ 卸売市場：「民間│→│ 製造業への波及│
│ 露店市場を開設  │  │ 自発・政府誘導」│  │ 効果：地場産業│
│                │  │ による規模化、 │  │ 発展、「義烏商圏」│
│                │  │ 専業化・国際化 │  │ 形成          │
└────────────────┘  └────────┬───────┘  └──────────────┘
                             ↑
                    ┌────────────────┐
                    │ 物流・展示機能強化 │
                    └────────────────┘
```

出所：筆者作成。

1．義烏モデルのロジック

　義烏モデルとは、人間社会と環境の間の緊張感から生まれる自己防衛的な行動パターンなのである。乏しい自然資源及び国家投資の欠如が「背水の陣」となり、逆に民間の自助努力を促し、地域共同体としての意識を高めることになった。商人の間及び官民の間に表れた連携意識はそうした性格のものである。

　第4章で述べたように、「経路依存性」には2つの相反する可能性が認められる。ポジティブに働く「経路」は、社会資本に等しい役割を果たすのに対して、ネガティブに働く「経路」は、開発を慣習化・保守化の方向へ導く。義烏の場合は前者に当る。同時に、開放経済に向かいつつある中国にとって、「外庄」は「内庄」とともに、経路の形成や経路の変遷に重要な影響力を持つようになっている（前述した知的財産権保護問題を巡る力学は、そうした事例である）。

　「義烏モデル」は、商業主導のモデルである。「民間自発・政府誘導」という官民協力体制及び「商工連動」のパターンが、地域振興に至る重要な秘訣である（図5-9）。

　義烏の伝統的な「行商」たちは、自らの2本の足で市場の最初の流動性を作り出した。その後形成された大規模な卸売市場と物流・展示機能は、制度化による

流動性のバージョンアップなのである。

　義烏モデルにおいて、「改革が改革を呼ぶ」波及効果を観察することができる。しかし、開放的な市場経済の実現に関する課題は依然として数多く残っている。とりわけ、流動性の障碍となっている戸籍制度の撤廃や、公平な国民的待遇の実現が急務である——中央政府による地方実験（陣雲・森田憲（2014a））の吸収及び指導力の発揮が鍵を握る。

2．有限政府：賢明的戦略指導者の役割

　義烏政府の市場指向は浙江省の他の地域に共通している。実際、中央編訳局主催の「中国地方政府制度創新大賞」の中で、浙江省の地方政府が6分の1を占め、全国的に突出している。

　なお、義烏政府の「有限政府」としての役割は、以下の諸事情によって裏付けられる。

　(1) 開放的・包容的な経済社会体制作りに尽力したということである。経済体制の開放性という意味では、取引市場の「規模化、専業化、国際化」が主要な内容である。また、社会体制の開放性という意味では、外来人口をニューパワーとして認識し、彼らの権利保護と尊重を通して「新義烏人」として育てていくことが観察される。

　(2) 義烏が発展の隘路に直面した隙に、積極的に出動し、公共財の提供者としての役割を果したということである。例えば、2001年、水資源に乏しい義烏（1人当りの水資源は僅か800m^3であって、全国平均の三分の一）は、全国初の水権取引に挑んだ。2億元の価格で、東陽市横錦ダムから毎年5,000万m^3の水資源の永久使用権を獲得した。また、急成長を遂げた義烏は、人材不足にも直面した。1999年7月、義烏は全国初の「県立大学」——義烏工商学院を設立した。現在の学生数は8,800人、そのうち25カ国からの留学生が150人在籍している。当該県立大学は、8学部、25専攻からなり、義烏市場と連携し、学生に実践の場を提供している。

3．義烏モデルと温州モデルの比較及び示唆

(1) 浙江省内の地域格差

1980年代の中国の成長地域は、「広東モデル」（外資利用型、原材料、技術及び市場をともに国外に置く）と「江浙モデル」（郷鎮企業主導型、原材料、技術及び市場をともに国内に置く）に分けられた。しかし1990年代半ばから、江蘇（特に蘇南）が外資利用型成長に転換した（郷鎮企業の制度改正の挫折及び上海との地理的利便性がともに働いた結果である）のに対して、浙江省は民間経済主導の特徴がますます鮮明になった（第3章、第4章参照）。

同時に、浙江省内部にもサブ地域が存在する。浙江省北部は平原地域であり、上海にも隣接するため、古くから発展した。民国時代に、「浙江財閥」が全国の金融・経済を牛耳った。1949年以降、国家による浙江省への投資は少なかったが、限られた投資はほとんど寧波、杭州へ投入された。従って現在、この2つの都市は浙江省の中で相対的に国有企業が多い。それに対して、他の都市――例えば、北部の紹興、南部のほとんどの地域（温州、台州、金華など）では、国家投資が極めて少なかった。そのため、草の根経済が活発となった。当初、ささやかな規模だった民間経済活動は、1980年代以降の改革開放の波に乗って、驚異的なパワーを発揮した。中でも、特に脚光を浴びたのは「温州モデル」である。

温州は、浙江モデルの代表地域として知られており、様々な温州製品は世界市場で大きな比率を占めるようになった（表5-2）。温州モデル成功の表面的な理由は、低価格である。例えば、温州製ライターの輸出価格が1-2ユーロであるのに対して、ヨーロッパ製ライターは最低でも10ユーロで売られている。しかし、より深い意味での理由は、温州モデルのユニークさにある。それは、独自の販売ルートの開拓である。「温州商人」と称されるように、温州人はセールスが得意分野なのである。温州商人が各地で商品を販売する場合、自ら出資してマーケットを立ち上げ、それによって高い付加価値を手に入れる（特に市場経済の早期段階において、市場の創出が極めて重要である）[63]。

そうした「独自の販売ルート」の開拓には、確かな理由が存在する。計画経済体制の時期から、農村部と都市部に遍在する唯一の商品・物資の流通ルートは、

---

[63] 1987年、杭州の武林広場で、温州製偽物・粗悪品の靴を燃やすキャンペーンが行われた。これは温州経済の恥と認識され、それ以降、温州製品の名誉回復を図る努力が行われた。

「供銷社」であった。だが、「供銷社」は集団所有制の性格を持ち、計画経済に組み込まれたものであって、温州の家内工場で作られた製品を供銷社系列で販売する可能性は概ねゼロだった。自ら販売ルートを開拓するより他になかったのである。

(2) 義烏モデルと温州モデルの共通点と相違点

温州市に近隣する義烏市も、販売ルート開拓の重要性を知り尽くしていた。義烏市は、更に世界最大規模の日用雑貨類の卸売市場に特化し、成長の奇跡を生んだのである。

ところで、義烏モデルと温州モデルを比べてみると、共通点が多いことが分かる。例えば、(ア) 浙江省共通の特徴として、類似した背景を持つ。例えば、山岳地帯に位置し耕地が少ない代わりに、人口が多い。鉱物資源はほとんどない。国家投資もまたほとんどない。(イ) 民間の自発的な商業活動が古くから存在し、地方政府も市場指向的である。(ウ)「商工連動」のパターンを展開した、などである。

同時に、以下の相違点も指摘できる。

第1に、温州モデルは、製造業（家内工場が始まり）が先に発展し、製品を売るために自発的に市場が作られた。しかし、義烏モデルは、取引市場が先行し、販売ルートが確保されたことによって、製造業が追いついていく形で発展を遂げた。

第2に、温州モデルの温州は「地級市」であって、面積が比較的大きく、経済構造も多様である。それに対して、義烏モデルの義烏は1つの県であって面積が小さく、そのため「商業を以って町起しをする」（商業に特化する）という比較的単純な発展パターンである。

第3に、温州モデルの場合は、政府が「無作為」であり（直接的・積極的介入が少ない）、自由放任を特徴とするのに対して、義烏モデルの場合は、政府が「有為」（直接的・積極的に介入を行う）である——政府の介入により、義烏経済全体が1つの「家族企業」のように機能していると観察される。理由は何だろうか。義烏が1つの県であり、面積、人口が「適度に」小さいため、政府が介入しやすいものと思われる。更にまた、港もなく資源もない義烏では、(官民を含む) 人々が「背水の陣」に置かれ、温州より一致団結する必要があったのである。

(3) 考察：民間経済の強さと弱さ

リーマン・ショックに端を発する世界的金融危機以降、海外市場からの発注が著しく減少し、温州市の製造業は厳冬期に入った。その連鎖反応で、温州市の「地下金融バブル」が崩壊の危機に追い詰められることになった。

計画経済体制の隙間から成長してきた中国の民間経済は、強さを持つと同時にまた弱さも持っている——この弱さの根本は、その大半が移行期の経済体制に求められる。例えば、民間企業の融資難問題は以前から存在しており、なかなか改善されない。近年の温州経済の危機は、複合的原因によるものだが、融資難はとりわけ重要な原因といえる。深刻な教訓に基づいて、2012年3月28日、温州市金融総合改革実験区が国務院により批准され、民間金融資本の規範的発展の方策が模索され始めた。

それでは、義烏市はどうだろうか。

実際、「中国小商品城」の売上高及び義烏の工業生産高は、世界的金融危機の2008年前後に同じくダメージを受けたが、持ち直した。その理由として、以下の諸事情が考えられる。（ア）日用雑貨類の消費財は、比較的景気に影響され難い。（イ）義烏市場の経営者たちは、市場の集客力を武器にしており、商品供給企業のリスクが小さい。製造業企業が先に商品を配送し、売却後に清算を行うという慣行が形成されたのであり、そのため、資金面では温州市ほど困難ではない。（ウ）義烏経済は、市場を中心とした比較的単純な構造であって、面積、人口、経済規模が温州市よりひと回り小さく、また従来から収益率が良好であった。その結果、地方政府を船長とした「義烏丸」は、「地下の闇金融」に翻弄されずに済んだ。

しかし、義烏は典型的な労働集約型経済であり、製品の優位性は基本的に「低コスト—低価格」にあるといえる。国内外のビジネス環境が変わるにつれ、早急な対策が求められる。また「豊かさ」のゆえに、いつの間にか官民の間で自慢の感情が蔓延し始めた。それを危惧する義烏市政府は、2008年2月に「義烏十問」を提出し、警鐘を鳴らした。具体的には、「義烏市場の持続可能性」、「商業の成長空間」、「義烏製品はいつ自前のブランドを持てる」、「義烏と国際都市の距離」、「義烏農村の発展策」、「義烏体制の新たなイノベーション」、「義烏住民に成長の成果を享受させるための手段」、「優秀な人材・企業の誘致策」、「地域間協力体制作り」といった問いである。

「義烏十問」の背景には、次のような諸事情が存在している。

（ア）中国沿海地域で、原材料と人件費の高騰が進み、電力供給不足などの事情が生産に与える影響が大きい。同時に、国内外の需要が一層変化していくだろう。「低価格で、あらゆる商品が揃う」ことをセールスポイントとする義烏市場の対応策が求められる。

（イ）概ね60％の取引商品が海外へ輸出されているため、人民元の為替レートの上昇は企業の利益に影響を及ぼす。従って、一部の経営者は既に人民元による決済を試みている。また同時に、国内市場開拓の強化や、ロシア等非ドル経済地域との貿易関係強化も回避策として考えられる。

（ウ）義烏市場の国際化が進む中で、国際的に通用し得る人材の不足が顕著になっている。また、製品の独創性によって高付加価値を獲得するために、引き続き人材誘致やR&D経費拡大、知的財産権保護に有利な制度の創出を工夫しなければならないだろう。

おわりに

「生存と発展」という人間の本能は発展の原動力となるが、豊かになっていくにつれて、反対に意欲が低下し、保守指向になりやすい。「温帯効果」論が示しているように、「持続的発展」の秘訣は個々の主体に一定の緊張感を与え続けることにある。こうした緊張感が集団に共有されている場合、当該社会は大きなパワーが発揮できる。義烏モデルは正にそうした事例に当る（第4章を併せ参照）。

本章の関心は——第2章～第4章に続いて——「成長の共有」の秘訣とは何かを探ることにある。この点に関していえば、浙江省式「内発的モデル」には2つのヒントが検出できる。（ア）民間主導による富の民間への帰属、及び（イ）「商工連動」による高付加価値の実現である。こうした特徴が、地域住民に豊かさをもたらしたのである。

ところで、内発的モデルとしての「義烏モデル」が、初期的な成功を収めたことは確かだが、依然として対処すべき課題が存在する。

（1）義烏モデルの持続性はどうだろうか

義烏モデルは一見したところ、「名村モデル」に似通った側面が認められる。即ち、第1に、集団経済をベースにした「名村モデル」の成功も、「賢明かつ私

心のない指導者」に依存していること、第2に、集団経済の収益を村民の福祉に回し、幹部と村民の所得格差が大きくないこと、などである（陳雲・森田憲（2010a）、第4章）。「名村モデル」と同様に、「義烏丸船長の再生産問題」も義烏モデルの持続性に大きく影響する要因である。

　「義烏丸」の運転は、当面順調のように見える。しかし、国有企業（「中国小商品城」）と民間経済（実際に取引を行うのは個々の店舗である）の同居がいささか奇妙に見える。それでは、何を以って義烏政府の船長としての理性を保障するのか。以下の2点が重要であろう。第1は、義烏の商業文化的風土——いわゆる「文化遺伝子」が内面で働くこと、第2は、「上場企業というポジション及び実際の経営の民営化」と「外部環境の市場化・国際化」が融合し、「船長」に理性的なサインを送り続けること、である。

(2) 義烏モデルは一般化できるか

　これまでのところ、「義烏モデル」を模倣する風潮が続いているが、成功例は稀である。「義烏モデル」がコピーされにくい理由は、体制移行期の中国において、「賢明な指導者」、「勤勉な商人グループ」及び背後の支えとなる「商業文化」といった条件がすべて揃うことはむしろ稀だからである。

　商業文明の華を咲かせるために、「土壌」作りが重要である。それでは、どのようにして土壌が作られるのだろうか。浙江モデルの成功の重要な秘訣は、従来から、同地において国有企業による投資が少なかったという点が重要である。従って、中国において国有企業改革の徹底化を図ることは、「土壌作り」の意義を持つのである。

(3) 中国農村の運命はどうなるだろうか

　義烏は伝統的に農村地域である。本章で論じた「義烏モデル」は脱農業化を内容とする開発モデルであり、農村発展のためのモデルではない。「商工連動」、「加工業の下請け促進」策は、部分的に農村住民の所得向上に貢献したが、十分とはいえない。

　すべての農村地域が工業地域へ転換することはあり得ないし、その必要もない。それでは、農村本位の発展戦略はどのようなものだろうか。われわれは、先に「名村モデル」の考察を通じて、中国の農村は、全般的に「構造的貧困」に陥ってお

り、貧困からの脱却は体制の突破に求めるしかないと結論づけた（陳雲・森田憲（2010a）、第 4 章）。中国の農村部において、1978年の農地「家族請負制」よりも複雑な「二次革命」（政治・経済体制の複合的改革）が避けられないだろう。

（4）経済発展と政治民主化・法治化に相関関係は存在するだろうか

本章を通じて、両者の間には相関関係が存在することが確認された。「強県拡権」のロジック、知的財産権保護問題の進歩及び包容的社会管理体制作りがそれに該当する。しかしそこには限界がある。

例えば、1990年代から、経済強県によるボトムアップ式の改革要求が提出され、一部答えられているが、改革は依然として実験段階に留まっている。更に、改革が行われた県とそうでない県の間に一種の「制度的格差」が生まれ、公平の原則に反するのではないかという懸念も存在する。一方、反対の動き——「撤県建区」——も根強く存在する。県には独自の財政権があるのに対して、区にはそのような独自の権限がない。従って、市街地に近い県はそれを強く警戒している。地級市と県の対立が度々発生する。中国の政府間関係の再建の方向は法治主義にほかならない。具体的には、「人事権、事務権、財政権」三位一体の地方自治制度の導入である。

第Ⅲ部　体制と格差

第6章
「上海モデル」の貧困：流動革命と都市「群租」現象

はじめに

　本章では、戸籍制度に起因する貧困と格差の問題を探る。第3章及び第4章で触れた通り、上海は直轄市であり、地域の特徴も格差の表現も浙江省や江蘇省とは異なる。具体的に、上海の格差問題は、「体制的格差」（戸籍制度に起因する域内の都市農村間格差や、流動人口の市民待遇問題、所有制の異なる企業間の格差など）と「政策的格差」（都市貧困層問題など）に分類できる。

　実際、強い政府指導下の「上海モデル」は、大企業（国有企業と外資企業）重視並びに強い成長指向のモデルであって、草の根の貧困問題を軽視する傾向にある。そのため、「上海モデル」の貧困の是正は容易ではない。

　本章は、流動革命の背景の下で、大都市において突出する外来人口（特に低所得外来人口）の住宅難問題を分析対象とする。大都市の流動人口は、大まかにいって、二種類存在する。第1は、郊外区に立地する工業団地で働く人々で、若い労働者中心である。そして第2は、家族連れの出稼ぎ労働者たちで、彼らは生活型サービス業の従事者であり、市街地に根を下ろさなければ生計が立てられない。「群租」の主要な対象は後者である。

　アヘン戦争以降、上海は開港街となり、移民のパワーで繁栄を築いた。しかし1950年代以降、上海は計画経済体制に翻弄され、皮肉にも、その閉鎖体制の頂点に立つようになった。1992年の浦東開放以後、上海経済は復活したものの、当該モデルは閉鎖性から完全に解き放たれたとはまだいえない（戸籍制度の壁は大都市ほど厚い）。しかしむろん、変革の力も内面に生まれつつある。即ち、「上海が上海に反対する」ロジックが起きている。

1. 中国の都市部に「スラム」は存在するのか

　発展途上国の都市部に普遍的に見られるスラム現象の本質は、「農村の貧困が都市で開いた飢えた口」にほかならない。1980年代以降、大規模な人口流動を経験した中国の都市部では、東南アジアのような大規模なスラム現象はひとまず観察されていない。なぜだろうか。周知の通り、中国では土地はすべて国有であり、かつ厳格な「都市市容（景観）と環境衛生管理条例」があって、常時取締りが行われている。従って、違法建築としてのスラムそれ自体が存在しにくいのである。それでは、中国の都市部にスラムは存在しないのだろうか。

　中国の都市部にも明らかにスラムが存在する。しかし、管理が厳格なため、「隠れたスラム」として存在しているのである。本章の分析対象である「群租」現象は正にこの「隠れたスラム」に該当する。言い換えると、中国の都市化もまた発展途上国の都市化の一般性から逸脱するものではないが、「中国の特色」に染められている。なお、「群租」はしばしば市街地の中高級住宅団地に寄生する形で現れ、基本的には、アパートの従来の間取りを変更し、細かく分断することによって小部屋を作り、安い家賃で顔見知りのない人々にそれぞれ賃貸する現象を指す。その中の中心人物は、「サブ大家」という存在である。

　「外見立派、内実貧困」――これは中国式隠れたスラム「群租」の特徴である。「上海モデル」の二面性の象徴のように思われる。

2. 非協力ゲームとしての群租

　中国において、不動産価格が高騰している大都市ほど、「群租」現象が深刻である。市街地の中高級住宅団地に寄生する「群租」現象は一見奇妙である。都市部の中産階級の人々は、本来スラムと縁遠いはずだが、いつの間にか、彼らの隣人として「ごみ拾い」や「路上商人」たちが蝟集することとなった。しかし実際、奇妙な因果関連性は早い段階から形成されたはずである。農村の苦難に無関心な態度を採る都市は、何れは農村の逆襲を受ける――「群租」はその種の逆襲に当たる。

　広範に存在する都市農村間格差は中国モデルの大きなコストとなっている。
　なお、「群租」に浮上した様々な主体は個々の利益に基づいて動き、均衡点が

なかなか見つけられない。群租現象全体は明らかに1つの「非協力ゲーム」[64]となっている。そこに、基本的権利（常住住民の私有財産権）対基本的権利（群租客の居住権）というどちらにとっても勝ち目のない対決構図が発生した。だが、ユニークなことに、このゲームの各構成部分に「協力ゲーム」化の動きが出ていることが観察される。即ち、「常住住民」とサブ大家のグループはそれぞれ進化し、組織化・ネット化の様子が伺える。しかし、「部分最適」の足し合わせは必ずしも「全体最適」になるわけではない。「合成の誤謬」を避けるために、より広範囲での制度の創出を必要とする。

　本章は以下の6つの節から構成される。第1節では、労働移動の持つ経済効果（所得水準の向上並びに所得格差の縮小）を標準的なマクドゥーガル＝ケンプ・モデルに基づいて説明する。第2節では、中国における戸籍制度改革と流動革命の動きを考える。併せて戸籍制度改革における抑制力と推進力を分析してみる。第3節では、上海市の戸籍制度改革を踏まえて、上海における流動人口の「職」と「住」の現状を考察する。第4節では、中国特色のスラム――「群租」現象の特徴、住民と「群租」客の対立及び都市政府の対策についてそれぞれ考察する。第5節では、「群租」現象に関わる様々な行為主体――私有財産権の侵害を訴える常住の住民、最低限の生存を図る「群租」客、不作為の不動産投資家（物件所有者）並びに仲介役の「サブ大家」、そして大きなディレンマを抱える都市政府――の動機と行為を具体的に分析してみる。第6節では、「群租」現象の生成要因を制度と政策の両面から考える。最後に、「群租」現象の解消に向けて、'Better Village, Better Life' を目指す国土の均衡開発戦略の重要性を提示する。

第1節　労働移動の経済効果

　本章は、表題で示したとおり、「流動革命」（労働力の激しい「離村向都」現象を指す）とそれに伴う「群租」現象（中国特色の「スラム」現象）の分析である。なお、群租客の働く場所はいわゆるインフォーマル・セクターであり、低収入が

---

[64]「協力ゲーム」は「集団的理性」(Collective Rationality) の反映である。「協力余剰」によって、参加者全員の利益増大（パレート改善）という結果をもたらす。その達成の要件には、「情報の共有」及び「適切な利益配分を保障する契約」の二つが重要である。「非協力ゲーム」は、そういった条件が不備なため、個人は個別利益の最大化を図るよう最善の戦略を選択するが、個人的にも社会的にもパレート改善にはならない。

特徴である。いうまでもなく、労働形態と居住形態は密接な関係にある。

ところで、スラム現象とかインフォーマル・セクターの研究は、発展途上国の研究において中心のテーマである。また、旧社会主義諸国に存在した「第二経済」とか「地下経済」も基本的には、インフォーマル・セクターと類似する（森田憲（1986））。一方、中国のような移行国の場合、激しい離村向都の人口流動並びに正規部門の雇用吸収能力の不足は、インフォーマル・セクターを膨張させる刺激材料となっている。その背後に、都市農村間の巨大な格差を見過ごしてはならない。

一国の開発戦略を立てる際に、二本の柱が重要である。即ち、(1) 農村・農業の振興策、及び (2) 工業化戦略、である。発展途上国の多くは後者を重視し、前者を軽視しがちなため、様々な挫折を招いた。中国も同じ類型に属すると言わざるを得ない。

話は戻るが、人口流動は市場経済体制の下で、重要な経済効果を持っている。即ち、国民所得水準の向上効果及び所得格差の縮小効果の双方である。従って、労働力の流動を阻害する要因を取り除き、市場メカニズムが円滑に働く環境を作らなければならない。中国における「戸籍制度」の改革は、このような経済的な意義を持つ。

本節では、まず標準的な労働移動の議論に焦点を当て、その経済効果を確認してみる。用いる分析用具は、マクドゥーガル＝ケンプ・モデルである（図6-1）。

0_L は、労働集約的産業における労働の限界生産力曲線（MP_L）の原点を示し、0_C は資本集約的産業における労働の限界生産力曲線（MP_C）の原点を示している。いうまでもなく、MP_L は右下がりの曲線（$MP_L MP_L$）で表わされ、MP_C は左下がりの（或いは右上がりの）曲線（$MP_C MP_C$）で表わされている。

労働集約的産業に従事する労働者は、$0_L L^*$ の距離で示され、資本集約的産業に従事する労働者は $0_C L^*$ の距離で表わされる。従って、労働集約的産業に従事する労働者は自らの限界生産力に見合い、資本集約的産業に従事する労働者は自らの限界生産力に見合った実質賃金率が支払われており、それぞれ W_L 及び W_C の水準で表現される。当該モデルによって表わすことにすれば、その1人当り所得水準の格差は、$0_C W_C$ と $0_C W_L$ の距離によって示される。

さて、今労働移動に何の制約も存在しないとすれば、1人当り所得水準の格差即ち $0_C W_C$ と $0_C W_L$ の距離は、明らかに（より高い実質賃金率を求める）労働移

図6-1 労働移動、所得水準、所得格差

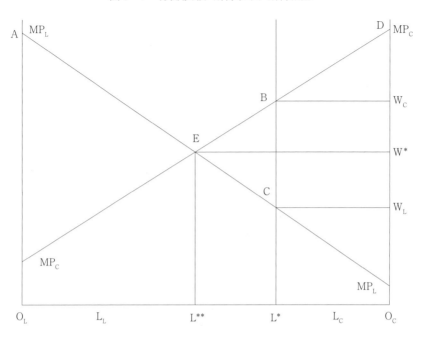

動を引き起こす誘因となるはずである。かくして、$0_C W_C$ と $0_C W_L$ の距離が消滅するまで労働移動が起こり、その結果、労働集約的産業に従事する労働者は、$0_L L^{**}$ で示される距離に等しく、資本集約的産業に従事する労働者は、$0_C L^{**}$ で表わされる距離に等しくなる。この $L^* L^{**}$ で示される距離に等しい労働移動が、資源配分の効率性を高める市場機構の適切な作動を示している。なぜなら当該距離に等しい労働移動によって、2つの効果が発生するからである。

　第1は、先に述べた通り、労働移動はより高い実質賃金率を求めて発生するから、労働は実質賃金率の格差が解消するまで移動する。その際の実質賃金率は図6-1で W^* として示され、当然その下で $0_C W_C$ と $0_C W_L$ の距離によって示される所得格差はなくなる。要するに、所得格差の縮小或いは消滅である。

　第2は、所得水準の向上効果である。労働移動が何らかの制約によって発生しないとすれば、その時の所得水準は、資本集約的な産業では台形 $L^* B D 0_C$ の面積で示され、労働集約的な産業では同じく台形 $L^* C A 0_L$ の面積で表わされる。従って、国民所得水準はその両者を足し合わせた面積に等しい。さて、そうした

制約が取り除かれて L^*L^{**} の距離に等しい労働移動が発生したとすれば、その場合の所得水準は、資本集約的な産業では台形の面積 $L^{**}ED0_C$ に等しく、労働集約的な産業では台形の面積 $L^{**}EA0_L$ に等しい。国民所得水準は、従って、その両者を足し合わせた面積に等しい。労働移動の前後を比較することによって、労働移動に伴って、三角形 EBC の面積で示される部分だけ、全体の所得水準が増大していることが分かる。

即ち、標準的な労働移動の世界を想定すれば、実質賃金率の格差ないしは限界生産力の格差(言い換えれば「所得格差」)は労働移動を促すシグナルであり、当該シグナルに従って労働移動が起これば、所得格差は解消するはずである。それはまた効率的な生産要素の利用に他ならないから、全体の所得水準を大きくする。

以上が本章で焦点を合わせる「労働移動」の経済効果である。逆の表現をすれば、当然、「所得格差」とは、起こるべき労働移動が起こっていないことの忠実な反映に他ならない。

しかし、「労働移動に何の制約も存在しないとすれば」という想定は往々にして非現実的である。「所得格差」の縮小とは、図6–1に示されるメカニズムが描く通り、原則として、(相対的であれ絶対的であれ)高い水準の所得を引き下げ、低い水準の所得を引き上げることによって起こるから、高所得者層は強い抵抗を示し、しばしば認められる「既得権益」の死守という行動が発生する。そして、如何にして「既得権益」の壁を突き崩していくかという政治経済学的行動が「改革」と呼ばれ、それが国家の体制を転換させるような規模で発生する場合を、われわれは体制移行と呼んでいる。

「既得権益」の壁とは、図6–1の L^*L^{**} の距離で示される労働移動に抵抗を示し、場合によっては、0_CL^* の距離を小さくしようという行動を意味する。それによって所得格差が死守されるからである。だが、そのことは所得水準向上の障害言い換えれば経済発展への障害を意味することに他ならない。

中国の現実はどうだろうか。表6–1は中国の経済活動人口の分布である。合計で7億9千万人の経済活動人口の中で、第一次産業の割合は2000年の50%から2012年の33.6%に低下し、代わりに第二次、第三次産業の雇用比率が上昇した。農村の余剰労働力の持続的な非農業移転が進んでいる様子が窺われる。しかしGDP構造(2012)に照らしてみると、33.6%の農業労働力が作ったGDP生産高

表6-1　中国の雇用構造とGDP構造

項目 年	経済活動人口（万人）	雇用構造（％）			都市登録失業人口（％）	GDP構造（％）		
		第1次産業	第2次産業	第3次産業		第1次産業	第2次産業	第3次産業
1980						30.2	48.2	21.6
1990						27.1	41.3	31.6
2000	72,085	50.0	22.5	27.5	3.1	15.1	45.9	39.0
2005	77,877	44.8	23.8	31.4	4.2	12.1	47.4	40.5
2010	78,388	36.7	28.7	34.6	4.1	10.1	46.8	43.1
2011	78,579	34.8	29.5	35.7	4.1	10.0	46.6	43.4
2012	78,894	33.6	30.3	36.1	4.1	10.1	45.3	44.6

出所：『中国統計年鑑』（各年版）。

は僅か10.1％であり、農業生産性の向上並びに余剰労働力の更なる移転が必要である。

中国の「都市登録失業率」は言葉通り、都市戸籍の労働者に限るものである。都市部に限っていえば、「完全雇用」からそれほど乖離しているわけではないが、もっとも、毎年大量に発生する「農民工」（出稼ぎ労働者）の大軍を考えると、この種の「失業率」統計はすでに時代遅れと言わざるを得ない。農民工たちは通常インフォーマル・セクターに従事し、低賃金に加えて、社会保障制度の面においても、市民待遇が受けられない。

図6-1に即して表現すれば、中国のような体制移行国の場合、L^*の周辺で一体何が起こっているのだろうか。本章では、労働移動を阻害する要因であり、「中国特色」として知られる「戸籍制度」の改革に焦点を合わせ、それを踏まえて、上海のような大都市における低所得外来人口の住宅難問題を政治経済学的に分析することを試みる。

第2節　流動革命と戸籍制度改革

中国の戸籍制度は、「城郷分離・市県分立」と呼ばれる二重構造を作り上げ、1950年代以降の国土開発に大きな影響を及ぼした。その背景は、(1) 重化学工業優先の戦略を実行するために、農村を蓄積源泉にする必要がある、及び (2) 人口の大多数を占める農民を土地に縛りつけることによって、「社会の安定化」を

図る目的の存在、である。当然、人為的な戸籍制度を可能にさせたのは、1950年代から1970年代まで実施された計画経済体制である。

戸籍制度は、都市と農村の関わりを強制的に切離し、経済的破綻を招いただけでなく、社会的分断をももたらした。一方、1978年以降の市場経済化改革は、経済成長を目的としたものだが、そのために労働力を含む生産要素の流動化が欠かせない。社会管理制度の改革は、市場経済化改革の連鎖反応として起こったものである。同時に、複雑な利益構造が関わっているため、改革は容易ではない。抑止力と推進力の膠着状態が暫く続くだろう。

以下、戸籍制度の経緯と改革のプロセスを振り返ってみよう。

1．戸籍制度のロジック

朝鮮戦争後、冷戦という事態が一層明瞭となり、中国は「ソ連一辺倒」を決定した。国連による経済封鎖に直面した中国は、富国強兵を目指すために、ソ連型の重工業化戦略を導入したのである。また、中国は当時巨大な農業国（総人口の83％を占めた農村人口、耕地不足によって大量の農村余剰労働力を抱えた）であり、有限な資源を重工業に集中させるために、農村と都市の人口分離策に踏み切った。1951年、最初の戸籍管理条例（暫定案）が作られた。

1950年代末、ソ連との関係も悪化し、中国は「自力更生」での国作りを余儀なくされた。同時に、国作りの戦略的目標として、安全保障問題が一層喫緊のものとなり、そのために重化学工業とりわけ軍需工業の更なる重視が図られた――1970年代以降に実施された「三線建設」は、その色彩がとりわけ鮮明であった。

新たな産業都市を内陸部に建設するために、多くの農民が都市に流入した。特に「大躍進」の時期には、重工業の強化が引き続き奨励され、財政の負担能力を無視して、大規模な都市改造と拡張が相次いだ。1957-1960年に、44の都市が新たに設置された。また都市部人口は、当該3年間に4,870万人の純増を記録した（周太和（1984）、507-509頁）。ところが、農村集団化政策の誤りと自然災害により、食糧不足が発生した。また都市部でも、生活基盤の劣悪化、失業問題などが相次いだ。このような深刻な社会的・経済的・政治的な諸問題を解決するために、1958年1月、全人代において、「中華人民共和国戸籍登録条例」が可決され、戸籍制度の正式な成立が公布された。14の関連制度[65]が都市農村の隔離を確定させ

た。そのうち、戸籍制度、食糧配給制度、労働就業制度という「三大制度」が柱であった。

1950年代から始まった戸籍制度は、1960年代に一層強化された。「国民経済調整期」が終了し、「文化大革命」期に至っても、都市と農村の分断は変わらず維持されてきた。

こうした都市と農村の隔絶によって、農村は重工業の蓄積源として位置づけたのである。他方、国の財政投資はほとんど重工業に集中し、農業部門への投資は限定され、農業生産の確保は厳しい状態であった。そこで、毛沢東は、農村部で自力更生と集団労働（大衆動員）による生産拡大の取り組みを提唱した。しかし、「人民公社制度」は思うように機能せず、農村の衰退は、最終的に農民を改革の前哨部隊へと変えさせた（安徽省小崗村の出番）。

戸籍制度の目的は、限られた資源を重化学工業（特に軍需工業）——そしてそれらの任務を担う都市部——に集中的に振り向けるためであった。それによって、都市と農村の格差が固定化され、農民は生まれながらにして「機会の不平等」を強いられることとなった。戸籍制度は一種の「身分制度」と化した。

2．無機的社会：「重層的二重構造」の現状

都市部の労働者たちは、社会主義建設という巨大なマシーンの一つ一つのネジとして働き、配給制の下で基本的生活が保障されていた。同時に、同じく「都市」といっても、都市と都市の間に市民待遇の格差が存在した。つまり、戸籍制度によって、中国の地域単位はそれぞれ「排他的」な存在だったのである。その名残りは今日まで続いている[66]。図6-2は計画経済体制と「重層的二重構造」を示したものである。

「重層的二重構造」は、経済と社会の両面で表れた。第1に、経済の側面では、市場が存在せず、企業は行政の付属物であり、行政の縦割り・横割りはそのまま企業の経営形態に反映されていた。その結果、「農業と工業の分断」、「軽工業と

---

[65] 14の関連制度は次の通りである。食糧供給制度、副食品供給制度、燃料供給制度、住宅制度、生産資料供給制度、教育制度、就業制度、医療制度、養老保険制度、労働保護制度、人材制度、兵役制度、婚姻制度、生育制度、である。郭書田・劉純彬（1990）参照。
[66] 楊宜勇（2005）は、都市農村間の二重構造を更に「城郷経済二重構造」、「城郷体制二重構造」及び「城郷行政管理制度二重構造」の３つに分けて述べている。

図6-2 「無機的社会」の形成：計画経済体制と「重層的二重構造」

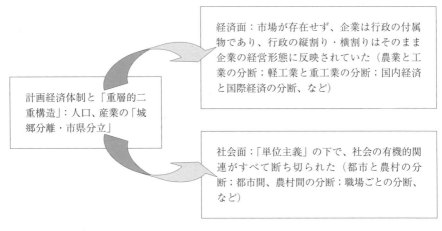

出所：筆者作成。

重工業の分断」、「国内経済と国際経済の分断」等一連の経済的分断が発生した。第2に、社会の側面では、「単位主義」が横行し、社会の有機的関連はすべて断ち切られた。それによって、「都市・農村の分断」、「都市間の分断」、「農村間の分断」、「職場ごとの分断」等一連の社会的分断が引き起こされた。このように、計画経済体制と戸籍制度は、人口・産業の「城郷分離・市県分立」を固定化させ、「重層的二重構造」を作り出したのである。

閉鎖性は計画経済体制の基本的特徴であった。それに合わせて、社会の無機化現象が必然的に惹起された。

3. 都市生活基盤の老朽化及び供給不足

また、計画経済体制時代の都市建設方針は、「生産重視・消費軽視」であり、換言すれば、「都市の生産機能を重視し、生活機能を軽視する」という傾向にあった。即ち、「生産のための都市」であり、「生活のための都市」ではなかった。そのため、住宅を含む生活基盤の建設が後回しにされたのみならず、消費財生産（軽工業）も抑制され、都市の老朽化がますます進行する結果となった。

実際、都市住民の住宅は基本的に国家の配分によって供給されていた。表

表6-2　中国住宅投資の比率（1950-1975年）

年	基本建設投資（億元）	住宅投資（億元）	住宅投資の比率（％）
1950	11.34	1.25	11.0
1955	93.02	6.16	6.6
1960	384.07	15.70	4.1
1965	170.89	9.43	5.5
1970	294.99	7.62	2.6
1975	391.86	22.94	5.9

出所：『中国統計年鑑』（各年版）。

6-2は、1950-1975年の中国住宅投資比率を示したものである。1950年の11％から1970年の2.6％に低下した（1975年には5.9％とやや増大した）。

住宅建設資金が著しく不足する中にあって、都市人口は急増した。建国後の30年間に、中国は3回のベビーブームを経験した。1回目は1950年代であって、ソ連に習って生育奨励政策が遂行され、人口増加率は高くなった。2回目は「三年自然災害」終了後であり、1965年から1973年まで続いた。このベビーブームの規模は最も大きく、「主力ベビーブーム」といわれ、その後の経済に大きな影響を与えた。そして3回目は1986-1990年の時期に起きたブームであり、2回目の「主力ベビーブーム」が成育年齢に達したためであった。

そうした状況を踏まえて、1970年代後半、中国の都市部人口が急増した。当時、農村に送られた都市青年の「返城（都市帰り）ブーム」によって、都市部の人口急増が社会問題となった（ただし、1979年から、「一人っ子政策」が開始された）。住宅の需要と供給の間に大きな不均衡が発生したのである。

全体的に見ると、建国当初の都市部住宅面積はおよそ2.52億m^2だったが、時間が経過するにつれて老朽化が進み、「スラム化」した家屋が多くなった。1970年までに建設された家屋面積は14.49億m^2であり、都市部人口は1949年の5,767万人から1978年の1億7,245万人に増大した。その結果、都市の1人当り居住面積は、1949年の4.5m^2から1978年の3.6m^2に低下した（楊魯・王育琨（1992））。

改革開放政策に伴って、住宅難を解消させるための政策的模索が行われた。一方、住宅の実物配給制が廃止されたのは1998年のことであった。しかし、流動人口が急増する中で、都市住宅事情に新たな現象が生まれた。

4．流動革命と戸籍制度の緩和

　改革開放政策に伴い、厳格な「城郷分離」を目的にした戸籍制度が緩和され、農村の余剰労働力が第二次、第三次産業へと流動し始めた。「流動革命」の幕開けである。

　ルイスが最初に提唱し、後にフェイとレイニスによって精緻化された「二重経済モデル」（フェイ他（1986））に従っていえば、改革開放以前の中国では、戸籍制度など労働力の自由な移動を制限する制度が厳しく存在していたため、この時期の中国には当て嵌らないといってよい。しかし1980年代以降、三大制度の緩和に伴い、当該モデルが妥当し始めているものと思われる。

　中国改革開放の第一歩は農村から始まった。人民公社の解体と家族請負制の進行がそれである。人民公社の解体は急進的に行われ、1983年末には95％の農家、1984年末には97％の農家が家族請負制を実施するに至った。その他、農産物の国家による統一買い付け方式、割当買い付け方式が1985年に廃止されるなど、農村経済の市場経済化が進展し、農民の労働意欲の向上と所得向上に繋がった。

　改革開放が始まったばかりの1980年代前半には、農村から流出した農民の大半は地元の非農業分野（郷鎮企業など）に吸収された。その理由は、1つには、戸籍制度や、食糧の配給制などの制度的障壁が存在したため、都市での就業が困難だった。そしてもう1つは、社会インフラの未整備、国有セクターにおける余剰人員の存在など、都市の受入能力の不足という事情が存在した。政府側も「離土不離郷」（農地を離れても、故郷を離れない）を政策的に推奨した。

　しかし、1984年10月になると、「農民が集鎮に入り、戸籍を移す問題に関する国務院の通達」が出され、国家の食糧配給に依存しないことを条件に、県以下の小都市（集鎮）への移住が正式に認められた。また、改革開放の進展に伴って経済発展が加速し、建設業などを中心に都市における労働需要が増大した。更に、農産物の自由市場が発達したため、配給に頼らずに食糧を調達することがそれほど難しくなくなった。こうした一連の変化を背景に、1980年代半ば以降、小都市に限らず大都市においても、戸籍を地元の農村に残したまま、出稼ぎにやって来る農民が飛躍的に増えた。

　国家統計局により実施されたサンプル調査によると、1982-1983年に、中国で市・鎮・県を超えた人口流動数は、年間平均363万人だったが、1985-1986年は

790万人に増大した。更に1990年の第4回国勢調査によれば、1986-1990年の流動人口は年間1,053万人に上った。このうち、特に大都市には、出稼ぎ労働者が殺到した。1988年の経済過熱時には、上海に209万人、北京に131万人、広州に130万人と、それぞれ戸籍人口の20-40％に達した（周太和（1984）、507-509頁）。

2008年、人口輿家族計画委員会が上海フォーラムを開催し、以下のような情報を伝えた。1990年、中国の流動人口は3,000万人余りだったが、10年後の2000年には、1.3億人に達した。更に、2007年には1.5億人、2009年には2.3億人に増大したのである。

第6回国勢調査[67]の結果は、2011年4月に発表された。2010年末時点で、中国の流動人口は2億6,139万人であり、2000年に比べて1億1,700万人増加しており、10年間の増加率は81.03％に達した。同時に、都市常住人口は6億6,557万人で、総人口に占める比率は49.68％となっている（2000年に比較して、13.46ポイント増加している）。

省レベルの「常住人口上位5省」も、2000年に比べて、有意な変化が認められる。2000年の順位は、河南省、山東省、広東省、四川省、江蘇省だったが、2010年には、広東省、山東省、河南省、四川省、江蘇省の順位となった。即ち、沿海部の省への人口流動が続いたものと考えられる。この傾向は、全国ベースで見ても同様である。当該10年間に、東部沿海地域の人口比率が35.57％から37.98％へ上昇したのに対して、中部地域が1.08ポイント、西部地域が1.11ポイント、東北地域が0.22ポイント、それぞれ低下している。

表6-3は、各地域（省・自治区・直轄市）常住人口の全国比率及び変動を示したものである。2000年に比べて、2010年の常住人口比率が上昇した省は主に沿海部に集中していることが明瞭である。とりわけ上昇が顕著な地域は、直轄市（北京は0.37ポイント増、上海は0.40ポイント増、天津は0.18ポイント増。ただし、1996年に直轄市に昇格した内陸部の重慶市は反対に0.29ポイント低下している）の他、上海に隣接し民間経済の活動が盛んな浙江省が0.37ポイント、華南地域の中心である広東省が0.96ポイント、エネルギー大省である新疆自治区が0.11ポイント、それぞれ上昇している。反対に、常住人口が顕著に減少した省は主に中西部に位置している（四川省は0.58ポイント、湖北省は0.49ポイント、河南省と先

---

[67] 1949年から2010年まで、中国は合計6回の国勢調査を行っている。1953年、1964年、1982年、1990年、2000年、それに2010年である。

表6-3 各地域における常住人口の比率及び変化

省・自治区・直轄市	常住人口（人）	全国に占める比率（%） 2000年	全国に占める比率（%） 2010年	増減幅
	1,339,724,852	100	100	
北京市	19,612,368	1.09	1.46	0.37
天津市	12,938,224	0.79	0.97	0.18
河北省	71,854,202	5.33	5.36	0.03
山西省	35,712,111	2.60	2.67	0.07
内モンゴル自治区	24,706,321	1.88	1.84	-0.04
遼寧省	43,746,323	3.35	3.27	-0.08
吉林省	27,462,297	2.16	2.05	-0.11
黒竜江省	38,312,224	2.91	2.86	-0.05
上海市	23,019,148	1.32	1.72	0.40
江蘇省	78,659,903	5.88	5.87	-0.01
浙江省	54,426,891	3.69	4.06	0.37
安徽省	59,500,510	4.73	4.44	-0.29
福建省	36,894,216	2.74	2.75	0.01
江西省	44,567,475	3.27	3.33	0.06
山東省	95,793,065	7.17	7.15	-0.02
河南省	94,023,567	7.31	7.02	-0.29
湖北省	57,237,740	4.76	4.27	-0.49
湖南省	65,683,722	5.09	4.90	-0.19
広東省	104,303,132	6.83	7.79	0.96
広西自治区	46,026,629	3.55	3.44	-0.11
海南省	8,671,518	0.62	0.65	0.03
重慶市	28,846,170	2.44	2.15	-0.29
四川省	80,418,200	6.58	6.00	-0.58
貴州省	34,746,468	2.78	2.59	-0.19
雲南省	45,966,239	3.39	3.43	0.04
チベット自治区	3,002,166	0.21	0.22	0.01
陝西省	37,327,378	2.85	2.79	-0.06
甘粛省	25,575,254	2.02	1.91	-0.11
青海省	5,626,722	0.41	0.42	0.01
寧夏自治区	6,301,350	0.44	0.47	0.03
新疆自治区	21,813,334	1.52	1.63	0.11
現役軍人	2,300,000			
常住地確定困難	4,649,985			

出所：第6回国勢調査（国家統計局）より作成。

図6-3　戸籍制度改革の2つの側面

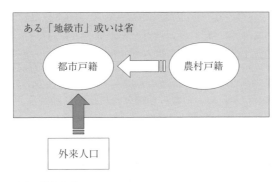

出所：筆者作成。

に述べた重慶市は0.29ポイント、湖南省と貴州省は0.19ポイント、それぞれ減少）。人口の流動状況から判断すると、1980年代より実施された沿海部への傾斜発展戦略は、現在も是正されていないことが明らかである。

大規模な人口の流動は、戸籍制度の緩和を伴った。その一方で、戸籍の付加価値は、都市農村間で大きな格差が存在するだけでなく、都市間でもまた規模によって異なる。従って、戸籍制度改革は常に2つの側面を持つといえる。1つは都市（地級市）[68]内部での「農村戸籍」から「都市戸籍」への転換問題（「農転非」と呼ばれる。陳雲・森田憲（2014a）参照）であり、もう1つは、都市（地級市）間の「移籍」問題である（図6-3）。

戸籍制度改革に関する政策の流れを簡単に整理してみると、以下の通りである。

1984年1月1日、国務院による「1984年農村工作に関する通知」は、農民の自己資金と自前の食糧を前提に、都市への出稼ぎを許可したものである。同じ年の10月13日に出された国務院の「集鎮に入る農民の戸籍問題に関する通知」には、出稼ぎの農民工及び家族に対して、町（小城鎮）で安定した住所を持ち、同時に個人経営企業或いは郷鎮企業などに勤務先があれば、小城鎮への入籍ができると書かれた。これらは「小城鎮発展」奨励政策といい、「離土不離郷」政策の一環である。

---

[68] 中国の「地級市」（戸籍制度の付加価値は「地級市」ごとに異なる）は実は広域都市である。「地級市」の内部では、市街地（都市部：概ね「〇〇区」と名づけられる）もあれば、農村地域も存在する（農村部：概ね「〇〇県」と名づけられる）。なお「地級市」の構造については、第2章図2-6参照。

1985年1月1日、国務院による「更に農村経済を活性化させるための10の政策」では、技術者及び人材の流動化を奨励することが明記された。なお、「国有企業労働者招聘に関する暫定規定」は、国有企業が労働者招聘を行う際に、条件の合う城鎮及び農村の人口がすべて対象となると規定し、労働市場の城郷分断の打破を試みた。

1992年の中国公安部による「地元有効な城鎮住民戸籍制度の実施に関する通知」は、外来人口に「青印戸籍」（投資、起業、不動産購入などを条件に準市民待遇を与えるもの。戸籍証明に押された印鑑の色が通常の「赤」ではなく、「青」であるため、「青印戸籍」と呼ばれる）を与えることを許可した。1992年、国務院弁公庁を筆頭に、公安部などの参加によって、「国務院戸籍制度改革草案作成チーム」ができた。1993年6月に出された「草案」は、「農業・非農業という二重戸籍を取り消し、都市・農村戸籍制度の統一化を図る。居住地登録原則を実施するが、固定的な住所、安定的な勤務先或いは生活資金の仕送りを含む生活基盤が前提条件である」と、改革の方向性を示した。

1997年、国務院は、公安部が制定した「小城鎮戸籍制度改革試行方案」と「農村戸籍管理制度を健全化するための意見」を批准した。小城鎮に居住する農民は、一定の条件を満たせば、「城鎮戸籍」へ移籍することができるようになった。

また1998年、国務院は、公安部による「当面戸籍管理工作における幾つかの突出問題の解決に関する意見の通知」を批准した。同通知によれば、子供の戸籍地は、父親或いは母親の希望に沿って決めることができる。居住地が別々の夫婦の戸籍の移動を緩和する。息子或いは娘との同居を希望する高齢者の戸籍の移動を緩和する。同時に、都市部で投資、起業、不動産購入をした人々には、戸籍を与えることを許可する（青印戸籍）。当該「青印戸籍制度」は、1992年の公安部の試行推奨から6年が経過した1998年に、（上海のような大都市まで含み）全国的に広がった。

2000年、国務院は「小城鎮の健全な発展を促進するための若干の意見」を出し、県政府所在地で合法的な住所、安定的な職業或いは生活基盤を持つ農民は、本人の希望で城鎮戸籍に入ることを許可した。農民に対して、戸籍開放の範囲が、一般の「鎮」から「県政府所在地」へと引き上げられることとなった。

そして2000年頃から、公安部は、各地がそれぞれの地域の事情に合致するような戸籍改革を試行するように指示した。

図6-4 中国における戸籍制度改革の模索：地域ベースの実験

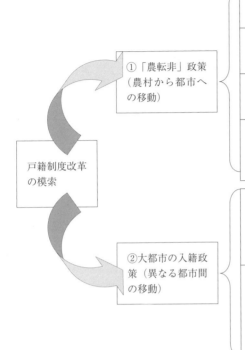

出所：筆者作成。

　その後、全国各地において積極的な模索が進められた。繰り返していえば、政策の中身は2つである。1つは「農転非」政策（農村戸籍から都市戸籍への転換）であり、もう1つは都市間の「移籍」（とりわけ大都市への入籍）政策である（図6-4）。

　前者については、少なくとも4つのパターンが観察される（図6-4参照、詳細は陳雲・森田憲（2014a）参照）。後者については、概ね三種類に分けられる。（ア）「最低条件を設け、全面的に開放する」という小城鎮改革方式、（イ）「入籍制限枠を撤廃する代わりに、条件を設ける」という大・中都市の改革方式、そして（ウ）「入籍基準を高く設定し、門戸を大きく開く」という北京や上海のような超大規模都市の改革方式、である（王美艶・蔡昉（2008））。

266　第Ⅲ部　体制と格差

図6-5　戸籍制度改革の抑制力と推進力

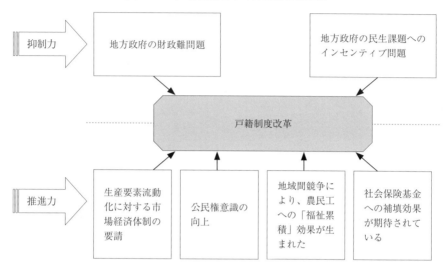

出所：筆者作成。

　上海の政策の中身は、「嫌貧愛富」のひと言で概括される。一方では、低所得者層の外来人口に対して、「暫住証」や「臨時居住証」を与えているが、それは単なる人口管理のための手段であり、付加価値があまりないものである。そして他方では、高所得者層の外来人口に対して、「不動産購入、投資、人材」などの条件を設け、「青印戸籍」や「人材類居住証」を発給し準市民待遇を与えている。

5．戸籍制度改革の抑制力と促進力

　戸籍制度改革の方向は、これまでの戸籍に付随した「付加価値」の削除にある。最終的には、都市と農村、大都市と中小都市を問わない普遍的な国民待遇の実現が目的である。現在のところ、戸籍制度の改革に当って抑制力と推進力が並存しているのが現状である（図6-5）。
　抑制力の要素としては、次の2点を挙げることができる。
　第1は、地方分権化の流れと地方政府の財政難問題である。1980年代以降、地方分権化への改革が進み、地方政府による「地域保護主義」が次第に台頭し、「諸侯経済」と呼ばれる現象が全国的に発生した。更に、1994年の分税制によって、

中央地方間の「財政権と事務権の非対称性」が深刻化し、各レベルの地方政府の財政自給率が全般的に低下して、深刻な「資金渇望症」が起きた。そして、「予算外財政資金」に属する地方の「土地財政」問題が引き起こされることになった（陳雲・森田憲（2010a）、第3章）。戸籍の開放による財政負担増問題は各地方政府にとって、大きな懸念材料に違いない。特に上海のような大都市では、戸籍人口の高齢化が進み、ただでさえ財政が逼迫している中で、大量に流入する外来人口への公共サービス供給は手に負えないことだと判断する人が多い。

実際の例があった。2001年11月、河南省の省都である鄭州市は、河南省の範囲内で「入籍基準を緩め、優れた人材を誘致する」という内容の戸籍制度改革を推進した。不動産購入、投資、学歴などの条件の一つを満たせば、鄭州市への入籍が許可されることとなった。2003年8月、更に全国に先立って、鄭州市の戸籍政策が完全に開放され、「親戚・友人」との共同生活という理由でも、戸籍申請ができるようになった。しかし、当該政策は1年後の2004年8月に突然打ち切られた。政府部門の説明では、「教育資源の逼迫」が最も直接的な原因だった。

各地の養老保険基金の不足問題が財政難に拍車をかけた。実際、2008年末、遼寧、吉林、黒竜江、天津、山西、上海、江蘇、浙江、山東、河南、新疆など13の「従業員基本養老保険個人口座を充実させるプロジェクト」実験省の状況を見ると、累積された個人口座の基金は1,100億元余りであり、不足額は依然として4兆元に達する（2004年には、不足額は7,400億元だったが、4年間で急増した）（人的資源与社会保障部（2008））。その結果、全国1.6億人の60歳以上高齢者のうち、定期的に養老保険金を受け取れる人数は4,400万人であり、全体の30％にも達していない。

養老保険基金の不足問題は、少子高齢化問題と深く関わっている[69]。中国の高齢化は着実に進んでいる。国家統計局が発表した第6回国勢調査の結果によると、2010年末の時点で、0-14歳人口の全人口に占める比率は16.6％であり、2000年より6.29ポイント低下した。60歳以上の人口の比率は13.26％であって、2000年に比べて2.93ポイント上昇した。そのうち、65歳以上の人口比率は8.87％を占め、1.91ポイント上昇した。

---

[69] 種々の社会問題の噴出に関連して、中国の「一人っ子政策」は反省及び制度の見直しの時期に来ている。従来の人口政策を激しく批判する本は、以前、大陸外の香港、台湾で出版するしかなかったが、現在は解禁され、国内でも出版できるようになった。例えば、易富賢（2013）。

図6-6 中国の独立（労働）人口の総人口に占める比率

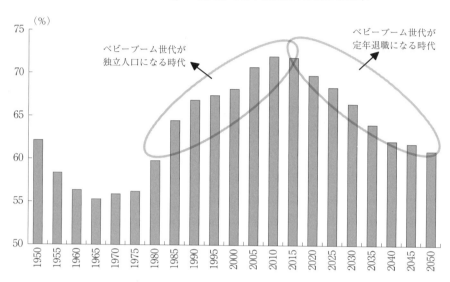

出所：『中国統計年鑑』（各年版）より作成。

　図6-6は独立（労働）人口（15歳以上65歳未満の人口）の総人口に占める比率であり、2010-2015年をピークに、その比率が低下するものと予測されている。
　各地既存の養老保険基金が、支払能力不足という状況に陥っている中、都市戸籍の一層の開放は都市財政の更なる負担増になるのではないかと思われる。ただし、そうした条件反射的な判断は的確でない。地方政府の態度には静かな変化が見られる（後述）。
　第2は、地方政府の民生的課題へのインセンティブ問題である。中国において、直接選挙権の行使がないため、各レベルの地方政府は上位政府に対して責任を持つ構図となっている。住宅のような民生の課題を解決するには、市民権の行使が不可欠であろう。即ち、選挙権の行使及び権力のチェック・アンド・バランス原則の確立が重要である。現段階で、戸籍を持つ市民でさえ、「教育、医療、住宅」という「三つの山」（中国語の表現で）を背負う状況の中で、戸籍を持たない外来人口は、更に各種市民待遇から隔離され、「二等市民」の状態が続いている。
　一方、1980年代以降、戸籍制度の改革に進歩がないわけではない。戸籍改革への推進力について、次の4点が挙げられる。

第1に、戸籍制度緩和の背景に、市場経済体制の要請があるということである。それは、先の節で理論を通して述べた通り、生産要素の自由な移動を認め促進させることは、市場機構を働かせる上で重要であり、それによって所得水準の向上と所得格差の縮小がもたらされる。従って、それは、経済を効率的に発展させる上で不可欠な趨勢というべきものである。

　この点については、行政当局も見過ごしているわけではない。2001年8月、当時の国家計画委員会（現在の国家発展與改革委員会）と財政部は共同で、農民工に対する種々の不合理な費用徴収を停止させるために、「外来労働者への費用徴収問題に関する全面的整理整頓の通知」を出した。2002年1月、国務院による「2002年の農業と農村工作に関する意見」の中でも、「公平な待遇、合理的誘導、管理の健全化、支援の提供」という内容の方針が盛り込まれた。農民工の技能訓練、情報提供、職業紹介などの支援、農民工子女の教育問題の重視、更にメディアによる農民工権益問題の報道強化などを通じて、農民工の都市部での社会的融和を促進させる狙いである。

　「農民工問題」は複雑な現象であり、また、農民工に関する統計も簡単ではない。2010年の国勢調査によれば、出稼ぎ労働者は2.42億人に達しており、全体の非農業労働力の約半分に相当する数値である。「中国製」（Made in China）を支える柱であることは間違いないだろう。

　第2は、地域間競争により、農民工への「福祉累積効果」が生まれているということである。例えば、1980年代を通じて、広州を中心とする華南地域は最も多くの出稼ぎ労働者を吸収した。外資企業を中心とする加工産業がその受け皿であった。しかし、1990年代初頭の浦東開放以降、長江デルタ地域が人気を集めることとなり、いわば「足による投票」現象が起こり、農民工は華南地域を離れ、長江デルタ地域へ流入するようになった。華南地域は「民工荒」（農民工不足現象）に悩まされ始めた。

　その背景には「農民工待遇」の格差が存在した。実際、上海ではいち早く農民工を対象にする「総合保険制度」（2005年4月）が制定されたのに対して、華南地域では、最低賃金さえ、2003年までの10年間に見直されなかった（労働与社会保障部の規定によれば、最低賃金は3年ごとに見直されるべきものである）。2003年以降、長引いた「民工荒」の原因を悟った華南地域は、ようやく方針を転換し、最低賃金を含む待遇の見直しに乗り出した。

ここで、「足による投票」理論について、簡単に述べておこう。アダム・スミスが『国富論』の中で、生産者間の競争によって、消費者が低価格の消費財を入手できるようになると述べているが、それに類似した現象が地域間でも発生する。チャールズ・チボーは地方政府間の競争（税収や経済成長率などの競争）により、住民側に同様の福祉効果が発生すると主張している。チボーの主張は、「足による投票」（vote with their feet）理論と称される（Tiebout (1956)）。即ち、ある地方が住民に対してより良い公共サービスと福祉を供給できれば、人口が流入する。そうでなければ、人口が流失することを意味している。いうまでもなく、この理論の成立には人口の自由な移動が前提されており、また移動する住民の最適化行動とは、得られる公共サービスと負わされる税負担の組み合わせである。

　概していえば、戸籍制度改革の進捗度は、それぞれの種類の都市戸籍の付加価値と反比例の関係にあり（社会福祉に要する費用が大都市ほど高い）、市場化のレベルと正比例の関係にある（要素移動自由化の必要性が大都市程高く要求される）といってよい。

　第3に、社会保険基金への補填効果が期待されているということである。上海の2008年の財政収入は2,382.3億元（前年比13.3％増）であり、2008年の財政支出は2,617.7億元（前年比18.9％増）であって、財政赤字が顕著である。とりわけ、上海の社会保障基金には、深刻な支払超過が発生している。そのため、上海市財政当局が170-180億元を投入し、不足額を補填したのである。ほかの条件が変わらなければ、これから年々雪だるま式に増えると予測されている。

　都市の社会保険基金への影響については、外来人口は両面性を持っていることに注意する必要がある。即ち、支払いの場合には、当然大都市ほど高い額が支給されるが、納付状況を考えると、比較的若い外来人口にはむしろ有利になる──特に少子高齢化が著しく進んでいる上海のような大都市で、一層メリットが顕著である。上海の養老金対策は大まかに二つある、（ア）養老金を受け取る年齢の引き上げであり、既にそのための「試行意見」を出している。（イ）外来人口の社会保険加入率の引き上げを図り、納付人口を増やすことによって、財政補填を減らせるという狙いである。上海で、外来人口向けの「居住証」発給や公共サービス・厚生福祉提供（例：公共賃貸住宅申請）に、社会保険金の納付状況が条件となっている（他の大都市もほぼ同じ政策を採っている）。

　第4は、公民権意識の向上が制度変化の追い風となっているということである。

外来人口及び農民工（特に「新世代農民工」）も権利意識に目覚め始めている（史柏年他（2005））。ただし、公民権意識の向上に伴い、官民の間だけでなく、公民同士の間にも時折矛盾や衝突が起きる。戸籍制度の改革は、戸籍に付随する福祉待遇を平準化させ、「既得権益者（大都市の住民たち）」の特権排除を意味する。いわば、「権利のシェアリング」を要求する。ところが、現在、外来人口に平等な大学受験の機会を与えるかどうか（「異地高考」問題）をめぐり、北京、上海、広州などの教育資源の豊富な大都市で、地元戸籍の親たちと非地元戸籍の親たちとの間に厳しい対立が生じている。

「権利のロジック」の浸透は自然なプロセスではない。立場を変えれば、誰でも「既得権益者」になり得る。啓蒙運動は現代国家への門出に欠かせない洗礼であることは、欧米諸国の経験で明らかである。中国も例外ではない。

次節から上海の事情を踏まえて、外来低所得層の「職」と「住」の問題に迫ることにする。

第3節　上海における流動人口の「職」と「住」：戸籍制度改革の視点

　上海は中国最初の商工業都市である。1843年の「南京条約」によって、上海は開港都市となった。

　最初の沈黙の10年が経過した後、「太平天国の乱」及び「小刀会の乱」という（清朝末期の）農民蜂起が発生し、江蘇省、浙江省の裕福な商人、地主、農民たちが避難のため、一斉に上海の地に駆け込んだ。1886年の『ニューヨークタイムズ』の幾つかの報道によると、上海の様子は次の通りである。「租界の中では、約4,000人の西洋人と20万人の清国人が住んでいる。上海の旧城壁は租界と隣り合わせだが、その中に、更に50万人の清国人が居住している。租界は川沿いの約4エーカーの面積を占める」。「多くの川辺の街と同様に、ここでは、たくさんの水上生活者が川を往来している。上海の旧城の外に、通常1,000以上のジャンク（木造帆船）が止まっており、多くは貨物船だが、その辺りに、さらに数千数万の小船が混み合っていて、それが水上生活者の唯一の居住場所となっている」（鄭曦原（2007））。

　大量の外来人口が上海の繁栄の基礎を作ったのであり、20世紀初頭の上海は、既に「東洋のニューヨーク」、「東洋のパリ」と呼ばれていた。

表6-4　上海市人口の推移と内訳

	常住人口（万人）	戸籍人口（万人）	外来常住人口（万人）	外来人口／総人口（％）
1980	1,152	1,146.52	5.48	0.5
1990	1,334	1,283.35	50.65	3.8
2000	1,608.6	1,321.63	286.97	17.8
2005	1,890.3	1,360.26	530.00	28.0
2010	2,302.7	1,412.32	890.34	38.7
2011	2,347.5	1,419.36	928.10	39.5
2012	2,380.4	1,426.93	953.50	40.1

出所：『上海統計年鑑』（2013年版）より作成。

次節以降で、1980年代以降の上海における流動人口の拡大及び彼らの「職」と「住」を具体的に見てみることとする。

1．外来人口比率の拡大

　1980年代以降、上海の都市開発が再度活発となり、戸籍人口と流動人口がともに増大した。2012年末には上海市の総人口（常住人口）は2,380.43万人に達した。そのうちで、戸籍人口が1,426.93万人、半年以上滞在する（非戸籍の）常住外来人口が953.5万人である。即ち、上海の総人口の40％は「外来人口」ということになる。外来人口が総人口に占める比率は、2000年の17.8％から年々上昇していく傾向にある（表6-4、図6-7）。

　戸籍人口に関わる問題としては、以下の2点に注意が必要である。

　第1は、「少子高齢化」に関する問題である。上海では、2013年末、60歳以上の高齢者の比率が27％に達し、同比率は全国平均値（14.9％）に比べて遙かに高い水準である。そして、2015年には、高齢者は400万人を超え、戸籍人口の3人に1人が高齢者となる。2030年代に、上海の高齢化率はピークを迎え、高齢者は更に500万人以上に達する。なお、上海人の平均寿命も伸びており、2012年の平均寿命は82.41歳となり、そのうち女性の平均寿命は84.67歳である（表6-5）。

　高齢化と相まって発生したのが「少子化」である。上海市の戸籍人口の自然成長率は1993年以降マイナスが続いていたが、2012年に0.26‰となり、19年ぶりにプラスに転じた。しかし楽観はできない。2010年の時点で中国全体の合計特殊出産率（1人の女性が一生に生む子供の平均数）は1.18に落ち、先進諸国よりも低

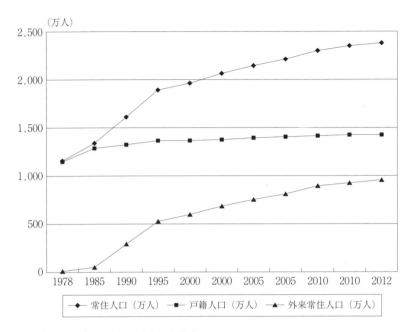

図6-7　上海市人口の推移と内訳

出所:『上海統計年鑑』(2013年版) より作成。

い水準にある。

　全国的に少子高齢化が進む中で、中央政府がようやく政策の見直しを始めた。2014年初頭から、修正後の家族計画政策の実施案が各地で続々発表された。内容は要するに、夫婦の中の1人が「一人っ子」(兄弟がいない) であれば、2人目の子供が生めるというものである (中国語で「単独二胎」という)。なお、2000年以降に実施された「双独二胎」政策では、2人目の子供を生める条件は、夫婦ともに「一人っ子」でなければならなかった。

　しかし近年、特に都市部の若い世帯にとって、子供の養育費の高騰が懸念材料となり、「単独二胎」政策が打ち出されても、社会の反響は「熱烈歓迎」ではないのが現状である。とりわけ上海のような大都市では、一層冷淡だといえる。例えば、2014年1月17日に、浙江省は全国に先駆けて新政策の実施に踏み切った (上海は3月1日から開始)。国家衛生与家族計画委員会の発表によると、2014年8月の時点で、申請者数はおよそ70万件で (許可件数62万)、年間200万新生児増

表6-5　上海の平均寿命と人口自然成長率

	戸籍人口平均寿命（才）			人口自然成長率（‰）
		男性	女性	
1980	73.33	71.25	75.36	
1990	75.46	73.16	77.74	3.51
1995	76.03	74.11	77.97	−2.06
2000	78.77	76.71	80.81	−1.90
2005	80.13	77.89	82.36	−1.46
2010	82.13	79.82	84.44	−0.60
2011	82.51	80.23	84.80	−0.68
2012	82.41	80.18	84.67	0.26

出所：『上海統計年鑑』（2013年版）より作成。

という予想は大きく外れた。

　それでは、養育費は一体どれほど必要なのだろうか。深圳塩田区婦幼保健院が2002年7月に行った「都市住民既婚育児年齢夫婦の家族計画調査」では、広州、上海、重慶、長春、西安の5都市で子供1人の毎月平均養育費は503.72元であって、家計平均月収の25.96％に相当する。また、上海徐匯区でのサンプル調査では、「30歳・未婚・大卒」までの子供の養育費は、総計で49万元に達する（2003年の物価水準）。養育段階に応じるが、養育費支出は家計総支出の39-50％を占める（徐安琪（2004））。周知の通り、2003年以降、不動産価格の高騰や食品の安全問題、高額な教育と医療費問題、環境汚染問題などが深刻さを増し、人々の将来への不安に一層拍車をかけている。養育費負担及び将来への不安に直面している若い夫婦の出産願望が着実に低下している。

　都市戸籍住民の出産願望が低下する中にあって、多くの南方諸都市では、流動人口の数が既に戸籍人口を超えている。上海でも、松江、閔行、嘉定等郊外区域の流動人口は戸籍人口を上回っている（しかも、流動人口の中に、家族計画政策に違反する人々が多い）。

　第2は、上海等の戸籍人口は更に「都市戸籍」と「農村戸籍」に分けられるということである（第3章、表3-4参照）。時間が経つにつれて、上海の非農業人口（都市戸籍）の比率は1990年の67.4％から2012年の89.8％へ上昇し、都市化の進展を窺わせるが、「都市戸籍」と「農村戸籍」の間に、社会保障、公共サービスの享受度が異なるのが現状である（後述する外来人口に対する「入籍」政策は、上海の「都市戸籍」への加入を意味する）。

図6-8　上海戸籍改革の三つのステップ

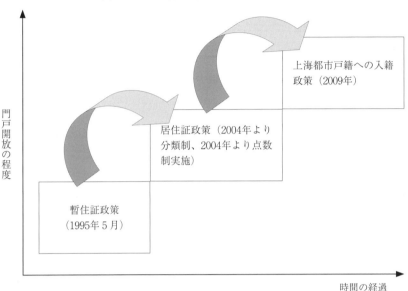

出所：筆者作成。

2．外来人口の市民待遇における三つのステップ

　全国的な戸籍制度の改革に伴い、上海における戸籍制度の基本姿勢は、「入籍基準を高く設定し、門戸を大きく開放する」というものである。2004年までは、一般の出稼ぎ労働者（農民工）に対する「暫住証」政策と人材・投資家奨励策（「青印戸籍」）の二通りの政策が並行的に行われた。だが、2004年以降、両者を形式上新しい「居住証」政策に統合した。更に、2009年から、「居住証」を持つ人々のうち、条件に合う人々に上海戸籍を与える政策を打ち出した。

　先の第2節では、戸籍制度改革の抑制力と推進力を検討したが、上海では、長期的には、推進力の方が優位であると考えられる。中国全土の経済成長のエンジンとなった上海は、外来人口のパワーを必要とするからである。当面上海が採った改革の諸策は、十分とはいえないが、前向きな動きが続いている。以下では、上海における「暫住証」政策、「居住証」政策、「入籍（戸籍）」政策という三つのステップをそれぞれ考察してみる（図6-8）。

表6-6　上海市の「居住証」制度

	種類	有効期限	待遇
居住証	種類A：人材（学部以上の学歴或いは特殊才能）・投資家	3年ないし5年（雇用契約期間内）	衛生防疫、人口と家族計画、子女教育、就職、社会保険などの面で準市民待遇が得られる。
	種類B：安定した職と住を持つ個人	1年	
	種類C：配偶者・子女・親との同居生活；6ヶ月以上の教育目的での滞在者	1年	
臨時居住証（従来の「暫住証」に類似）	種類D：その他	6ヶ月	就職の際、身分証明書とともに提示する（付加価値は低い）

出所：「上海市居住証暫行規定」（2004年制定）より作成。

(1)「暫住証」政策

　上海の人口統計に含まれる2,380.43万人の他に、未登録の流動人口が存在する。従来の規定では、3日以上滞在する外来人口は、（ホテル宿泊、入院等公的施設で既に登録している人々を除く）原則的に「暫住証」[70]を取得しなければならない。しかし、「暫住証」は流動人口を「管理」する目的で作られたものであって、公共サービスに繋がるものではない（付加価値はほぼ存在しない）。外来人口にとって、登録するインセンティブに乏しいのである。従って、2003年まで「農民工」が代表する低所得流動人口の登録率は極めて低い。

(2)「居住証」政策

　「居住証」制度は2年の試行を経て、2004年より正式に実施されることとなった。「上海市居住証暫定規定」によると、上海で安定した職業と住所を持つ外来人口はすべて申請が可能で、居住証を持つ人々は、以前より多くの市民待遇を享受できる。また申請の手続き機関も、従来の公安部門から居住地の「街道」（区の出先機関）に変更され、手間が少なくて済む。登録率の向上が狙いである。
　しかし、新しい「居住証」制度の中身は、戸籍の壁を取り除くものではなく、従来の外来人口に関するばらばらの政策を統一するためのものである。「居住証」

---

[70] 1995年5月の公安部「暫住証申請弁法」に基づいて、1996年9月に「上海市外来流動人口管理条例」が作られた。

表6-7　上海市の居住証発行内訳（一部）

事項＼年	2005	2006	2007	2008	2009
常住非戸籍人口（万人）（A）	530	596.03	684.72	749.61	809.58
居住証（万人）（B）		27.6	33.03	54	
人材誘致	10.67		5.43	27	
安定就職					
親族と共同生活					
臨時居住証				627	
居住証／常住非戸籍人口（B/A）（％）		4.63	4.82	7.20	
総合保険参加数（万人）		279	333.6	383.8	378.41

出所：各種資料より作成。

の内部にも依然として層があり、最も低いレベルの「臨時居住証」の他、さらに3種類に分類できる（表6-6）。

「人材」及び「安定的職業と住所」という要件を満たさない大多数の低学歴の農民工にとって、「人材類居住証」は手の届かないものであり、彼らは「臨時居住証」を申請するしかなかった。なお、インセンティブとして、農民向けの「統合社会保険制度」が2005年より設けられた。

「居住証」に関する詳細なデータは公表されていないが、各種報道から資料を集めると、表6-7のようになる。それによると、2006-2009年の間に、上海が発行した居住証（臨時居住証を除く）は27.6万から54万に増大した。しかし、常住非戸籍人口に占める保有率は、それぞれの年で見て、4.63％、4.82％、7.20％しかなかった。

「居住証」政策の目的は、人口管理の方法を「戸籍管理」から「居住地管理」へ転換させるためだといわれている。ところで、「居住証」はその保有率が低いだけでなく、「上海都市戸籍」との間に依然として「付加価値」の格差が存在する。例えば、「居住証」の所有者は、上海で社会保険（養老保険、失業保険、医療保険、住宅共同基金）に加入できるが、待遇の差が存在する。即ち、(1) 失業保険は、もともと「居住証」の待遇から除外された。(2) 養老保険の場合、社会保険の口座は戸籍に依存しており、戸籍所在地でのみ受け取ることができる。(3) 住宅共同基金の場合、上海戸籍を持つ従業員に対して、企業は住宅共同基金の納入を義務づけられるが、居住証を持つ従業員に対しては、企業には強制的義務はない。

(4) 居住証を持つ人々は、上海を離れた際、養老保険、医療保険、住宅共同基金の中の「個人口座」の部分のみ本人とともに移転可能であり、企業納入の部分は移転不可能である。

　この他、婚姻登録手続き、パスポート取得手続きなどを行う際、居住証を持つ人々は、依然として戸籍所在地へ戻り、「戸籍証明書」を入手しななければならない（2013年7月以降、「点数制」の実施により、この面でのサービスが一部改善されたが、サービスを受けられる範囲はあくまでも個人の持つ「点数」に依存する）。

　また、住宅共同基金の場合と同様、子女教育に関する規定も曖昧である。地方政府に強制的な義務はなく、「居住地所在の区・県教育行政機関が地元の規定を踏まえて、子供の就学をアレンジする」という原則的規定のままである。

　最初の「居住証」制度が実施されてから9年後の2013年5月28日、修正後の「上海市居住証管理方法」が出された。最大の特徴は、外来人口に対して、「条件管理」から「点数管理」へ変わったことである。それによって、従来のA類、C類等の区分がなくなった（前掲表6-6）。点数に応じて、居住証の持ち主は子供の就学、上海市での高校及び大学受験などの公共サービス関係や福祉関係に関する待遇が得られる。点数の加算方法は、年齢、学歴、上海での居住年限、労働年限、社会保険納付年限、専門的技能など総合的指標によって加算される。

　概していえば、新規定によると、子供の教育、証明書の受理、衛生防疫などの分野で一層広い範囲の準市民待遇が得られるが、社会保障の分野では、依然として戸籍所有者に比べてかなりの格差が存在する。

　それでは、「居住証」を持つ人々は、上海戸籍へ入る可能性があり得るのだろうか。「居住証」政策が正式に始まって5年経った2009年に、上海市はようやく具体的な入籍条件を提示した。

(3)「入籍（都市戸籍）」政策及びその反響

　2009年2月23日、上海市政府は重大なニュースを発表した。「上海市居住証を持つ人々の本市常住戸籍を申請するための試行弁法」である。具体的には、以下の条件を満たす人々が、上海市戸籍を申請できることになる。

　第1に、「上海市居住証」を持つ期間が満7年経過していること。第2に、居住証を持つ期間中に、規定に基づき、上海市の城鎮社会保険に参加したこと。第

3に、居住証を持つ期間中に、法律に基づき、所得税を納付したこと。第4に、上海市で中級以上の専門的な職務或いは技師（国家二級以上の資格証明書）の職業資格を持つもの、かつ専門と職業に対応性が認められること。第5に、国家及び上海市における「家族計画政策」に違反する行為、治安管理処罰以上の違法犯罪記録及びその他の不良な行為記録がないこと、である。

　その他に、次のような補助規定が存在する。即ち、第1に、上海で重大な貢献をし、それなりの報奨を得ている人々、上海で高級専門職及び高級技師の資格（国家一級職業資格証明書）を有し、かつ専門と職業に対応性が認められる人々は、居住証を持つ年限と社会保険加入年限の制約を受けない。第2に、上海の遠郊・近郊の教育、衛生などの職場で勤務する期間が満5年を経過している場合、居住証と社会保険加入年限を5年間に短縮できる。第3に、専門的な職務或いは職業資格制度を実施していない業種では、「賃金、納税或いは雇用創出の貢献度」が代替の指標として用いられる。

　最後に、諸条件を満たす人々の「入籍」には毎年「総量規制」があり、順番待ちが必要である（総量規制に超過した分は翌年に回される）。

　上海市の「居住証」試行は2002年6月15日から始まった。2002年の居住証保有者はおよそ3,000人だったが、こうした人々は2009年の時点で、7年間の期間を満たしている。その他の条件を同時に満たせば、上海戸籍の申請ができる。

　この政策には賛否両論が存在している。多くの上海で働いている或いは戸籍取得を希望している人々は当然この政策を歓迎した。しかし、上海市民の間では意見が分かれた。一部の市民は、開放的な上海はより多くの人材を誘致すべきだという考えであり、この政策を評価した。しかし、一部の市民は上海の過剰な負担を懸念した。上海『東方早報』と『市民信箱』が行った調査によると、962名の市民（上海戸籍の比率は53％）のうち、62％が賛成だが、上海戸籍を持つ回答者のうち、45％が賛成で、43％は「上海の都市負担に限度がある」という理由で、懸念を示した[71]。

　しかし、財政逼迫を解消する手段は、条件反射的な外来人口排斥策ではなく、その逆の受け入れ策に活路が存在する。上海市政府も明らかに覚悟を決め、「外来人口を社会保障制度に取り込む」という打開策を鮮明にしている。

71「上海居住証転常住戸口実施規則出台、反響熱烈」、『工人日報』、2009年6月19日。

図6-9 上海住民における複雑な層

出所：筆者作成。

(4) まとめ

1990年代以降の上海経済の復活によって、大量の人口が上海に流入した。その中には、高所得水準の人々も多数いれば、低所得層の人々も大勢集まっている。上海では、「暫住証」政策、「居住証」（その後は点数制）政策、「入籍（戸籍）」政策という三つのステップを踏まえ、「管理」から「融合」への政策調整を行った。大半は、社会保険制度破綻の危険を意識し打ち出した回避策だが、「権利のロジック」が少しずつ着地している。

現状では、上海の様々な住民に依然として権利の格差があり、「複雑な層」が存在する（図6-9）。流動革命が背景に存在することは言うまでもない。

東南アジアの大都市を見ると、流動革命の結果として一般的に観察されるのは、インフォーマル・セクターの拡大（低所得流動人口層の職場）とスラムの蔓延（生活の場）だが、上海の状況はどうだろうか。以下具体的に見てみよう。

3．上海における流動人口の「職」

2003年、失業対策として、上海はインフォーマル・セクターにおける就職支援方針を固めた。しかし、上海市労働與社会保障局が発布した「インフォーマル・

セクター就業の労働組織管理を規範化させるための若干意見」の中には、地域保護（戸籍人口優先）の一面が明白である。即ち、「インフォーマル・セクターでの就職主体は、本市の失業者、農村余剰労働力等である。その他の主体の比率は30％を超えてはいけない」（第5条、第2項）ということになっている。

　このような政策の背景には、1990年代以降、上海で行われた大規模な国有企業の改革並びに産業構造の改革があった（特に紡績業の全面撤退により、60万人の紡績工場労働者が職を失った）。100万人以上の国有企業の労働者が「一時帰休」（中国語では「下崗」といい、事実上の失業を意味する）となった（陳雲（2004））。内外の圧力により、上海の就業状況は厳しさを増したのである。上海市政府は、「下崗」労働者に対して、一定の失業手当を支払い、また3年間の「職業訓練センター」での無償再就職訓練等の措置を採った。1996年以降、インフォーマル・セクターでの就業促進（自営業の起業及び就職機会の拡大）のために、法人税免除などの優遇政策を採ることになった。2003年に、上海で新たに増えた就職者数は46万人だったが、そのうちでインフォーマル・セクターの寄与率はおよそ18％であった。前述のように、戸籍人口に比べて、流動人口はまず「都市登録失業率」にカウントされることもなく、就職面の市民待遇の実現は一層不可能である。

　農村戸籍を持ちながら、都市部に「出稼ぎ」を行う労働者は周知の通り、「農民工」と呼ばれる。浙江省でのサンプル調査によると、「農民工」の中で、技術職が14.8％、管理職が10.1％を占める[72]。そうした「ホワイトカラーの農民工」は、概ね都市部で10年以上働いた経験を持ち、才能と勤勉さを認められた人々である。それでは、時系列で見ると、「農民工」の実際の賃金収入はどうだろうか。図6-10によると、1990年代半ばの農民工の平均月収はおよそ500元であり、2001-2003年には640-690元に上がり、その後急激に上昇して、2007年には1,000元、2010年には1,690元に達した（盧峰（2011））。

　都市労働者の賃金収入に比較するとどうだろうか。長期的な傾向を見ると、1980年代前半にはむしろ農民工の賃金の方が高く、都市労働者の1.5倍以上の水準にあった。1980年代後半以降の20年間には、農民工の賃金の相対的水準が持続的に低下していき、2008年には48.5％となった。なお、2010年には55.5％とやや持ち直している（図6-11）。

　上海の状況に戻って見ると、2003年の上海市のサンプル調査に示されているよ

---

[72]「農民工問題調査」、『学習時報』2006年1月18日。

図6-10　農民工月収の変化

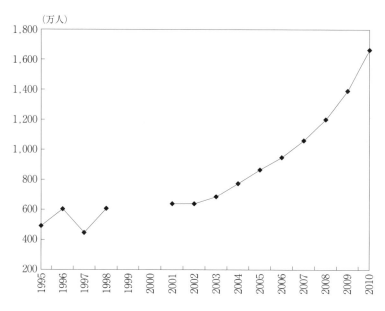

出所：国家統計局農村調査隊の資料より、盧峰（2010）作成の図。

うに、上海市外来人口のうち、製造業、建設業、商業・サービス業などの低付加価値業種に勤務している比率は、それぞれ33.91％、19.83％、14.28％である。これらの業種は、日本でいう「3K」業種に当たっており、労働者の賃金も低い。高慧・周海旺（2007）によると、2003年11月、上海市外来労働力の平均月収は1,210元であり、地元労働力の1,419元より209元少ない。同時に、外来労働力のうち、月収1,000元以下の人々は50.6％を占め、地元労働力より14％多い。なお、月収600元未満の比率は、地元労働力より8％多い。反対に、月収1,600元以上の比率は、地元労働力より16％少ない。

　これまでに行われた先行研究によって、農民工の都市部での就業は、低収入、長時間労働、給与未払い、労働環境悪化、社会福祉及び社会保障の欠如、差別、低政治参加度など様々な問題に直面していることが明らかである（李強（2004）、王洪春・阮宜勝（2006）、王桂新・羅恩立（2007）、梁波（2010））。

図6-11　農民工対都市労働者の賃金倍率（1979-2010年）

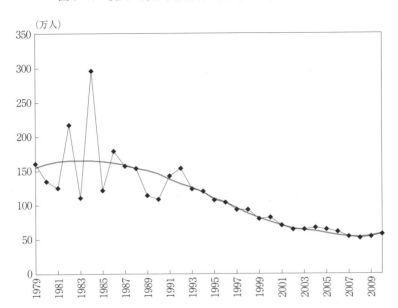

注：都市労働者賃金＝100としている。
出所：国家統計局農村調査隊の資料より、盧峰（2010）作成の図。

4．上海における流動人口の「住」

外来人口の「住」（生活基盤）については、高所得者層と低所得者層の事情が異なっている。以下、具体的に見てみよう。

(1) 高所得の外来人口について

1998年から2002年の間、「住宅の実物配分制度」が廃止され、住宅供給の市場化が進められた（陳雲（2007a））。販売促進のために、上海は「青印戸籍」政策を実施した。不動産購入や投資をすれば、準市民待遇の「青印戸籍」が与えられ、それによって高所得の外来人口に対する「入籍」の門戸が開いた。

2002年、不動産市場が加熱し、上海の「青印戸籍」政策が廃止されることとなり、その代わりに「居住証」政策が試行された。条件を満たす外来人口（投資家、技術者、高学歴者等）には準市民待遇が与えられる（前述の通りである）。

(2) 低所得の外来人口について：住宅保障制度の視点

　上海の住宅保障制度の経緯をまず回顧してみよう。1988年3月、「上海市住宅制度管理指導チーム」ができた。1990年3月には更に、「住宅問題研究チーム」を立ち上げ、具体的改革の草案作りを進めた。そして同年9月に草案が公表され、市民の意見を募集する段階に入った。1991年2月、上海市人民代表大会常務委員会は「上海市住宅制度改革実施方案」を決め、住宅共同基金制度、家賃引き上げ及び補助金制度、家屋管理委員会を組織すること等を含む「五位一体」の枠組みを提示した。

　住宅制度改革の一環として、1987年から上海は都市貧困人口の居住問題を重視し始め、1988年に、1人当り延べ居住面積2 m^2以下の「特別困難世帯」15,221戸の住宅難問題に対処することになった。1991年、更に1人当り居住面積2.5m^2以下の「困難世帯」の問題を視野に入れた。その後の2年間に、合計31,808戸の世帯が恩恵に浴した。そして、1995年5月に提出された「1人当り居住面積4 m^2以下の困難世帯問題を解決するための実施方案」に基づき、1999年までに72,135戸の世帯支援を行う方針が固められた。

　同市はまた、低所得世帯の住宅難を解消するために、「廉価賃貸住宅制度」案を示し、2000年9月により、長寧区、閘北区で試行を行った。1人当り月収が200元以下及び1人当り居住面積が5 m^2以下のダブル困難世帯[73]（中国語では「双困家庭」という）に対して、「家賃補助」或いは「住宅供給」を行うのである。2002年上半期に、この試行は徐匯、盧湾、楊浦、普陀、虹口、宝山、閔行、浦東の8つの区に広がり、同年12月に、「廉価賃貸住宅」制度は上海市全体に普及した。

　2006年9月30日、に発表された「上海市住宅建設計画（2006-2010年）」の中で、「住宅供給保障の対象を広め、廉価賃貸住宅制度を享受できる困難世帯の数を10万戸に増やす」ことが明記され。これに合わせて、2006年12月以降、廉価賃貸住宅の申請基準（家計収入）は、民生部門の「最低生活保障ライン」と分離した（つまり、基準値が引き上げられた。第1章・第2節で述べた通り、都市「最低生活保障ライン」は低く設定されているため、条件を満たす世帯は極く少数に過ぎない）。保障対象が「最困難世帯」から「低所得世帯」へと範囲が拡大された。2013年現在の主な申請条件は以下の通りである。（ア）1人当り所得に関する規定は、2011年の1,600元から2013年の2,100元へと引き上げられ、申請世帯の1人

---

[73]「ダブル困難世帯」の基準とは、世帯における「1人当り月収」と「1人当り居住面積」を指す。

当り金融資産も当初の3万元から5万元、2013年には8.8万元と引き上げられている。(イ) 1人当り居住面積も当初の5m²/人から、6m²/人、7m²/人へと見直された。全体として、保障範囲が拡大されている。とはいえ、2007年までに、廉価賃貸住宅を申請した世帯数は、上海都市世帯全体の僅か0.5%に過ぎない（李戦軍・楊紅旭（2007））。

上海市の廉価住宅保障には「現金補助」と「実物支給」という2つの手段がある。上海市政府が保有する実物の廉価賃貸住宅は極めて限られている。2012年、上海各区県が新しく5,000戸の賃貸住宅を確保した。主に郊外で新しく開発した大規模住宅団地の一部である（浦東新区の三林、航頭、周浦、閔行区の浦江、宝山区の顧村、廟行、嘉定区の江橋、南翔、青浦区の華新などに分布している）。しかし、市街地から離れているため、生活関連施設や交通事情などは便利とはいえない。

現金補助の面では、2013年、市場価格（家賃）が高まる中で、上海市は補助金額にランクをつけ、各世帯の支払能力に応じて、補助金設定が異なるという合理化案を提出した。

しかし、これらの低所得層向けの住宅保障制度は、戸籍人口を対象にするものであり、非戸籍の外来人口は含まれていない。上海市家屋土地資源管理局の規定によると、廉価賃貸住宅制度を申請できる世帯は、以下の条件を満たさなければならない。即ち、(ア) 世帯当りの月収は「城鎮住民最低生活保障基準」を満たし、しかも民政部門から6カ月以上の補助を受けたこと、(イ) 世帯構成員1人当り居住面積が7m²を下回ること、(ウ) 世帯構成員全員が上海市の非農業戸籍を持ち、しかも実際に現住所に居住すること、同時に、世帯構成員の少なくとも1人は上海市の非農業戸籍取得年限が5年以上であること、またその他の世帯構成員は、現住所に転居してから少なくとも1年以上経っていること、(エ) 世帯構成員数は2人以上であり、かつ互いに法定の扶養関係にあること、である。

この他には、「特殊世帯」の廉価賃貸住宅申請条件は、以下の通りである。(1) 省・直轄市・自治区及び部以上の労働模範表彰を受けた退職者の場合には、世帯の1人当り月収が570元以下、1人当り居住面積が7m²以下であること、(2) 烈士家族、軍属、及び特級、一級傷痍軍人及びその配偶者の場合には、世帯の1人当り月収が570元以下並びに1人当り居住面積が7m²以下であること。

上海市の「廉価賃貸住宅制度」の問題点は明らかである。それは、対象者の範

囲が狭く、非戸籍人口が排除されているということだけでなく、上海市の農業戸籍人口も対象外だということである。

事実、廉価賃貸住宅だけでなく、従来の「経済型住宅」も非戸籍人口とは無縁のものである——唯一非戸籍人口と関係があるのは「公共賃貸住宅」（中国語で「公租房」という）である。

近年、不動産バブルで民衆が悲鳴を上げる中で、中央政府は地方政府に対して保障型住宅を供給するように要求した。かつての分譲型の「経済型住宅」は、腐敗・不正絡みで社会的不評を買ったため、多くの地方政府は建造停止を宣言した。その代わりに浮上したのが「公共賃貸住宅」である。「公共賃貸住宅」の家賃は市場価格に比べてやや低いが、立地条件や生活関連施設の面では利便性を欠くケースが多い。

2011年5月に出された「上海市公共賃貸住宅の発展に関する実施意見」の中、具体的申請条件が提示された。（ア）「上海市居住証」を待つ期間が2年以上、且つ社会保険金の連続納付期間が1年以上であること。（イ）各区県が具体的な申請条件を作成するが、その際、戸籍人口と「居住証」人口に対して、職業の内容と居住証の種類により、それぞれ労働契約年限に関する条件を設けること。（ウ）世帯単位で「公共賃貸住宅」を申請する場合、「世帯」に含まれる人々は申請者本人、配偶者、未婚の子女に限ることである。

いうまでもなく、以上の条件に照らしてみると、「人材類居住証」の保有者しか申請出来ないことは明らかである。「臨時居住証」を持つ低所得外来人口とは無縁である——申請条件を満たせないだけでなく、「市場価格よりやや低い」家賃も彼らが支払える範囲の水準ではない。

都市住宅保障制度から排除された外来人口多くは、低所得者である。低所得なため、家賃負担能力は極めて低い。2000年前後の時点で、上海の外来人口の居住形態を見ると、「借家」と「宿舎」の比率はそれぞれ60.6％及び28.8％である（同じ時期の北京の比率は50.6％及び41.6％）（呉維平・王漢生（2002））。また、孟慶潔（2007）によると、上海市の外来人口のうち、「借家」と「宿舎・現場長屋」の比率は、それぞれ73.5％と18.7％を占め、両者の合計は92.2％に達する。「マイホーム」を持つ人々は非常に少ない。この他に、少数の人々はホテル暮らしや、親戚の家、雇用主の家及び区・郷が管理する「農民工アパート」に身を寄せ、またごく一部は路上生活者である。同時に、「借家」の場合、80％近くの人々は家

賃負担能力が300元/月以下である。王桂新・羅恩立（2007）が行った調査の場合も、類似した結果が出ている。1,007名のサンプルとして採り上げられた人々（上海で働く「農民工」）の月当り平均家賃支出は僅か297.4元である。

(3) 考察

これまで、上海に代表される巨大都市の外来人口に対する基本方針は、「嫌貧愛富」のひと言で概括できる。実際、日常の生活サービスから建設現場の仕事まで、インフォーマル・セクターで働く外来人口は、上海の発展に多大な貢献をしている。大都市のほうは、低所得の外来人口を経済的側面から受け入れているものの、十分な社会保障は与えず、事実上の「搾取」及び「差別」を続けている。つまり、社会的・政治的側面の排斥が依然として根強い。新世代農民工（16-35歳）に対する調査では、以下の3点が確認された。即ち、（ア）都市部住民全体は、依然として農民工に対して何らかの差別的な態度を取りがちである。新世代農民工の周辺の人たちへの感受性について、非地元戸籍の同僚、地元戸籍の同僚、他の地元住民の順で低下する。（イ）新世代農民工は、都市の治安環境と医療水準を高く評価するが、「教育、社会活動、政府の就職支援政策、そして政治参加」への満足度が低い。（ウ）37.4％の調査対象は、賃金支払いの遅れや不払いに遭遇したことがあり、35.1％の調査対象は、雇用側と労働契約を結ぶことがなかった[74]。

可能な理由は二つほど存在する。1つは権力構造の問題であり、もう1つは経済面における農民工たちの「代替可能性」である。即ち、無限に近い安価な労働力を持つ中国では、差別的な扱いを行う大都市側が優位であり、差別される労働者の側はそれを甘受するしかない。もっとも、前述の通り、熟練労働者の争奪を巡る「地域間競争」がますます激化する中で、農民工への「福祉累積効果」が実際に現れつつある。

東南アジアの場合は、鉄道や河川沿いがに占拠され、スラム化される現象が一般化している。だが、中国の都市は厳格な都市管理の体制下にあり、状況がかなり違う。「都市市容（景観）と環境衛生管理条例」に基づき、各都市とも「城市管理行政執法局」が設置され、違法建築や路上の無免許営業に対する取締りが常時行われている。従って、確かに中国の都市部で東南アジアのようなスラム風景

---

[74] 『半月談』社情民意調査中心「新生代農民工尊厳感調査」による。新華網2011年7月16日。

は見当たらない。それでは、これらのインフォーマル・セクターで働く低所得の流動人口は、一体どのように「住んでいる」のだろうか。

当都市開発の初期段階では、一部取り残された旧式アパート（中国語で「旧式里弄」、「老公房」）が彼らの住居空間として利用された。また、多くの大都市では、急速な都市化に伴い、「城中村」という飛び地が生まれた（都市開発の際、近郊農村への拡張は避けられない。開発当局は、比較的費用の大きな「農村宅地」を避け、費用の小さい農用地を徴用する傾向にある）。そうした「都市の中の村」は、生活サービス業を営む外来人口にとって格好の廉価居住空間となる。

しかし、都市化が一層進んでいくと、そうした旧式アパートや「城中村」も次第に撤去され（王新・蔡文雲（2010））、追い出された彼らは居場所を失った。だが、需要が存在すれば供給が生まれる。いつの間にか、「群租」という「斬新なビジネス」が中国の都市部で誕生した。以下、中国特色のスラムである「群租」現象について、上海を例に具体的に考察しよう。

第4節　中国特色のスラム──「群租」現象の表と裏

1．「群租」の特徴

2006年の上半期から、「群租」現象が上海を駆け巡った。当時上海市消防部門が閘北区、浦東新区、閔行区、普陀区で行った調査によると、三分の一以上の新築住宅団地で「群租」現象が起きた[75]。図6-12は上海「群租」現象の目立つ住宅団地の図である。この風潮が巻き起こったことによって、「群租」という用語は、教育部が2007年8月に発表した171の新単語の1つにもなった[76]。

それでは、「群租」とは一体どのような現象だろうか。ビジネスモデルとしての「群租」の方式は以下の通りである。即ち、未内装のアパート（中国語で「毛坯房」という）の本来の間取りを変え、細かく分割した上で、安い価格で多くの人々──これらの人々は往々にして互いに知らない──に貸し出すというパターンである。

---

[75]「上海部分城区約3分之1以上小区存在群租現象」、『新聞晨報』、2007年8月22日付。
[76] 教育部は、2007年8月16日に、「2006年中国言語生活状況報告」と題する記者会見を行っており、その際に発表された「新単語」の1つである。

図6-12　上海「群租」現象の目立つ住宅団地

出所：『南都週刊』。

「群租」現象には幾つかの特徴が認められる。次の通りである。
(1) 「群租」用アパートの名目上の大家は、不動産の実際の所有者ではなく、多数の物件を借り入れた「サブ大家」（問屋のような存在）である。
(2) 2006年に大規模な「群租客」が殺到する以前は、新卒の大学生などを中心に数人の若者が同じアパートをシェアする「合租」（ルームメート）現象が存在していた。しかしそれは、現在見られるような凄まじい「群租」現象とは次元が違う。新卒者の「合租」はあくまでも臨時措置で、何れはそれぞれ独立する。即ち、時間が経てば「合租」は自然に解体するのである。しかし、現在の「群租客」はほとんどインフォーマル・セクターで働く低所得の流動人口であり、境遇を簡

単に変えられないため、彼らによる「群租」は、(入れ替えがあっても) 概ね長期化する傾向にある。

(3)「群租」は、市街地に立地する中高級住宅団地まで寄生している。例えば2006年6月の (浦東新区に位置する) 緑城団地の住民委員会と物件管理会社の共同調査によると、緑城団地のアパートのうち、自家用は700軒余りで、賃貸用は205軒である。そして後者のうち、158軒は「群租」された。当該住宅区は陸家嘴金融貿易区に立地し、総建築面積は47万m²に達している。地下鉄2号線と4号線が近くを通っており、また生活関連施設も豊富で便利である。2006年9月、当該住宅区の不動産価格は1.3万元/m²に達し、繁華街に立地する中高級の住宅団地だが、「群租」現象に悩まされた。

もう1つの事例は「上海群租第一村」で有名な「中遠両湾城」住宅団地である。内環線と高架鉄道3号線の中潭駅に近い位置にあるこの巨大な住宅区は、上海の母なる河である蘇州河の河畔に建てられ、周辺の生活施設も完備している。立地が便利な上、規模も大きい (1万ユニット以上) ため、「群租客」に選好された。2007年9月に、第4期の住宅棟が売り出されて以降、「群租」に手を出す「サブ大家」が集まった。中遠両湾城では、100人以上の「サブ大家」が常時活動しており、そのうちおよそ三分の二が福建省の出身者だといわれる (大都市のインフォーマル部門で、業種ごとに地域性が見られ、一つの興味深い現象である)。「群租」用のアパートは600余り存在し、多い時には、「群租客」は3万人以上に達した。

「サブ大家」の報酬も潤沢である。例えば、「黄」という上海戸籍の「サブ大家」は、一気に28のアパートを借り入れ、群租ビジネスを始めた。当時の相場で計算すると、彼は年間8万元の利潤を獲得することになる。

2．「群租客」と住民の対立

(1) 群租の「罪」

群租によって、住宅区内の常住住民と群租客の間には深刻な対立と争いが起きている。その引き金は、以下の諸問題の発生である。

第1は、治安問題である。群租客の身分は様々であって、流動性も高いため、同居者間の盗難や、性犯罪などが実際に起きている。また、住宅区内の公共施設

備品の盗難も頻繁に発覚している。本来、上海市の規定によると、アパートの所有者は、公安部門に賃借者情報を登録しなければならない。しかし、物件所有者は「脱税」目的により、一般的に賃借者情報の登録を怠る。群租客は更に登録する動機がない。そこで、関係案件の捜査が困難を極める。

　第2は、消防問題である。群租用アパートは勝手に分割され、場合によっては台所も分割して貸し出される。そして、勝手に敷かれる電線や、消費電力の大きな電気製品の乱用などによって火災が頻発した。例えば、2007年2月、中遠両湾城のある群租用アパートで電線の私的改造により、火災が発生した（発見が早かったため死傷者は出なかった）。また同年の7月に、上海市松江区新橋鎮新育路のある群租用アパートで、同様の事情で火災が発生し、6名の群租客が死亡した。

　第3は、環境と衛生問題である。群租用アパートの人口密度は一般的な居住水準を遙かに超える。内部の衛生状況が悪化するのみでなく、エレベーターの混雑（特に出勤時間に）や汚れ、或いはいたずら行為（例えば、すべての階のボタンを押したりすること）、住宅団地内の勝手なごみ捨て、緑化の破壊、高い階からの物品の投げ捨て、深夜の騒音、床の水漏れ、周辺の公共交通機関の極度の混雑など、様々な迷惑行為が実際に起きている。

　第4は、不動産価値への影響も懸念される。例えば、前述した中遠両湾城第1期住宅の売り出し単価は1.9万元/m^{2}だが、その後第2期は2万元/m^2、第3期は2.5万元/m^{2}に上昇したが、第4期は群租の影響を大きく受け、1.7万元/m^{2}まで下がった。

(2) 群租に関する最初の訴訟

　群租が起きている中高級住宅団地の常住住民は、高収入のほか、権利意識も強い。群租が引き起こした様々な問題に対して、憤慨するだけでなく、自らの権利を主張する行動にも出る。彼らは真っ先に、住宅団地の物件管理会社に対して取締りを要求する。しかし、物件管理会社は民間企業であるため、強硬手段を採る権限を持たない。一方、「住宅団地物件所有者委員会」も自発的組織であって強制力を持たない（多くの住宅団地は入居率が50％に満たないため、こうした「委員会」さえ存在しない）。群租客と住民の対立が続く中で、上海で、群租に関する最初の訴訟が起きた。

　2006年5月23日、「付」（サブ大家）という原告は、上海緑城団地内のある

3LDKのアパートを借りた後、簡単な内装と同時に、アパートの内部構造を変え、部屋数が10に増えた。6月28日、付氏が引越会社とともに、10のベッドを部屋に搬入する際、団地の入口で管理人に阻止された。争った結果、付氏は自ら及びテナント（群租客）の出入りの自由が侵害されたことを理由に、物件管理会社を提訴した。権利侵害の停止及び2,400元相当の家賃の賠償を請求したのである。緑城物件管理会社は、ベッドの搬入は群租行為の一部であり、付氏の行為はすでに「緑城団地住民臨時規約」の群租に関する禁止規定、及び「緑城住宅区内装に関する管理規定」に違反したと反論した。2007年6月25日、浦東新区裁判所陸家嘴法廷における審理の結果、付氏の敗訴判決が出た。付氏は同判決を不服として控訴したが、10月30日に行われた上海市第1中級人民裁判所による二審は、一審の判決を支持した。

　当該案件の判決は、群租に対する政府指針を表したものと考えられる。しかし、群租現象は消滅に向かうのだろうか。恐らく楽観はできない。その理由の第1は、当該案件の原告は群租を図る「サブ大家」だが、容易に目に付く搬入行為によって、物件管理会社と正面衝突が起きた。もしこのような搬入行為を数回に分けて行ったとすれば、発見される可能性は低くなる。理由の第2は、今回の判決が示したように、群租に対する物件管理会社（及び住宅団地の住民）の対応が司法によって支持されたとしても、物件管理会社には、普遍的に発生する群租問題にいちいち真剣に勝負するインセンティブがない。1つの中高層集合住宅団地には、規模が小さければ数百のアパート、規模が大きければ数千以上のアパートが存在する——とても物件管理会社の手に負えられるものではない。

　大量に存在する低所得の流動人口が、群租現象を強硬に支える市場ニーズなのである。

(3) 対決の中急速に進化を遂げる「サブ大家」と団地常住住民

　「群租」というゲームの展開に伴い、「サブ大家」が短期間に急速に進化を遂げたことは目新しい現象である。当初、「サブ大家」たちはそれぞれの縄張りの下にあって、客引きや物件争奪等を巡り厳しい競争関係にあった。外部取締りが厳格化するにつれ、次第に権威のあるリーダーが出現し、「サブ大家」たちは互いに協力し合うようになった。特に2006年以降、群租に対する政府の取締り（後述）が強化され、「サブ大家」たちは一層の団結を図るようになった。住民の陣営に

対抗しながら、弁護士を雇うようにさえなったのである。

　この協力体制の特徴は以下のようなものである。(ア) 組織化・ネット化である。一部の住宅団地で取締まりが強化される中で、「サブ大家」たちはお互いに情報交換をしながら、取締りの弱い住宅団地へ群租客を移動させるなど、対抗措置を採るようになった。(イ) 自粛化である。事実、群租客が住民に迷惑をかけない（発覚されない）場合、一般的に住民もあまり強く反対の声を上げない。住民反対運動は多くの時間とエネルギーを費やすからである。こうした環境の中にあって、一部の「サブ大家」は既に群租客との間に、私的に「迷惑行為禁止協定」を結ぶようにしている。

　しかし一方、常住住民側も黙ってはいない。彼らも進化の競争に参加している。「上海群租第一案」の発生場所「上海緑城団地」は、その後規約の強化に乗り出した。2013年、それまでの各種臨時規約を要約した形で、新しい「上海緑城団地管理規約」（草案）が出されている。その第5条（物件の転売、貸出に関する事項）には、以下のように書かれている。

　「住宅物件の貸出しにつき、国家及び本市が住宅物件の貸出しに関する法律及び政策規定を遵守すべきである。社会公徳を尊重し、住宅物件の安全に危険を与えてはならない。他の物件所有者の合法的権利を侵害してはならない。貸出しや又貸しに当たって、物件所有者はそれに応じた責任を負うことになる」。

　「住宅物件の賃借につき、本市の住宅物件貸出し条件と1人当り平均賃借面積基準を満たさなければならない。住宅物件本来の間取りと機能を勝手に変えてはならない。間取りを変え、ベットごとに貸出し或いは台所や浴室、応接間などを寝室に改装し貸出しする（又貸しする）ことを禁じる」。

　「物件所有者が物件を転売或いは貸出す時、本規約を物件転売或いは貸出し契約の付属文書にすべきである。契約後、当事者は物件転売或いは貸出しの状況及び連絡方法を書面の形で物件管理会社に知らせるべきである」。

　「本条の第1項、第2項に違反する場合、物件所有者委員会は書面を以て当事者（所有者或いは借入人）に改正を求める通知を出すことができる。貸出し或いは又貸しの行為が他の物件所有者の合法の権益を侵害した場合、被害者は裁判所に提訴する権利がある」。

　進化の競争は生存権の競争でもある。流動革命によって、従来の都市・農村間の分断関係は、今度は奇妙な形で一体化し、至近距離で観察されている。

3．都市政府の対策

都市政府も群租現象に悩まされている。

上海は移民都市であり、上海の発展は歴代移民の努力によって実った結果である。そうした経緯に照らしてみると、今日の上海は狭隘性の一面を現している。2002年以降、上海市政府は「居住証政策によって、1つの富裕な階層の導入を試みたところ、丸ごと1つの社会を招き入れる結果となった」（陳家華・彭希哲(2003)）。流動革命を前に、いわゆる「嫌貧愛富」の政策指向が採られたのである。群租に対する取締りはその特質を鮮明に反映している。

(1) 上海市の「群租」に対する取締り政策

2004年、上海市は「住宅賃貸管理実施弁法」を制定し、賃借者1人当りの建築面積が10m²或いは使用面積が7m²を下回らないこと、集合宿舎の場合、1人当りの建築面積が6m²或いは使用面積が4m²を下回らないことと定めた。同「弁法」は、物件の所有者に賃借者情報を登録をするように促した。しかし、このような居住基準を満たすためには、当然家賃が上がるから、低所得外来人口は遵守し難いだろう。

2006年上半期以降、群租現象は上海市街地の住宅団地で蔓延し始めた。（先に述べた判決が示している通り）上海市政府の基本的態度は「取締る」というひと言に尽きている。

2006年11月、上海市不動産与土地資源管理局は「アパート賃貸管理を強化するための若干規定（試行）」を制定し、「住宅を勝手に分割し、小部屋ごと或いはベットごと貸出す行為」を「違法なホテル経営」であると認定し、是正しなければならないと規定した。当該規定によると、1つの部屋は1人の客或いは1つの世帯にしか貸せない。世帯へ貸出す場合、1人当りの居住面積は5m²を下回ってはいけない。居間、台所、トイレなどは単独で貸出してはいけないなどとなっている。

2007年5月、上海市政府は「住宅区総合管理を強化するための工作会議」を開き、「住宅区総合管理を強化するためのアクション（2007-2009年）」を定め、「群租」取締りを今後3年間の政策目標に掲げた。具体的な責任部署は公安、工商、都市計画、人口弁公室、消防衛生、地方税、総合統括部門（総合治理弁公室）で

あり、市政府と区・県政府の協力体制を求めている。

　同年8月、上海市不動産与土地資源管理局は通知を出し、2005年版の「住宅区住民規約」に「群租」追放の内容を加えるように指示した。即ち、1人当り居住面積が規定を満たさなければならない、所有者は勝手にアパートの内部構造を変えてはいけない、等々である。そして、物件管理会社はこの方面での管理権限を与えられると同時に、「住宅団地物件所有者委員会」は規約違反の物件所有者に対して、書面を通じて注意を喚起することができると書かれた。

　その後、似たような規定が政府の関係部門から繰り返し出されてきた。2014年5月1日より実施に移った「上海市人民政府『上海市居住房屋担賃管理弁法』改正に関する決定」では、「群租」の認定基準の明確化、違反の場合の罰則（罰金）などが明記されている。

(2)「集中的取締り」の効果

　このような方針が出されたにもかかわらず、「群租」は一向に治まる気配はない。常住住民の苦情が殺到する中で、上海の各区政府は「集中的取締り」（「運動式取締り」）を行ってきた。以下、中遠両湾城の例を見てみよう。

　第1ステップ：状況を把握する。2006年9月、中遠両湾城住宅区所在の普陀区宜川街道（「街道」とは区政府の出先機関）が「中遠両湾城群租総合取締り工作チーム」を立ち上げた。物件管理会社と住民の中の「中堅クラス」の人々の協力によって、「群租客」と「サブ大家」を大まかに把握した。2007年の火災事故の後、工作チームはすでに把握した633軒の「群租」用アパートを年内に消滅させる方針を固めた。

　第2ステップ：中遠両湾城は新しい「住民規約」を定めた。それによれば、「賃貸アパート」はまず物件管理会社で登録を行い、「住宅団地物件所有者委員会」の同意の上で、公安部門に届け出をしなければならない。

　第3ステップ：「サブ大家」に通牒及び照会を出す。2007年8月28日、工作チームは「サブ大家」たちを集め、最後通牒を言い渡した。会議の後、90名の「サブ大家」たちは「自己改正」の承諾書にサインをした。2007年9月に入り、工作チームは、安全検査通知書を掲示し、とりわけ「サブ大家」たちに現場に来るように照会を行った。そして室内の安全問題を指摘し、期限内に原状回復を行うように命じた。

第4ステップ：取締りを実行する。2007年9月8日、「上海歴史上最大規模の群租に対する集中的取締りキャンペーン」が行われた。同日、工作チームの取締り対象は633軒の「群租」アパートのうちの55軒だった。60名以上の政府関係者は、100以上の賃貸物件情報を持ってきたが、家賃が高いため受け入れられず、多くの群租客は一時的に路上生活を強いられた。その翌日、政府関係の執行員が大きなハンマーを持ってドアや壁を打ち破る様子、及び群租客の可哀相な路上生活の様子を撮った写真が（ニュース報道とともに）新聞の一面に大きく掲載された。当然、大きな世論が巻き起こった。

第5ステップ：工作チームは「連絡事務室」を設置し、ホットラインとメールボックスを公表して、群租についての情報を常時受け付ける措置を採った。情報の確度が高いようならば、工作チームに報告され、「除去」作業が行われる。

このような取締りの結果、2007年11月末の工作チームのインタビュー調査によると、およそ90％以上の群租客は既に中遠両湾城を離れたと伝えられた。「集中的取締り」は一見成功したように見える。しかし裏の事情も存在する。即ち、2008年の春節が近づくにつれ、外来流動人口（農民工）はもともと故郷へ帰る予定だったものが、「集中的取締り」によって帰省の時間を前倒ししたに過ぎないということである。裏付けとして、2008年の春節が過ぎてから、こうした（周期的に都市と農村の間を行き来する）農民工たちは再び都市に戻ったのである。群租は上海の各中高級住宅団地で消えてはいない。

一方、群租に対する取締りから逃れるために、多くの「サブ大家」たちは借りた大量のアパートを異なる名前で登録し、更なる隠避手段を採った。

第5節 群租：「非協力ゲーム」の真実

「群租」は、中国人にとっても目新しい言葉である。実際、2007年の「群租に関する最初の訴訟」の判決書には、「群租」という言葉はなく、「分割出租」（分割賃貸）という言葉が用いられた。「群租」問題によって、一つの法律上の空白地帯が浮彫りとなった。

2006年7月18日、上海市立法研究所と『毎日経済新聞』は共同で、「群租現象に関する法律・対策検討会」を開催した。会議の主題は「平安、調和」であり、法学、社会学及び行政学の側面から群租問題を検討し、以下の趣旨で締め括った。

図6-13 「群租」現象に浮上した様々な主体

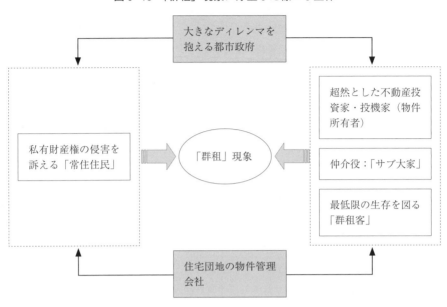

出所：筆者作成。

即ち、群租現象の出現は偶然ではなく、その存在の理由を認識すると同時に、社会安定や住民の私有財産権へのネガティブな影響も軽視してはならない。不動産の賃貸は不動産所有者の正当な権利だが、この権利の行使は限度を守る必要がある。同会議は、群租現象の性格を簡単に決めつけず、今後も引き続き研究すべきものとする結論で終わったのである。

現状を見ると、群租をめぐる利益闘争は、「非協力ゲーム」の特徴が鮮明である。以下の節では、群租現象に浮上した様々な主体（図6-13）の立場を観察し、群租が問いかけている課題を探ってみよう。

1．私有財産権の侵害を訴える常住住民

2004年には、1982年版憲法の第4回目の修正が行われ、「国家が合法的私有財産を保護する」という内容が加えられた。その後2007年3月に、「物権法」が全人代を通過し、中国は実質的に私有財産制の社会に変わりつつあることを伺わせ

た。2007年8月26日に発布した国務院「物権管理条例」の第2章によると、「物件所有者（中国語で「業主」という）は、本住宅団地内の管理について、以下の権利を享受できる。

（1）物件管理会社との契約に基づき、サービスを受ける権利。
（2）物件所有者大会の開催を提案し、物件管理に関する意見を提出する権利。
（3）管理規約や、不動産所有者大会における討論手続きに関する意見を提出する権利。
（4）物件所有者大会に参加し、投票を行う権利。
（5）物件所有者委員会の選挙に投票する権利及び選ばれる権利。
（6）物件所有者委員会の工作を監督する権利。
（7）住宅団地管理会社及び契約執行を監督する権利。
（8）住宅団地内の公共的部分、共同施設・設備に対して、知る権利及び監督する権利。
（9）住宅団地内の公共的部分、共同施設・設備の修理基金に関する管理と使用の権利。
（10）法律、法規に基づくその他の権利。

実際、1998年に「住宅の実物配分制」が停止され、不動産市場が活性化して以降、都市有産階級が主導した「権利主張運動」が全国で繰り広げられたのである（孟偉2007）。

1994-2004年の10年間に、全国の「群発事件」は年間1万件から7.4万件へと急激に増加した（年間増加率22.2％）。参加人数も年間73万人から376万人へと増えた（年間増加率17.8％）（中国社会科学院（2005））。指数で見ると、事件数は1994年の100から2004年の740へ、参加人数は100から515へと増大の一途を辿った（胡聯合・胡鞍鋼・王磊（2006））。そうした状況の中、特に2005年以降の群発事件の誘因は、環境問題及び都市不動産所有者による権利の主張にあると指摘された（劉能（2008））。

都市有産階級の権利主張運動の中で見られる諸主体――住民、住宅団地物件所有者委員会、不動産開発業者、物件管理会社、基層行政組織[77]などが、それぞれの利益から出発し行動に出る。紛糾の背後には、法律或いは制度の不備が存在する。このうち、不動産所有者（住民）は、「物件所有者規約」の制定、住宅団地内の物件所有者委員会の選挙、物件管理会社の招聘及び権利主張運動を通じて、

自らの民主主義精神と自治能力を鍛えてきた。多くの研究者は、これらの権利主張運動が将来中国の民主化の基礎になると期待している（鄒樹彬（2005））。そうした運動を展開する中国の住宅団地は、中国社会の最初の「公民社会」だという認識もある（夏建中（2003））。

ただし、そうした権利主張運動は、他の集団行動同様に、マンサー・オルソンが「集団行動のフリーライダー」と呼ぶ問題にぶつかる可能性がある（Olson(1965)）。具体的な課題が二つある。（ア）分散した参加者の間に如何に情報を迅速に伝えられるか。（イ）集団内部での交渉を通じて、費用の分担を図ることは容易なことではない。従って、報酬に関する明確なメカニズムが存在しなければ、集団行動は分裂し失敗してしまう。上海の場合、群租対策を巡り、団地ごとに進化の遅速が見られる（先に述べた「緑城団地」は、かなり進んでいるケースである）。

このほかに、ディレンマもまた存在する。「群租」で常住住民側が遭遇したのは、いつものような強権たる地方政府や政府とコネクションを持つ不動産開発業者ではなく、彼らより弱い立場の低所得の外来労働者たちである。そこで、自己の権利を主張する住民たちは一時的に「勝利」しても、居場所を失くした群租客の境遇を見て、気楽には居られないはずである。ディレンマというのはつまり、住民自らの私有財産権に関する主張は当然人権だが、同時に、低所得の外来人口の居住権もまた彼らの厳然たる人権である。

いわば群租当事者の間に発生したのは、人権と人権がぶつかりあうゲームに他ならない。現段階では、均衡点の存在はあり得ない。このディレンマの突破には、参加者全員の利益を適切に保障する制度的枠組みが必要である。

2．最低限の生存を図る「群租客」

低所得の「群租客」たちは巨大都市で蟻のようにこつこつと働くが、発言の場は彼らにはない。つまり、「群租客」は事件の中での一弱者に過ぎない。彼らは、

---

77 中国の行政レベルは、中央政府以下、省、地区レベルの市（地級市）、県・区、郷・鎮という四つの層が存在している。さらに、郷・鎮以下には、自治組織として「行政村」が存在する（真の自治とはほど遠い体制であり、郷・鎮の出先機関と理解してよい）。本章でいう「基層行政組織」或いは「基層政府」は、主として都市部の区政府を指すが、時にはその出先機関である「街道」及び傘下の「自治組織」である「住民委員会」（農村部の「行政村」と同様の性質を持つ）も含まれる場合もある。

あくまでも最低限の生存条件を求めているだけである。事実、彼らを最後の居場所から駆除しようとする「集中的取締り」の写真が新聞の一面に掲載された際、多くの同情の声が上がった。

　肝心な点は三つある。（ア）「群租客」ではあっても、彼らには都市における居住権がある。取締りによって安易に否定されるべきものではない。（イ）外来人口の都市建設に対する貢献を認め、彼らに対して公平に扱うべきだという市民の声が高まっている。また、（ウ）群租に対する追い出し策は極めて場当たり的なものであり、抜本的な効果は期待できない（ある住宅団地から追い出されても、何れは別の住宅団地へ流れていく）。費用対効果から判断しても、集中的取締りは特策とはいえない。

3. 超然とした不動産投資家・投機家（物件所有者）と仲介役の「サブ大家」

(1) 物件所有者

　群租に使われた物権は不動産投資家・投機家に属する。彼らは、普段は当該の住宅団地に住んでおらず、また他の都市の戸籍を持つ場合常住が多い（例えば、「温州投資客」）。従って、彼らは実際に住宅区に住んでいる「常住住民」とは一線を画する。群租に当って、むしろ「サブ大家」や「群租客」側に属する。

　投資・投機目的で購入されたアパートは、未内装のまま「サブ大家」の手に渡される。その後の使用は投資家・投機家たちの関心の外にあり、高額の家賃収入さえ手に入れば、「サブ大家」任せにしておいて一向に構わない。

　都市政府が、群租に対する取締りを行う場合、これらの物件の本当の所有者を発見し説得するのは困難である。また、投資家・投機家たちが物件の実際の用途を監視することも不可能であろう（他の都市に住む場合、監視費用は一層高い）。彼らに都市政府に協力するインセンティブもあまり存在しない。

(2) サブ大家

　「群租モデル」を実際に考案・実施するのは「サブ大家」たちである。彼らは「不動産バブルの盛宴」を最後に味わおうとする人たちである。群租の背景を紹介しよう。

まず、不動産バブルにおいて、投資・投機目的で不動産を大量購入する投資家・投機家がいた。しかし、不動産価格の急上昇に対して、家賃はそれほど上昇していなかった。また、2005年旧正月以降、中央政府及び上海政府が不動産市場への引き締め政策[78]を次々と示し、不動産の販売及び転売価格に影響が及んだ。そのため、多くの投資家・投機家は利益確保のため、むしろ賃貸に目を向けることになった。

　より高い利益を得るために、サブ大家は「分割・貸出し法」という「斬新な」ビジネスモデルに目を付けた。上海中遠両湾城住宅区の例を見てみよう。60m^{2}のアパートの場合、2007年の17,000元/m^{2}の単価で計算すれば、総価格は102万元となる。当時、このようなアパートの家賃の相場は2,500元/月（未内装）だったから、投資費用を回収するには408カ月（34年）を要する。しかし、もし当該アパートを10m^{2}の小部屋に分割し、各小部屋を600元/月の家賃で貸出せば、同じアパートの月当りの家賃収入は3,600元に達する。従って、投資費用の回収期間は283カ月（23.6年）に短縮できる。

　このように、利益の最大化を目的とする供給者と旺盛な市場需要の共同作用によって、群租現象が燎原の火の勢いとなったのである。

　また前述のように、住民側の反発や行政側の取締りに対応するために、「群租ビジネス」の担い手である「サブ大家」たちは、短期間で素早い進化を遂げている（組織化・ネット化、そして自粛化を図る）。いわば、彼らのグループの内部では協力ゲーム化しつつある様子（「部分最適」化現象）が現れているのである。

---

[78] その経緯と状況は次の通りである。2005年3月19日、上海市政府の公共ネットで登録した転売用の住宅は、価格制限が課された。2005年3月28日、上海市銀行業協会は、「個人住宅ローンの管理を強化する手引き」を発表した。16の銀行は、第2、第3の住宅を購入する際に、頭金の割合を引き上げると同時に、金利も上方修正した。2005年4月6日、上海における商業銀行は、住宅を転売する際、ローンを同時に移転することを禁止した。2005年4月28日、国務院は不動産市場に対して、有名な「8カ条」の引き締め政策を発表した。一方、3月以降、引き締め政策が厳格に行われたが、不動産市場の反応は鈍かった。その後、4月から5月にかけて最高値を更新して以降、急速に価格が低下した。そして、「不動産購入契約の解除」を求める市民が各地で騒動を起こした。それ以降、不動産価格を抑圧するための政策が嵐のように登場したが、不動産価格への影響は明瞭ではない。その最大の理由は、「土地財政」絡みであると思われる。「土地譲渡金」に依存する地方政府の財政状況が変わらない限り、政府利益絡みの不動産価格は下落し難いものと思われる。当然、雪ダルマ式に膨らんでいる「地方債務」問題は警戒領域に達しており、「中国バブル」がどこまで続くかは議論の余地が大きいだろう（地方政府の土地財政問題については、陳雲・森田憲（2014）参照）。

4．住宅団地の物件管理会社

　物件管理会社は両面性を持つ。まず、彼らは原則的に「住宅団地物件所有者委員会」の信任を得なければならない。同時に、彼らの存立には、基層政府の支援も欠かせない。例えば、(1) 住宅区は、実際には物件管理会社（安全、清掃、物件の維持管理など）と行政の末端組織である「住民（居民）委員会」（「街道」の傘下にある）の共同管理下にある。1つの新築住宅団地を単位に、1つの「住民委員会」が組織されるのが一般的である。「住民委員会」のオフィスは、住宅団地内にある（オフィスは、住宅団地建築を手がけた不動産開発業者により無償提供される——当然そのコストは実際には購入者の負担で賄われる）。従って、物件管理会社は「住民委員会」と良好な関係を維持しなければならない。また、(2)「住宅団地物件所有者委員会」——これは半数以上の入居者が実際に住み、初めて成立可能である——が組織される前に、物件管理会社は、往々にして基層政府とのコネクションを使って、「前期物件管理会社」[79]の身分を得るのである。大きな摩擦がなければ、「住宅団地物件所有者委員会」が成立後もそのままサービス供給を継続できる。

　群租をめぐる紛糾の中にあって、私有財産権を守ろうとする住民側と「嫌貧愛富」の都市政府は同盟関係を結び、物件管理会社も当然、同じ陣営に属する。ただし、群租の取締りを手伝う際に、彼らは恐らく自らの利益と費用の計算を厳密に行う。住民側と行政側から十分に強い要望がなければ、或いは得られる利益が十分大きくなければ、自ら積極的に行動することはしない。

---

[79]「前期物件管理会社」（前期物業）とは、アパートの分譲が始まった時期にできた住宅団地の物件管理会社を指す。中国のアパートのほとんどは未内装のまま売り出され、内装を行うのに、普通3カ月から半年かかる。従って、この時期には、住宅団地に正式な入居者はほとんど存在せず、当然、「物件所有者委員会」という組織も存在し得ない（規定によれば、「物件所有者委員会」を立ち上げるには、入居率が50％以上に達する必要がある）。「物件所有者委員会」が存在しなければ、住宅団地の住民が自ら「住宅団地物件管理会社」を招聘することも不可能となる。しかし一方、住宅団地の分譲に伴い、住宅団地の管理（ごみの清掃、人の出入りのチェック等）が必要となる。その隙間を見て、地元政府或いはその出先機関である「街道」とコネクションを持つ物件管理会社が、そのビジネスチャンスを手に入れるのである。

5．大きなディレンマを抱える都市政府

大都市政府の外来人口に対する「嫌貧愛富」政策は、極めて短絡的なものであり、大きなディレンマに陥っているに違いない。それは次のような事情による。

第1に、もし実際に出稼ぎ労働者がすべて退去してしまったならば、出稼ぎ労働者も困るかもしれないが、上海市はもっと困るだろう。先に述べた通り、2013年における上海市戸籍人口の高齢化率は、すでに27％となっており、出稼ぎ労働者に依存する部分は非常に大きい。

第2に、低費用かつ「使い捨て」の体制の下で、外来の労働力の職と住に関わる課題は長期化かつ深刻化する一方である（実際、職と住の他、農民工の精神面の問題もまた大きい）。それは、明らかに社会の安定を脅かす要因である。「安定第一」（中国語で「穏定圧倒一切」）[80]という政治責任を負わされている地方政府は、そうした事態を非常に危惧している。「臨時居住証」のような登録措置も、低所得者層の外来人口の居場所を把握するためである（現状では、低所得者層の外来人口が集中している近郊地域等で、治安の悪化が起こっている）[81]。しかし低所得者層の外来人口を危惧・防備の対象にするだけでは、問題の解決にはならない。「自力更生」の限度を遙かに超える負担を強いられる人々は、明らかに非行に走りやすい。

6．まとめ

以上分析したように、群租における各主体の態度及び選択は、ほぼ事前に明らかであるため、「動態的ゲーム」[82]の条件を満たしている。また、群租現象全体は一つの「非協力ゲーム」と見なせるが、部分的に「協力ゲーム」も現れている。例えば、「常住住民」や「サブ大家」のそれぞれのグループは協力ゲーム化しつ

---

[80]「穏定圧倒一切」という表現は、1989年天安門事件以降、繰り返し強調された。鄧小平自身も頻繁にこの表現を使った。
[81] 近郊地域では、「人口倒掛」（外来人口が地元戸籍人口を上回る）現象が一般化している。しかし、既存の都市行政管理体制に基づけば、公共財（学校、病院、公務員、警察等）は戸籍人口をベースに供給されるものである。そこで、大きな溝が生まれることとなる。
[82]「静態的ゲーム」とは、参加者が同時に行動する或いは順番があっても、次の参加者は前の参加者の戦略を知らないという状況を指す。それに対して、「動態的ゲーム」とは、参加者の行動には順番があるが、次の参加者は前の参加者の戦略を事前に知っているという状況を指す。

つある。しかし「部分最適」を足し合わせても、「全体最適」にはならない──「合成の誤謬」の発生である。何が欠けているのだろう。

　総じていえば、「協力ゲーム」に向けて、次のような用件が不可欠である。即ち、(1) 当該組織内部において情報が共有され、しかも (2) 実行力のある契約が存在することである。情報の共有は、成員同士の行動の統一性をもたらし、実行力のある契約は公正な利益の分配を保証する。巨視的にいえば、国家という共同体の成立にも、憲法という根本契約の保障が不可欠である。

　当面、群租の解消並びに各主体の協力へのインセンティブを引出すために、肝心なのは、各主体の利益を均衡化させるに至る実行力のある契約の存在である。

第6節　「群租」現象の生成要因

　1978年以降、戸籍制度が存続したままであるにもかかわらず、事実上の人口流動が始まった。この人口流動は、2つの方向を示している。(1)「離村向都」及び (2) 都市間の流動である。図6-14は、流動革命という背景の下で、都市「群租」現象を引き起こす諸原因を整理したものである。開発経済学或いは比較経済体制論的見地から、それぞれ「初期条件」、「体制・制度」及び「政策」に分類できる。

　激しい流動革命に対して、都市政府の住宅供給責任履行（流動人口の居住権の保障）へのインセンティブは乏しい。その体制的要因として、直接的には「戸籍制度」が挙げられるが、より根本的には直接選挙権問題が絡んでいる。事実、現状では、非戸籍人口だけでなく、戸籍人口も安心して住宅保障制度を享受出来ていない。要するに、基本的生存権の保障は、権力構造の再構築に求めざるを得ない。

　上海のような大都市で大規模な「群租」現象が発生した裏側に、幾多の政策的要因も存在する。例えば、(1) 所得格差（特に農民工の低所得問題）、(2) 不動産バブル、(3) 流動人口に関する住宅保障政策の欠陥、(4) 都市再開発による「廉価居住空間」（旧式アパート・「城中村」）の消滅、(5) 土地の国有制と厳格な都市管理政策、などである。そうした諸要因については、先の節でも触れたが、以下は主に (1)、(2) 及び (3) について見てみることとする。

図6-14 流動革命と都市「群租」現象

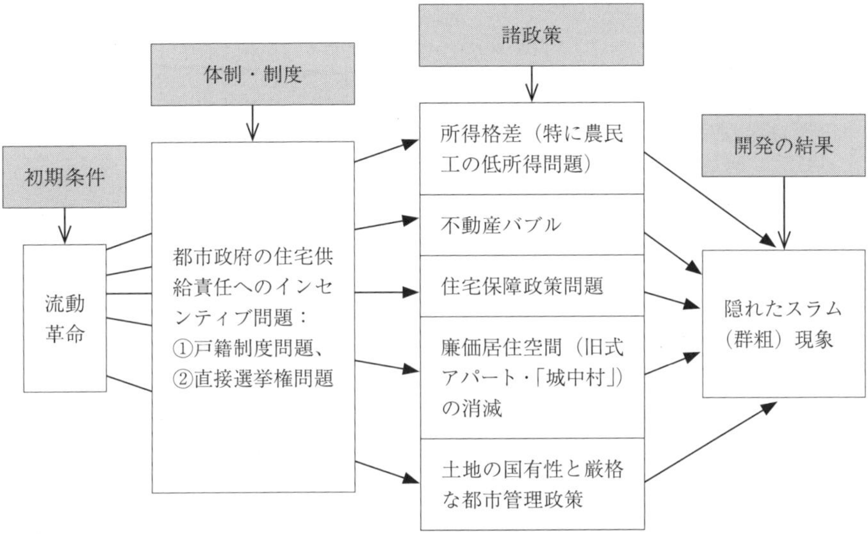

```
初期条件          体制・制度                諸政策                    開発の結果

                                    所得格差（特に農民
                                    工の低所得問題）

                都市政府の住宅供       不動産バブル
流動              給責任へのインセ
革命              ンティブ問題：       住宅保障政策問題              隠れたスラム
                ①戸籍制度問題、                                  （群租）現象
                ②直接選挙権問題       廉価居住空間（旧式
                                    アパート・「城中村」）
                                    の消滅

                                    土地の国有性と厳格
                                    な都市管理政策
```

出所：筆者作成。

1．所得格差の問題

2007年の上海におけるフォーマル・セクターの平均年収のうち、最も高い業種が金融業の100,849元であるのに対して、最も低い業種は生活サービス業の18,619元である。月収に換算すると、前者は8,404元であるのに対して、後者は1,552元である。このような収入に照らしてみれば、平均2,500元の家賃は非常に高いことが明瞭である。

それでは、インフォーマル・セクターで働く「農民工」の状況はどうだろうか。先に述べた通り、外来農民工の平均月収は都市労働者より低く、従って家賃負担能力も極めて低い。そのことが不動産価格高騰（家賃高騰）の背景と相まって、「群租」に拍車を掛けたのである――当然、厳格な都市管理政策や、都市再開発の進行に伴う「城中村」と旧式民家の消滅、そして流動人口に関する住宅保障政策の不足も原因である。われわれが第1章で主張した通り、所得格差は様々な民生問題と容易に相乗効果が発生するのである。

2. 不動産バブルの影響

「群租」現象は、不動産バブルと切っても切れない関係にある。細かく分割したため、低所得の人々も安い価格で市街地に身を寄せることができた。本章冒頭で述べた通り、流動人口は二種類に分けられる。1つは、郊外の工業園区で働く比較的若い労働者たちであり、もう1つは、生活サービス業に属するインフォーマル・セクターで働く人々である。後者は市街地（特に商業区域、交通要衝地など）から離れては、生計が立てられない。

しかし一方で、2003年以降、上海の不動産価格が高騰し始め、次第にバブルとなっていった（陳雲・森田憲（2007））。上海など大都市の不動産価格は、低所得者層の流動人口どころか、普通の市民の手にも届き難くなっている。例えば、2002年の上海の商品化住宅の価格の上昇率は8.2％だったが、2003年には24.2％、2004年には15.4％と上がっていった。先に述べた中遠両湾城は、1999年の第1期住宅の平均単価は3,200-4,200元/m^{2}だったが、2007年の第4期住宅は、（群租の影響を受けているが）17,000元/m^{2}に達した。

上海市の住宅取引平均価格は、19,009.02元/m^{2}である（2011年7月29日付け）[83]。2011年の上海市労働者平均年収の52,655元に照らしてみれば、住宅価格の高さは明らかである。高騰した住宅価格はすでに大量の「房奴」（重い債務を背負った人たち）、「啃老族」（親頼みの若者たち）を生んでいる。更に、若者を徹底した「現実主義者」に陥れた――理想や夢を語る余裕をなくし、高収入の職に就くことや、結婚のための住宅購入で精一杯の状態なのである（近年公務員受験ブームの発生も、恐らくこの事情と関連している）。

不動産バブルと同時に、旧式アパートや、「城中村」などの「廉価居住空間」は、都市再開発の進展に伴って次第に撤去された。市場のニーズに答える形で、「群租ビジネス」が誕生したのである。

3. 流動化人口への公共財供給責任

上海市の「廉価賃貸住宅制度」の適用対象者は極めて狭い範囲に限られる。上

---

[83] 中国不動産取引サービスのHP、http://sh.goufang.com/es/fj/HousePricePerDay.aspx（2011年7月29日）参照。

海市の農村戸籍人口及び非戸籍人口は、すべて排除されているのが現状である。

「群租」に対する集中的取締りには多大な費用を要する。その場合、都市政府の選択肢は２つである。１つは、引き続き「集中的取締り」を繰り返すことだが、それはあたかも巨石を山の頂上へ押し上げ続けるシーシュポス（Sisyphus、古代ギリシャ神話の中の神）のようであって、抜本的改善を期待することは出来ない。もう１つは、すべての流動人口を積極的に受け入れ、彼らの貢献に相応しい市民待遇を与えることである。むろん、それによって、相応の費用が発生するが、しかしそれは都市が本来支払うべき費用であり、「超過負担」と認識すべきものではない。

前述の通り、都市政府が後者を選択するインセンティブが全くないとはいえない。その１つは、地域間競争による農民工への「福祉累積効果」である。市場経済体制に囲まれた地方政府は、様々な人材（熟練労働者を含めて）を必要とし、従って、地域間に競争が発生する（人材はより待遇のよい地域へ移動する――「足による投票」現象の発生である）。もう１つは、少子高齢化による都市社会保険基金の支払能力不足問題によるものである。比較的若い流動人口の保険金納入が実現出来れば、上海のような大都市の財政逼迫状況が改善され、社会保障制度の健全化に寄与することとなる。

当然一方で、戸籍の開放による財政負担増の問題は、都市政府にとって大きな懸念材料である。そのことについて、次の２点が指摘できる。第１に、抜本的解決策として、分税制を徹底的に見直し、地方自治制度の枠組みの中で、地方政府の事務権と財政権の対称性を実現させることである。第２に、中国の財政収入増加率がGDP成長率を遙かに超える状況が続いたことを考えれば、財源が絶対的に不足しているというよりも、税の公正・公平な使用を妨げる体制的問題が存在すると言わざるを得ない。

おわりに

1．「上海モデル」の貧困課題：政治経済学的視点

本章は、「上海モデル」の貧困問題を扱った。戸籍制度の厚い壁を前に、流動人口の中の低所得層の人々の居住難問題が明らかになっている。「外見立派、内

面貧困」を特徴とする群租現象は、「上海モデル」の１つの肖像画のようである。

　強い政府指導下の「上海モデル」の特徴は、大企業（国有企業と外資企業）指向、成長指向であり、草の根の貧困問題を軽視する傾向にあると言わざるを得ない――「嫌貧愛富」の外来人口対策もそのロジックに乗っているといえる。

　一方で、市場経済は原則として労働移動の自由を要請する。しかも地域間の競争が激しい中、当該モデルの改善が一部見られる。

　中国の都市化を「経済のロジック」から「権利のロジック」へ正すことは、権力構造の変革を意味する。（外来人口を含めて）地方政府の民生問題に対する責任の全面的遂行には、選挙権を始めとする基層レベルの政治改革はどうしても避けられない。どこの国でも同じだが、基層政府における賢明な指導者の再生産は、外部移植によって解決されるわけにはいかない。「政治市場」を通じて人材競争を喚起することが唯一の道である――つまり、地方自治が不可欠なのである。

　「内発的モデル」の構築に向けて、政治発展と経済発展は結局双子のような関係にあることは明白である。

2．"Better Village, Better Life"を目指す国土均衡発展の課題

　本章でわれわれは、「群租」現象及び群租の生成原因を考察した。巨視的にいえば、群租のような都市スラム現象は都市農村格差、地域格差に根付くもので、そのために、都市と農村の間、農村と農村の間、沿海と内陸の間の格差解消が課題となる。「国土の均衡発展」こそ、中国の都市化並びに中国モデルの挑戦なのである。

　市場経済体制は、その効率上昇のために、生産要素の自由な移動を要請する。そこで、「城郷分離・市県分立」の計画経済体制が見直され、流動革命が始まった。流動革命は合力によるものである。農村の貧困が押し出す力であるのに対して、都市部での雇用機会や都市生活の魅力が引っ張る力となる。

　1980年代に、流動革命を予測した政策当局は、「離土不離郷」（農業から離れても、故郷からは離れない）と唱えた。結局のところ、郷鎮企業の発達した沿海部の農村では、そのような傾向（郷鎮企業を中核にした「小城鎮」の発展）が認められるが、多くの内陸の農村では故郷で就業ができず、遠距離流動を余儀なくされ、現在に至っている。即ち、農村といっても、沿海部農村と内陸部農村の状況

はかなり異なるのである。

　1992年以降、沿海開放戦略から全方位開放戦略への転換があり、その後、1999年の「西部大開発」、2003年の「東北老工業基地振興」、2005年の「中部台頭」戦略が次々に出された。しかし、発展に必要な要件を見ると、内陸の発展にはまだまだ時間がかかる（Chen, Yun (2009)、Chapter 2）。更に検討を進めれば、「西部大開発」の重点内容である「西気東輸」（西部の天然ガスを東部へ送る）のような巨大プロジェクトは、一体西部の発展のためなのか、それとも東部の発展のためなのか、実に疑わしい（東部の発展のためのエネルギー供給基地作りではないかと思われる）。「国土の均衡的発展」の理念の浸透は、まだまだ先のことである。

　国土の傾斜的発展戦略が実際に維持され、沿海と内陸、都市と農村、農村と農村の格差は広がる一方である[84]。トダロの「三部門理論」によれば、都市農村間の格差が絶対的に大きくなった場合、都市をより良くするための政策手段（就職促進政策等）は、離村向都の人口流動を一層刺激する材料となり、政策の無効化が起きる（Todaro (1969)）。つまり、都市農村間格差が顕著な場合、都市部では、過剰流動によるスラム（群租）の逆襲現象が必然的に発生する。

　ノースは、制度変遷の発生誘因が取引費用の軽減にあると明快に説明している（North (1990)）。付け加えていえば、社会の各主体がそれぞれ皆、旧制度下の取引費用の増大に耐え難くなる場合、実際の制度変遷が起きる。中国における戸籍制度の改革はこのロジックに乗っているといえよう。

---

[84] 中国農村の貧困と矛盾について、陳桂棣・春桃（2004）は安徽省の50の村での調査を基にして、忠実に描いている。

参考文献

【日本語文献】

天児慧編（2000）『現代中国の構造変動4　政治――中央と地方の構図』、東京：東京大学出版会

陳雲・戸田常一（2001）「長江デルタの経済開発と地域格差に関する実証的分析」、日本地域学会『地域学研究』第31巻第3号、107-134頁

陳雲（2004）「90年代からの上海の重点産業及び産業政策の展開」、『季刊中国総研』第8-4巻第29号、31-45頁

陳雲・森田憲（2007）「上海における不動産開発の政治経済学：現状及びマクロ経済へのインパクト」、『広島大学経済論叢』第31巻第2号、1-55頁

陳雲（2007a）「上海における住宅制度の改革――公有住宅改革、住宅共同基金制度及び政策保障型供給システムの構築をめぐって」、三宅博史、五石敬路（編）『膨張する東アジアの大都市：その成長と管理』、東京：国際書院、73-132頁

陳雲（2008a）「中国における国有企業の改革：行政、金融、社会保障システムとの連動」、五石敬路編『東アジアの公営企業改革』、東京：国際書院

陳雲（2008b）「中国における政府主導型環境ガバナンスの現状と課題」、山本裕美・植田和弘・森晶寿『中国の環境政策』、京都：京都大学出版会、331-362頁

陳雲・森田憲（2009a）「中国開発モデルの政治学：「成長の共有」の示唆」、『広島大学経済論叢』第32巻第3号、39-91頁

陳雲・森田憲（2009b）「中国開発モデルの経済学：『現実追随型』制度変遷メカニズム」、『広島大学経済論叢』第32巻第3号、1-38頁

陳雲・森田憲（2009c）「中国における分税制下の中央地方関係：立憲地方自治制度のすすめ」、『広島大学経済論叢』第33巻第1号、1-48頁

陳雲・森田憲（2009d）「ものつくりの上海、ごみつくりの浙江：循環経済における上海モデルと浙江モデル」、『広島大学経済論叢』第33巻第1号、49-92頁

陳雲（2010a）「中国農村における構造的貧困の政治経済学：名村モデルの事例研究及び示唆」、五石敬路編『東アジアの都市貧困問題研究』、東京：国際書院、99-154頁

陳雲・森田憲（2010a）『中国の体制移行と発展の政治経済学』、東京：多賀出版

陳雲・森田憲（2010b）「中国の環境ガバナンスにおける住民運動の類型化と示唆――「環境クズネッツ曲線」の憲政基礎」、『広島大学経済論叢』第33巻第3号、25-50頁

陳雲・森田憲（2010c）「長江デルタにおける経路依存と脱経路依存のダイナミックス：内的発展モデルの構築に向けて」、『広島大学経済論叢』第34巻第2号、1-30頁

陳雲・森田憲（2011a）「山西省における「小炭鉱現象」の政治経済学：「内的発展モデル」の構築をめざして」、『広島大学経済論叢』第34巻第3号、1-30頁

陳雲・森田憲（2011b）「統合と安全保障の政治経済学：「東アジア共同体」及び「沖縄構想」をめぐって」、『広島大学経済論叢』第35巻第1号、1-25頁

陳雲（2013a）「中国におけるゴミ焼却の（発電）場を巡る住民運動に関する考察：政治経済学の視点」、五石敬路編『東アジアにおけるソフトエネルギーへの転換』、東京：国際書院

陳雲・森田憲（2013）「中国における固形廃棄物貿易の光と影：循環及び重層的生産と貿易圏の

形成」、『広島大学経済論叢』第37巻第1号、1-32頁
陳雲・森田憲(2014a)「中国における「農転非」戸籍改革の政治経済学：四大地方実験の事例研究をめぐって」、『広島大学経済論叢』第37巻第3号、1-22頁
陳雲・森田憲(2014b)「中国モデルと格差」、『広島大学経済論叢』第38巻第2号、1-46頁
フェイ、J. C. H., 大川一司、グスタフ・レイニス(1986)、「経済発展の歴史的パースペクティブ――日本、韓国、台湾」、大川一司編『日本と発展途上国』、東京：勁草書房
呉軍華(1995)「中国の地域格差並びに変化要因に関する一考察」、アジア政経学会『アジア研究』第42巻第1号、35-69頁
呉軍華(1996)「改革期における中国の地域政策の展開とその影響――財政政策を中心に」、アジア経済研究所『アジア経済』第37巻第7・8号、120-143頁
五石敬路(2011)『現代の貧困――ワーキングプア：雇用と福祉の連携策』、東京：日本経済新聞出版社
ハーシュマン、アルバート(1961)『経済発展の戦略』(麻田四郎訳)、東京：厳松堂出版
稲村頼司・柯隆・渡辺利夫他(1999)「第二世代の改革戦略をどう評価するか」、経済企画協会編『ESP』、6-18頁
石川滋他(1974)『中国の科学技術に関する一考察：科学技術資源の需要と供給のメカニズム』、日本経済研究センター研究報告 No. 35
加藤弘之(1997)『中国の経済発展と市場化――改革・開放時代の検証』、名古屋：名古屋大学出版会
河添恵子(2010)『中国人の世界乗っ取り計画』、東京：産経新聞出版
河添恵子(2011)『豹変した中国人がアメリカをボロボロにした』、東京：産経新聞出版
金観濤・劉青峰(1987)『中国社会の超安定システム』(若林正丈・村田雄二郎訳)、東京：研文出版
コルナイ、ヤーノシュ(1984/1980)『不足の経済学』(盛田常夫編訳)、東京：岩波書店
コルナイ、ヤーノシュ(1992)『資本主義への大転換』(佐藤経明訳)、東京：日本経済新聞社
クズネッツ、サイモン(1966)『近代の経済成長(上・下)』(塩野谷祐一訳)：東京：東洋経済新報社
松田康博(2006)『台湾における一党独裁体制の成立』、東京：慶応義塾大学出版会
丸山伸郎(1991)「対外開放の経済メカニズム――内向型から外向型への移行形態」、岡部達味・毛利和子編『改革・開放の中国』、東京：日本国際問題研究所
三宅康之(2006)『中国改革開放の政治経済学』、京都：ミネルヴァ書房
森田憲(1986)「ポーランドにおける第二経済」、『アジア経済』第27巻第2号、2-16頁
森田憲(2002)『中欧の経済改革と商品先物市場』、東京：多賀出版
森田憲・陳雲(2006)「日本の対体制移行国直接投資：規模および傾向」、『広島大学経済論叢』第30巻第2号、1-31頁
森田憲・陳雲(2009a)「対米摩擦の政治経済学」、『広島大学経済論叢』第33巻第2号、41-66頁
森田憲・陳雲(2009b)『中国の経済改革と資本市場』、東京：多賀出版
森田憲・陳雲(2013a)「『中国の台頭』の政治経済学：対外直接投資、重商主義及び国際システム」、『広島大学経済論叢』第36巻第3号、1-20頁
森田憲・陳雲(2013b)「中国のバブル現象の経済分析：日本のバブルとの比較」、『広島大学経済論叢』第37巻第2号、1-24頁
森田憲・陳雲(2014a)「中国の国家資本主義とバブル現象」、『広島大学経済論叢』第38巻第1号、

1-23頁
森田憲・陳雲（2014b）「中国バブルの政治経済学――バブルと経路依存性」、『修道商学』第55巻第1号、53-75頁
村上泰亮（1992）『反古典の政治経済学』、東京：中央公論社
ミュルダール、グンナー（1959）『経済理論と低開発戦略』（小原敬士訳）、東京：東洋経済新報社
中兼和津次（1979）「中国――社会主義経済制度の構造と展開」、岩田昌征編『講座経済体制第4巻・現代社会主義』、東京：東洋経済新報社
中兼和津次（1996）「中国の地域格差とその構造――問題の整理と今後の展開に向けて」、『アジア経済』第37巻第2号、2-34頁
中兼和津次（1999）『中国経済発展論』、東京：有斐閣
中兼和津次（2012）『開発経済学と現代中国』、名古屋：名古屋大学出版会
日本国土計画協会（1967）『都市機能の地域的配置に関する調査』
日中経済協会（2013）『中国経済データハンドブック』
ヌルクセ、ラグナー（1955）『後進諸国の資本形成』（土屋六郎訳）、東京：厳松堂書店
王元（2011）「現代中国権力中枢の世代変遷――家族主義の原理からみる中共中央政治局常務委員会」、王元編著『マクロ中国政治』、東京：白帝社、78-123頁
小川和男・渡辺博史（1995）『変わりゆくロシア・東欧経済』、東京：中央経済社
大川一司・小浜裕久（1993）『経済発展論――日本の経済と発展途上国』、東京：東洋経済新報社
大西宏（1997）「中国『民工潮』の所得格差縮小効果に関する計量分析」、『調査と研究』（京都大学）第14号
林毅夫・蔡昉・李周（1997）『中国の経済発展』（杜進訳）、東京：日本評論社
佐野敬夫（1993）「中国のアジア太平洋地域における国際産業関連」、アジア経済研究所編『太平洋地域の経済相互依存と国際産業関連分析』
澤田清（編）（1990）『地理学と社会』、東京：東京書籍
末廣昭（1998）「発展途上国の開発主義」、東京大学社会科学研究所編『開発主義――20世紀システム4』、東京：東京大学出版会
下野寿子（2008）『中国外資導入の政治過程――対外開放のキーストーン』、京都：法律文化社
橘木俊詔（1998）『日本の経済格差』、東京：岩波新書
高原明生（2014）「中台関係安定期における中日関係の展開」、『東洋文化』第94号、181-204頁
高井潔司・藤野彰編（1996）『上海・長江経済圏』、東京：亜紀書房
谷口洋志・朱珉・胡水文（2009）『現代中国の格差問題』、東京：同友館
津上俊哉（2003）『中国台頭：日本は何をなすべきか』、東京：日本経済新聞社
津上俊哉（2013）『中国台頭の終焉』、東京：日本経済新聞出版社
トダロ，マイケル（1997）『M・トダロの開発経済学』（岡田靖夫監訳）、東京：国際協力出版社
渡辺利夫（1995）「中国の市場経済化は何を帰結したか――地域間経済力分配構造の変化に関する一考察」、『国際問題』No. 427、19-39頁
渡辺利夫（1996）『開発経済学――経済学と現代アジア』、東京：日本評論社
余英時（1991）『中国近世の宗教倫理と商人精神』（森紀子訳）、東京：平凡社

【中国語文献】

包剛昇（2014）『民主崩潰的政治学』、北京：商務印書館
薄慶玖（2001）『地方政府与自治』、台北：五南図書出版公司
蔡志新（2009）『民国時期浙江経済思想史』、北京：中国社会科学出版社
陳桂棣・春桃（2004）『中国農民調査』、北京：人民文学出版社
陳家華・彭希哲（2003）「拡大上海人口規模応考慮的若干問題」、『上海総合経済』第7期、59-60頁
陳暁蓓（2003）「同在藍天下共沐陽光雨露――中国九城市流動児童状況調査」、『中国教育報』（12月18日）
陳雲（2005a）「東南亜模式与東亜模式的比較：成長的共享的啓示」、袁志剛・顧雲深・陳皓編『走向国際化的金融創新与管理変革』、上海：復旦大学出版社、3-22頁
陳雲（2005b）「東亜開発体制的政治経済学分析：権威主義開発体制的若干潜規則」、上海政治学会編『和諧社会与政治発展』、上海：上海人民出版社、362-404頁
陳雲（2006a）「日本20世紀90年代以後『結構性改革』的政治経済学分析：日本式経営与官僚主導模式的転型」、楊龍編『東北亜社会経済文化与区域合作』、天津：南開大学出版社、3-21頁
陳雲（2006b）「中国城市化進程中的問題和分析」、東方講壇事務局編『中国的城市化与農村問題十六篇』、上海：辞書出版社、15-32頁
陳雲（2006c）「国際貿易中的匯率震蕩及其対国内産業結構的影響――日本啓示録」、復旦大学『世界経済文匯』第7期、96-110頁
陳雲（2007b）「上海国際化進程中的貿易中心地位分析」、郭定平編『世博会与国際大都市的発展』、上海：復旦大学出版社、15-33頁
陳雲（2007c）「日本的環境政策過程与地方自治制度」、蔡建国他編『東亜区域合作』、上海：同済大学出版社、363-380頁
陳雲（2007d）「統治与自治：東京都構築循環型社会的制度分析」、蘇智良編『全球化中的上海与東京』、上海：上海三聯書店58-87頁
陳雲（2013b）「垃圾戦争的環境政治学分析」、中国環境文化促進会『緑葉』第5期、57-63頁
陳雲（2014）「『農転非』戸籍改革中的利益和博弈：政治経済学的視角」、『学術前沿』第2期（下）総第44期、45-63頁
陳宗勝（1995）『経済発展中的収入分配』、上海：上海三聯書店・上海人民出版社
陳宗勝・周雲波（2002）『再論改革与発展中的収入分配』、北京：経済科学出版社
戴天昭（2007）『台湾国際政治史』（李民峻訳）、台北：前衛出版社
杜賛奇（2003）『文化権力与国家：1900-1942年的華北農村』（王福明訳）、南京：江蘇人民出版社
樊綱（1993）『漸進之路――対経済改革的経済学分析』、北京：中国社会科学出版社
樊麗淑（2006）『中国経済転型期地区間農民収入差異研究』、北京：中国農民出版社
宦郷（1984）「論国際外交戦略格局」、『世界経済導報』（7月9日）
費孝通（2013）『郷土中国（修訂版）』、上海：上海人民出版社
高鈴芬（2009）『浙江省城郷収入差距及其応対策略』、北京：科学出版社
高路易・高偉彦・張春霖（2005）『国有企業分紅：分多少？分給誰？』、世界銀行中国駐在事務所（報告書）
葛剣雄（1994）『統一与分裂――中国歴史的啓示』、北京：生活・読書・新知三聯書店

管曉明（2006）「倒 U 仮説的推演及其在中国的検験」、『山西財経大学学報』第 5 期、27-32頁
郭書田・劉純彬（1990）『失衡的中国』、石家荘：河北人民出版社
国務院研究室課題組（2006）『中国農民工調研報告』北京：中国言実出版社
胡鞍鋼・王紹光・康曉光（1995）『中国地区差距報告』、瀋陽：遼寧人民出版社
胡聯合・胡鞍鋼・王磊（2006）「影響社会穏定的社会矛盾変化態勢的実証分析」、『社会科学戦線』第 4 号、175-185頁
胡祖光（2005）「基尼係数和統計数拠──以浙江省為例」、『浙江社会科学』第 4 期、39-42頁
黄泰岩・牛飛亮（2007）『中国城鎮居民収入差距』、北京：経済科学出版社
黄祖輝・陸建琴・王敏（2005）「城郷収入差距問題研究」、『浙江大学学報』（人文社会科学版）第35巻第 4 期、122-129頁
克里斯托弗・希尔（2007）『変化中的対外政策政治』（唐小松・陳寒溪訳）、上海：上海人民出版社
李桂芳（2011）『中央企業対外直接投資報告2011』、北京：中国経済出版社
李輝（2011）『腐敗政績与政企関係──虚仮繁栄是如何被製造和破滅的』、上海：復旦大学出版社
李炯（2007）「経済発展与公平分配──浙江居民収入差距問題研究」、北京：中国経済出版社
李培林・張翼（2003）『国有企業的社会成本分析』、北京：社会科学文献出版社
李強（2004）『農民工与中国社会分層』、北京：社会科学文献出版社
李実（2003）「九十年代末中国城市貧困的増加及其原因」、香港中文大学中国研究服務中心、http://www.usc.cuhk.edu.hk/PaperCollection/Details.aspx?id=2329
李実・史泰麗（2007）『中国居民収入分配研究Ⅲ』、北京：北京師範大学出版社
李戦軍・楊紅旭（2007）「上海住宅保障体系及発展思路」、『上海房産』第 4 号、20-23頁
梁波・王海英（2010）「都市融入：外来農民工的市民化──対已有研究的綜述」、『人口与発展』第 4 号、78-84頁
劉能（2008）「当代中国群体性集体行動的幾点理論思考：建立在経験案例之上的観察」、『開放時代』第 3 期、56-81頁
劉能（2011）「当代中国的群体性事件──形象地位変遷和分類框架再構」、『江蘇行政学院学報』第 2 期、53-59頁
劉揚・紀宏（2007）『中国住民収入分配問題研究──以北京市為例的考察』、北京：首都経済貿易大学出版社
盧峰（2012）「中国農民工工資走勢：1979-2010」、『中国社会科学』第 7 期、47-67頁
牛銘実（2005）『中国歴代郷約』、北京：中国社会科学出版社
陸立軍（2006）『義烏商圏』、杭州：浙江人民出版社
陸立軍（2007）「浙江模式──政治経済学視角的観察与思考」、北京：人民出版社
陸立軍・楊志文・王祖強（2008）『義烏模式』、北京：人民出版社
陸立軍（2008）『専業市場──地方型市場的演進』、上海：格致出版社・上海人民出版社
羅納徳・哈里・科斯、王寧（2013）『変革中国』（徐尭・李哲民訳）、北京：中信出版
馬若孟（1999）『中国農民経済』（史建雲訳）、南京：江蘇人民出版社
孟慶潔（2007）『上海市外来流動人口的生活方式研究』、上海：華東師範大学出版社
孟偉（2007）『日常生活的政治邏輯：以1998-2005年間城市業主維権行動為例』、北京：中国社会科学出版社
任軍鋒（2011）『民徳与民治』、上海：上海人民出版社
史柏年他編著（2005）『城市辺縁人──進城農民工家庭及其子女問題研究』、北京：社会科学文

献出版社
世界銀行（2001）『世界発展報告：与貧困作闘争』、北京：中国財政経済出版社
舒而茨（1990）『論人力資本投資』（呉珠華等訳）、北京：北京経済学院出版社
陶涵（2009）『蒋経国伝』（林添貴訳）、台北：時報文化出版企業股份
托克維尔（1992/1856）『旧制度与大革命』（馮棠訳）、北京：商務印書館
王海港（2007）『中国居民的収入分配和収入流動性研究』、広州：中山大学出版社
王洪春・阮宜勝（2004）『中国民工潮的経済学分析』、北京：商務出版社
王桂新・羅恩立（2007）「上海市外来農民工社会融合現状調査研究」、『華東理工大学学報』第3期、97-104頁
王国良（2005）『中国扶貧政策——趨勢与挑戦』、北京：社会科学文献出版社
王建（1988）「選択正確的長期発展戦略——関于国際大循環経済発展戦略的構想」、『経済日報』（1月5日）
王美艶・蔡昉（2008）「戸籍制度改革的歴程与展望」、『広東社会科学』第6期、19-26頁
王少平・欧陽志剛（2007）「我国城郷収入差距的変動与収斂」、『経済研究』第10期、44-54頁
王新・蔡文雲（2010）『城中村何去何従？以温州市為例的城中村改造対策研究』、北京：中国市場出版社
王振中編（2006）『中国農業、農村与農民』、北京：社会科学文献出版社
魏光奇（2004）『官治与自治——20世紀上半期的中国県制』、北京：商務印書館
呉維平・王漢生（2002）「寄居大都市：京滬両地流動人口居住現状分析」、『社会学研究』第3期、92-110頁
呉暁明・呉棟（2007）「我国城鎮居民平均消費傾向与収入分配状況関係的実証研究」、『数量経済技術研究』第5期、22-32頁
夏建中（2003）「中国公民社会的先声——以業主委員会為例」、『文史哲』第3期、115-121頁
熊易寒（2010）『城市化的孩子：農民工子女的身分生産与政治社会化』、上海：上海人民出版社
徐安琪（2004）「孩子的経済成本：転型期的結構変化和優化」、『青年研究』第12期
楊魯・王育琨（1992）『住宅改革：理論的反思和現実的選択』、天津：天津人民出版社
楊小凱（2001）「好的資本主義与壊的資本主義」、『楊小凱文集』http://www.gongfa.com/yangxiaokaiwenji.dwt.
楊宜勇（2005）『改革攻堅——収入分配体制』、北京：中国水利水電出版社
易富賢（2013）『大国空巣』、北京：中国発展出版社
浙江省経済与情報化委員会（2010）『2009年浙江省塊状経済調査報告』
鄭長徳（2007）『中国転型時期的金融発展与収入分配』、北京：中国財政経済出版社
鄭曦原（2007）『帝国的記憶——「紐約時報」晩清観察記（修訂版）』、北京：当代中国出版社
鄭永年（2010）『中国模式——経験和困局』、杭州：浙江人民出版社
中国工業与信息化部（2012）『2012年中国工業運営上半期報告』（9月5日）
中国社会科学院（2005）『2005社会白皮書』、北京：社会科学文献出版社
鄒樹彬（2005）「城市業主維権運動——特点及其影響」、『深圳大学学報』第5期、44-49頁
周太和編（1984）『当代中国的経済体制改革』、北京：中国社会科学出版社
周振華他（2005）『収入分配与権利』、上海：上海社会科学院出版社
朱珍（2011）「国企分紅制度——現行模式探討与憲政框架重構」、『金融与経済』第5期、32-35頁

【英語文献】

Acemoglu, D. and J. A. Robinson (2012), *The Origins of Power, Prosperity and Poverty: Why Nations Fail*, New York: Crown Publishers（鄧伯宸・呉国卿訳、『国家為什麼会失敗：権力、繁栄和貧困的根源』、台北：衛城出版、2013年）.

Aghion P, E. Caroli and C. Garcia-Penalosa (1999), "Inequality and Economic Growth: The Perspective of the New Growth Theories", *Journal of Economic Literature*, Vol. 37, No. 4, pp. 1615-1660.

Armitage, R. L. and J. S. Nye (2007), *CSIS Commission on Smart Power: A smarter, more secure America*, Washington, D. C., The CSIS Press.

Arora, V. and A. Vamvakidis (2010), "Gauging China's Influence", *Finance and Development*, December, pp. 11-13.

Aslund, A. (1994), "Lessons of the first four years of systemic change in Eastern Europe", *Journal of Comparative Economics*, Vol. 19, pp. 22-38.

Barber, B. (1983), "The logic and limits of trust", New Jersey: Rutgers University Press.

Bergsten, C. F. (2008), "A Partnership of Equals: How Washington Should Respond to China's Economic Challenge", *Foreign Affairs* (July/August), Vol. 87, No. 4, pp. 57-69.

Berliner, J. S. (1994), "Perestroika and the Chinese Model", in Robert Campbell (ed), *The Postcommunist Economic Transformation*, Boulder: Westview Press.

Bourdieu, P. and L. Wacquant (1992), *An Invitation to Reflexive Sociology*. Chicago: University of Chicago Press.

Chang, H-J. and P. Nolan (1995), "Europe versus Asia: Contrasting Paths to the Reform of Centrally Planned Systems of Political Economy", in Chang, H-J. and P. Nolan (eds), *The Transformation of the Communist Economies*, New York: St. Martin.

Chen, Yun (2006), "The Economic Development and Regional Disparity of the Yangtze River Delta", *Economic Papers* (Institute for International Studies, Warsaw School of Economics) Vol. 40, pp. 165-200.

Chen, Yun and K. Morita (2006), "Development Strategies and Income Disparities in China: Comparisons with Central Europe", *Economic Papers* (Institute for International Studies, Warsaw School of Economics) Vol. 40, pp. 103-163.

Chen, Yun (2008), "Political Economy of the Chinese Development Model: The Fact Approving Mechanism of Institutional Change in Chinese Society", *Economic Papers* (Institute for International Studies, Warsaw School of Economics) Vol. 43, pp. 199-252.

Chen, Yun (2009), *Transition and Development in China: Towards Shared Growth*, Farnham, Ashgate Publishing.

Chen, Yun (2012), "Classification and Analyses of Residents' Campaigns in Environmental Governance in China: Constitutional Foundation for the 'Environmental Kuznets Curve'", Miri, A (ed). *Democratization and Environmental Governance (DDEG)*, Kyoto: Kyoto University Press, pp. 133-160.

Chen, Yun and K. Morita (2013), "Towars an East Asian Economic Community", in Rosefields, S., M. Kuboniwa and S. Mizobata (eds), *Prevention and Crisis Management*, New Jersey, World Scientific Publishing, pp. 223-234.

Chu, Wan-wen (2011a), "Entrepreneurship and bureaucratic control: The case of the Chinese

automotive industry", *China Economic Journal*, 4 (1), pp. 65-80.
Chu, Wan-wen (2011b), "How the Chinese Government Promoted a Global Automobile Industry", *Industrial and Corporate Change*, 20 (5).
CIA (2014), *Country Comparison to the World* (https://www.cia.gov/library/publications/the-world-factbook/fields/2172.html.).
Coleman, J. (1990), *Foundations of Social Theory*. Cambridge: Harvard University Press.
Davies, K. (2012), "Outward FDI from China and its policy context 2012", *Columbia FDI Profiles*, June 7.
Diamond, J. (1997), *Guns, Germs and Steel: The Fates of Human Societies*, New York: Norton, W. W. & Company. (謝延光訳、『槍砲、病菌与鋼鉄：人類社会的命運』、上海：上海訳文出版社、2006年).
Eisenstadt, S. N. and L. Roniger (1984), *Patrons, Clients and Friends*, Cambridge, Cambridge University Press.
Ferguson, N. and M. Schularick (2007), "Chimerica and global asset markets", *International Finance*, 10 (3).
Friedman, J. (1966), *Regional Development Policy: A Case Study of Venezuella*, Cambridge: MIT Press.
Fukuyama, F. (1995), *Trust: The Social Virtues and the Creation of Prosperity*, New York: Free Press.
Fukuyama, F. (2011), *The Origins of Political Order: From Prehuman Times to the French Revolution,* New York: Farrar, Straus and Giroux (毛俊傑訳、『政治秩序的起源』、桂林：広西師範大学出版社、2012年).
Galor, O. and O. Moav (2004), "From Physical to Human Capital Accumulation: Inequality in the Process of Development, *Review of Economic Studies*, Vol. 71, No. 4.
Geertz, C. (1963), *Agricultural Involution: The Process of Ecological Change in Indonesia*, Berkeley: University of Calidornia Press.
Goldenweiser, A. (1936), "Loose Ends of Theory on the Individual Pattern and Involution in Primitive Society", Lowie, R. (ed), *Esseys in Anthropology Presented to A. L. Kroeber*, Berkeley, CA, University of California Press, pp. 99-104.
Gottschalk et al. (1997), *Changing Patterns in the Distribution of Economic Welfare*, Cambridge: Cambridge University Press.
Halper, S. (2010), *The Beijing Consensus*, Cambridge: Perseus Books Group (園田茂人・加茂具樹訳、『北京コンセンサス』、東京：岩波書店、2011年).
Heilmann, S. (2008), "Policy Experimentation in China's Economic Rise", *Studies in Comparative International Development*, 43 (1).
Heilmann, S. (2009), "Maximum Tinkering under Uncertainty: Unorthodox Lessons from China", *Modern China*, July, 35 (4).
Higgins, B. and D. J. Savoie (1988), *Regional Economic Development: Essays in honour of Francoi Perroux*, Boston, Unwin Hyman.
Nolan, P. (2001), *China and the Global Economy: National Champions, Industrial Policy, and the Big Business Revolution*, New York: Palgrave.
Hovland, C. I., I. L. Janis and H. H. Kelly (1953), *Communication and persuasion*. New Haven: Yale University Press.

Huang, Y. S. (2008), *Capitalism with Chinese Characteristics: Entrepreneurship and the State*, Cambridge: Cambridge University Press.
Huntington, E. (1915), *Civilization and Climate*, New Haven: Yale University Press.
Jacques, M. (2009), *When China Rules the World: The End of the Western World and the Birth of a New Global Order*, New York: Penguin (松下幸子訳、『中国が世界をリードするとき』(上)(下)、東京：NTT 出版、2014年).
Jhering, R. von (1852-1865/2003), *Der Geist des römischen Rechts auf den verschiedenen Stufen seiner Entwickelung*, Teil 1-3 (German Edition), Boston: Adamant Media Corporation (蔡震栄・鄭善印訳、『法（権利）的抗争』、台北：三峰出版、1993年).
Johnston, M. (1998), "What Can Be Done about Entrenched Corruption?", in Pleskovic, B. (ed) *Annual World Bank Conference on Development Economics*, Washington DC: The World Bank.
Kant, I. (1983/1795), *Perpetual Peace, and Other Essays on Politics, History, and Morals* (HPC Classics Series), Indiana: Hackett Publishing.
Khan, A. R. et al. (1993), "Household Income and Its Distribution in China," in Griffin, K. and R. Zhao (eds), *The Distribution of Income in China*, New York: St. Martin's Press.
Khan, A. R. (2000) *A Comparative Analysis of Selected Asian Courtries*, UNDP (http://www.undp.org/poverty/publication/case/macro/asia.doc).
Khan A. R. and C. Riskin (2005), "China's Household Income and it's Distribution 1995 and 2002", *China Quarterly*, No. 6.
Knack, S. and P. Keefer (1997), "Does Social Capital have an Economic Payoff?", *The Quarterly Jounal of Economics*. 112 (4), pp. 1251-1288.
Kuznets, S. (1955), Economic Growth and Income Inequality, *American Economic Review*, Vol. 45 (1), pp. 1-28.
Kynge, J. (2006), *China Shakes the World*, Oxford, Felicity Bryan Associates (栗原百代訳、『中国が世界をメチャクチャにする』、東京：草思社、2006年).
Leeibenstein, H. (1957), *Economic Backwardness and Economic Growth: Studies in the Theory of Economic Development*, New York: Wiley.
Lü, Xiaobo (2000), *Cadres and Corruption: The Organizational Involution of Chinese Communist Party*, Stanford: Stanford University Press.
Luhmann, N. (1979), *Trust and Power*, Chichester: Wiley.
MacDougall, G. D. A. (1960). The benefits and costs of private investment from aboad: A theoretical approach, *Economic Record*, No. 3, pp. 13-35.
Mathews, J. A. (2006), "Dragon multinationals: New players in 21st century globalization", *Asia Pacific Journal of Management*, Vol. 23, Issue 1, pp. 5-27.
McKinnon, R. and G. Schnabl (2011), "China and Its Dollar Exchange Rate: A Worldwide Stabilizing Influence?", Working paper, Stanford.
Mearsheimer, J. J. (2001), *The Tragedy of Great Power Politics*, New York, W. W. Norton & Company (奥山真司訳、『大国政治の悲劇』、東京：五月書房、2007年).
Mearsheimer, J. J. (2006), "China's Unpeaceful Rise", *Current History*, Vol. 105, Issue 690, p. 160.
Mearsheimer, J. J. (2010), "The Gathering Storm: China's Challenge to US Power in Asia", *The Chinese Journal of International Politics*, Vol. 3, pp. 381-396.

Morita, K. (2004), *Economic Reforms and Capital Markets in Central Europe*, Farnham: Ashgate Publishing.
Morita, K. and Yun Chen (2008), "A Sociological Study of Transition: China and Central Europe", *Economic Papers* (Institute for International Studies, Warsaw School of Economics), Vol. 43, pp. 161-197.
Morita, K. and Yun Chen (2010a), *Transition, Regional Development and Globalization: China and Central Europe*, New Jersey: World Scientific Publishing.
Morita, K. and Yun Chen (2010b), "Regional Integration and Path Dependence: EU and East Asia", *Economic Papers* (Institute for International Studies, Warsaw School of Economics), Vol. 44, pp. 7-47.
Morita, K. (2011), "EU Enlargement and Inward FDI in Central Europe: An Evolutionary Game Approach", in Marinov, M. and S. Marinova (eds), *The Changing Nature of Doing Business in Transition Economies*, Hampshire: Palgrave Macmillan, pp. 30-46.
Murrell, P. (1992), "Evolutionary and Radical Approaches to Economic Reform", *Economics of Planning*, Vol. 25, pp. 79-95.
Myint, H. (1971), *Economic Theory and the Underdeveloped Countries*, Oxford: Oxford University Press.
Myrdal, G. (1972), *Asian Drama: An Inquiry into the Poverty of Nations* (abridged), Vintage Books (板垣與一監訳、『アジアのドラマ』、東京：東洋経済新報社、1974年).
Narayan, D. and L. Pritchett (1996), "Cents and Sociability: Household Income and Social Capital in Rural Tanzania", *Policy Research Working Paper 1796*, Washington DC: The World Bank.
Naughton, B. and D. L. Yang (eds) (2004), *Holding China Together: Diversity and National Integration in the Post-Deng Era*, Cambridge: Cambridge University Press.
Naughton, B. (2008), "A Political Economy of China's Economic Transition", in Brandt, L. and T. Rawski (eds), *China's Great Economic Transformation*, Cambridge: Cambridge University Press, pp. 91-135.
Needham, J. (1954-), *Science and Civilisation in China*, Cambridge: Cambridge University Press.
Nolan, P. (2001), *China and the Global Economy: National Champions, Industrial Policy, and the Big Business Revolution*, New York: Palgrave.
North, D. C. (1976), *The Rise of the Western World: A New Economic History*、Cambridge: Cambridge University Press.
North, D. C. and B. Weingast (1989), "Constitutions and Commitment: The Evolution of Institutions Governing Public Choice in Seventeenth-Century England", *Journal of Economic History*、XLIX.
North, D. C. (1990), *Institutions, Institutional Change and Economic Performance*, Cambridge: Cambridge University Press.
Nossel, S. (2004), "Smart Power", *Foreign Affairs*, Vol. 83, Issue 2, pp. 131-142.
Nye, J. S. (2004), *Soft Power: The means to success in world politics*, New York: Perseus Books Group (山岡洋一訳、『ソフト・パワー』、東京：日本経済新聞出版社、2004年).
Nye, J. S. (2011), *The Future of Power*, New York, Perseus Books Group (山岡洋一・藤島京子訳、『スマート・パワー』、東京：日本経済新聞出版社、2011年).

Nye, J. S. (2012), "China's Soft Power Deficit", *Wall Street Journal* (May 8th).
Olson, M. (1965), *The Logic of Collective Action: Public Goods and the Theory of Groups*, Cambridge: Harvard University Press.
Ostrom, E. (1990), *Governing the Commons: The Evolution of Institutions for Collective Action*. Cambridge: Cambridge University Press.
Pei, M. (2006), *China's Trapped Transition: The Limits of Developmental Autocracy*. Cambridge: Harvard University Press.
Putnam, R. (1993). *Making Democracy Work: Civic Traditions in Modern Italy*. New Jersey: Princeton University Press.
Quer, D., E. Claver and L. Rienda (2012a), "Chinese Multinationals and Entry Mode Choice: Institutional, Transaction and Firm-Specific Factors", *Frontiers of Business Research in China*, Vol. 6, Issue 1, pp. 1-24.
Quer, D., E. Claver and L. Rienda (2012b), "Political risk, cultural distance, and outward foreign direct investment: Empirical evidence from large Chinese firms", *Asia Pacific Journal of Management*, Vol. 29, Issue 4, pp. 1089-1104.
Ramo, J. C. (2004), "The Beijing Consensus", Foreign Policy Centre (May).
Rosecrance, R. (2006), "Power and International Relations: The Rise of China and Its Effects", *International Studies Perspectives*, Vol. 7, pp. 31-35.
Sachs, J., W. T. Woo, S. Fischer and G. Hughes (1994), "Structural Factors in the Economic Reforms of China, Eastern Europe, and the Former Soviet Union", *Economic Policy*, Vol. 9, No. 18 (April), pp. 101-145.
Samuelson, P. A. (1948), *Economics: An Introductory Analysis*, New York: McGraw-Hill.
Schmoller, G. (1896), *The mercantile system and its historical significance*. London, Macmillan.
Sigurdson, J. (1977), *Rural Industrialization in China*, Cambridge: Harvard University Press.
Smith, A. (1904/1776), *An inquiry into the nature and causes of the wealth of nations*, London, Methuen.
Staunton, G. (1797), *An Authentic Account of an Embassy from the King of Great Britain to the Emperor of China*, London: Printed by W. Bulmer & Co. for G. Nico (葉篤義訳、『英使謁見乾隆紀実』、上海：上海書店出版社、2005年).
Tiebout, C. M. (1956), "A Pure Theory of Local Expenditures", *The Journal of Political Economy*, Vol. 64, No. 5, pp. 416-424.
Tocqueivlle、C. (2001/1840), *Democracy in America*. New York: Signet Classics.
Todaro, M. P. (1969), "A Model of Labour Migration and Urban Unemployment in Less Developed Countries", *The American Economics Review*, Vol. 59, No. 1, pp. 138-148.
Toynbee, A. J. (1987/1934-1961), *A Study of History*, Abridgement of Volumes I-VI, Oxford: Oxford University Press.
UNCTAD (2003), *World Investment Report*, New York: United Nations.
Vedina, R., M. Vadi and E. Tolmats (2006), "Interactions of Cultural Elements: Estonian Organizations in the Pan-Baltic Mirror", in Hannula, H., S. Radosevic and N. V. Tunzelmann (eds), *Estonia, the New EU Economy: Building a Baltic Miracle?*, Farnham, Ashgate Publishing, pp. 189-208.
Wang, Shaoguang (2009), "Adapting by Learning: The Evolution of China's Rural Health Care Financing", *Modern China*, July, 35 (4), pp. 370-404.

Weber, M. (2001), *The Protestant Ethic and the Spirit of Capitalism*, Scanned, tagged, copy-edited and published by the University of Virginia American Studies Program.

Williamson, J. (1965), "Regional Inequality and the Process of National Development: A Description of the Patterns", *Economic Development and Cultural Change*, Vol. 13, Part 2.

Winiecki, J. (1993), "Cost of Transition that are not Costs: On Non-Welfare Reducing Output Fall" in Baldassarri, M and R. Mundell (eds), *Building a New Europe Vol. 2: Eastern Europe's Transition to a Market Economy*, New York: St. Martin's Press.

Wittfogel, K. A. (1957), *Oriental Despotism: a Comparative Study of Total Power*, New Haven: Yale University Press（徐式谷等訳、『東方専制主義——対于極権力量的比較研究』、北京：中国社会科学出版社、1989年）.

World Bank (1997), *China 2020: Sharing Rising Incomes*, New York: World Bank.

322

索　引

あ行

足による投票　3, 51, 269, 270, 307
ASEAN　116, 117, 136, 140, 141
安全保障　24, 28, 46, 256, 310
移行コスト　x
一時帰休　63, 281
一次分配　vii-ix, 3, 13, 21, 58, 59, 60, 70
一極集中　108, 110, 111
インフォーマル・セクター　251, 252, 255, 280, 281, 287-289, 305, 306
ウェストファリア条約　9, 28
永嘉学派　193, 194, 236
永久平和論　xii
AGIL　193
縁故資本主義　28
塩商　181, 183, 185
追い上げ戦略　102
追い越し戦略　196
温州モデル　64, 77, 143, 191, 205, 206, 208, 241, 242
温帯効果　vi, 64, 65, 164, 171, 174, 175, 178, 186, 195, 202, 205, 244

か行

外資主導　62, 115, 146, 148, 164, 169, 174, 186, 189, 190
外需依存　32
塊状経済　63, 206-212, 315
開発区ブーム　94, 123, 167, 168
開発区方式　167
外発的モデル　xi, 63, 64, 65, 68, 116, 137, 146, 169, 178
科挙制度　176, 193
隠れたスラム　250, 305
過剰動員　41
過剰分配　53
華人資本　117
家族請負制　v, 22, 66, 81, 110, 151, 246, 260
家族企業　144, 242
家族計画　261, 273, 274, 276, 279
加速度原理　103
慣行経済　69, 74
広東モデル　69, 77, 78, 79, 81, 82, 108, 115, 122, 123, 150, 169, 186, 241, 265
官民協力体制　69, 219, 239
義烏商圏　227, 239, 314
義烏精神　237
義烏モデル　64, 143, 167, 193, 205-209, 215, 219, 226, 235-242, 244, 245
企業家精神　163, 173, 175
技術革命　10
技術官僚　11, 21, 70
既得権益　17, 126, 254, 271
逆の財政移転　39, 58
逆流効果　74, 94, 108, 164
郷規民約　44
強県拡権　208, 224, 225, 226, 246
強蓄積モデル　85
郷土社会　18
協力ゲーム　9, 250, 251, 296, 297, 301, 303, 304
挙国体制　31, 32, 33, 36
居住権　68, 251, 299, 300, 304
居住証　265, 266, 270, 275, 276, 277, 278, 279, 280, 283, 286, 294, 303
金融危機　viii, 11, 26, 30, 32, 70, 92, 95, 98, 125, 142, 145, 219, 227, 243
金融機能　98, 100, 106, 108, 111
空間経済学　xi, 61, 73, 74, 111, 203
群租　249, 250, 251, 288-297, 299-309
群発事件　40, 42, 298
経済危機　69, 70
経済特区　23, 25, 81, 88, 198
経済のロジック　viii, 4, 308
啓蒙運動　iv, 8, 9, 271
契約精神　7, 184

経路依存　vi, 33, 64, 65, 164, 175, 194, 239, 310, 312
県域経済　63, 207, 210, 212, 218, 224, 225, 230
権威主義　v, 3, 21, 30, 31, 42-45, 52, 60, 207, 236, 313
憲政　7, 8, 10, 12, 42, 44, 47, 48, 50, 60, 310, 315
賢明権威主義　21, 42, 60, 207
権利のロジック　viii, 4, 271, 280, 308
公共賃貸住宅　270, 286
孔子学院　29
合成の誤謬　iv, 4, 5, 9, 251, 304
江浙モデル　xi, 62, 69, 77, 78, 81, 82, 87, 96, 108, 109, 115, 122, 123, 150, 155, 169, 171, 182, 186, 188-190, 241
構造的貧困　66, 245, 310
江蘇モデル　xi, 62-64, 68, 123, 169, 172, 174, 189
郷鎮企業　62, 63, 69, 81, 82, 94, 95, 110, 115, 121, 123, 137, 151, 152, 155, 157, 182, 186, 188-192, 203, 241, 260, 263, 308
後発的不利益　10-13, 25
後発的利益　10-12, 23
公民権運動　3, 38
国際大循環　121, 315
国進民退　27, 31, 70
国富論　5, 270
国民待遇　203, 266
護送船団方式　207
雇用構造　126, 255

さ行

財政移転　39, 58, 184
財政自給率　267
財政出動　26, 69, 95
最低賃金　269
サブ大家　250, 251, 289-293, 295-297, 300, 301, 303
サブモデル　xi, 67, 71, 146, 171, 172, 175, 202
産業革命　8, 9, 10, 12, 18, 61
産業政策　66, 70, 102, 129, 160, 207, 310
三資企業　84, 121
三線建設　196, 256
三農　158, 232
三位一体　43, 48, 226, 246
市が県を指導する体制　76, 84, 101, 102

資金渇望症　267
資源の呪い　vi, 178
市場の失敗　70
市場立省　211, 219
自治憲章　44
支柱産業　125, 126, 129
実利主義　193
ジニ係数　vii, 52, 53, 54, 55, 57, 58, 77
資本主義精神　17, 18
市民待遇　63, 68, 172, 174, 200, 249, 255, 257, 264, 265, 266, 268, 275, 276, 278, 281, 283, 307
社会契約　9, 28
社会資本　4, 7, 13-17, 21, 64, 65, 118, 175, 194, 195, 205, 235, 238, 239
社隊企業　151, 188, 196
上海モデル　xi, 62-64, 68, 78, 115, 116, 123, 124, 146, 169, 174, 198, 200, 201, 202, 249, 250, 265, 307, 308, 310
宗教改革　18, 19
集権制　v, 22, 23, 31, 45, 47, 49, 50
私有制　iv, 7, 8, 10, 19, 33
集積効果　x, 62, 68, 163, 164, 182
重層的経路　62, 64, 164, 171, 174, 175, 178, 181, 185, 186, 187, 190, 195, 202
住宅保障制度　284-286, 304
集団労働　257
重農抑商　193
週末エンジニア　182, 203
主観的格差　200
商業精神　187, 220, 238
小崗村　v, xi, 22, 236, 257
商工連動　65, 71, 143, 208, 219, 227, 228, 239, 242, 244, 245
少子高齢化　27, 267, 270, 272, 273, 307
小商品・大市場　143
省内格差　159, 178, 186
小農生産方式　176
情報の非対称性　17
党務改造　42, 60
諸侯経済　266
諸子百家　47, 48
所得倍増　57

新型労働組合　167, 175
新経済成長理論　6
人口高圧　192
新制度派経済学　5, 6, 8, 10, 13, 175
新世代農民工　234, 271, 287
人的資本論　6
新貧困層　63, 174, 201
人脈政治　181, 183, 184
スラム　18, 68, 250, 251, 252, 259, 280, 287, 288, 305, 308, 309
政経合体　ix, 3, 50
政経分離　iii, ix, 3, 31, 38, 50
政策的格差　68, 77, 109, 150, 172, 174, 200, 201, 249
生産能力過剰　33, 37, 59
正式制度　4, 7, 13, 15, 16, 17, 21, 234, 235, 236
成長拠点　61, 62, 89, 94, 108, 164, 169
成長の極　161, 89, 108
制度の劣化　22
西部大開発　213, 309
政府の失敗　70
浙江財閥　194, 241
浙江商人　213
浙江モデル　iv-vi, xi, xii, 17, 62-64, 68, 69, 116, 123, 138, 142, 143, 147, 164, 167, 169, 171, 172, 174, 186, 189, 202, 205, 206, 208, 210, 219, 221, 241, 245, 310
漸進主義　iv, vii, x, 3, 25, 26, 41
先発的利益　10, 11, 12
先富論　57
全方位開放戦略　vii, 77, 91, 131, 197, 198, 309
専門市場　64, 71, 206-209, 211-213, 219, 223
全要素生産性　6
双軌制　82
相乗効果　vii, 3, 31, 40, 51, 63, 184, 305
創造的衰退　199
創造的破壊　24
ソフトな国家　28
ソフトな予算　145
ソフトパワー　29, 30

た行

対外直接投資　29, 38, 130, 311, 314

大憲章　10, 12, 50
体制的格差　59, 68, 77, 109, 172, 174, 196, 200, 249
大都市問題　63, 172, 200, 201
地域間競争　266, 269, 287, 307
地域経済圏　61, 74, 75, 87, 88, 96, 109-111, 164
地域保護主義　23, 164, 230, 266
チーズ型社会構造　23
地下金融　144, 243
知的財産権　6, 10, 208, 228, 229, 230, 231, 239, 244, 246
地方債務　4, 301
地方自治　v, x, 21, 24, 31, 42-47, 49, 60, 70, 224, 226, 238, 246, 307, 308, 310, 313
地方分権　23, 266
中央集権制　v, 31, 45, 47, 49, 50
中間技術　189
中国脅威論　24, 32, 33
中国台頭　27, 312
中所得国の罠　v, 10-13, 51
中枢管理機能　97, 98
超安定構造　48, 176
超国民待遇　203
接木戦略　62, 63, 115, 124, 129, 130, 131, 169, 171, 174, 198, 199
低コスト依存　30, 31, 39
統一戦線　29
トクヴィルの疑問　x, 68
独立（労働）人口　268
都市型工業　129
都市機能　74, 96, 97, 98, 130, 201, 312
都市戸籍　57, 67, 255, 263, 265, 268, 270, 274, 275, 277, 278, 280
都市農村間格差　vii, x, 15, 53, 59, 63, 110, 150, 151, 152, 153, 172, 174, 200, 218, 249, 250, 309
土地改革　60, 151
土地財政　267, 301
土地譲渡金　39, 301
土地制度　39
取引費用　6, 7, 13, 15, 24, 31, 43, 309

な行

内需不足　3, 33, 34, 51
内発的モデル　vi, xi, 62-65, 68, 69, 116, 123, 147, 170, 172, 174, 175, 186, 202, 207, 208, 231, 238, 244, 308
南巡講話　92, 94, 95, 157
ニーダムのパズル　49, 176
二次分配　vii, viii, ix, 3, 13, 21, 58, 60, 70
二重構造　34, 59, 121, 255, 257, 258
熱帯の罠　vi, 64, 65, 164, 171, 174-178, 181, 184, 195, 196, 202
農村戸籍　67, 263-265, 274, 280, 281, 307
農転非　67, 263, 265, 311, 313
農民工　34, 165, 173, 201, 233-235, 255, 263, 266, 269, 271, 275-277, 281-283, 286, 287, 296, 303-305, 307, 314, 315

は行

波及効果　62, 74, 86, 88, 94, 95, 103, 108, 111, 154, 163, 164, 169, 181, 182, 198, 203, 224, 226, 227, 238, 240
覇権主義　25
バブル　4, 37, 39, 101, 110, 125, 131, 201, 243, 286, 300, 301, 304, 305, 306, 311, 312
パレート改善　9, 251
比較優位　v, 121, 122
東アジアモデル　viii-xi, 3, 11, 30, 42, 43, 52, 67, 70, 166, 232
非協力ゲーム　250, 251, 296, 297, 303
非国有セクター　67, 77, 82, 83, 86, 91-93, 96, 106, 109, 110, 123, 124, 145, 197, 199
一人っ子政策　259, 267
非農業人口　66, 76, 80, 84, 85, 92-94, 110, 124, 200, 274
貧困層　51, 63, 68, 172, 174, 201, 202, 249
貧困の再生産　31, 40
貧困ライン　52, 55-57
貧困率　55-57
福祉累積効果　269, 287, 307
富国強兵　46, 256
物権法　20, 297
フランス革命　ix, x, 13, 43

フリーライダー　13, 299
プロテスタンティズムの倫理　18
分解の誤謬　4, 5
文化大革命　22, 257
文化的遺伝子　17, 192, 193, 208, 235-238
分税制　43, 95, 266, 307, 310
北京コンセンサス　24, 25, 317
ペティ・クラーク法則　80
貿易依存度　32, 127, 229
貿易摩擦　33, 34, 128
封建制　v, 19, 45, 46, 48, 49, 50
法治　v, 11, 16, 18, 31, 41, 42, 45, 60, 70, 246
房奴　201, 306
法統　v, 5, 17, 18, 19, 20, 45, 46, 48, 49
浦東開発　77, 88, 198
ホワイトカラーの農民工　281

ま行

身分制度　257
民工荒　269
民主主義　15, 41-43, 45, 52, 299
民生問題　viii, ix, 27, 31, 33, 34, 38-42, 50, 51, 201, 305, 308
無形資本　13
名村モデル　66, 244, 245, 310
名誉革命　10, 12

や行

輸出促進　122
輸入代替　121, 122
緩い集権制　22, 23
予算外財政資金　267
余剰労働力　63, 121, 123, 138, 155, 157, 158, 164, 173, 186, 232, 233, 254-256, 260, 281
四つの窓口　23, 168

ら行

リカードの罠　65, 66, 110
離村向都　251, 252, 304, 309

立憲経済学　10, 11, 12
離土不離郷　260, 263, 308
流動革命　15, 68, 249, 251, 255, 260, 280, 293, 294, 304, 305, 308
累積的貧困　74, 164, 186
廉価賃貸住宅　284-286, 306
連邦制　47, 49
労資関係　165, 167, 173, 234
労働移動　67, 251-255, 308
労働組合　14, 130, 167, 175, 234, 235
労働者権益　36, 167, 229, 234, 235
ローマ法　19, 20, 45, 46, 48

わ行

ワシントンコンセンサス　24, 25

著者紹介

陳　雲（Yun Chen）
　中国浙江省紹興市生まれ
　最終学歴：広島大学大学院国際協力研究科博士課程
　現　在：復旦大学国際関係与公共事務学院教授
　主要著書：*Transition and Development in China: Towards Shared Growth*, Farnham, Ashagte Publishing, 2009.
　　　　　『中国の経済改革と資本市場』、多賀出版、2009年（森田憲との共著書）。
　　　　　Transition, Regional Development and Globalization: China and Central Europe, New Jersey, World Scientific Publishing, 2010 (with Ken Morita).
　　　　　『中国の体制移行と発展の政治経済学——現代国家への挑戦』、多賀出版、2010年（森田憲との共著書）。

森田　憲（Ken Morita）
　愛知県名古屋市生まれ
　最終学歴：東京大学大学院経済学研究科博士課程
　現　在：広島修道大学商学部教授、広島大学名誉教授
　主要著書：*Economic Reforms and Capital Markets in Central Europe*, Farnham, Ashgate Publishing, 2004.
　　　　　『中国の経済改革と資本市場』、多賀出版、2009年（陳雲との共著書）。
　　　　　Transition, Regional Development and Globalization: China and Central Europe, New Jersey, World Scientific Publishing, 2010 (with Yun Chen).
　　　　　『中国の体制移行と発展の政治経済学——現代国家への挑戦』、多賀出版、2010年（陳雲との共著書）。

中国モデルと格差

2015年3月30日　第1版第1刷発行

　　　　　ⓒ著　者　陳　　　雲
　　　　　　　　　　森　田　　　憲
　　　　　発行者　多　賀　省　次
　　　　　発行所　多賀出版株式会社
　　　　　〒102-0072 東京都千代田区飯田橋3-2-4
　　　　　　　電話：03(3262)9996（代）
　　　　　　　mail: taga@msh.biglobe.ne.jp
　　　　　　　http://www.taga-shuppan.co.jp/
　　　　　印刷／文昇堂　製本／高地製本

〈検印省略〉ISBN978-4-8115-7831-6　C1033　　落丁・乱丁本はお取り替えします。